卫生管理专业教材

ZUZHI XINGWEIXUE
WEISHENG SHIJIAO

组织行为学：卫生视角

主　编　吕　军
副主编　孙　梅　王　静　陈　任
审　校　陈　刚
编　委（按姓氏笔画排序）

于　芳	潍坊医学院	吴　丹	上海市健康促进中心
万里涛	复旦大学	陈　刚	复旦大学
王　静	华中科技大学	陈　任	安徽医科大学
王洪婧	潍坊医学院	陈　春	温州医科大学
孔凡磊	山东大学	房信刚	复旦大学
吕　军	复旦大学	盖　彤	复旦大学
孙　梅	复旦大学	鲁　靖	复旦大学
苌凤水	复旦大学	窦　蕾	山东大学
励晓红	复旦大学		

复旦大學 出版社

主编简介

吕军，教授，博士生导师。任复旦大学中国残疾问题研究中心主任、上海市残疾人康复事业发展研究中心主任、上海市曙光学者、中国残疾人事业发展研究会副秘书长、中华预防医学会卫生管理分会常委及青年委员会主任委员、上海市残疾人康复协会副会长、上海市预防医学会公共卫生管理专家委员会委员、中国残疾人康复协会理事、中国妇幼保健中心专家委员会委员等职务。主要的研究领域是循证卫生决策与卫生技术评估、卫生服务研究与人群健康、脆弱人群健康策略研究、公共政策研究等。20多年来，以促进人群健康为使命，曾主持国家自然科学基金、科技部、教育部、卫生部、中国残联等资助的70余项卫生管理与公共政策研究项目。出版专著3部，以第一作者及通讯作者身份发表论文100余篇。研究过程中注重技术与管理结合、研究者与决策者互补，大多数研究成果被政府部门采纳。其科研成果也曾多次获奖：获国家科技进步二等奖1项，上海市科技进步一等奖1项、二等奖1项，上海市决策咨询奖1项，以及局级成果奖多项。在教学方面曾获2007年复旦大学研究生教学成果二等奖，2009年上海市教学成果三等奖。

前言

当今社会,管理者日益认识到单靠技术性技能很难取得成功,良好的人际技能必不可少,研究"人际技能"的这门学科就被称为"组织行为学"。组织行为学研究个体、群体和结构对组织中行为的影响,然后运用这些知识和规律提高组织的绩效和满意度。换言之,组织行为学是一门研究人在组织中做什么,以及他们的行为如何影响组织绩效的学科。与组织行为学相关的主要学科有心理学、社会心理学、社会学、人类学等,其运用系统性研究、循证管理的方法预测人们的行为,同时不排斥直觉的作用。

卫生领域体系异常复杂,事关人类健康,其重要性不言而喻。卫生组织中的人们无疑也受到组织行为学有关规律的制约和影响,本领域管理者如果能够掌握和正确运用该门学科的知识和理论,对提高管理卫生领域事务的能力无疑是非常有益的。目前国内尚没有一本基于卫生领域视角的《组织行为学》教材。

《组织行为学:卫生视角》一书,旨在全面深入介绍组织行为学基本理论与知识,包括在最新进展的基础上,结合卫生领域的规律和案例,重点分析有关理论与方法在卫生领域中的应用要点和价值,以促进该学科在卫生领域中的普及、应用与发展。

本书共14章,第一章概述本学科的现状和发展,包括与卫生领域的关系等;第二章至第四章围绕组织中的个体展开,关注如何认识人。第五章至第十一章围绕群体行为展开,关注如何协调人。第十二章至第十四章围绕组织系统展开,关注如何让组织更利于人的发展。

本书中与卫生领域有关的内容来源有如下途径:一是研究的积累。作为国内唯一一门卫生事业管理国家重点学科,长期的研究积累为深入理解卫生领域运作规律提供了支撑。二是研究与实践的结合。众多卫生政策与管理领域的研究过程已主动运用组织行为学有关理论与方法,借助政策转化已取得了预期社会效益,加深了对有关理论和知识的理解与感悟。三是教学的积累。经过多年的教学积累,包括学生案例的分享,对丰富本书的内容起到了重要作用。四是国内实践和其他学者研究成果。

本书得到复旦大学等高校教师的大力支持,同时得到复旦大学公共卫生学院本科生培养(教材建设)主管部门、自然科学基金(71373051)、健康风险预警治理协同创新中心、公共卫生与预防医学高峰建设项目的资助,在此一并表示感谢。还要感谢《组织行为学》多个版本的国内外作者和译者,以及对有关案例做出贡献的朋友们。本次编著力求将语言表达更通俗易懂,期望能够为我国的卫生管理学科体系建设和完善贡献一份力量。组织行为学在卫生领域的教学尚处在探索阶段,本书是一方引玉之砖,其中肯定存在某些缺陷,甚至错误、不妥之处,望广大读者不吝指正,以利我们再版时修正。

本书适用于卫生管理、预防医学专业的各类学生,也可以作为公共管理其他专业,尤其是政策制定者和研究者的参考阅读书籍。

吕 军

2017年10月

目录

第一章 概述 ·· 1
  第一节 管理学简介 ·· 2
  第二节 组织行为学基础 ·· 8
  第三节 卫生与组织行为学 ·· 17
  第四节 组织行为学的发展趋势 ·· 20

第二章 个体行为基础 ··· 28
  第一节 价值观、态度和工作满意度 ·· 29
  第二节 知觉、社会知觉和归因 ·· 41
  第三节 能力、压力与学习 ·· 47
  第四节 个体行为基础相关知识在卫生领域的应用 ································· 52
  第五节 个体行为基础相关知识的发展与趋势 ······································· 58

第三章 人格与情绪 ·· 64
  第一节 人格 ··· 65
  第二节 情绪 ··· 73
  第三节 人格与情绪在卫生领域中的应用 ··· 78
  第四节 人格与情绪的发展趋势 ·· 82

第四章 动机与激励 ·· 86
  第一节 基本概念与理论 ··· 87
  第二节 从理论到策略——激励理论在实践中的应用 ······························ 98
  第三节 激励理论在卫生领域中的应用 ··· 106
  第四节 激励理论应用的发展趋势 ·· 109

第五章 群体行为基础 … 115
- 第一节 对群体的认识 … 116
- 第二节 群体行为模型 … 121
- 第三节 群体行为基础理论在卫生领域中的应用 … 135
- 第四节 群体行为基础理论应用的发展趋势 … 139

第六章 决策行为 … 143
- 第一节 个体决策基本原理 … 144
- 第二节 群体决策基本原理 … 155
- 第三节 决策理论在卫生领域中的应用 … 160
- 第四节 决策理论的发展趋势 … 165

第七章 工作团队 … 171
- 第一节 团队的基本概述 … 172
- 第二节 打造有效的工作团队 … 176
- 第三节 工作团队在卫生领域中的应用 … 182
- 第四节 工作团队的发展趋势 … 185

第八章 沟通 … 191
- 第一节 沟通概述 … 192
- 第二节 有效沟通 … 198
- 第三节 沟通理论在卫生领域的应用 … 203
- 第四节 沟通的发展趋势 … 207

第九章 领导 … 213
- 第一节 基本理论 … 214
- 第二节 领导理论的当代发展 … 225
- 第三节 领导理论在卫生领域中的应用 … 236
- 第四节 领导理论的发展趋势 … 238

第十章 冲突与谈判 … 242
- 第一节 冲突的基本概念与观念变迁 … 243
- 第二节 冲突过程与冲突管理 … 246
- 第三节 谈判的认识与策略 … 250
- 第四节 冲突与谈判理论在卫生领域的应用 … 255
- 第五节 冲突与谈判理论的发展 … 261

第十一章　权力与政治 · 265
- 第一节　权力 · 266
- 第二节　权力的运用：政治行为 · 274
- 第三节　权力与政治理论在卫生领域的应用 · 280
- 第四节　权力和政治理论的发展趋势 · 284

第十二章　组织结构与组织设计 · 289
- 第一节　组织结构的界定与类型 · 290
- 第二节　组织设计及决策 · 297
- 第三节　卫生领域中的组织结构与设计 · 305
- 第四节　组织结构与设计的发展趋势 · 310

第十三章　组织文化 · 315
- 第一节　组织文化概述 · 316
- 第二节　组织文化建设 · 321
- 第三节　组织文化在卫生领域中的应用 · 328
- 第四节　组织文化的发展趋势 · 334

第十四章　组织变革与发展 · 339
- 第一节　组织变革概述 · 340
- 第二节　组织变革的动力与阻力 · 345
- 第三节　组织发展 · 351
- 第四节　组织变革与发展理论在卫生领域中的应用 · 355
- 第五节　组织变革的发展趋势 · 358

主要参考文献 · 364

附录　关键术语一览表 · 369

第一章

概　　述

学习目标

1. 了解管理学和组织行为学产生与发展的历史。
2. 描述管理者的职责、角色和技能以及管理活动的分类。
3. 了解组织行为学所关注的问题。
4. 阐释组织行为学的理论价值和研究方法。
5. 理解组织行为学的分析模型。
6. 了解对组织行为学有贡献的主要学科。
7. 了解卫生系统的复杂性与特殊性。
8. 领会组织行为学对卫生管理者的重要性。
9. 列举组织行为学所面临的挑战。
10. 了解组织行为学的最新理论进展。

引例与思考

朋友给我讲了个故事。

有位患者被送进了医院。医生在询问病情时，发现患者衣衫褴褛、憔悴不堪，明显属经济情况不太好。

医生就发了善心，告诉患者："你这个病呢，按规定来说个人要负担30%，但现在有规定，走新农合你只需要负担10%，你是不符合条件的。但我看你这样子……你别出声，我悄悄给你按新农合走，让你少花点钱。"

于是医生违反规定，给患者省了一笔钱。

但患者却不高兴了，出院就向有关部门举报。

接到举报，有关部门雷厉风行，立即追查，发现正如患者所说，是医生违反规定，替

> 不符合条件的患者走了新农合。
>
> 处理结果是医生写检查,深刻反省。
>
> 患者呢,需要再补交 2 000 多块钱的医疗费用。
>
> 医生违反规定,肯定是不对的。但他的确是出于善意,想替患者省点钱。但万万没想到,患者宁肯多掏 2 000 多块,也不领这个情!

通过上述案例,大家应该能够体会到人际交往技能的重要性。组织行为学就是一门关于开发人际交往技能的学科。为了能让大家更好地切入本教材的学习中,本章首先对管理学进行简要介绍,然后对组织行为学的基本概念、产生与发展的历史、基础学科等基本知识进行阐述。在此基础上,从卫生系统的复杂性与特殊性及组织行为学对卫生管理者的重要性等方面展开讨论。最后,本章对组织行为学所面临的挑战和理论进展进行探讨。

第一节 管理学简介

管理是人类最为重要的活动之一。人类在抗拒、适应、征服和改造自然的实践中早已意识到集体的力量,也观察到这样的事实:集体活动可以实现人们孤立地工作无法取得的成果。随着社会、经济和科学技术的快速发展,人类日益意识到任何人类的集体活动都需要进行管理。

一、管理学的产生与发展

管理理论的发展阶段根据不同的划分标准而有所差异。我国著名经济学家马洪在20世纪80年代初出版的《国外经济管理名著丛书》总序中,把管理理论的发展阶段按照时间划分为古典管理理论阶段、行为科学理论阶段和现代管理理论阶段。

(一) 古典管理理论阶段(19世纪末至20世纪20年代)

这期间,温斯洛·泰勒、亨利·法约尔、马克斯·韦伯试图从3个不同角度,即个人、组织和社会来解答整个资本主义社会宏观和微观的管理问题,为现代管理理论的发展开启了思想之门、智慧之窗。

1. **泰勒的科学管理理论** 美国的温斯洛·泰勒(Winslow Taylor,1856—1915)出版了《科学管理原理》,提出科学管理理论——应用科学方法确定从事一项工作的"最佳方法",以提高劳动生产率,被称为"科学管理之父"。他的科学管理理论的基本要点包括工作定额原理、标准化原理、计件工资制、劳资双方密切合作、计划职能与执行职能分开、职能工长制、挑选头等工人、例外原则等。

2. 法约尔的一般管理理论　亨利·法约尔(Henri Fayol，1841—1925)于1915年公开发表了他的著名著作《工业管理和一般管理》，其主要的贡献包括从企业经营活动中提炼出管理活动，提出计划、组织、指挥、协调和控制五大管理职能，提出劳动分工、权力与责任、纪律、统一指挥、统一领导、个人利益服从集体利益、合理的报酬、适当的集权和分权、跳板原则、秩序、公平、保持人员稳定、首创精神、人员的团结14条管理一般原则，并倡导管理教育。

3. 韦伯的行政组织管理理论　德国社会学家马克斯·韦伯(M. Weber，1864—1920)被誉为组织理论之父。他著有《新教伦理与资本主义精神》《一般经济史》《社会和经济组织的理论》等，在管理方面的主要贡献是提出了一种理想的行政组织模式，对后世产生了深远的影响。该模式的主要观点包括：组织中的成员应有固定和正式的职责并依法行使职权；组织的结构是由上而下逐层控制的体系；成员间只有对事的关系，而无对人的关系；成员的选用务求人尽其才；强调专业分工与技术训练；按职位支付薪金，并建立奖惩与升迁制度。

(二) 行为科学理论阶段(20世纪20~70年代)

20世纪20年代末，美国哈佛大学心理学教授梅奥通过著名的霍桑试验创立了行为科学理论，即人际关系学说。霍桑试验的目的在于通过研究工作环境的物质条件与产量的关系，以发现提高劳动生产率的途径。通过霍桑试验，梅奥等写成了《工业文明中的人类问题》一书，提出了人际关系学说，其主要观点如下。

1. 职工是"社会人"　古典管理理论把人看作是"经济人"的假设，认为人们只是为了追求高工资和良好的物质条件而工作。霍桑试验提出，工人是"社会人"观点，是复杂的社会系统成员，除物质需要外，还具有社会、心理的需求。人重要的是同别人合作，个人为保护集体利益而行动，人的思想行为更多的是由情感来引导的。

2. 正式组织中存在着"非正式组织"　行为科学理论指出，人是社会的动物，在组织内共同工作的过程中，人们必然产生相互之间的关系，形成非正式团体。在这些团体里，又形成了共同的感情，进而构成了一个体系，这就是所谓非正式组织。非正式组织同正式组织互相依存，并对生产率的提高有很大的影响。

3. 新的领导能力在于提高职工的满意程度　梅奥等从上述关于"社会人"和"非正式组织"的观点出发，认为金钱或经济刺激对促进工人提高劳动生产率只起第2位的作用，发挥最重要作用的是工人的情绪和态度，即士气，而士气又同工人的满意度相关。因此，管理的风格需要由独裁方式转变为民主方式；应鼓励工人参与决策以取代官僚式的规则与指令；管理者需要营造信任和诚实的工作环境。

(三) 现代管理理论阶段(20世纪40~80年代)

现代管理理论的形成标志着管理学理论进入了第3个发展阶段。第二次世界大战后，随着世界经济环境的发展变化，信息技术产业的迅猛发展以及信息技术在各个产业的广泛应用，市场竞争日益激烈和国际化，促使人们对管理和组织进行了多角度、多形式的探索，形成了众多新的管理理论，具体如下。

1. 管理过程理论　管理过程理论又称为管理职能理论、经营管理理论。其代表人物是法约尔和孔茨。管理过程理论认为管理是一个过程,是在有组织的集体中让别人和自己一起去实现既定的目标。管理人员在管理活动中执行着计划、组织、领导、控制等若干职能。管理是一个循环的过程,从计划到控制,再从控制到计划,表明了过程的连续性,控制职能确保组织达到其计划的目标。

2. 系统管理理论　系统管理理论强调管理的系统观点,要求管理人员树立全局观念、协作观念和动态适应观念,其代表人物是理查德·约翰逊、卡斯特和罗森茨韦克。该学派认为,组织是相互联系而又共同工作的要素所组成的系统,既有组织目标又有成员的个人目标。这个系统同周围环境存在动态的相互关系,具有内外信息的反馈网络,能不断地自行调节以适应环境和本身的需要。

3. 管理决策理论　管理决策理论的代表人物是美国的赫伯特·西蒙。决策理论的主要观点是:管理就是决策,决策贯穿于管理的全过程。该学派分析了决策过程中的组织影响,提出了决策应遵循的准则——主张用"令人满意的准则"代替传统的"最优化原则",还归纳了决策的类型,把决策分成程序化决策和非程序化决策两类。

4. 经验管理理论　经验管理理论的代表人物是德鲁克、戴尔等。其基本观点是:否认管理理论的普遍价值,认为管理知识的真正来源是管理的实际经验。主张从"实例研究""比较研究"中导出通用规范,由经验研究来分析管理。

5. 管理科学理论　管理科学理论又被称为定量科学学派,代表人物是英国的布莱克特及美国的埃尔伍德·布法。他们认为管理就是用数学模型及其符号表示计划、组织、控制、决策等合乎逻辑的程序,求出最优解,以达到管理目标。管理科学学派主张运用数理方法,使管理由定性向定量发展,更加科学化、精确化、高效化、经济化。

6. 权变管理理论　权变管理理论的代表人物是美国的约翰·莫尔斯、杰伊·洛希和弗雷德·卢山斯。强调在管理中,由于内外部环境复杂多变,管理没有一成不变的模式,要根据所处的内外环境条件而随机应变,在变化的环境中灵活的运用管理理论和方法。

7. 社会系统理论　社会系统理论从社会学的观点来研究管理,把组织中人们的相互关系看成一种协作的社会系统,其创始人是美国的切斯特·巴纳德。他认为组织是一个社会系统,该系统要求人们之间的相互协作。任何组织不论其级别的高低和规模的大小,都包括协作意愿、共同的目标、信息联系3个基本要素。组织的成功取决于人们协作的效果和协作的效率,以及与环境的适应状态。

8. 管理信息理论　管理信息理论主张把管理人员看成是一个信息中心,认为管理人员的作用就是接收信息,存储、分析、处理与发出信息。该理论强调计算机技术在管理活动和决策中的应用,认为计算机应当同管理思想和行为紧密结合,计算机是沟通联络的重要工具。

管理者的定位与认知

管理者(managers)通过别人来完成工作。他们做出决策、分配资源、指导别人的活动从而实现工作目标。管理者在组织(organization)中完成他们的工作。组织是一种人们有目的地组合起来的社会单元,它由两个或多个个体组成,在一个相对连续的基础上运作,以实现一个共同目标或一系列共同目标为目的。根据这个定义,工厂、医院、学校、公司、政府机构、非政府组织等都是组织。在这些组织中,监督他人的活动,并对实现目标承担责任的人就是管理者。

(一) 管理者的分类和职责

根据管理者在组织中所处的层次不同,可以把他们分为高层管理者、中层管理者和基层管理者3类。以上3个层次的管理者统一领导,分级管理,共同保证组织正常运行,实现组织目标。

1. **高层管理者** 高层管理者(top-level manager)是站在组织的整体立场上,对整个组织的活动进行综合管理并担负全面责任的管理者,在组织的开拓发展、计划和决策方面起关键作用,如医院里的院长、疾病控制机构的主任、卫生行政部门的负责人、学校的校长等。他们对外代表组织,对内执掌重大问题决策权。

2. **中层管理者** 中层管理者(middle-level manager)是指处在组织中间层次的管理者,是直接负责或协助管理基层管理人员及其工作的人,如医院里临床业务科室的科主任、行政职能科室的科长、企业中的部门经理或主任、大学里的院长等。他们的职责是贯彻高层领导的决策,监督和协调基层组织活动,在组织中起到承上启下的作用。

3. **基层管理者** 基层管理者(first-level manager)又称一线管理者,他们是面向基层作业人员,负责管理基层组织日常活动的人员,在落实作业计划,保证产品或服务质量,解决矛盾和冲突,提高作业效率等方面发挥重要作用,如企业中的作业班长和工长、大学中的教研室主任等。他们的主要职责是直接指挥和监督现场作业人员,保证上级下达各级任务和计划的完成。他们是整个管理系统的基础。

(二) 管理者的角色

加拿大学者亨利·明茨伯格(Henry Mintzberg)认为,管理者在组织中通常扮演10种不同但却高度相关的角色。归纳起来,这些角色主要分为3类:人际关系的角色、信息传递的角色和决策制订的角色。管理者在实践中往往同时扮演数种角色,并且不同的管理者扮演的角色各有侧重。

1. **人际关系的角色** 人际关系方面的角色是指管理者履行的礼仪性和象征性义务的角色。主要通过挂名首脑、领导者和联络者3个具体角色来体现。

(1) 挂名首脑:挂名首脑或头面人物是指管理者作为组织的象征,要履行一些诸如接待重要访客、参加颁奖仪式或各种典礼等活动。

(2) 领导者:管理者作为组织的正式领导,必须对组织成员进行引导和激励,以及协调好成员个人需要与组织需要的一致。表现为对员工的招聘、激励、培训和考核等。这些构成了领导者角色。

(3) 联络者:因为组织所具有的社会性,它与周围环境有着千丝万缕的联系。管理者同其领导的组织以外的个人或组织维持关系所扮演的角色就是联络者。

2. 信息传递的角色　信息传递方面的角色是指管理者对信息的收集、接收及传递。信息监听者、信息传播者和发言人3方面是信息传递方面角色的具体表现形式。

(1) 信息监听者：所有管理者每天都要通过外部大众媒体、内部董事会和各种报告等渠道接收和收集大量的信息，以审视组织所处的环境，成为内外部信息的监听者。

(2) 信息传播者：管理者还扮演信息传播者角色，将从外部或下属那里获得的信息与组织内部更多人员分享。

(3) 发言人：当管理者把组织的计划、政策、行动、结果等信息向外界发布时，他便扮演发言人的角色，以使得那些对组织有重大影响的人能够及时了解组织的内部信息。

3. 决策制订的角色　决策是管理者要做的最基本的工作，决策制订的角色渗透全部管理职责和过程中。明茨伯格据此将管理者划分为企业家、混乱处理者、谈判者和资源分配者4种类型。

(1) 企业家（创新者）：企业家角色的主要任务是激发组织的创新和变革，并能监督和控制他。通过确定组织的经营哲学、宗旨和使命，从组织生存的环境中寻找机会和规避风险，发起变革以使其适应组织的发展战略和外部环境。

(2) 混乱处理者（危机处理者）：组织内外时刻处于变化之中，任何事情不可能都在掌控之中，管理者常常面临各种突发事件和危机。作为混乱处理者，管理者应及时采取纠正行动以应对突发事件或偶发事件，避免事件的进一步恶化。

(3) 谈判者：组织要不停地与外界的其他组织发生业务往来，各种重大的、非正式的谈判经常发生，管理者作为组织的代表参与谈判，争取组织或部门的利益。

(4) 资源分配者：管理者还要扮演资源分配者角色。因为组织的资源是有限的，管理者在运用组织资源实现组织目标时，就必须对组织中的人、财、物等资源及管理者自己的时间进行分配。

(三) 管理者的技能

管理者在管理实践活动中，要履行好管理职能和扮演好管理者的角色，就必须掌握和具备一定的技能和能力。概括而言，所有管理者必须具备以下3种主要管理技能。

1. 概念技能　概念技能(conceptual skill)是指管理者应具有的抽象思考、整合组织资源和活动的能力。即管理者面对纷繁复杂的环境，通过分析、判断、抽象和概括，洞察事物，分辨各种因素的作用，认清主要矛盾，抓住问题实质，形成正确的概念，从而做出正确决策的能力。

2. 专业技术技能　专业技术技能(technical skill)是指管理者完成某一特别技术领域的工作所需要的能力，如医生、工程师、律师或财会人员在各自专业领域中都需要具备的技能。如果管理者对业务领域所需知识了解甚少，就难以对作业活动进行科学的计划、组织、领导和控制，更难在该领域发展和创新。

3. 人际关系技能　人际关系技能(human skill)是指管理者与各类人员协作、沟通和交流的能力。现实中，不少管理者在技术上是出色的，但处理人际关系方面却存在欠缺，如不善于倾听和理解他人的诉求，或不善于处理人际冲突等。要使他人心悦诚服地工作，取得他人的合作与支持,管理者必须注意提高自己的人际关系技能,处理好与上级、下级、同事之间关系。

上述3种技能为各个层次、各种领域管理者所必需。当然,不同层次管理者对这3种技能的要求有所不同(图1-1)。一般来说,对于高层管理者而言,概念技能尤为重要。反之,对于基层管理者,技术技能更为重要。而人际关系技能是各个层次的管理者都应具备的重要技能。

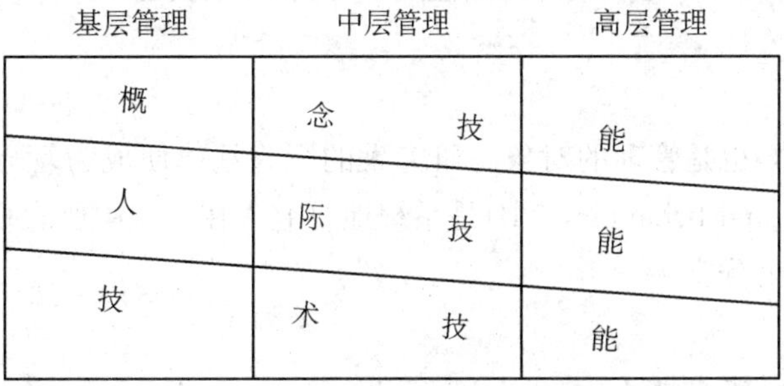

图1-1 管理层次与管理技能

(四) 管理活动的分类

费雷德·卢森斯(Fred Luthans)和他的同事研究了450余名管理者发现,这些管理者从事的管理活动大体可以分为4类。①传统管理:决策计划和控制;②沟通与交流:交换日常信息并处理书面材料;③人力资源管理:激励、处分、冲突管理、人员安置和培训;④社交网络:社会化活动、政治活动及与外部的相互交往。

在他们的研究中,管理者平均把32%的时间花在传统管理活动中,29%的时间用于沟通,20%的时间用于人力资源管理活动,19%的时间用于社交联络。但是,不同的管理者花费在这4种活动上的时间和精力相差甚远(图1-2)。对于成功的管理者(根据他们在组织中晋升速度来衡量),社交时间所占比例最大,人力资源管理的时间所占比例最小。而对于有效的管理者(根据他们工作绩效的数量和质量,以及他们下属的满意程度和承诺程度来界定),沟通时间所占的比例最大,社交时间所占比例最小。

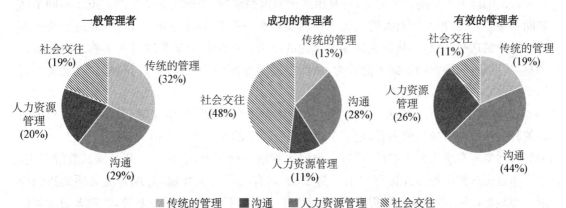

图1-2 管理者各类管理活动的时间分配

这些研究对于理解"管理者在做什么"提供了一些重要启示。研究结果对长久以来一直以为"晋升是以工作绩效为基础"的假设提出了挑战。它生动地展示了这样一个事实：社交技能和政治技能对组织内部的发展具有重要作用。

第二节　组织行为学基础

人是管理的主体，也是管理的对象。研究人的行为规律便成为管理学的重要内容。组织行为学（organizational behavior，OB）是系统地研究人在组织中所表现的行为和态度的学科，是行为科学的一个分支。

一、组织行为学的基本概念

（一）组织行为学关注的问题

当要求管理者们描述他们经常碰到或最感到棘手的问题时，所得到的答案都趋于一个共同的主题——人的问题。管理者要想有效地工作，得到并留住高效员工，就必须开发人际技能。组织行为学就是这样一个研究领域：它探讨个体、群体和结构对组织内部行为的影响，然后运用这些知识和规律帮助管理者及潜在的管理者开发人际交往技能，从而使组织的运作更有效。

组织行为学关注人们在组织中做什么及这种行为如何影响组织的绩效。具体来说，组织行为学关注如何引导积极的工作态度、减少退缩行为、增进组织公民行为、增强群体的凝聚力和功能、提高工作绩效和生产率、促进组织生存和发展等研究领域。

（二）组织行为学的理论价值

人们的行为不是随机发生的，它是由某种原因引起的，并指向某个目的。虽然不同个体之间存在差异性，但是所有人的行为当中确实存在一些基本的一致性。可以通过系统研究的方法找到这些一致性，从而提高预测行为的能力。组织行为学是通过对事物之间关系的考察，帮助解释、预测和控制人的行为，从而提高满意度和生产率的一门科学。这是组织行为学最核心的理论价值。

1. 解释行为　当想知道一个人或一个群体为什么会做某些事情时，就是在寻求对事情的解释。从管理者的角度来看，它似乎是组织行为学的3个理论价值中最不重要的一个，因为解释通常要在事实发生之后。然而，想要去理解一种现象，必须从一开始就试着解释它，然后通过理解找出原因并进行归纳。例如，突然有大量员工辞职，管理者就必须先找到原因。很显然，员工辞职的原因很多，可能是由于工资水平低、工作环境差等，管理者通常可以通过挖掘原因来解释事件，并采取必要的措施改善这些条件。

2. 预测行为　预测是对未来事件而言的。它探寻当某一行为发生时会产生什么样的结果。一家公司的管理者试图评价职工对新的考核管理系统的反应,这就是一种预测行为。在掌握组织行为学知识的基础上,管理者就能对某种变化引起的行为反应,做出一定程度的预测。当然,实现某种变化的途径是多种多样的,管理者可以评价员工对不同实现途径做出的不同反应。这样,管理者就能够预测出哪种措施引起员工的抵触行为最少,进而做出决策。

3. 控制行为　这是组织行为学最具争议的理论价值。控制行为就是运用组织行为学的知识去控制别人的行为。当某个人试图使他人按照自己的意愿行事时,尽管这种控制在主观上是无意识的,但却使他人的行为受到了控制。在一些组织中,这被认为是不道德和令人厌恶的。然而,组织行为学所提供的用于人们进行控制的方法已是不争的事实。这些方法是否应该在组织中运用已成为一个道德问题。不管怎样,必须意识到,组织行为学的控制已被管理者视为对其工作效果最有贡献且最有价值的理论了。

(三) 组织行为学的分析模型

模型是对现实的一种抽象概括,是对某些真实世界中现象的简化表达。图1-3代表了组织行为学个体、群体和组织3种分析水平。随着从个体水平到组织水平的讨论,对组织行为的理解会越来越系统。这3种基本的分析水平如同建筑上用的砖块,每种水平都建立在前一种水平之上。

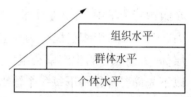

图1-3　组织行为学的3种分析水平

1. 组织行为学的基本模型　图1-4展示了组织行为学基本模型的框架。它提出了在

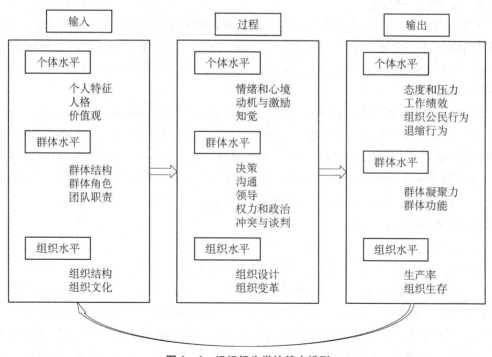

图1-4　组织行为学的基本模型

3种分析水平(个体、群体和组织)上的3种类型的变量(输入、过程和输出)。组织行为学的基本模型需要从左到右去理解。从输入到过程,再从过程到输出。请注意,这个模型同样显示了输出对未来的输入将会产生影响。

所谓输入变量(inputs)是指像人格、群体结构和组织文化这些影响过程的变量。这些变量决定了在一个组织中接下来将要发生什么。许多变量在进入工作之前就已经定型。例如,个人特征、人格、价值观,这些由个体的遗传基因和儿时的成长环境决定。群体结构、群体角色和团队目标,通常在团体成立前后就确定了。最后,组织结构和组织文化通常是组织多年发展和适应环境变化的结果,是组织建立起来的一系列的习惯和规则。

过程(processes)是个体、群体和组织各种输入变量的一个结果,而这个结果又会导致一定的输出。在个体层面上,过程包括情绪和心境,动机和激励,以及知觉;在群体层面上,过程包括决策,沟通,领导,权利和政治,以及冲突和谈判。最后,在组织层面上,过程包括组织设计和组织变革。

输出变量(outcomes)是你试图解释和预测的关键变量,它受到一些其他变量的影响。在组织行为学中,什么是主要的输出呢?学者们所重点关注的输出,个体层面包括态度和压力、工作绩效、组织公民行为和退缩行为;在群体层面,包括凝聚力和组织功能;最后,在组织层面,关注综合的生产率和组织生存。因为这些输出变量在接下来的所有章节中都会提及。以下先简要解释一下每一个输出变量,以便更好地理解组织行为学的目标。

(1)态度和压力:态度(attitudes)是指员工对目标、人和事件做出的积极或消极的评价。例如,"我真的认为我的工作是伟大的",反映的是一个积极的工作态度。相反,"我的工作非常的无聊和乏味",反映的是一个消极的工作态度。压力(stress)是回应外部环境压力的一种不愉快的心理体验。

正如后面将要展示的,态度常常会产生直接影响组织有效性的行为。多年来,管理者一直认为存在这样一个基本原则:满意的员工比不满意的员工生产率要高。大量的证据表明,那些满意的、被公平对待的员工更愿意承担更多的组织公民行为,而这在现代的商业环境下尤为重要。

(2)工作绩效:核心工作任务的效果和效率反映了工作绩效(task performance)。对于一个工厂的工人,工作绩效可能是他1 h内生产的产品的数量和质量。对于一个教师来讲,工作绩效可能是学生们获得的教育水平。所有这些绩效都与一个工作的核心职能和责任有关,并常常与它正式的职位说明中提出的要求直接关联。毫无疑问,工作绩效是一个对组织效能最重要的人力资源输出,因此,在每个章节我们安排了相当多的精力去详细描述工作绩效是如何受到各种因素影响的。

(3)组织公民行为:组织公民行为(organizational citizenship behavior, OCB)是一种由员工自觉从事的行为,它不包括在员工的正式工作要求中,但这种行为无疑会促进组织的有效运作。在当今社会,动态的工作场所中有两个特点:一是灵活性成为关键;二是工作任务越来越多地在工作团队中进行。此时,组织更需要那些表现出"好公民"行为的员工。这些员工对工作群体中的其他成员提供帮助,主动多做工作,回避不必要的冲突,容忍工作中偶尔发生的不快和麻烦。有证据表明,拥有这样的员工的组织业绩更优。因此,组织行为学把组织公民行为也作为一种输出变量。

（4）退缩行为：前面已经提到了高于和超出工作要求的行为，那么低于工作要求的行为又是什么呢？退缩行为（withdrawal behavior）是指员工采取的一系列使自己孤立于组织的行为。现实中有许多的退缩行为，从迟到到缺席会议，再到缺勤和离职。职工的退缩行为会对一个组织产生非常大的副作用。关于辞职，即便是初级岗位的辞职，就可以损失上千美元。缺勤同样每年耗费组织大量的时间和金钱。例如，一份调查显示，美国公司因非计划内的缺勤造成的直接损失为工资总额的8.7%。

（5）群体凝聚力：群体凝聚力（group cohesion）是指群体中的成员在工作中相互支持和认可的程度。当一个群体中的成员彼此信任，寻求共同的目标，并通过共同努力实现这个目标，那么这个群体就是有凝聚力的。当一个群体出于各自的目标而互相孤立，彼此之间没有忠诚度，那么这个群体是没有凝聚力的。大量的证据表明，有凝聚力的群体更有效。各个公司试图用各种方法提高群体的凝聚力，这些方法包括简短的缓解气氛的会议和各类社会活动，如野餐、聚会，以及户外冒险活动等。

（6）群体功能：如同积极的工作态度与高水平的工作绩效有关，群体凝聚力可以营造积极的群体功能。群体功能（group functioning）是指一个群体工作产出的数量和质量。如同一个运动团队的表现优于单个运动员的表现之和，一个工作组织的团队功能要优于单个个体工作绩效的总和。说一个群体功能有效意味着什么呢？在一些组织中，一个有效的群体是一个聚焦核心任务并实现既定目标的群体；而另一些组织追求的是一个可以协同工作并提供卓越客户服务的团队；还有一些组织更重视团队的创造力和不断适应环境变化的柔韧性。在每一种情况下，为了从团体中获取更多就需要采取不同类型的行为。

（7）生产率：在组织行为学中最高水平的分析是组织层次的分析。如果一个组织以最低的成本完成从输入到输出的转换，那么它就是富有成效的。因此，生产率（productivity）包括效果（effectiveness）和效率（efficiency）两个方面。

如果一家医院能成功地满足患者的需要，就是有效果的。如果它能以低成本做到这一点，就是有效率的。如果医院的管理者想在现有员工的基础上通过减少患者占用病床的平均时间，或增加每天医生对患者的诊断数量来提高医院的产出，就可以说这家医院是高生产率的。

（8）组织生存：理论上认为最终的输出是组织生存（survival），即组织可以长时间的存在并不断成长。组织的生存不仅仅依赖于组织的生产率，还在于它是否很好地适应了它所处的环境。一个富有生产率的，但其产品和服务对市场来说是没有价值的组织是不可能长久的。所以生存因素包括：成功地感知市场、做出如何以及何时追求机会的正确决定、成功地根据新的市场环境及时做出管理上的改变。

2. 权变的组织行为学模型　在组织行为学中，几乎没有什么理念对于所有的组织、所有的工作和所有类型的员工都是适用的。必须用一种权变的框架研究和应用组织行为学。权变理论认为，根本不存在一种最佳的方法管理组织中的人，也没有一套放之四海而皆准的简单原理。同样情景中的两个人表现常常大不一样，同一个人在不同情景下行为也会发生变化。例如，不是每个人都热衷于追求金钱；你周一上课时的行为同周末娱乐时的行为也大不相同。

当然,这并不意味着无法对人类行为作出合理而准确的解释,或有效地进行预测。相反,它的意义在于,组织行为学概念或理论必须反映情景或权变条件。可以说 X 导致 Y,但只能在 Z(Z 是权变变量,contingency variable)所限定的条件下。组织行为学是通过把一般性的概念和理论加以调整后再应用到特定的情景中发展起来的。例如,组织行为学家会避免这样的说法:有效的领导在做出决策之前必须征求下属的意见和看法。事实上,有些情境下,参与式的领导风格确实具有其优越性;但是在有些情境下,专制的领导风格或许更为有效。

(四) 组织行为学的研究方法

组织行为学寻求用系统研究的方法代替直觉解释,即运用在控制条件下收集到的科学证据,以合理、严谨的态度测量和解释,对其原因和结果进行归类和汇总。所以,本教材的主题和观点大部分来源于科学研究,是建立在大量系统化设计的调查研究基础之上的。组织行为学的研究方法很多,如实验室实验、现场实验、现场调查、观察法、案例研究、聚合定量评价、测试法、心理测验法等。本章主要介绍以下几种。

1. **实验室实验** 在实验室实验中,研究人员创设出一种人工环境,然后在控制条件下操纵自变量。由于其他因素保持不变,研究人员最后得出这样的结论,即因变量的任何变化都是由于对自变量的操弄或变化所引起的。实验室实验为达到精确性和可控性而牺牲了现实性和普遍性。它对变量的控制程度更高,测量更准确。但是,实验室研究的结果常常难以推广到实际的工作情境中。

2. **现场实验** 现场实验是利用现存的机构(如工作班组)有目的地控制和改变某些因素和条件,验证某项假设,或检验一些管理措施所产生的效果而采用的方法。与实验室方法相比,现场实验由于自然的场景比实验室更真实,故增加了实验的有效性,实验结果比较易于推广。但现场实验的控制条件与实验措施不如实验室实验方法那样方便,如果控制群体不能维持恒定,外界因素的干扰会降低控制效果。

3. **现场调查** 现场调查是研究者根据研究问题的性质,运用问卷、调查表、电话访问、面谈等工具,对特定人群进行调查,收集材料、统计分析,以研究被调查者的行为特征或规律。现场调查的样本要有代表性,才具有统计意义,研究者才能根据代表性样本推断出一般的特征和规律。

4. **观察法** 观察法是在自然条件下,如在正常的、真实的工作情境中,有目的、有系统地观察、研究对象以获得数据,得出结论。研究者在进行观察之前,必须明确了解"观察什么""怎样观察"和"怎样记录"等问题,以便不失时机地捕捉到有关信息。观察法的优点在于:研究者未对研究对象施加任何影响,所以通过观察法获得的资料的可靠性、可信度较高。观察法的缺点在于:任何个体和群体都有其独特性,因此很难把研究成果运用于其他的个体和群体中去。

5. **案例研究** 案例研究(case study)以某一典型个体、群体或单位为研究对象,进行深入、具体的研究,从中找出规律性的东西,再推而广之。通过对研究对象直接地考察与思考,研究者能够进行深入地理解和分析。但是,案例研究也存在局限性,如难以进行归纳,存在技术上的局限和研究者的偏见等。

6. 聚合定量评价　组织行为矫正对任务绩效的影响究竟有多大？已经有大量的现场实验试图对这个问题做出说明。遗憾的是,各种研究所得出的结果相去甚远,使人们很难总结出一个统一的结论。为了协调各种各样的结论,两位研究人员综述过去20年所有关于组织行为矫正对任务绩效的影响的实证研究。研究者最后筛选出19篇研究报告,包含了2 818人的数据。借助于一种被称为元分析的聚合分析技术,研究者能够定量地整合所有的研究,并最终得出结论：在实施组织行为矫正干预以后,个人的平均任务绩效提高了50~67个百分点。

二、组织行为学的产生与发展

斯蒂芬·P·罗宾斯在描述组织行为学的历史沿革时,这样写道,"组织行为学"的种子在200多年前就已种下,但现行的组织行为学理论与实践实质上是20世纪的产物。纵观组织行为学的发展历史,其发展大体上分为以下4个阶段。

(一) 古典理论时代

古典理论时代是指19世纪末到20世纪20年代这一段时间。这是组织行为学的起步与产生阶段,与管理科学的发展紧密相关,它只是思想的萌芽阶段。由于没有完全脱离君主统治的观念和工业革命的冲击,工业革命时代的管理还处于传统的窠臼之中,管理中一切以工作为主,忽视人性的存在。

这一时期的组织行为学仍处于管理学之中,表现为：心理技术学、劳动心理学与人机工程学研究的兴起以及各种心理测试手段的运用。研究内容属于个体取向,侧重于人与机器的关系及工作效率问题。

(二) 人际关系时代

人际关系时代是指20世纪20年代至第二次世界大战期间。这是组织行为学的确立和形成阶段,这一阶段组织行为学与管理心理学紧密结合,为组织行为学的产生奠定了理论基础。

其主要表现为：组织行为学研究由个体取向转向群体取向。人性化管理成为许多企业在管理中所追求的目标。此外,美国国家劳工关系法案的颁布,确立了工会的法律地位,使得雇主不得不把员工的利益和合法权益作为重要因素进行考虑。

(三) 行为科学时代

行为科学时代是指第二次世界大战到20世纪70年代。这个阶段是组织行为学的大发展阶段。在这个阶段,组织行为学与行为科学紧密结合。行为科学理论家专注于对人际关系行为进行客观性研究,力图提出精密准确、能够为其他行为科学家重复的研究设计,主张运用科学事实研究人的行为、社会现象及心理现象等,希望由此建立起组织行为科学。

从人际关系时代到行为科学时代,管理从监督制裁到人性激发、从消极惩罚到积极激励、从专制领导到民主领导、从唯我独尊到意见沟通、从权力控制到感情投资,并努力寻求人与工作的配合。

(四) 权变理论时代

权变理论时代是指从 20 世纪 70～80 年代至今。企业运作的环境不应只考虑人性因素,还必须考虑整体系统的影响因素。因此,权变理论认为,根本不存在一种最佳的方法来管理组织中的人,也没有一套放之四海而皆准的简单原理,上述各学派的观点都是不够完善的。整体而言,企业的有效运作取决于下列因素:绩效＝f(员工,组织结构,环境,任务)。

以此观点,组织管理的运作必须以权变理论为依据,在不同情景下应采取不同作法以适应不同情况,必须用一种权变的框架研究和应用组织行为学。组织行为学研究更趋于综合性、全面性和系统性。

三 组织行为学的基础学科

组织行为学是一门应用性的行为科学,它是在众多行为科学分支的基础上建立起来的。这些学科是组织行为学的理论来源和方法学来源,主要包括心理学、社会心理学、社会学和人类学等。下面主要阐述:心理学的贡献主要在于个体和微观的分析水平上;其他 3 个学科的贡献在于帮助理解一些宏观的概念,如群体和组织。图 1-5 概括了组织行为学与 4 个主要基础学科的内在联系。

(一) 心理学

心理学(psychology)是寻求测量、解释,有时是改变人和其他动物行为的科学。心理学家关心的是研究和理解个体的行为。对组织行为学已经做出贡献并且一直在丰富该学科知识的人包括学习理论家、人格理论家、咨询心理学家及最重要的工业和组织心理学家。早期的工业和组织心理学家主要关注疲劳、厌倦和其他与工作条件有关的因素。这些因素会影响工作绩效。近期的研究已经扩展到学习、激励、情绪、人格、培训、领导有效性、绩效评估、工作满意度、决策过程、态度测量、工作设计及工作压力等方面。

(二) 社会心理学

社会心理学(social psychology)是心理学的一个研究领域,它是心理学和社会学相结合的产物。它关注人与人之间的相互影响。社会心理学家研究较多的一个领域是变革,即如何实施变革及减少变革的阻力。另外,社会心理学家的重要贡献还在于对行为和态度变化的研究,以及在沟通模式、满足个体需求、群体决策流程等方面的研究。

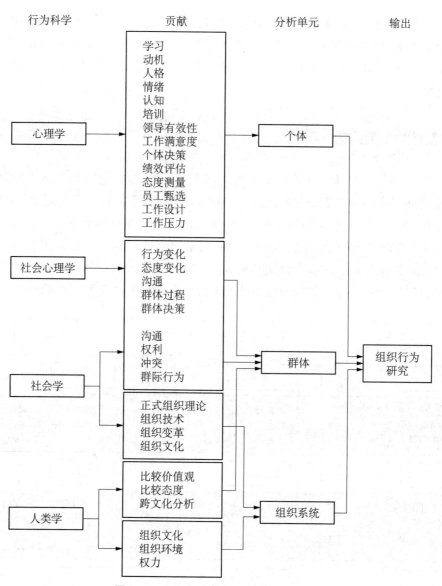

图1-5 组织行为学与其基础学科的关系

(三) 社会学

心理学家关注的是个体,社会学家则主要研究由扮演各种角色的个体所组成的社会系统。也就是说,社会学(sociology)研究的是人与人之间的关系。社会学家对组织行为学的最大贡献是关于组织中群体行为的研究,特别是关于正式和复杂的组织的研究。社会学家为组织行为学领域注入了很多新鲜的知识,包括群体动力学、工作团队设计、组织文化、正式组织理论及结构、官僚主义、沟通、地位、权力、冲突及工作和生活的平衡。

(四) 人类学

人类学(anthropology)通过对社会的研究,了解人类及其行为。它包括人类的生理特性、进化史、地理分布、群体关系、文化历史和实践。人类学家对于文化和环境的研究,使得我们了解了不同国家和不同组织内人们的基本价值观、态度和民族文化的差异。我们现在对组织文化、组织环境差异的认识,大多数来源于人类学家或直接采用他们的研究方法得到的研究结果。

四 本教材的框架结构

如图1-6所示,在个体、群体和组织3个层面上分析输入、过程和输出3种类型的变量。但是,按照这些领域开展研究的思路来安排章节,相比围绕3个层面跳跃式的分析,人格如何影响动机,动机又是如何影响绩效这样单一层面的表述更容易理解。因为每一个层面都建立在它之前的层面,当你逐一分析过后,将会很好地理解人们是如何支持组织功能的。本教材围绕组织行为学解释、预测和控制三大功能,从个体、群体和组织3个层次对组织行为学的基本理论、在卫生领域的应用及组织行为学的发展趋势进行详细介绍。

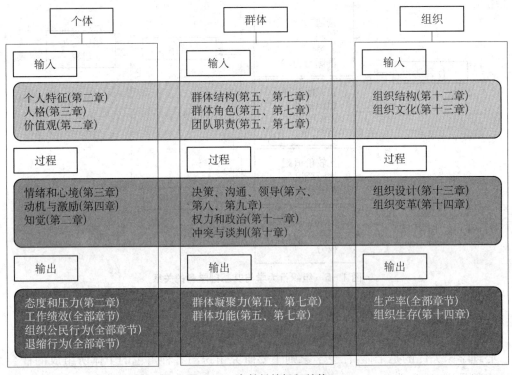

图1-6 本教材的框架结构

第二章至第四章围绕组织中的个体展开,关注如何认识人。首先,介绍个体行为的基础,包括:价值观、态度和工作满意度,知觉、社会知觉与归因,能力、压力与学习等。接下来,我们将分析人格与情绪在个体行为中的作用和影响。最后讨论动机与激励理论及其运用。

第五章至第十一章围绕群体行为展开,关注如何协调人。个体在组织中的行为并不是个体行为的简单相加。个体在组织中的行为与他们个人单独的行为是不同的,会受到组织及组织中其他个体的影响。本部分我们将引入群体行为模式,讨论如何打造有效的团队,如何实现有效沟通及群体决策,同时探讨领导、冲突与谈判、权力与政治等问题及其应用。

第十二章至第十四章围绕组织系统展开,如何让组织更利于人的发展。正如群体不是单个个体的简单相加,组织也不仅仅是一堆群体行为的综合。如果在个体和群体行为知识的基础上再加入组织系统的知识,组织行为学就达到了其最高境界。本部分将讨论组织结构和工作设计是如何影响行为的,如何开展组织文化建设以提高绩效、改善满意度,并介绍组织变革的动力与阻力,以及如何运用组织变革和发展技术影响行为从而实现组织目标。

第三节　卫生与组织行为学

卫生系统是指所有以促进、恢复和维护健康为目的,致力于开展卫生活动的组织、机构和资源,包括提供卫生服务、提供医疗保障、筹措卫生资源和开展卫生管理4个维度。由于卫生工作面对的是人或人群的健康和生命,其组织结构、人力资源、服务形式及卫生资源的筹资、配置、运行等都具有其他专业所没有的特殊性与复杂性。今天的卫生管理者必须掌握足够的人际交往技能,才能与这样一个庞大的、动态的、复杂的行业的员工进行有效的交流,而了解并成功运用卫生系统区别于其他社会系统的组织行为学情境是有效实施卫生管理的基础。

一、卫生系统的复杂性与特殊性

卫生系统的每个组成部分(如医院、社区机构、公共卫生机构、康复机构等)都配置了各种各样的人力资源,从熟练的、有执业资格的专业人士(如医生和护士),到培养过程中的各类医护人员,再到卫生系统内的各种非卫生技术人员,人员组成数量庞大且非常复杂。此外,不同的医疗卫生机构都拥有不同的经济结构,有营利和非营利之分,也有公立和私立之分。因此,整个卫生系统的复杂性和特殊性相比其他行业更为显著。

(一) 卫生组织体系

卫生组织体系是指以恢复和增进人群健康为目标的各种卫生组织的集合。一切卫生工作都是通过卫生组织体系实施的,卫生组织体系结构、功能分配、职权划分的合理性直接决定了各项卫生服务的效果和健康目标达成的程度。卫生组织体系包括3个部分:卫生行政组织体系、卫生服务组织体系和社会卫生组织体系。

1. **卫生行政组织体系**　卫生行政组织是对国家卫生事务实施管理的组织,在卫生组织体系中承担统筹规划、制订政策、组织协调、准入管理、监督等职能。广义的卫生行政组织指一切具有计划、组织、指挥、协调、监督和控制等管理职能的卫生组织机构。狭义的卫生行政组织指国家行政管理机构中的政府卫生部门。

2. 卫生服务组织体系　卫生服务组织是指以保障居民健康为主要目标,直接或间接地向居民提供预防服务、医疗服务、保健服务、康复服务、健康教育和健康促进等服务的组织,包括医疗机构、专业公共卫生机构和其他卫生服务组织。

3. 社会卫生组织体系　社会卫生组织是指不以营利为目的,主要开展公益性活动、独立于政府体系之外的正式的与卫生有关的社会实体,包括学会、研究会、协会、基金会、国际卫生组织等。社会卫生组织弥补卫生行政组织和卫生服务组织功能的不足,并促进两者间的沟通、协作。

(二) 卫生服务的特点

卫生服务是一类特殊的消费品,事关个体或人群的健康和生命。卫生服务市场存在供需双方信息不对称,是一个不完全竞争的市场。因此,卫生服务有诸多不同于其他服务的特殊性。这些特殊性影响人际交往的基础情境。

1. 卫生服务需求与供给的不确定性　就个人来说,疾病和事故伤害带有偶然性,很难对个人的疾病进行预测,因而个人的医疗需求具有不确定性。而且,由于个体的差异,即使具有相同病症的人,所应获得的服务及服务的效果也有很大不同,导致卫生服务的供给和效果具有不确定性。因此,医务人员在与患者沟通的时候,要避免给出绝对性、确定性的关于疗效的预期。

2. 卫生服务中有大量的公共和准公共产品　卫生服务中的公共产品和准公共产品具有较显著的社会效益,但由于其存在效益的外在性,导致在完全依赖市场机制调节时公共产品和准公共产品供给短缺,如传染病的防治、免疫接种等。从这个意义上讲,市场机制在卫生领域中不能完全实现卫生资源的有效配置。对于需方来说,对公共卫生服务和医疗服务的需求是不同的;而对于供方来讲,提供公共卫生服务和提供医疗服务的意义也是不同的。因此,公共卫生服务的情境与医疗服务的情境存在较大的差异,所需求的人际交往技能也往往存在差异。

3. 卫生服务需求的价格弹性较小　卫生服务关系到人的生命健康,属于维护生命健康权利的基本消费,并且许多卫生服务需求具有紧迫性,如危重疾病、急性伤害必须获得及时的处理和治疗,价格变动对于卫生服务需求,特别是对基本医疗卫生服务需求的调节不灵敏,患者往往只能被动接受医疗服务的价格。这在某种程度上造成了患者在服务价格谈判上的弱势。

4. 卫生服务中的医患双方信息不对称　在卫生服务市场里,由于消费者缺少医疗保健等知识,难以完全判断自己是否需要医疗服务,以及医疗服务的数量、质量和价格。决定医疗服务数量和质量的是掌握专门知识的医生。由于供需双方信息的不对称,使得卫生服务需求者处于一种被支配的地位,卫生服务产品交换的双方不是处于平等的地位。

5. 卫生服务市场存在市场机制失灵

(1) 垄断与诱导需求:医疗服务市场受到医学教育程度的制约和行医许可制度的限制,具有制度垄断性。卫生服务领域是一个高技术性的行业,拥有一定技术并获得执业资格的医务人员和机构,很容易形成技术垄断。同时,由于供需双方的信息不对称,医疗服务提供者在代表消费者做出医疗服务消费的选择时,可能受到自己经济利益的影响,产生诱导需求。

(2) 医疗服务的价格不是经充分竞争形成的:由于医疗服务产品的特殊性,消费者又存在个体差异,造成同类医疗服务供给的异质性和比较上的困难。因此,医疗服务的价格不可能通过充分竞争形成,只能由有限竞争形成,即同行议价、协议议价或指导定价。此外,大多数卫生机构并不以追求利润最大化为目的,而是把社会效益、救死扶伤放在首位,经营亏损部分通过政府补贴、捐赠等弥补。

(3) 医疗服务市场存在第三方付费人:在医疗服务市场中,随着医疗保险业的引进,市场拥有3个经济主体,即卫生服务的需求者、卫生服务的提供者和第三方付费人——医疗保险机构。医疗保险机构的介入,打破了医患双边关系,市场的信号——医疗价格的变动对供需双方的调节不灵敏,特别是医疗消费者对价格的变化反应迟钝,价格对消费者的约束变弱。

(三) 卫生人力的特点

1. **卫生人力资源的培养周期长** 卫生人力资源属于知识密集型资源。卫生技术人员在日常工作所接触的是人的身体和生命,其提供卫生服务时,不仅需要深厚的理论基础,同时还需要丰富的实践经验。卫生行业的特殊性和卫生服务的专业性决定了卫生人力培养周期比较长,培养和管理过程比较复杂。

2. **卫生人力存在职业高风险** 由于疾病本身的复杂性、技术局限性、不可预见性及意外突发事件的不可控制性等,必然给医生职业带来系列风险。近年来,激烈的医患矛盾与深度的医患纠纷使医生的执业环境变得更为复杂,增加了医生的职业风险。

3. **卫生人力存在执业准入制度** 卫生行业是一个特殊的行业,事关公众身心健康和生命安全。卫生人力资源需要有相关的专业知识和技术水平。因此,只有受过专门的医学教育或培训并获得执业资格的人,才被允许提供相应的卫生服务。

二 组织行为学对于卫生管理者的重要性

加强组织行为学的学习和应用,对于培养和选拔各级卫生管理人才,改进管理工作和提高管理水平,调动广大职工的积极性、主动性和创造性,增强医疗卫生单位的活力等都具有重要意义。

1. **有利于树立以人为中心的管理理念** 组织行为学认为,人是组织的主体。现代化的管理中,最重要的管理是对人的管理。实现管理的目标,就要建立以人为中心而不是以任务为中心的管理制度。科学技术越发展,就越要重视人的因素,重视提高人的素质,提高脑力劳动者的比重。实践证明,越是高级的脑力劳动者,就越是需要人性化的管理模式,才能充分发挥其主动性和自觉性。

2. **有助于合理有效地使用各类人才** 组织中的每一个人均有他们各自的个性特征、气质、能力和性格。而组织行为学的个体行为部分,通过对个性理论及其测定方法的研究,以及对个人绩效考核方法的研究,使组织领导能够全面了解每个人的性格特点和能力所长,从而安排与之相适应的工作岗位和职务,真正做到扬长避短、人尽其才、才尽其用。

3. 有助于改善组织中的人际关系　组织中的职工不可能孤立行事,必然在一定的工作群体中与他人协作配合,发生各种各样的关系。组织行为学对群体行为规律的研究,为改善人际关系、发挥群体功能、提高群体绩效等提供了依据。组织行为学主张把组织中正式群体和非正式群体的作用结合起来,满足人们归属的需要,增强群体的凝聚力和向心力,有利于进一步提高群体绩效。

4. 有助于提高领导者的管理水平　在不同的社会制度下,领导者与被领导者的关系具有不同的阶级性质。任何组织的领导者又是生产和工作任务的协调者和指挥员。领导者和职工的关系,除了具有一般意义上的生产关系的一面,还有社会关系的一面。组织行为学中关于有效领导者应具备的素质、领导艺术和如何根据不同情况采用不同的领导方式等原理,对于提高我们的领导水平具有重要意义。

5. 有助于应对健康产业的新变化　当前,健康产业正经历着深刻的、持续的变化。患者的期望寿命越来越高,需要越来越多的长期护理和家庭护理;患者和医务人员的角色同样也在发生着变化,患者获取的信息越来越多,对医务人员的期望也越来越高。这些变化改变了医务人员提供服务的方式,更加关注患者满意度和服务质量。因此,卫生管理者必须改变自己和员工履行工作责任的方式。学习组织行为学,将会帮助卫生管理者减少新环境的负面影响,并最大化激发职工的积极性,有效领导团队。

第四节　组织行为学的发展趋势

对管理者来说,学习组织行为学从来没有像现在这样重要。典型的员工正在逐渐变老,越来越多的女性和不同文化背景的员工进入工作场所,公司规模精简及对临时雇员的大量使用,瓦解了雇主和雇员之间维系忠诚的纽带,全球竞争要求员工更加灵活,并要学会适应迅速变革的环境。总之,外部环境系统出现了稳定性减弱、复杂性增加、确定性减弱等趋势,组织行为学的研究也在管理理论和管理实践的历史变革中不断地创新和发展。

一、组织行为学所面临的挑战

(一) 全球化带来的挑战

组织不再受到国界的制约。例如,本田的汽车在美国俄亥俄州生产,福特的汽车在巴西生产,大众的汽车在墨西哥生产,梅赛德斯和宝马的汽车在南非生产。世界变成了地球村。在这个过程中,管理者的工作发生了变化。

1. **劳动力多元化** 组织当前面临的一项最重要的挑战是:如何适应不同类型的人。可用劳动力多元化(workforce diversity)这一术语描述组织面对的这种挑战。管理者需要改变他们的经营理念,从对员工一视同仁转变为承认他们之间的差异,并采用不同的方式对待他们,以保证员工的稳定性和生产率的提高。这种转变包括提供多元化的培训和福利方案以满足不同员工的不同需要。

2. **日益增多的海外任务** 如果你是一名医院管理者,会发现自己有可能承担医疗援外的工作任务,可能被调到国外的医院工作。一旦到了那里,你就不得不管理一群新的员工,他们在需求、爱好和态度方面与你在国内管理的员工完全不同。

3. **和不同文化背景的人一起工作** 即使是在自己的国家,人们也可能发现与自己共事的上司、同事和下属是在不同文化中出生和成长起来的。能够调动工作积极性的因素对他们来说可能就不灵了。沟通风格可能是直截了当和开诚布公的,但这种风格可能会令他们觉得不舒服,甚至受到威胁。为了与这些人有效地共事,人们就必须弄清并理解文化环境、宗教信仰如何塑造了这些人,学会调整管理风格以适应这些差异。

4. **处理不同的经济信条** 对于效率、增长和利润的关注在美国、澳大利亚和英国等国被人们普遍地接受。可是这个信条在法国、中东和斯堪的纳维亚等国却并不受欢迎。例如,芬兰的"平等主义"信条使政治家具有"仇富"心理,这使得交通罚款基于违章者的收入,而不是基于他们违章的严重性。管理人员需要做出调整以适应公司所在国家的信条变化。

5. **工作向低工资国家转移** 发达国家的最低工资为 6 美元/小时或更多,而中国等发展中国家或地区的劳动力成本仅为 30 美分/小时。对发达国家的管理者来说,与拥有低成本劳动力资源的公司竞争日趋艰难。在全球化的经济浪潮中,工作倾向于向那些能为商业公司提供低成本比较优势的地区流动。

6. **恐怖主义战争期间的员工管理** 调查显示,对恐怖主义的畏惧是商务旅行者缩短行程的首要原因。员工对安全预防措施(在很多城市,没有经过多层的类似于机场安检的关口,是不能进入办公大楼的)和海外派遣任务(如何看待在对本国的人民充满敌意的国家工作)充满了恐惧。组织越来越需要找到解决这一问题的办法。

(二) 经济转型发展带来的挑战

当前,世界经济走向趋好与不确定性并存。人口、粮食、能源、水资源、生态环境等一些全球性经济问题日益凸显,世界各国经济处于结构调整期。管理者必须妥善应对这些变化以提高组织绩效和员工满意度。

1. **应对经济压力** 当商业日趋繁荣时,任何人都能经营一家企业,因为管理上的好坏只不过反映了挣钱的多少。当形势不好时,管理者与员工一起站在最前线,他们有的会被解雇,有的被要求减薪,他们担心自己的未来。管理上的好坏表现在盈利和亏损的差别,最终是生存和倒闭的差别。随着政府财政投入占医院收入比重的下降,医院管理者面临的经济压力也越来越大。

2. **改善质量和生产率** 生产能力过剩使得竞争加剧,又迫使管理者降低成本。同时,还要提高组织的生产效率和产品的质量。管理大师彼得斯说:"几乎所有的质量提高都源于设计、生产、计划、流程和程序的精简"。为了达到这些目标,很多医院管理者都在推行医疗质量控制、临床路径管理等方案,而这些方案都需要广泛的员工参与。

3. **改善顾客服务** 今天,绝大多数发达国家的员工从事的是服务性工作。医疗卫生也是一个服务性行业。服务性工作的共同特点是,他们需要与组织的客户进行大量的互动。因此,管理层需要建立一种回应顾客需要的文化。对于医院管理者来说,要关注并回应患者日益增长的、多层次的医疗卫生服务需求。

4. **改善人际技能** 本教材会不断提供新的概念和理论,帮助解释和预测工作中人的行为,使你获得一些人际技能方面的具体启示,并运用到工作中。例如,学会一些方法去设计能够激发人的积极性的工作,学会倾听技能,学会一些建设更有效的团队途径,以及在不同的卫生服务领域采用不同的沟通技巧。

5. **激发创新和变革** 当今成功的组织必须鼓励创新,并精通变革这门艺术。胜利将属于这样的组织:它们保持灵活性,不断改善产品或服务质量,通过持续不断的创新产品和服务赢得市场竞争力。组织中的员工可能成为创新和变革的推动力,也可能成为主要的绊脚石。管理者面对的挑战是激发员工的创造性及他们对变革的宽容性。

6. **合伙人与授权** 管理者与工人之间的角色界限正在逐渐淡化。决策制订被推到操作层面上,管理者给员工授权(empowering employees)。在这里,工人可以自由选择工作日程和工作程序,自行解决与工作有关的问题。越来越多的组织使用自我管理工作团队,这是一种在很大限度上没有老板、让员工自己负责所做的工作。例如,公立医院推行的全面预算管理就是通过对各个预算责任中心充分授权,从而调动各责任中心的积极性与主动性。

(三) 社会深刻变革带来的挑战

随着世界经济全球化的持续发展,人们的世界观、人生观、价值观和生活方式也经历着深刻变革。社会的深刻变革影响了组织行为的情景,管理者必须给予足够的关注。

1. **工作和生活的界限日益模糊** 20世纪60~70年代的典型员工形象是:周一至周五出现在特定的工作场所,工作明确地界定为8~9小时。如今的工作已经远非如此。员工们抱怨工作与非工作之间的界限越来越模糊,特别是医务工作者,工作正在挤压自己的个人生活,导致很多个人的冲突和压力。研究表明,员工希望在工作中得到灵活的时间安排,以使他们更好地处理工作与生活的冲突。

2. **临时性成为工作的主要特点** 今天我们绝大多数的管理人员和员工处在一个以"临时性"为最主要特点的环境中。临时性工作群体取代了固定工作群体,如多学科联合诊疗团队、全科医生团队,团队中的成员来自不同科室或专业,而且时常变化。另外,组织本身也在不断变化。今天的管理者和员工都必须学会应对临时性、灵活性、自发性和意料之外的局面。

3. **应对劳动力短缺和员工老龄化** 受到人口老龄化及生育率和劳动力参与率下降的影响,技能型劳动力的短缺将成为大多数国家所面临的一个重要问题。劳动力短缺时期,管理者需要在招聘和留人战略上更为深思熟虑。同时,随着养老金计划的提高和社会保险服务的扩大,老年人继续工作的兴趣已经降低,管理者需要改变组织活动以满足老年人的需求。

4. 员工忠诚度下降　从20世纪80年代中期开始,为了适应全球性的竞争、恶意接管、收购与兼并等,公司开始摈弃传统的工作稳定性、资历和报酬政策。他们通过关闭工厂,把生产转移到劳动力成本低廉的国家,卖掉或关闭不盈利的企业,减少管理层次、用临时工代替长期工来适应竞争的环境,从而变得"刻薄而吝啬"。这些变化导致员工忠诚度急速下降。随着医生多点执业及公立医院去编制化工作的推进,医务人员的流动性进一步加大。

5. 创造积极的工作环境　对于大多数组织来说,当前的竞争压力比以往更大,因此一些组织正在尝试通过营造良好的工作环境获取竞争优势。积极组织行为学(positive organizational behavior)正是这样一个研究领域,研究组织怎样发展人力优势,培养活力和弹性及释放潜力。积极组织行为学研究了一个被称为"反射性最佳自我"的概念。为了研究怎样开发员工的长处,他们请员工思考什么时候处于最佳状态。

6. 改善道德行为　组织成员日益发现自己面临着道德困境(ethical dilemmas)和道德抉择(ethical choices),即他们需要对哪些是正确的、哪些是错误的行动进行界定。在全球经济中,判定符合道德的行为方式尤为困难,因为不同的文化对特定的道德问题有不同的视角。例如,在经济衰退时,如何公平地对待员工在不同文化下差异很大。管理者需要为员工创造一种道德而健康的氛围,使员工可以全力从事自己的工作,尽量减少那些难以判断行为对错的模糊情境。

(四) "新组织"兴起带来的挑战

随着知识经济的不断发展,一些新的组织,如团队型组织、虚拟组织、学习型组织、扁平化组织、多元化组织、无边界组织、网络组织等也不断发展壮大。组织行为学是一门应用性科学,就必须做出相应的变革,使得传统的组织行为学的理论向比较开放的新型组织结构做出一定的转变。

1. 组织结构越来越灵活多变　相对于比较固定的传统组织结构,在新型组织结构中,网络化大大优化了信息流程,使得组织结构也越来越灵活多变。这样非常有利于加快上下左右信息传递的速度,以利于组织中个体之间的沟通,还推动了组织从构筑明确性的组织边界转变为无边界管理或渗透边界管理。这些新型组织结构形式通过企业的组织重构简化内部组织结构,促进组织内部信息的交流、知识的分享和每位成员参与决策过程,使得企业组织对外部环境的变化更敏感、更具灵活性和竞争实力。

2. 领导者的权威意识有所淡化　在新型的组织结构中,领导者的权威意识较之前有所淡化,员工的相对权利扩大。知识员工正在崛起。他们具有较高的创造性、流动性、成就动机和所从事工作任务具有一定复杂性的特点,因而其个性和行为表现出了不同于传统组织环境下的特征。这些知识员工对组织的依赖性降低,他们更看重工作的自主性而轻视来自组织的指令和管制;更看重工作的意义而不仅仅只关注工作结果的关联性。新型企业领导的主要职能是使本组织适应新的现实并迎接所造成的价值挑战。这种新的领导将不再由一个"负责"的精英人物所提供,它将从每一个人内在的能力中产生。这种更加人性化的管理注重分权和劳动者自觉遵守纪律,工作由一些重复性的行为构成变成由个体之间的相互交流构成。

3. 员工越来越多的通过网络完成工作 在网络化的组织中，人们即使相隔千里也能够相互沟通、共同工作，如远程医疗、移动医疗、互联网医疗等。借助这种组织，人们得以成为独立的承包人。他们运用电脑与全球各地的工作场所相连，进行远程办公。当他们的服务要求改变时，也可以跳槽到其他雇主那里。软件工程师、平面设计师、系统分析师、技术协调员、图片研究员、媒体编辑、医学录写员，都可以在家里或其他非传统办公地点办公。网络化组织中管理者的工作是不同的，通过"在线"的方式激励和领导人们做群体决策等都需要不同的技术，这与真实地与别人面对面处理问题有所区别。

二、组织行为学的理论进展

随着组织行为学的不断发展，组织行为学的研究主题越来越深入，研究领域不断扩大，研究视角也不断丰富。组织行为学研究的最新趋势突出表现在对印象管理、心理契约、组织承诺、组织公民行为、变革型领导、领导者-成员交换关系和循证管理等方面的探索和讨论。

(一) 印象管理

20世纪90年代，利里(Leary)和科瓦尔斯基(Kowalski)对此前研究者提出的印象管理定义进行简化和分析，发现各种不同定义基本上都包含两个部分：印象动机和印象构建。前者指个体试图控制他人的愿望或动机；后者指个体决定给他人产生什么印象，并如何产生这种印象。近半个多世纪以来，有关印象管理的实证研究在社会学、心理学、管理学和沟通学领域中得到了迅速发展。时至今日，印象管理的相关研究已经初具规模，并自成体系。

(二) 心理契约

多年来，学者们对心理契约内容和结构展开了广泛的研究，主要有二维和三维结构两种观点。最早对心理契约进行维度划分的是麦克·尼尔(Mac Neil, 1985)。他从理论的角度将员工与组织之间的契约划分为交易契约和关系契约两种类型。Ruosesuan 和 Tjiorimala (1996)在研究中指出，当组织的环境强调人际配合、团队取向时，心理契约中可能包括3个维度：交易维度、关系维度和团队成员维度。20世纪90年代以来，随着雇佣关系性质发生改变，心理契约的研究范围也在不断扩大，如今已包括心理契约的概念、内容、心理契约与离职意向、组织承诺、组织满意感、工作绩效、组织公民行为等相关变量的研究，心理契约的测量，心理契约违背，理念型心理契约等。

(三) 组织承诺

组织承诺(organizational commitment)的第1个定义来自美国社会学家贝克尔(Becker, 1960)早期单方面投入理论。他提出承诺是由单方面投入而产生的维持"活动的一致性"的倾向。许多研究发现，组织承诺能有效解释和预测成员的旷工、怠工和离职行为，而且可以作为衡量组织绩效的指标。最为普遍接受的组织承诺的定义是迈耶(Meyer)和艾伦(Allen)(1991)提出的多重构面的方式来衡量组织承诺，依据对组织情感上的依附、离开组织成本的认知及留在组织中的义务,将组织承诺分为情感性承诺、规范性承诺和持续性承诺3个方面。国内学者在20世纪末开始了对组织承诺的研究,得到了中国背景下组织承诺的五因子模型:在迈耶和艾伦三维结构的基础上,增加了理想承诺和机会承诺两个维度。

(四) 组织公民行为

组织公民行为是一种"有助于保持和改善那些支持任务绩效完成的社会和心理的行为"。对组织公民行为的研究大致包括前因变量研究、结果变量研究和动机研究3个方面。前因变量的研究认为,工作满意度、组织承诺、组织公平感、组织支持感、社会规范、尽职尽责、积极情感和消极情感、角色感知、工作特征等都与组织公民行为显著相关。结果变量的研究主要集中在组织公民行为对组织绩效的影响上。大量的研究表明,组织公民行为可以提高组织绩效。动机研究主要是探讨引起组织公民行为的内在驱动因素。研究表明,组织公民行为的动机有以下几种:利他动机、印象管理、破坏他人形象和其他一些潜在的动机(对内疚的补偿、对个人生活的不满等)。

(五) 变革型领导

变革型领导(transformational leadership)的概念最早是由伯恩斯(Burns,1978)在《领导学》一书中提出的,他首次将变革型领导和交易型领导区分开来。巴斯(Bass,1985)在其著作的《领导与超越期望的绩效》一书中认为变革型领导通过让下属意识到自己所承担任务的重要意义来激发其高层次的需求,建立相互信任的氛围,促使下属为了组织的利益牺牲自己的利益,并达到超过原来期望的结果。巴斯认为变革型领导主要包括3个维度:魅力-激励领导、智力刺激和个性化关怀。目前,国内外关于变革型领导的研究主要集中在以下3个方面:变革型领导的适用情境、结构及测量;变革型领导与领导有效性之间的关系;变革型领导影响领导有效性的作用机制。

(六) 领导者-成员交换关系

现代领导理论的发展大体经历了3个阶段:第1个阶段是领导特质阶段,认为"领导是天生的";第2个阶段是领导行为阶段,认为只要采取了适当的领导行为,任何人都可以成为有效的领导者;第3个阶段是领导权变阶段,认为没有任何一种领导模式一定是有效的,关键在于根据不同的环境来调整或选择领导模式。这3种理论虽然在内容上存在着很大的差异,但是它们都遵循着同一个研究假设——ALS(average leadership style,领导风格理论)假定,即认为领导者是以同样的方式对待其所有下属。LMX(leadership-member exchange,领导者-成员交换)理论的出现可以说是对ALS假定的突破。它认为领导者实际上会区别对待不同的下属,并根据关系的亲密程度把下属区分为"圈内人"(in-group)和"圈外人"(out-group)。在与领导的频繁接触中,圈内人相比圈外人获得更多的信任、关注和资源,他们更容易被领导评估为高绩效的下属。

(七) 循证管理

循证管理(evidence-based management，EBM)是对系统研究的补充，它以最佳可用的科学证据为基础做出管理决策。例如，我们希望医生基于最新可用的证据做出患者治疗的决策。EBM 认为管理者应该做同样的事情，才能在考虑管理问题时更加科学严谨。但相当多的管理决策仍然是在匆忙中做出的，而很少使用基于可用证据的系统研究。对于"人们做事的动机"这一问题，系统研究和 EBM 可以完善我们的直觉(intuition)或者说"本能"。当然，人们以非系统的方式所形成的观念未必一定是错误的。我们的建议是尽可能地使用证据，使其贯穿在人们的直觉和经验中。

本章小结

管理者要想有效的工作，就必须开发人际技能。组织行为学就是这样一个研究领域：它探讨个体、群体和机构对组织内部行为的影响，然后运用这些知识使组织的运作更有效。

组织行为学关注如何提高生产力、降低缺勤率、减少流动率、减少工作中的退缩行为，提高员工的组织公民行为及增进员工的工作满意度。

组织行为学采用系统研究有助于我们提高过去单凭直觉预测人们行为的准确性。由于人与人不同，我们需要用权变的观点来看待组织行为学，通过情景变量调整因果之间的关系。

组织行为学承认差异，它帮助管理者认识到劳动力多元化的价值所在，以及在不同国家进行管理时需要做出的一些变化。通过向管理者表明如何给员工授权，如何设计和实施变革方案，如何改善顾客服务，以及如何帮助员工平衡工作与生活的冲突，可以提高管理的质量和员工的生产率。

在卫生管理活动中，由于卫生系统组织结构、人力资源、服务形式，以及卫生资源的筹资、配置、运行等都具有其他专业所没有的特殊性与复杂性，卫生管理者所面临的工作情景会有所差别，因此需要灵活运用权变的组织行为学理论。

复习思考题

1. 人的行为有没有规律？为什么要学组织行为学？
2. 定义组织行为学，并与管理学和人力资源管理进行比较。
3. 什么是组织，家庭单元是否是组织，请解释。
4. 既然工作满意度不是一种行为，为什么还把它作为一种重要的因变量？
5. 给我们造成麻烦的不是那些我们不知道的事情，而是我们自以为知道的事情其实根本不是那样。谈谈对这句话的理解。
6. 为什么组织行为学中几乎没有绝对的真理？

7. 为什么用系统研究代替直觉很重要？
8. 对比有效管理者和成功管理者的研究对于管理者有什么意义？
9. 相比其他管理者，卫生管理者在实施管理的过程中需要注意哪些问题？
10. 你认为组织行为学今后还会有哪些新的发展趋势？

★ 案例分析题

SUNRISE医院是一家坐落于纽约东北部的综合性医院，拥有300张床位。最近几个月，该医院的全体护理人员面临巨大的工作压力，因为他们的竞争对手——附近的一家医院停业了，导致他们医院的患者大量增加。这家医院承担了它竞争对手的所有工作量及可以预见的大幅的利润增长。

医院的中层管理者们被来自护士们的抱怨和寻求高层帮助的要求所困扰。为了不让高层管理者觉得他们无法应对新的工作量，管理者们没有告知医院高层现在所面临的困境。另外，他们也不知道如何向高层反映护士们的合理要求。几周之后，护士们在一个非常繁忙的工作日举行了全体罢工。

医院高层到达医院后被眼前的一幕震惊了，所有的护士正站在医院门口罢工。

（改编自：Nancy Borkowski. Organizational Behavior, Theory and Design in Health Care. Boston: Jones and Bartlett, 2009.）

★ 思考问题

1. 中层管理者们在最初听到护士们的抱怨之后应该做什么？
2. 如果你是这家医院的中层管理者，你会做些什么？
3. 为营造医院公平的工作环境，医院高层管理者应该做哪些补救措施？

第二章

个体行为基础

学习目标

1. 明确价值观的概念和不同价值观的区别。
2. 了解与组织行为相关的价值观类型。
3. 理解态度的概念和构成因素,以及态度和行为的关系。
4. 掌握工作满意度的概念和构成因素。
5. 明确知觉和社会知觉的概念。
6. 理解归因概念、主要归因理论及其应用情况。
7. 了解能力的 3 种类型。
8. 掌握压力的概念、来源和后果,压力与工作表现的关系。
9. 了解压力相关的理论、缓解工作压力的方法。
10. 掌握学习的概念和相关理论。

引例与思考

"我只是一个医生"是爱德华医生的感悟,也成为美国纽约医院的院训,鼓励着一代又一代医生。30 年前,正当爱德华医生为患者杰克的心脏移植手术筹备工作忙得焦头烂额之时,美国白宫打来电话,指示他全力以赴做好国家高级顾问弗尼斯的心力衰竭治疗工作。

爱德华医生陷入了两难境地:当合适的心脏源出现的那一刻,是抢救杰克,还是抢救弗尼斯?一方面,杰克的各方面身体条件都优于弗尼斯,是最适合进行心脏移植的患者;另一方面,弗尼斯是美国白宫送来且对国家发展具有重要意义的行政要员。

终于,合适的心脏源出现了,白宫立即给爱德华医生发出指示。然而,根据扎实的专业知识和多年的临床经验,爱德华医生最终选择顶住各方面的压力,为杰克实施手术。手术做得很成功,可是纽约医院和爱德华博士却受到了白宫方面的怒斥。最后爱德华医生被迫辞去了医院的工作,去一个小镇的医院做一些简单的手术。

这件事情被新闻媒体报道了出来,面对诸多新闻记者的追问,爱德华医生只说了一句话:"我只是一个医生"。最后,在整个美国社会的关注下,白宫方面公开向爱德华医生和美国国民道歉,纽约医院也收回了辞退爱德华医生的决定,但被爱德华医生拒绝了。

〔改编自:我只是一个医生. http://www.xiaogushi.com/diy/jishigushi/201206213390.html. (2015-10-12)(2016-12-15)〕

"我只是一个医生"这句话在当时经过新闻媒体的报道很快成为人们讨论的热点,而人们也被这句看似平常的话所震惊。面对手术后可能会遭遇的困境和非议时,又有多少医生能顶住压力,做出和爱德华医生同样的选择?"我只是一个医生"这一简单直白的陈述句,凝练了医者对专业、事实的尊重,也蕴含了从医过程中面临的各种冲突、抉择和坚守。在对爱德华医生表达敬重的同时,我们更应当考虑两个问题:哪些因素影响爱德华医生的最后决定?这些因素发挥作用的原理是怎样的?通过本章的学习,你将更深入地理解这两个问题的答案。

本章将通过对价值观、态度、工作满意度、知觉、社会知觉、归因、能力、压力和学习这9个与个体行为基础相关的重要因素的逐一介绍和阐释,向大家说明这些因素如何单独或共同完成对个体行为这一复杂变量的影响,即个体行为是如何产生和形成的(图2-1)。

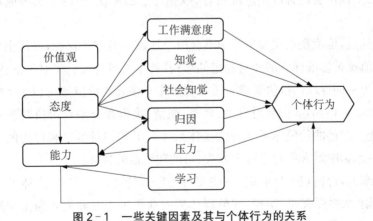

图2-1 一些关键因素及其与个体行为的关系

第一节 价值观、态度和工作满意度

价值观、态度及工作满意度都是组织行为学中的重要概念,构成了组织行为分析框架的基础。在本节中,将对这几个紧密联系并深刻影响我们工作和生活的概念进行讨论。

一 价值观

(一) 价值观的定义

日常的生活和工作当中,为什么有的员工始终积极开朗、乐在其中,而有的却一直在不停地怨天尤人?为什么有的员工几十年如一日勤勤恳恳地为企业奉献,而有的人却时刻在寻找机会自主创业?实际上,这很大程度上反映出人们作为组织成员所持有的价值观。它影响着人们的态度和行为,是研究个体行为时不可忽视的重要因素。

人都处在特定的社会环境中,对现实中的事物都会形成一定的评价,有些是好的、值得的、可接受的,有些是坏的、不值得的、不可接受的。这些是价值观最基本的体现。本文中,价值观(value)指个体所持有的评价客观事物或行为模式的基本信念和判断依据,或者说是个体对某事物的认可和接受程度高于其他事物的一种基本信念。例如,即使是在同一组织中,有些人更关注工作的报酬、权力及地位,而有些人更关注工作的趣味性、成长机会及做出的贡献。

价值观有内容和强度两个属性。内容属性是指某种行为模式或者存在方式重要与否;强度属性是指该行为模式或存在方式的重要程度。例如,甲、乙两人都坚持诚实做人的基本准则,这说明在价值观的内容属性方面他们是一致的;但不同的是,甲在任何情况下都坚持诚实的行为,乙则偶尔会违背诚实的准则,所以相对于乙来说,甲的诚实价值观的强度属性更大。

需要注意的是,价值观在现实生活中不会简单地以一维方式存在,而是由多个不同却又互相关联的价值衡量标准建立的相对稳定的结构(具体表现为人们将对生活意义的看法、行为方式的选择等不同维度的价值观进行重要性排序),多元的价值观构成了个体的价值观体系(value system)。例如,我们会对自由、自尊、诚信、快乐和公平等价值观有不同于他人的理解,并最终建立自己的价值体系。价值观体系体现了人们对事物和行为的主次轻重的评价,与价值观一起影响着人们对于行为方式、目的和手段的选择。

就个体而来说,价值观一旦形成,往往相对稳定和持久。一方面,个体的价值观大部分形成于幼年时期,大多受父母、学校、同龄群体或大众传媒等方面先入为主和潜移默化的影响,所以很难改变。另一方面,幼年时期形成的价值观大多是绝对式(非黑即白)的,较少有模糊地带,这也进一步加深了价值观的稳定性和持久性。例如,从小我们就被要求"做人要诚实",而不是被要求"做人只要一点点诚实就行"。

价值观也并非不发生任何变化,只不过这些变化十分缓慢,而且不易觉察。我们有时会怀疑自己的价值观,但大多数情况下我们最终会更加坚定既有的价值观,而不是完全转向反面。从更长远来看,在一代又一代的传承中,人类的价值观确实发生着变化。这告诉我们:价值观不仅存在个体差异,还存在时代差异和民族差异。

(二) 价值观的分类

1. 斯普兰格的分类　价值观分类的相关研究可追溯至20世纪20年代，斯普兰格在《人的类型》一书中最早将人分为以下6种类型。

(1) 理论型：这种类型的人以批判和理性的方法寻求真理，喜欢刨根问底，富于幻想，爱做理论分析，不愿交往。大多数的哲学家和理论家属于该类型。

(2) 经济型：这种类型的人强调实用和有效，追求实用价值，讲享受，不喜欢高谈阔论，属于现实主义者。大多数的实业家属于该类型。

(3) 审美型：这种类型的人注重外形及和谐的价值，强调外在形象的美和心灵的感受，用美来衡量客观事物，追求美和美好的创造，也注重自身给人以美感。艺术家属于审美型。

(4) 社会型：这种类型的人重视对人的热爱，以关心他人、爱护他人为高尚职责，热衷社会活动，喜欢与他人交往，能包容他人，乐于牺牲自己。卫生和教育工作者属于该类型。

(5) 政治型：这种类型的人重视权力及影响力，喜欢控制和支配他人，固执己见，具有较强的反抗性，热衷于表现自己。

(6) 宗教型：这种类型的人注重对宇宙整体的理解与体验的融合，喜欢沉思，相信超自然的力量和感觉的东西，宁愿相信直觉也不愿相信逻辑的推理和现实。

20世纪50年代，心理学家奥尔波特及他的助手对这一分类做了进一步阐述，主张确实存在以上6种类型的价值观，但其并非是指6种类型的人。个体价值观体系中包括许多维度的价值观，在某一情境或者某一时期中，某种价值观可能处于主要地位，而其他价值观则处于相对次要的地位，在这一时点，便可将其看作是持有这种价值观类型的人。

2. 格瑞夫斯的分类　著名行为科学家格瑞夫斯在对企业组织中各种人员的行为进行了研究，然后将员工的价值观划分成7个等级。

(1) 第1级：反应型。该类型的人完全按照自己的生理需要做出反应，没有认识到自己和他人作为人类的存在形式，不顾及周围的环境和条件。最典型的例子就是新生婴儿。在组织中这样的人很少见。

(2) 第2级：部落型。该类型的特征是高度服从权势和传统习惯。他们喜欢按部就班，其行为和观念主要受传统、权威人物（如父母或领导）和权力的影响，缺少自主性及能动性。

(3) 第3级：自我中心型。该类型的人具有强烈的进取精神，相信个人主义，很难听取他人意见，不易相处，但愿意服从权力。

(4) 第4级：坚持己见型。该类型的人观点态度鲜明，喜欢清晰明了，希望别人接受自己的价值观，很难认同别人的价值观。

(5) 第5级：操纵型。该类型的人非常现实，热衷权术，希望通过控制别人或操控事件来实现自己的目标，渴望获得显赫的社会地位，属于绝对功利主义者。

(6) 第6级：社会中心型。该类型的人注重人际关系，追求集体和谐，希望得到别人的喜爱，与他人和平友好相处，与世无争，更愿意选择放弃。通常被权力主义、现实主义和坚持己见者所影响。

(7) 第7级：存在主义型。该类型的人能够高度容忍不确定性，包容与自己价值观不同的人,喜欢创新,富有灵活性,敢于批判僵化的体制、限制性的政策及滥用权力等现象。

格瑞夫斯的价值观分级并未提出具体的测量工具,因此,没有得到广泛应用。但是,其关于价值观的分析思路有助于启发我们剖析组织中价值观的多样性。

3. 罗克奇的分类　1973年,美国心理学家米尔顿·罗克奇(Milton Rokeach)对价值观所进行的分类是价值观分类中最经典的。罗克奇将个体的价值观划分成两类:一类是终极性价值观(terminal values);另一类是工具性价值观(instrumental values)。终极性价值观是个体关于人生理想的终极状态的信念或看法,是个体愿意用整个生命去追求的人生目标。工具性价值观是指人们关于能力上和道德上可取性的判断,是个体为实现终极价值所采用的方式或手段。

罗克奇编制了价值观调查(Rokeach value survey, RVS)问卷来验证上述分类。该调查问卷的主要内容即是终极性价值观和工具性价值观,每种类型都有18个项目(表2-1)。终极性价值观包括世界和平、平等、自由、幸福等项目,工具性价值观包括勇敢、宽容、正直、独立等项目。经过调查,罗克奇发现每个人所持有的价值观数目相对一致且数目不多,同时可以用不同的等级表示这些价值观在个体心目中的重要性。个体之间差异的关键是每条价值观在价值体系中的重要性顺序及排列模式。

表2-1　罗克奇价值观调查(RVS)问卷的主要项目

终极性价值观	工具性价值观
舒适的生活(富足的生活)	雄心勃勃(辛勤工作、奋发向上)
振奋的生活(刺激的、积极的生活)	心胸开阔(开放)
成就感(持续的贡献)	能干(有能力、有效率)
和平的世界(没有冲突和战争)	欢乐(轻松愉快)
美丽的世界(艺术和自然的美)	清洁(卫生、整洁)
平等(兄弟情谊、机会均等)	勇敢(坚持自己的信仰)
家庭安全(照顾自己所爱的人)	宽容(谅解他人)
自由(独立、自主的选择)	助人为乐(为他人的福祉工作)
幸福(满足)	正直(真挚、诚实)
内在和谐(没有内心冲突)	富于想象(大胆、有创造性)
成熟的爱(性和精神上的亲密)	独立(自力更生、自给自足)
国家的安全(免遭攻击)	智慧(有知识、善思考)
快乐(快乐的、休闲的生活)	符合逻辑(理性的)
救世(救世的、永恒的生活)	博爱(温情的、温柔的)
自尊(自重)	顺从(有责任感、尊重的)
社会承认(尊重、赞赏)	礼貌(有礼的、性情好)
真挚的友谊(亲密关系)	负责(可靠的)
睿智(对生活有成熟的见解)	自我控制(自律的、约束的)

研究证实不同的人群的RVS价值观存在很大差异,而相同或相近职业的人群倾向于持有相似的价值观。例如,社会活动家的终极价值观中"平等"排在第1位,而公司经理却将"平等"排在第12位;社会活动家的工具性价值观中"乐于助人"排在第2位,而公司经理却将其排在第14位。如果一个组织中的价值偏好差异较大,那么对某个问题或政策形成一致

意见可能要相对困难。因为不同价值观的背后隐含着不同群体不同的利益取向。

4. 罗宾斯的分类　美国学者斯蒂芬·罗宾斯(Stephen Robbins)对工作价值观(work values)进行了近20年的分析研究,其按照员工开始参加工作的年份将美国人的工作价值观划分为4个阶段,即退伍军人类型、婴儿潮一代类型、X时代类型和下一时代类型。由于大部分个体在18~23岁开始工作,所以他们所处的年代就与其实际年龄高度相关,从而使每个阶段的主流价值观都有明显的时代烙印(表2-2)。

表2-2　当今劳动力中占主导地位的价值观

人群	退伍军人	婴儿潮	X时代	下一时代
开始工作时代	1950~1965年	1965~1985年	1985~2000年	2000年之后
目前年龄(岁)	≥60	40~60	25~40	≤25
终极价值观	生活舒适、家庭安全	成就感、社会认可	真正的友谊、幸福、快乐	自由舒适的生活
工作价值观	努力工作、保守、遵从、对组织真诚	成就自我、藐视权威、对职业忠诚	工作与生活的平衡、团队取向、厌恶规则、对关系忠诚	自信、金钱上的成功、自我依赖但团队取向、对自我和家庭关系忠诚
主要影响事件	经济大萧条、两次世界大战、柏林墙事件等	民权运动、女权主义、甲壳虫乐队	全球化、父母双职工、艾滋病、电脑	信息网络化、移动通信、全球恐怖事件、文化多元性

(1) 退伍军人类型价值观:持这类价值观的人群在20世纪50~60年代初开始工作,经历了大萧条、二战中美国在制造业的崛起及柏林墙事件。他们努力工作、尊重权威人物,一旦被雇佣便忠诚于雇主。根据RVS的终极价值观理论,这些工人更看重生活舒适和家庭安全。

(2) 婴儿潮一代类型价值观:持这类价值观的人群在20世纪60~80年代中叶参加工作。受民权运动、女性解放、越南战争、生育高峰及甲壳虫乐队等的影响,他们很大程度上带有嬉皮士的道德观,不信奉权威。但这类人群重视事业成就和物质成功,他们是坚信结果决定一切,是典型的实用主义者,他们仅仅将雇用他们的组织视为其实现个人事业的工具。成就感和社会认可被放在终极价值观中的较高位置。

(3) X时代类型价值观:持这类价值观的人群,其生活受全球化、父母双职工、艾滋病、MTV及计算机的影响。因此,他们重视灵活性、对生活的选择权及工作成就感的实现。对这类群体来说,家庭和关系也极为重要,他们还十分认同团队取向的工作。金钱对他们来说也非常重要,因为金钱是职业绩效的一个衡量指标,但有时他们宁愿放弃获得头衔、提升和加薪等机会而选择休闲,使生活丰富化。同前几代人相比,在平衡工作与生活的过程中,X时代们不愿为工作而牺牲个人自由。按照RVS的终极价值观理论,他们看重真正的幸福、快乐和友谊。

(4) 下一时代类型价值观:持这类价值观的人群成长在经济繁荣时期。他们相信自己,自信具有获胜的能力。他们频繁跳槽,永无止境地追求着心中的理想工作,不断寻求着工作的意义。下一时代十分接纳多元化,而且是第一代把技术视为理所当然的人群。他们的生活中离不开网络、CD、VCR和手机。这一代人对金钱能买到的东西充满渴望,努力寻找金钱的成功。和X时代们一样,他们也热爱团队工作,但同时又很独立。在终极价值观中,他们看重自由和舒适的生活。

尽管个体的价值观并不相同,但是它能够反映出个人成长时期的社会价值观,对于这一点的正确理解有助于解释和预测行为。例如,那些60岁出头的员工与50岁左右的员工相比往往更加保守,也更容易听从别人的命令。而30岁以下的员工比其他群体的员工更不愿负担额外工作,且更易于中途跳槽。

(三) 价值观的形成

1. **个人价值观的形成过程** 一个人的价值观是怎样形成的呢?我们是否能够对其进行影响来促使人们形成符合我们期望的价值观呢?答案是肯定的。个体的价值观是从出生开始,在家庭及社会的影响下,慢慢形成和稳定下来的。

西蒙和哈明认为一种价值观的形成要经历3个阶段。

(1) 第1阶段:选择。这个阶段中,最初个体会确定自己的选择范围,然后在可选择的范围内进行选择,最后充分考虑每一种可选择的后果之后再做出判断。

(2) 第2阶段:赞赏。当个体选择了某种价值观后,他自己首先会对这个价值观感到满意,随后将这个选择公开。

(3) 第3阶段:行动。确定了自己喜欢的价值观之后,个体便按照自己的选择方向行事,并将其作为一种生活方式不断重复。由此,个体的价值观就基本形成了。

经过这3个阶段,个体最初选择的规范便内化为其价值观。但是,倘若没有完整地经过这3个阶段,形成的只是兴趣、态度、愿望等偏好,而不是价值观。这种偏好不像价值观那样稳定和持久。

2. **个体价值观形成的影响因素** 价值观形成的影响因素主要为文化、家庭、大众传媒、学校、同龄群体及个人成长经验等。

(1) 文化:作为结构性的因素,文化往往以潜移默化的方式和途径影响个体的价值观。文化具有时代性和地域性的特点,不同年代和地区的文化会形成不同的价值观,当然有一些价值观是共同和普适的。例如,中国人和西方人都信仰民主、平等和自由等,但相对于西方人而言,中国人的集体主义价值观更强。

(2) 家庭:"龙生龙,凤生凤,老鼠生来会打洞",这句俗语正说明了家庭,特别是父母深刻影响着孩子的价值观。这不仅仅是因为遗传基因,还源于后天的塑造。父母是孩子的第一任老师,通过言传身教,价值观会在家庭内部传承下去。例如,小时候,父母便告诫我们要"勤奋、诚实,不能撒谎""好好学习,长大做个有出息的人"。

(3) 大众传媒:现代社会中,电视、报刊、广播等大众传媒对于价值观形成影响是不可忽视的,尤其是随着互联网和移动通信技术的发展,通过移动终端(如手机、平板电脑等)传播的信息越来越深入地影响着个体价值观的形成。

(4) 学校:正规的学校教育在大部分人的成长过程中起着至关重要的作用。教师会引导学生判断是与非、对与错,以及什么会被认可、什么又会被批评,从而对个体价值观的形成产生重要影响。

(5) 同龄群体:物以类聚,人以群分。进入青春期之后,个体会更多地与同伴交往,并受到同伴的影响,群体内的归属需要和压力使个体在与朋友的相处中不断调整对人和事物的认识,从而对个体价值观的形成产生重要影响。

(6) 个人成长经验:所谓经验是指个体对成功或失败原因进行的反思,能够加强或改变个体的价值观。不同的个体,即便经历相同,也会因为个体归因方式的不同,对价值观的形成产生不同影响。例如,有的人将自己事业上的成功归因于勤奋努力,就会认为勤奋具有重要价值;而有的人认为其成功的首要因素是人脉,就会注重建立和维持良好的社会关系。

二、态度

态度是个体行为的先导,每个人对周围事物都持有一定的态度,如对我们自己、家庭或者所在的大学。态度这一概念最早是社会心理学家们研究的课题。随着时代发展,态度也逐渐在组织行为学的研究中占据重要的位置。本文将对态度的概念、构成要素、形成、改变、态度与行为之间的联系及主要工作态度类型等内容进行讨论。

态度有助于解释员工行为,利用态度组织行为研究者能够预测管理者及员工的行为。更重要的是,员工对企业的管理制度、组织目标、政策的态度,最终会影响其工作表现的好坏、绩效水平的高低,乃至整个组织目标的实现。所以管理者在组织管理过程中,要全面了解员工的态度,积极引导和培养员工的态度,同时采取有效措施影响和改变偏离组织目标的态度,从而保证各项工作顺利开展。

(一) 态度的定义

态度(attitude)是指人们对物体、人物及事件的评价性陈述。评述可以赞同,也可以反对,它反映出个体对某一对象的内心感受。态度既可以是积极的、正面的,也可以是消极的、负面的。

在理解态度时,需要注意3点:①态度始终指向特定的对象。每一种态度都具有针对性,体现了主体与客体的关系。②态度是一种内在的心理倾向。个体可能会通过外在行为将自己对某事物的态度表现出来,也可能会隐藏不露。③态度有一定的稳定性和持久性。态度具有抗变性,态度一旦形成就会持续一段时间,不会轻易改变。

每个个体都有很多种不同的态度,但是组织行为学只关注那些与组织和工作密切相关的态度,如组织承诺(对组织的忠诚度及参与程度的指标)、工作参与(一个人确认他的工作并积极参与的程度)、工作满意度。

态度是多种力量相互作用的结果,具有复杂性,包括个体的价值观、人格、经验等。如果我们与某个人有过不愉快的经历,那么就很可能对他产生敌对的态度。为了更加系统完整地理解态度的概念,我们还要了解它的构成要素。

(二) 态度的构成要素

态度作为个体对某一特定对象的心理反应倾向是一个复杂的结构,包括认知成分、情感成分及行为意向成分3个部分(图2-2)。

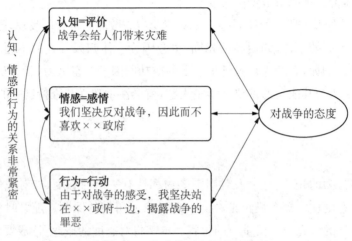

图2-2 态度的3个构成要素

1. **认知成分(cognitive component)** 是个体带有评价意义的叙述,叙述的内容主要包括个体对态度对象的认识、理解、评价、赞成或反对等。例如,"战争会带来灾难"这种认识是一种价值陈述,这种对于某一对象的认识、理解及评价就是态度的认知成分。

2. **情感成分(affective component)** 是个体对某态度对象的情绪体验,是人们对某一事物的好恶。人的喜欢或厌恶、热情或冷淡、耐心或厌烦、尊敬或蔑视等,反映了人的态度。例如,"我们坚决反对战争,因此而不喜欢××政府"说明了情感成分是态度中的情绪体验部分。

3. **行为意向成分(behavioral component)** 是指个人对态度对象的反应倾向或行为的准备状态,也就是个体准备对态度对象做出何种反应。接着上述例子,"由于对战争的感受,我坚决站在××政府一边,揭露战争的罪恶。"体现了行为意向成分。

一般情况下,态度的3种构成要素是协调一致的,对某一对象有什么样的认知,便会由此产生相应的情感体验,并最终形成一定的行为反应倾向。唯有如此,态度才能够稳定。例如,知道吸烟有害的人,就会反对吸烟,同时他自己也不会吸烟,对吸烟的态度的3种成分也是一致的。但有时,也会有3种成分不一致的情况出现。例如,尽管有人知道吸烟有害健康,但其并不反对吸烟,甚至自己也吸烟。

(三) 态度的形成

态度的形成过程是个体复杂的社会化过程中的一个部分。从自然人变成社会人的过程中,我们需要接受社会的影响,在成长中逐渐形成对周围世界的某种态度。当然,我们的态度也会随着周围世界的变化而发生变化。具体来说,态度的形成过程是一个由服从到同化进而内化的过程,分为以下3个阶段。①服从。为了获得物质利益或精神报酬,个体表面上采取服从的行为,但此时并非个体真心愿意的行为,仅仅是在一定条件下对规范或社会大众的服从。②同化。个体逐渐把服从的东西转变成自己的东西,自愿接受社会的信念或观点,同外界环境保持一致,从而被环境所同化。同化是否能够顺利实现,其中一个很重要的因素是他人或群体的吸引力。群体或他人越具有吸引力,就越容易同化新人。③内化。内化是个体完全将外界的思想和标准转变成自己的,并且从心底接受和认同,从而彻底转变自己的态度。

从表面的服从发展到内化是一个比较复杂的过程。但并非所有人对所有事物的态度都必须经历这3个过程。个体对某一对象的态度,只有到内化阶段才最稳固。

(四) 主要的工作态度类型

每个人对事物都有各种各样的态度,但是组织行为学只重点研究有限的几种工作相关的态度,即员工对于工作环境正面或者负面的评价。这些研究主要集中在3个方面:工作满意度(job satisfaction)、工作参与度(job involvement)和组织承诺(organizational commitment)。

1. **工作满意度** 工作满意度(job satisfaction)又称工作满足感,是指个体在工作过程中,对工作本身及其有关方面的总体态度,是组织行为学中研究最多的概念之一。如果个体拥有较高的工作满意度,说明他持有积极的工作态度;而工作满意度较低的人,则持有消极的工作态度。在后面的章节中我们将详细讨论这种态度。

2. **工作参与度** 工作参与度(job involvement)是指员工在心理上对工作的认可程度,认为他的绩效水平对自我价值的重要程度。员工工作参与度高说明他对所从事的工作有很强烈的认同感,认为工作对他实现自己的价值很重要,并且真的很在意自己的工作。研究表明,工作参与程度高同低辞职率和低缺勤率呈正相关。

另一个密切相关的概念是心理授权(psychological empowerment),是指授权的个体内心体验的综合体,包含意义、自我效能感、自我决定及影响4个维度。一项对新加坡护士长的调查研究表明,优秀的领导者会采取让员工参与决策的做法使员工感到授权和其工作的重要性,给予员工决定自己工作安排的权力。

高工作参与度和高度心理授权与工作绩效和组织公民行为之间呈正相关。组织公民行为(organizational citizenship behavior, OCB)是指有益于组织,但在组织正式的薪酬体系中没有得到明确或直接确认的行为,是员工自觉从事的行为,不包括在员工的正式工作要求中,但这种行为无疑会促进组织的有效运行。

3. **组织承诺**

(1) 组织承诺的定义:组织承诺(organizational commitment)是指员工对特定组织及其目标的认同,同时希望自己持续参与组织的一种态度。或者说,组织承诺是员工将自己的价值观与组织价值观进行匹配后形成的对待工作的态度。所以,高的组织承诺表明,个体认同组织的价值观及目标,并愿意努力工作维持组织的成员资格。高的组织承诺会降低员工的流动率。

（2）组织承诺的维度：加拿大学者梅耶和艾伦对组织承诺的维度进行全面和深入的研究，并将组织承诺划分成3个维度：感情承诺、继续承诺和规范承诺。感情承诺是指员工对组织的认同感、依赖感和投入意向，员工对组织的忠诚和努力工作，主要源于对组织的深厚感情，而不是物质利益。继续承诺是指员工由于跳槽成本而不愿意离职的态度和行为，其原因可能是暂时没有更好的工作机会或者离开组织的代价过高。规范承诺是指员工认为自己有责任和义务继续为组织工作，是成员由于伦理道德原因而产生的留在组织的责任。

（3）影响组织承诺的因素：资历、工作自主性、技能多样性、组织凝聚力及对组织的信任度与组织承诺呈正相关，学历与组织承诺呈负相关。有研究表明，组织承诺可以预测离职现象，甚至可预测离职意向。

三、工作满意度

工作满意度与员工的流动率、缺勤率及工作绩效密切相关。员工工作满意度的调查能够发现组织在管理中存在的一些问题，从而采取措施建立有效的人力资源管理预警系统，同时实施有针对性的改进措施以监控组织的运行状况、调动员工的积极性、改进组织的管理。

（一）工作满意度的概念

工作满意度（job satisfaction）又称工作满足感，是指个体在组织内的工作中对工作本身及其有关方面（如工作环境、工作中的人际关系、工作压力等）的总体态度。工作满意度源于员工从工作中获得的实际回报与心理期望值之间的差距。如果实际回报达到或者超过了心理期望值，就会形成较高的工作满意度；如果实际回报低于心理期望值，就会形成较低的工作满意度。

（二）影响的工作满意度因素

员工工作满意度的影响因素如下。

1. **工作内容** 工作本身越具有挑战性越能够充分开发和利用员工的技能和经验，那么员工的工作满意度可能就越高。工作内容还要给人鼓舞和乐趣，这样才具有吸引力，不单调枯燥。工作自主权、积极的工作反馈也是工作满意度的重要影响因素。如果工作内容过于复杂和艰巨，则会使员工产生挫败感和失落感。所以，要保证工作任务的难度适中，这样员工才有信心去完成工作。

2. **工资水平** 在工作满意度中，工资水平起着决定作用。工资收入不仅可以维持员工的最低需要，而且有助于满足员工高层次的需要。通常情况下，员工把工资水平看作是管理者对其贡献大小的看法的一种体现。公平的工资水平很重要，同时福利也很重要，倘若组织能够给员工提供额外的精神上的奖励或其他特殊优待，则会激发员工较高水平的工作满意度。

3. **晋升政策** 在晋升政策中最关键的就是要确保公平、公正，否则员工会因为不公平待遇而产生不满。倘若那些基于资历而晋升的员工对工作满意，那么那些基于绩效得以晋升的人就会更满意。此外,晋升政策还要有助于员工的发展和成长。组织提供公平的晋升机会是提高员工满意度的最常用的方法。

4. 工作条件　虽然工作条件对工作满意度的影响不如工作内容和工资水平那么显著,但却是持久的。舒适的工作环境有助于提高员工的工作满意度;另外,先进的设备、高效的管理系统也能够改善员工的工作状态。

5. 同事关系　同事的业务能力、在工作生活中的相互支持程度,以及是否忠诚、有责任感等人格因素,也影响着员工的工作满意度。除此之外,良好的同事关系还有利于员工之间相互沟通和学习,由此每个成员都能够获得成长和发展,进而工作满意度也会提高。反之,如果员工之间合作困难,必然会降低员工的工作满意度。

6. 领导能力　与员工之间的良好沟通能够使领导准确、及时地了解员工的情绪变化和意见,从而帮助员工解决遇到的各种问题,提高员工对组织的忠诚度和对工作的满意度。另外,员工参与决策能够提高员工对组织管理的参与感,促进员工更加积极、主动地关心组织的运行状况,同时工作的满意度也会提升。

此外,组织制度和政策、组织发展前景、员工人格特质等其他因素也会影响工作满意度。

(三) 工作满意度对工作环境的影响

1. 工作满意度和生产率　对工作满意度与生产率的关系的研究具有非常重要的现实意义。因此,两者之间的关系一直是现代组织行为学中一个重要的研究课题。近50年来,关于员工工作满意度与其生产率之间的关系学术界已经进行了大量研究。工作满意度和工作绩效之间存在着以下几种关系。

早期关于工作满意度和工作绩效关系的观点基本上可以用一句话概括,即"快乐的工人是生产率高的工人"。在20世纪30年代的人际关系运动中,梅奥领导的霍桑实验发现,生产效率的高低主要取决于员工的"士气",提高产量的基础是员工心理需要得到满足。20世纪40年代以来,工作满意度和生产力之间的相互关系是建立在高的工作满意度导致高的工作绩效的基础上的。但是,以"快乐工人"为主题的信念不是建立在确凿的证据上,而主要是建立在美好的愿望上。

也有一些学者认为工作满意度和生产率之间的关系是受到第三变量的影响,也有研究确实找到一些第三变量。如果员工的行为不受外在因素的限制或控制,工作满意度和生产率之间的相关度将会更高。另外,有学者指出工作满意度和员工绩效之间并没有固定的关系,而是按照绩效给付的奖酬导致了随后一段时期的高绩效和较高的满意度。

目前,在对一系列证据进行综合研究的基础上发现是生产率导致满意感,而并非满意感导致生产率。这一结论更能经得起推敲。如果员工的工作做得很好便会从内心感觉良好。如果组织奖励生产率,那么高生产率会增加被表扬的次数,提高收入水平和晋升的可能性,从而提高工作的满意度。

上述研究结果表明,不同学者在工作满意度与工作绩效的关系上的观点存在分歧。但是,罗宾斯指出,当在组织层面而不是在个体层面研究两者的关系时就发现,工作满意度高的组织相对于满意度低的组织更有效率。由于大量的研究关注的是个体而非组织,而在个体水平上对生产率的测量并没有考虑工作流程的复杂性和关联性。因此,我们无法确定快乐的员工一定是更高生产率的员工,但可以肯定快乐的组织是更高生产率的组织。

2. 工作满意度和缺勤率　大量的研究表明,满意度和缺勤率存在负相关的关系,但是这种负相关关系是中弱度的。满意度低的员工缺勤率更高这种说法的确能讲得通,然而也存在一些因素影响两者的关系。如果满意度低的员工有很多其他就业机会,那么他的缺勤率会较高;但是如果没有太多可供选择的其他就业机会,他们的缺勤率就和满意度高的员工一样低了。

斯蒂芬·罗宾斯关于西尔斯-罗巴克公司(Sears Roebuck)的研究为我们提供了一个非常难得的案例,帮助我们研究当其他因素的影响降到最低时,满意度会如何影响出勤率。美国西尔斯-罗巴克公司禁止员工由于能够避免的原因而缺勤,否则将遭到惩罚。公司在纽约和芝加哥有两个总部,研究者收集到两个总部员工满意度的资料。4月2日,芝加哥发生百年不遇的暴风雪,而纽约当天的天气非常好,从而为芝加哥和纽约员工的出勤率的比较提供了难得的机会。在这个自然实验中,一个总部的员工被预期去上班(因为正常的出勤压力),而另一个总部的员工可以自由选择缺勤而免遭惩罚。在没有其他因素影响时,如果满意度影响出勤率,那么高满意度的芝加哥员工会去上班,而满意度低的员工则可能会缺勤。研究结果发现,4月2日,纽约员工中的满意群体和不满意群体的缺勤率相同;而在芝加哥,满意度高的员工出勤率明显高于满意度低的员工的出勤率。研究结果正如我们的预期,满意度和缺勤率之间呈负相关。

3. 工作满意度与流动率　工作满意度与离职率之间呈负相关,并且两者之间的关系比工作满意度与缺勤率之间的关系更强。不过,在组织中任职时间的长短、工作机会多寡、对其他工作机会的期望等因素都影响着员工是否离开当前工作的决策。

倘若员工面临一份没有经过努力就出现的工作机会,那么工作满意度对离职率预测的准确性就会下降。因为员工很可能会被新的工作"拉"走,而不是由于当前工作缺乏吸引力而被"推"走。此外,如果员工拥有较高的"人力资本",即拥有高学历和高能力,那么工作满意度低更容易导致高离职率。因为对他们来说,可供选择的就业机会更多。

4. 工作满意度与组织公民行为　组织公民行为(organizational citizenship behavior, OCB)是员工的一种自行斟酌行为,并非员工的正式岗位要求,但是却对工作心理及社交环境发挥着重要的作用。研究表明,组织公民行为与工作满意度之间存在着关联。满意度高的员工更倾向于用肯定的语气谈论自己的组织,工作绩效超出期望值的可能性更大,并且满意度高的员工更愿意承担超出职责范围的工作,他们希望用自己的付出来回报组织的恩惠。

越来越多的研究表明,工作满意度对组织公民行为的影响取决于公平感这一变量。总体上,工作满意度与组织公民行为之间的关系仅仅是中等相关。但是,当控制了公平感后,工作满意度与组织公民行为之间就变得不相关。从根本上来说,工作满意感源于待遇公平、程序公平和结果公平。如果上级主管、组织程序及薪金制度不公平,则员工的工作满意度将遭到沉重的打击。如果员工觉得组织的过程和结果是公平的,那么员工就会更加信任组织。当员工相信自己的组织时,自然更愿意承担一些超出自己工作范围之外的任务。

第二节 知觉、社会知觉和归因

 知觉

(一) 知觉的概念

本文中,我们将感觉定义为客观事物直接作用于人的感觉器官并在人脑中形成的对客观事物个别属性的主观反应。当周围的环境中的声音、光线、冷热等各种刺激作用于人的感觉器官时,感觉器官将客观事物的个别属性传递给大脑,大脑就会形成对特定对象的属性的反映。

知觉是指大脑对来自各个器官的信息进行加工(选择、组织和解释),进而形成对客观事物的整体属性的映像。当客观事物直接作用于人的感觉器官时,我们不仅能够感觉到客观事物的个别属性,还可以通过各个感觉器官的协同运作,在大脑中形成该事物的完整映像。

因此,感觉是对客观事物的个别属性的直接反应;而知觉是选择、组织和解释客观事物的刺激信息,从而形成一个连贯的、有意义的现实映像。例如,对刚熬好的中药汤剂,我们可以通过视觉反映它的颜色,通过嗅觉反映它的"中药味",通过触觉可以感觉到它的温度,通过味觉反映它的苦味等。当这些感觉在个体的能动意识下有机组合就形成了对中药汤剂的完整映像,这便是对中药汤剂的知觉。

(二) 知觉的基本特性

人们能够迅速、清晰地感知客观事物,这主要源于知觉所具有的基本特性。知觉具有以下 4 个基本特性。

1. 选择性　由于个体在需求、兴趣、能力和经验等方面存在差异,在知觉过程中,凡是能够被个体清晰知觉到的事物就是知觉的对象,而那些没有被清晰知觉到的事物就成为知觉的背景,这就是知觉的选择性。知觉过程就是从知觉背景中把知觉对象分离出来的过程。举例来说,当医生为患者解释 CT 摄片时,所指的患病部位的影像就是知觉的对象,而其余部位的影像就成为知觉的背景。

2. 整体性　知觉的整体性是指人在知觉过程中,总是把客观对象作为一个整体来反映。知觉对象是由多个部分构成的,并且每个部分各自具有不同的特征,但个体总是将它知觉为一个统一的整体,而不是把它感知为个别的、孤立的部分。例如,人们在走进医院时,对病房的知觉不是先感知护士,后感知医生、患者、病床等,而是完整的同时感知它们。

3. 理解性　人在感知事物的过程中,总是根据过去的知识、经验来判断它、解释它,将其归入一定的事物系统中,从而更深刻地感知它。这就是知觉的理解性。例如,相对于常人来说,老中医能通过患者的面色和脉搏感知其健康状况的更多细节;工程师在检查机器时能比常人看到、听到更多的细节。

4. 恒常性　知觉的恒常性是指由于知识、经验等因素的影响,当在一定范围内改变了知觉的条件时,如在距离、位置和照明等条件发生变化的情况下,我们对事物的知觉结果具有保持不变的特性。例如,当患者看到医生的处方单写着"感冒发热"也依然能够感知"感冒发热"的诊断结果。

(三) 知觉的过程

知觉过程可以划分为以下4个阶段(图2-3)。

图2-3　知觉的过程

1. 注意阶段　这一阶段与知觉的选择性紧密相关。受限于认知资源,我们不可能知觉同时作用于感觉器官的所有刺激,而只能对清晰地知觉其中的某一种或某几种被选择的事物作为知觉的对象,成为注意的中心;而没有被选择的其他事物则作为知觉的背景,处于注意的边缘。

2. 组织阶段　当个体注意刺激时,他便开始组织和简化刺激中的相关信息,大脑将杂乱的信息最终组合成比较有意义的模块。组织阶段实际上是形成整体形象的过程。

3. 解释阶段　个体总是根据自己的知识和经验解释知觉对象进而获得一定的意义。通过研究知觉过程,心理学家发现解释过程包含2个过程:投射和归因。其中,投射(projection)是指个体用自己的思想和感觉来想象所观察的人,归因(attribution)是指个体通过观察和推论来解释他人的行为。

4. 判断阶段　当知觉者注意到某项刺激并通过组织和解释认识它后,知觉者会回忆与当前事件有关的过去信息并结合当前信息得出最终的判断和结论。

(四) 知觉的影响因素

不同的个体对同一事物可能有不同的知觉,这是知觉者、知觉对象和知觉发生的情境3种因素的影响。这3种因素塑造了我们的知觉,有时甚至扭曲着我们的知觉。

1. 知觉者　知觉者的期望、需要、兴趣及价值观都会影响知觉者判断知觉对象。知觉者对观察对象的期望会影响其注意力,使其更多地关注符合自身需要的对象和内容。没有得到满足的需要会刺激个体并强烈影响着他们的知觉。过去的经验也会限制个体的注意力。从未经历过的事物显然更容易引起知觉者的注意。

2. 知觉对象　知觉对象本身的特征会对我们的知觉产生影响。声音洪亮的人往往比安静的人更易引起别人的注意;富有吸引力的人比缺乏吸引力的人更容易获得别人的关注。这是因为个体并非孤立地去观察知觉对象,目标对象和背景的关系也影响着个体的知觉,而且我们往往倾向于将关系密切和相似的事物作为整体去感知。运动、声音、大小、新奇等因素都会影响我们的知觉。

3. **情境** 环境会影响我们认识和了解客观事物。这里的环境包括物理环境与社会环境。观察事物的时间段可能会影响注意力,地点、光线、温度等其他情境因素也有类似作用。例如,在夜店中,你可能不会注意到客人的异常穿着。但是如果这个人以同样的衣着出现在课堂上,你一定会注意到他。在夜店与课堂,感知者和感知对象都没有改变,只是情境因素发生了改变。

社会知觉

(一) 社会知觉的概念

1947年,美国心理学家布鲁纳(J. S. Bruner)首先提出社会知觉(social perception)这一概念,用来表示他对于知觉的新观点。其目的在于说明知觉的社会决定性,即知觉不仅仅取决于知觉对象的特点,同时还取决于知觉者的目的、动机、经验、情感、态度等主观因素。其含义也随着时代发展不断演进。

本文中社会知觉的定义是个体在社会活动中对己、对人及对群体进行认识的过程。由定义可以看出,社会知觉实际上是指对人的知觉,是个体的一种特殊的社会意识,不仅对主体的心理活动起着重要的影响,还能够调节主体的社会行为。

根据知觉对象的不同,可以将知觉分为自然知觉和社会知觉。自然知觉是指个体对自然世界的知觉,如人类对宇宙、各种产品和技术的特性等方面的认识与判断。社会知觉是指个体对社会对象的知觉。社会知觉是组织行为学重点关注的方面。自然知觉和社会知觉的重要区别在于,自然知觉往往仅停留在对象的外表映像上,而社会知觉绝不仅限于知觉对象的外部特征,而是试图通过外部特征来推断内部的心理活动。例如,在与他人接触时,知觉并不限于他人的相貌、衣着、举止等自然属性,而往往根据这些外部特征来判断其的意向、兴趣、动机及价值观等带有社会意义的特征,由此形成对他人的完整印象。

(二) 社会知觉的分类

社会知觉可以分为对他人的知觉、自我知觉、人际知觉及角色知觉4种。

1. **对他人的知觉** 对他人的知觉是指通过知觉他人的外部形态及行为特征从而了解他人的情感、意图和动机等,是通过他人的外在表现来判断其内在的心理状态,也就是人们常说的"听其言、观其行而知其人"。内心的情绪、思想活动、态度和需求往往通过外在表现来表达。因此,通过知觉外在表现就能够知觉他人的内在心理活动,从而形成对于他人的知觉印象,同时调整自己的行为。

同对物的知觉相似,对他人的知觉的影响因素包含3个方面:①知觉对象的言谈、举止、仪表和风度等;②知觉者的态度和观点;③知觉的具体环境。

2. **自我知觉** 自我知觉是指个体通过观察自己行为而对自己心理及行为状态进行知觉。个体只有正确认识自己,才能不断自我调节、自我完善。对自己的正确认识有助于协调人际关系、化解矛盾和冲突。

个体不仅在知觉他人时需要通过外部表现认识内部心理状态,在自我知觉过程中也要这样来认识自己意图和动机。在人际交往中随着对他人的知觉个体逐渐形成了自我知觉。通过将对他人的知觉与自我知觉进行对照和比较,形成对自己的印象;与此同时,个体在交往过程中也通过将他人作为"镜子"进行自我知觉。

3. 人际知觉　人际知觉是指个体在人际交往中形成的对人与人之间的关系的知觉,既包括对自己与他人的关系的知觉,也包括对他人与他人之间的关系的知觉。其主要特点是个体在人际知觉的过程中带有明显的情感因素。即个体不仅互相感知,而且会在此基础上借助思维感知自己与他人建立起某种关系,相互之间形成一定的态度,并由此产生各种各样的情感。例如,对有些人喜爱,而对有些人反感等。反过来,这些情感又影响着人际知觉。又如,对有些人非常喜欢,愿意接近;对有些人心存同情,愿意帮助他;对有些人反感,不愿意与其交往;对有些人望而生畏,在交往中缺少安全感。

4. 角色知觉　角色知觉是指对一个人(包括自己)在特定环境中应该做出怎样的行为反应的认知。每个人都在社会中扮演着一定的角色,如家庭中的角色、群体角色、职业角色等。个体在人际交往、社会活动及业务活动中不断形成对各种角色的知觉,并借助思维的作用,了解各种角色的行为标准,进而形成角色意识。个体用相关角色的行为标准评价和要求他人,同时也用相关的行为标准要求自己。管理者必须通过一定的方法,尤其是以身作则,帮助员工形成正确的角色知觉,提高角色意识,从而提升工作绩效。

每一个个体都在社会上扮演着各种各样的角色,如父亲、丈夫、经理等,并且每一种角色都有相应的行为标准。个体应当对这些行为标准有正确的知觉,并依据自己扮演角色的不同实现角色行为的转变,从而与环境相适应。对于角色行为标准的认识会影响个体在社会及组织中采取不同的角色行为。

(三) 社会知觉偏差

由于社会知觉的主体和客体都是人,具有很强的主观能动性,所以社会知觉极为复杂,知觉主体与客体的价值观念、个性、社会经验、相互关系、相对地位及知觉对象行为的真实程度等,都有可能成为非常重要的影响因素。在长期的知觉过程中,个体掌握了一些特定的有价值的技术手段,能够帮助其迅速做出比较正确的知觉。但是,这些知觉并非始终可靠,可能产生社会知觉的错觉和偏差。

1. 选择性知觉(selective perception)　即使坐在一个安静的教室中,也依然会有许多信息进入我们的大脑,如自己呼吸的声音,同学的翻书声、咳嗽声,教室外传来汽车喇叭声等。研究表明,我们无法接受和加工所有信息,因为这远远超出了大脑的信息加工量,只能选择性地接受其中的某些刺激。选择的过程并非是随机的,而是主体根据自己的知识背景、经验、态度和兴趣等做出的主动性选择。因此,这可能存在一些潜在风险。例如,没有经验的面试官在面试过程中会不由自主地关注应聘人员是否是自己的同乡、是否与自己有共同爱好等,而这些信息都和岗位要求无关。

2. 首因效应　首因效应(primary effect)又称为第一印象的作用,是指知觉者第1次获得的信息会对知觉的形成产生强烈的影响。一旦形成第一印象,其便在个体心中占据重要位置,显著地影响着个体以后的长期认知。除非第一印象与后来的事实产生强烈的冲突,迫使个体做出调整和改变,否则第一印象往往会一直保持下去。双方首次接触过程中,总会有一种新鲜感,都很注意对方的气质、外表、语言和动作等,所以第一印象主要是感知对方的容貌、行为等外部表现。第一印象在人际交往中发挥着十分重要的作用,而且往往是以后是否继续交往的依据。人际交往过程中给人留下的第一印象常常成为他人对你的基本印象。尽管我们知道仅仅以第一印象来判断一个人往往会出现偏差,但事实上我们都不可避免地被第一印象所影响。

3. 近因效应　近因效应(recency effect)是指在社会交往的过程中,最近的信息容易给人留下强烈而深刻的印象。那么,首因效应、近因效应何时发挥作用呢?这主要取决于人际交往的时间和熟悉程度。两个陌生人首次接触过程中,首因效应的作用较大;而随着交往次数的增加和熟悉程度的提高,近因效应的作用就会慢慢增大。

4. 晕轮效应　晕轮效应(halo effect)是指通过对象的某种特征推断其总体特征,进而产生美化或丑化对象的现象。这种效应类似于月晕,由于光环的虚幻印象,让人无法看清对方的真实面目。该效应主要特点就是以点代面、以偏概全。其最典型的表现就是:如果对某个人没有好感,那么就看不惯他的一举一动;如果对某个人有好感,那么关于他的一切都觉得很顺眼。

5. 对比效应　对比效应(contrast effect)是指在对某一对象进行认知评价的过程中,因为其他对象的存在而干扰了真实的评价。作为人的一个知觉特征,对比效应并没有绝对的好坏之分。在具体的管理实践中,我们有时候要突出对比效应,而有时候要尽可能减少对比效应以便获得客观、公正的评价。例如,面试过程中,面试官对应聘者的评价很少情况下是完全客观的,面试官大多数情况下会把应聘者与之前的应聘者进行比较,进而对这个应聘者做出判断和评价。

6. 刻板印象　刻板印象(stereotyping)是指依据对象所在的团体知觉为基础对其进行判断。刻板印象容易导致思维定式,使人们很难发现个体间的差异,并忽视对象的进步。例如,人们通常认为青年人充满热情、敢于创新但容易冒进,老年人则深沉稳重但相对保守;日本人注重礼仪、争强好胜,美国人开放自由、喜新奇重实利等。

刻板印象可以使人们概括性地了解众多的人的特征,然而它同时又具有明显的局限性,容易导致知觉偏差。这是因为每一类人中的每个人的具体情况是不完全相同的,而且每一类人的情况也会随着社会条件的变化而不断变化的。

  归因

(一) 归因及归因理论的定义

我们总是推断人类的活动,但不会推断无生命客体。无生命的客体受自然规律的支配,没有信仰、意愿和动机,但是人类却有。在观察对象行为时,我们总是试图解释某人为何以某种方式行动,这种把观察到的对象的行为归咎为某种原因的过程就是归因(attribution)。我们不但知觉个体的行为,而且关心引发行为的原因。归因理论(attribution theory)目的是为了描述人们如何解释自身和他人行为产生的原因。该理论提出了人们在判断和解释行为的过程中所遵循的规律。在管理中,管理者和员工对于行为的归因也会受到这些规律的影响。

(二) 归因的相关理论

1. **海德的归因理论** 海德(F. Heider)开创了归因研究。他认为人们在解释行为时,一般采用两种方式。一种是外部归因(external attribution),即认为是由于情境因素导致行为的发生,或者说是自己控制范围之外的因素导致行为的发生;另一种是内部归因(internal attribution),即认为个人的自身因素导致行为的发生,换言之是自己控制范围之内的因素导致行为的发生。相关的因素可以分别称为外部因素和内部因素。例如,有一名员工上班迟到,对此可能会将他的迟到归因于他玩到凌晨而睡过了头,这就是内部归因;如果将他的迟到归因于交通阻塞,这就是外部归因。虽然海德的归因理论相对简单,但是他开创了一个新领域,为之后的一系列研究奠定了基础。

2. **凯利的三要素理论** 美国社会心理学家凯利(H. H. Kelley)发展了海德的归因理论,提出了解释人们如何决定他人行为的原因的模型,主张人们在进行归因时主要依据 3 个因素,即特殊性、共同性和一贯性。

(1) 特殊性:所谓特殊性是指在不同的场合下,个体是否表现出相似的行为。如果一个人的行为反常,和往常的风格不同,那么有可能由于外在因素的影响(情境归因)。如果一个人的行为和正常的风格相符,那么有可能由于内在因素的影响(个人归因)。例如,一个人一贯认真严谨,下班忘记锁门,人们会认为是其他情境因素导致的。但如果是一个粗心大意的人,结论便会相反。

(2) 共同性:如果每个人在相似的情境下会做出相同的反应,那么就可以说该行为具有共同性。例如,走同一路线上班的员工都迟到了,那么员工的迟到行为就与这条标准相符合。从归因理论出发,假如共识性较高,我们很可能将迟到行为归于外部原因;反之,我们很可能会将迟到归于内部原因。

(3) 一贯性:一贯性又称为一致性,是指个体是否在任何情况下都对同一刺激物作出相同的反应,或者说个体的行为是否稳定持久。例如,一名员工并非总是上班迟到,曾经有 10 个月从未迟到过,这表明迟到仅仅是一个特例,该行为的一贯性比较低;如果该员工经常迟到,就说明迟到行为的一贯性高。个体行为的一贯性越高,人们越倾向于对其进行内部归因。

3. **维纳的归因理论** 人们在完成一项重要的工作后,无论成功还是失败,都要分析成败的理由。这些分析又会影响今后的行动。但是,不同的个体对自己的行为会做出不同的考虑。20 世纪 70 年代后,维纳(Weiner)和他的同事们将原来归因理论的观念进行了扩大,建立了一套从个体自身的角度出发解释其行为成败的归因理论。维纳认为,人们在进行归因时要考虑两个维度:内因与外因、稳定与不稳定。内因与外因维度是指行为的原因是源于个体的内部因素还是外部因素。稳定与不稳定维度是指个体不敢保证未来类似活动的成功而引起担心的情绪和情感体验。倘若将失败归因于内部相对稳定的因素,则会导致个体的羞耻感及无助的情绪和情感体验;相反,倘若将失败归因于外部不稳定的因素,则有助于个体形成乐观的情绪和情感体验,对未来类似活动的成功保持不至于过低的期望。

维纳在 1982 年又提出了归因的第 3 个维度,即可控性。可控性是指事件的原因是在个人能力控制范围之内还是之外。维纳认为,归因的 3 个维度常常是并存的,有时可控性维度本身也会发生变化。在对自己进行归因时,若将成功的结果归因于能够控制的原因,如努力,则会使自己充满自信;而归因于无法控制的原因,如运气、任务难度等,则会产生惊讶的感觉;若将失败的结果归因于能够控制的原因,则会产生内疚感;而归因于无法控制的原因,则会产生无奈感。

依据这 3 个归因维度,个体在对自己进行成败归因时,可能有以下 6 个方面。

(1) 能力:评估自己有无承担此项工作的能力。

(2) 努力:反省自己是否尽了最大努力。

(3) 身心状况:评估自己工作时的心情和身体健康状况。

(4) 运气:评估工作的成败与运气好坏是否有关。

(5) 工作难度:以个人的经验判断这项工作的难易程度。

(6) 别人反应:判断他人对自己工作表现的态度。

(三) 归因偏差

关于归因还有一个有趣的发现:个体或组织在归因时会发生归因偏差。影响我们准确分析人的行为和事物发生的原因时两种常见偏差是基本归因错误和自我服务偏见。

基本归因错误是指在评价他人行为时,人们很少将行为归因于情境等外部因素,而倾向于归因于态度、人格等内部因素,即高估个人内部因素的影响,而低估外部因素的影响。例如,销售部经理往往将较差的销售业绩归因于销售人员的懒惰,而不是竞争者推出了新颖的产品等外部因素。

自我服务偏见是指个体常常倾向于将自己的成功归因于内部因素,而将失败归因于外部因素。例如,项目组长倾向于将项目的成功归因于自己的能力,而将失败归因于小组的成员不努力或缺乏合作精神等。

第三节 能力、压力与学习

一、能力

(一) 能力的概念

我们每个人都有各自不同的能力。能力(ability)是人们具备的帮助其顺利完成某种活动的个性心理特征。从事每种活动都需要具备一定的能力,有时也可能需要若干种能力。例如,管理者除了要具备一定的决策能力、组织能力及团队协作能力,还要具备良好的语言表达能力和逻辑分析能力等。当缺乏某种能力时,就会影响工作的顺利进行,降低活动的效率。

(二) 能力的类型

依据不同的标准,可以把能力划分为不同的类型,但是学者们所持观点并不完全相同。下面介绍几种最常见的关于能力的分类。

1. 一般能力和特殊能力　根据适用范围的不同,能力可以分为一般能力和特殊能力。所谓一般能力是指个体在进行一般活动时所表现出来的必备能力,如抽象概括力、语言能力、记忆力及想象力等。实际上,我们常说的智力就是指一般能力。其中,抽象概括力是一般能力的核心

特殊能力是指人们进行某种专业性活动时所需要的能力。例如,画家需要空间想象力和色彩鉴别能力,音乐家需要节奏感,运动员需要爆发力等。这些能力有助于个体获得更好的成绩,但是不一定能够明显影响其他活动。通常来说,不同的人具有不同的能力优势。

一般能力与特殊能力互相联系、互相补充,从而形成一个有机整体。一方面,一般能力的发展为特殊能力的发展创造了有利条件。在从事某种专业性活动过程中,一般能力的某一特殊方面的发展便构成了特殊能力的组成部分;另一方面,特殊能力的发展也能够促进一般能力的发展。一般能力与特殊能力相辅相成,共同发展,进而全面提升个人的能力。

2. 心智能力与身体能力　心智能力和身体能力能够对工作的完成产生显著的影响。

(1) 心智能力:是指人们的心理活动所需要的能力,包含以下几个方面。①数字能力:快速而精确地进行运算的能力。②言语理解:理解和领悟读到和听到的内容及词语之间关系的能力。③感知速度:从视觉上准确迅速地识别异同的能力。④归纳推理:理清问题的逻辑并解决问题的能力。⑤演绎推理:运用逻辑来评估论点有何价值的能力。⑥空间透视:能够想象出变换空间位置的物体形状的能力。⑦记忆力:保留和回忆过去的事情的能力。

(2) 身体能力:是指人们借助肢体器官完成某个动作时所表现出的能力,包括以下几个方面。①躯干力量:运用躯干肌肉力量的能力。②动态力量:一段时间内持续或重复使用肌肉力量的能力。③静态力量:对外部物体施加作用的能力。④爆发力:在某项活动中发挥最大能量的能力。⑤伸展灵活性:尽可能伸展身体肌肉的能力。⑥动态灵活性:快速、反复地进行屈伸活动的能力。⑦身体协调性:协调身体躯干各部分的能力。⑧平衡性:在外力干扰的情况下,依然保持身体平衡的能力。⑨耐力:在一定时间内,尽最大努力持续做一个动作的能力。

压力

(一) 压力的概念

随着市场竞争日趋激烈及生活节奏的不断加快,无论是在生活还是在工作上,人们都面

临着前所未有的压力。到底什么是压力？它是如何产生的？又有什么样的后果呢？不同的学者对压力做出了不同的界定。概括起来，主要有3种不同的观点。

1. **刺激学说** 该学说认为压力源于外界的刺激。
2. **反应学说** 该学说认为压力是个体对环境刺激物作出的反应。
3. **刺激-反应交互学说** 该学说认为压力源于个体在与环境的相互作用过程中而产生的生理和心理上反应。

(二) 压力的来源

压力(stress)的来源是指带给人们压力的客观情境或事情，主要包括环境因素、组织因素和个人因素。根据每一种因素的强度、频率及持续性等的不同，其造成压力的程度也不一样。例如，时间紧、任务重又很棘手的工作就会导致较大的压力。如果压力源频繁出现，则其强度就会更大。

1. **环境因素** 环境因素主要是指政治、经济和技术的不确定性。

(1) 政治不确定性：如果政治局势动荡，人们处于极度恐慌中，心理压力就会增大。

(2) 经济不确定性：当处于经济萧条状态时，人们会患得患失，缺少职业安全感，倍感压力。

(3) 技术不确定性：随着科学技术的迅猛发展，互联网及其他新技术的应用严重冲击着一些传统产业，使很多人面临着巨大压力。

2. **组织因素** 组织因素主要是指工作的任务要求、角色要求、人际关系、组织结构因素及组织领导因素等。

(1) 任务要求：是与工作任务相关的因素。例如，飞行员、外科医生等，工作的责任和难度都很大，较容易产生紧张情绪，承受着巨大的压力。

(2) 角色要求：是指由于人们需要在工作中扮演特定角色而产生的压力，主要包括角色冲突、角色模糊等。人们常常需要在一个组织中扮演多种角色，当角色之间的要求矛盾时就会导致角色冲突。例如，中层管理人员常常难以同时满足领导的要求及下属对他的期待，这就会导致压力的产生。此外，新员工常常不清楚自己应该做什么，这种角色模糊使其产生焦虑感。

(3) 人际关系：是指组织中的其他成员带来的压力。当个体与身边的人相处不融洽，得不到组织中其他人的认可和支持时，就会产生压力。

(4) 组织结构因素：是指因为组织结构不合理而导致的压力。例如，组织的机构设置或规章制度不合理时很有可能给员工带来压力。

(5) 组织领导因素：即组织的领导带来的压力。例如，领导或素质低下能力不足，不懂得尊重员工，就会给员工带来压力。

3. **个人因素** 个人因素主要包括自身的个性特点及家庭的问题等。有的人情绪稳定性较差，容易让其产生压力。另外，家庭经济困难或家庭关系不和谐都会给个体造成巨大的压力。

(三) 压力的影响

事实上,压力并不都是破坏性的。无论对个体还是组织,适度的压力都有积极的作用。但是一旦压力过度,超出个体的承受范围,就会带来比较恶劣的影响。本文主要讨论过度的压力给个体和组织造成的不良影响。

1. **压力的个体后果**　过度的压力对个体产生的影响主要有生理、心理和行为3个方面。

(1) 生理后果:过度的压力损害人们的生理健康,如因工作压力大而导致的头晕头痛、神经衰弱及食欲缺乏等症状。

(2) 心理后果:过度的压力会使人们陷入紧张、忧虑和沮丧等负面情绪中,严重时会引发一系列心理问题,同时还容易导致员工的职业倦怠。如果不能顺利应对这些工作压力,很容易导致员工渐渐丧失对工作的兴趣和热情,进而影响工作效率。

(3) 行为后果:过度的压力会使人们出现一些不正常的行为,如吸毒、酗酒、偷窃、自杀,甚至杀人,不仅伤害自己,同时也可能伤害他人。在工作中可能会表现出缺勤、离职等行为。

2. **压力的组织后果**　压力对于个体的每一种后果当然也会影响着组织。此外,压力对组织的影响还有以下3点。

(1) 增加组织的医疗成本:过度的工作压力会对员工的身心健康造成严重影响,引发各种生理和心理疾病,甚至可能导致事故的发生,组织需要花费医疗保健、保险及赔偿等费用。

(2) 危害组织核心成员的健康,破坏组织的稳定性:压力给组织核心成员带来的危害直接关系到整个组织的兴衰存亡。如果企业领导者的压力过大,那么他的反应会增加下属的压力,最终降低整体的工作效率,甚至可能会造成组织的解体。

(3) 绩效下降:适度的压力有利于提高工作绩效,但随着压力的提高可能会降低绩效。压力和绩效之间的关系就如同耶克斯-多德森定律中的描述,呈倒"U"形关系(图 2-4)。即随着压力的增加,工作绩效也随之逐渐提高,在中等压力水平上工作绩效达到顶峰;而当压力超过一定限度继续增加时,绩效便急剧下降。

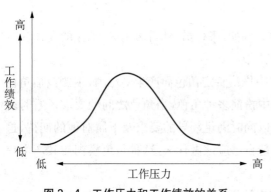

图 2-4　工作压力和工作绩效的关系

(四) 调节变量

面对同样的压力源,不同的人会有不同的反应。这是由于压力源和压力反应之间存在着某些调节变量,这些调节变量会使人们感受和应对压力的反应不同。研究发现,主要有以下4种调节变量。

1. **认知**　人们常常是依据自己对现实的认知和态度来做出反应的,所以认知是压力感知的一个重要调节变量。例如,面对公司裁员时,有的人认为这是自己开创事业的好机会,而有的人却会沉浸在将要失去工作的悲伤中。

2. 经验　在相同的困难面前,经验是影响人们压力感知的一个调节变量。一般而言,经验越丰富就代表他经历过的困难多,适应压力环境的能力可能越强。或者说,经验越多抗压能力就越强。

3. 社会支持网络　社会支持网络不仅包括自己的亲友,也包括自己的同事和上级等。遇到困难时,社会支持网络能够提供大量物质帮助、信息支持及情感支持,进而有效地帮助自己缓解压力,增强战胜困难的勇气和信心。

4. 人格特点　个体的人格特点也是压力感知的重要影响因素。例如,情绪稳定性越强的人越能够承受更大的压力;自我效能感高的人会更加自信,相信自己能顺利地完成任务,所以压力感相对较低,而自我效能感低的人则会倍感压力。

三 学习

(一) 学习的概念

正所谓"活到老学到老",学习是人生永恒的主题。到底什么是学习呢?一般来说,学习是指个体通过获得经验而使行为产生相对持久的改变的历程。对学习的概念理解,应该注意以下几点。①学习是指行为发生变化的过程,而并非是指学习后行为变化的结果。②学习必须包括某种经验。经验可以是通过直接途径获得的,如亲身经历,也可以是通过间接途径获得的,如通过读书或学习别人的经历。无论是直接还是间接的方式,只要这种经验引起行为产生相对持久的变化,那么就可以说发生了学习。再次,学习会引起行为的变化。在学习过程中,我们可能学到好的行为,也可能学到不好的。换句话说,行为的变化有可能往好的方面发展,也有可能往不好的方面发展。最后,行为发生的改变应该是相对持久的。暂时性的变化有可能仅仅是一种反射的结果,不能看作是学习。

(二) 学习相关的理论

人们是怎样进行学习的呢?本书通过3种最主要的学习理论,即经典条件反射理论、操作条件反射理论及社会学习理论,阐述人们的学习过程。

1. 经典条件反射理论　俄国著名生理学家、心理学家巴甫洛夫最早发现了经典条件反射这一重要现象。在对犬进行生理实验时,他发现犬的一种本能的行为:每次吃肉时就会分泌唾液。对于这种与生俱来的行为,巴甫洛夫称之为无条件反射。除了食物,他还发现给犬喂过食物的人或给犬盛食物的盘子都能够导致犬分泌唾液。但是,铃声的刺激不会引起犬的唾液分泌,这种类型的刺激被称作无关刺激。在对这种现象进行系统的研究之后,巴甫洛夫提出了"条件反射"的概念。

在实验中,肉是无条件刺激物,而铃声是条件刺激物。如果两者没有结合在一起,那么不会引起受刺激者的反应。然而在"学习"之后,再受到条件刺激时,受刺激者就会做出与受到无条件刺激时相同的反应,这就是条件反射。由此可以看出,条件反射行为具有习得性。"望梅止渴"就是典型的条件反射的例子。

用经典条件反射理论可以解释许多由刺激导致的无意识的反应行为。然而在组织中，大部分行为都是主体自发主动进行的，而非被动反射的。对这种复杂行为，经典条件反射理论显然无法做出明确的解释。那么，人的复杂行为究竟是怎样习得的呢？接下来我们就看看操作条件反射理论。

2. 操作条件反射理论　美国心理学家斯金纳对经典条件反射理论进行了改进，并提出操作条件反射理论。斯金纳认为，经典条件反射理论只能对少部分行为进行解释。现实生活中，大部分行为是自发形成的，即使某些行为是由于刺激引发的，刺激在其中的作用也是很小的。斯金纳把人类习得的行为划分成两种：一种是"应答行为"，是通过条件反射建立起来的；另一种是"操作行为"，是一种自发行为，行为出现时并没有明显的刺激。他系统研究了操作行为的形成，并提出了操作条件反射理论。

操作条件反射理论认为行为是结果的函数。当行为给主体带来有利的影响时，行为就会得到积极的重复和强化；而当某种行为给主体带来不利影响时，将会降低该行为在未来出现的次数。例如，一个员工花费大量时间和精力高质量地完成了一项工作，领导马上给予表扬和奖励，未来他必将更加努力地工作；如果领导没有对此做出反应，那么该员工一定会极大地丧失对工作的兴趣和激情。行为所带来的奖惩结果便是刺激行为的强化物。这就属于操作条件反射。不同的条件反射理论可以应用于不同行为的解释。经典条件反射理论能够解释学习者适应环境的行为，而操作条件反射能够解释学习者控制和改造环境的行为。

3. 社会学习理论　社会学习理论是美国著名心理学家班杜拉提出的。这一理论是建立在经典条件反射理论和操作条件反射理论基础上的，但又实现了对这两个理论的超越。社会学习理论同样认为行为是结果的函数，但它更重视观察学习及知觉在学习中的重要性，主张学习的途径更多是源于模仿。该理论认为人们可以通过直接经验和观察两种途径学习。观察性学习是指通过观察别人的行为来相应地改变自己的行为习惯。班杜拉认为，人类的很多复杂行为都是通过观察性学习的途径获得的。班杜拉将观察性学习的过程划分成4部分。①注意过程：观察性学习始于学习者对榜样行为的注意。人们总是倾向于选择与自己相似的、优秀的、有吸引力的榜样作为自己学习的对象。②保持过程：即通过语言和形象两种途径把所获得的榜样信息转换成适当的表象保存起来。③复制过程：观察者完成由"看"到"做"，将记忆中的表象转化成行为。④强化过程：及时给予奖励能够激发人们模仿榜样行为的积极性，这样学习效果会更加明显。

第四节　个体行为基础相关知识在卫生领域的应用

价值观在卫生领域中的应用

(一) 价值观的重要性

价值观是组织行为学中一个十分重要的概念。①价值观有助于了解成员对组织的认同程度及对相关事物的态度。在加入某组织前,个体的价值衡量标准已经基本定型。这些衡量标准中,有些是理性客观的,而有些则由于个体偏好、思维能力、知识水平及特殊生活经历等方面的原因,使得判断标准包含了非理性的、主观的成分。所以,价值观会使个体用自己的思维方式进行判断,对经手的信息进行一定的筛选,在一定程度上过滤对人或事的看法。②价值观能够促进个体对那些不被其所在组织或群体接受的信仰、态度及行为等进行合理化,帮助其解决内心冲突,进而增强个体的自我效能感和道德感。最后,价值观会对领导人的决策行为产生影响。假如领导者是一个看重物质利益的人,那么在制订企业的经营目标时,他会将经济效益放在第1位,为此可能会不择手段。

(二) 价值观在卫生领域的应用——价值观与工作表现

价值观影响着我们的感知能力,是理解他人态度的基础。如果个体的价值观符合群体或社会的价值取向,则会产生强大的合力,促进卫生组织和医疗机构目标的实现。个体的内心总会有一些先入为主的观念,认为应该或不应该这么做,这些观念中包含了个体对于正确和错误的解读,同时还意味着个体比其他人更偏好某种行为或结果。由此可见,这些观念和价值观密切相关。因此,价值观可能妨碍我们的理性思维及客观性,进而影响个体的态度和行为。

假如你认为由绩效决定薪酬是正确的,而由在医院中的资深与否决定薪酬是错的,那么当你发现自己加入的医院正是由工作资历而非绩效决定薪酬时,你会如何反应呢?你很可能十分失望,并且这种失望的情绪可能会导致未来工作中的不满,从而不再努力工作,因为你觉得"反正我的投入也不会带来更多收入"。但如果价值观和医院的薪酬政策相吻合,你的态度和行为很可能会大大改观。

(三) 价值观在卫生领域中应用的案例分析

1. 案例一——慈善基金会的理念

(1) 案例简介:鲁医生在退休之后从事慈善基金会事业,主要帮助那些有听力障碍且家庭经济困难的孩子们安装耳蜗。耳蜗有两种:进口的(18万元)和国产的(8万元)。国产耳蜗在功能和使用上,并没有问题。上个月,她收到一个家庭要给孩子安装进口耳蜗的申请,请求资助7万元。

申请资助的家长认为,给孩子安装耳蜗是一辈子的事,所以希望安装进口的。医院方面的看法是,选择国产或进口耳蜗是患者的权利,医院不能干预,但建议考虑自身经济状况。慈善基金会的工作人员对此事的意见不一致:有的认为应该按国产耳蜗的标准资助7万块钱;有的则认为不应予以资助。鲁医生认为既然患者家里能够掏得起10多万,至少给孩子安装国产耳蜗没有问题,不应资助。

有工作人员告诉鲁医生:求助家庭的这10多万也是借的。

这个家庭,到底该不该获得资助呢?

鲁医生最终拒绝了求助者的申请。

鲁医生举了个例子,慈善基金会除了帮助家庭经济困难的孩子们安装耳蜗之外,还会帮助无房居住的人,就是那些无立足之地、于寒风中瑟瑟颤抖的人寻找住所。这时候忽然来了一个人,要求住别墅。尽管他也无家可归,而且想要自己筹钱买别墅,只要求居住在平房陋室里的爱心捐助者们替他补上平房的差价而已。但居住于平房陋室中的资助者多半是不会答应替这位申请资助者凑钱买别墅的。

从申请者角度来说,父母一切为了孩子的良苦用心是应该予以肯定和支持的。但从慈善基金会的角度来看,许多爱心捐助者自己的生活也不容易,但还是充满爱心、捐钱资助那些更需要的人。慈善基金会的理念是帮助那些连国产耳蜗都安装不起、陷于绝望之中期盼的家庭。

(2) 案例分析:如何运用个体行为基础理论分析鲁医生最终拒绝了求助者申请的原因?应怎样看待在决定过程中各方观点的差异?

围绕是否应该资助这个经济困难却请求资助安装进口耳蜗的家庭,各方均有不同的判断,即不同的价值观。这些不同的价值观影响着相关各方的态度和行为。上述案例中,慈善基金会的理念是帮助那些连国产耳蜗都安装不起、陷于绝望之中期盼的家庭。我们可以将慈善基金会的理念类比理解为个体的价值观,也正是因为有这种价值观的引导,鲁医生才能在究竟是否应该资助该家庭这个问题上做出最终的决定,而没有受到其他不同价值判断的影响。

2. 案例二——追求极致的德拉蒙德·韦布医生

(1) 案例简介:2004年12月31日,新华社报道,美国知名儿童心外科医生德拉蒙德·韦布26日被发现在家中自杀身亡,时年45岁。据德拉蒙德·韦布生前任职的阿肯色州儿童医院有关人员介绍,德拉蒙德·韦布的尸体是他夫人发现的。德拉蒙德·韦布医生死前过量服用了某种药物,还给妻子留了一张便条。他的朋友们都认为,德拉蒙德·韦布服药过量可能是突发的过度抑郁所致。

然而就在不久前,新华社还有一篇关于德拉蒙德·韦布医生的报道:当年9月份,他成功完成了一个高难度的,也是唯一一例儿童辅助心脏泵植入手术,享誉全美。而他为人称道的精湛医术不仅仅在于完成了这个手术,德拉蒙德·韦布医生在18个月内进行手术830例,死亡率仅为2%。2002年,美国广播公司以德拉蒙德·韦布为主人公,拍摄了一部4集新闻纪录片,此举就是被他杰出的手术成功率所吸引。

阿肯色州儿童医院首席执行官乔纳森·贝茨说,德拉蒙德·韦布为挽救患者的生命,一直在不知疲倦地工作。他说:"有的医生会说'100名患者,我救了98个',但德拉蒙德·韦布只会说'100个人,有两个我没能救过来'。"

(2) 案例分析:如何运用个体行为基础理论分析美国著名医生韦布自杀的原因?应怎样看待医生这个与人们的生命健康息息相关,但承受着巨大压力的行业及其从业者?

1) 韦布医生的价值观:德拉蒙德·韦布医生生前对自己一直很苛刻。他曾说:"我认为仅有热忱是愚勇的……我所做的事情需要的是极致完美。"在他的价值观体系里,自由、快乐、幸福都不是关注的焦点,他所追求的、至高无上的终极价值观——生命才最为重要。为了实现其终极价值观,韦布医生持有抱负、能干和责任的工具价值观,表现为他对于理想的不懈坚持、对于技术的精益求精及对于工作的积极和热忱。

2) 韦布医生价值体系的形成：一个人价值系统的形成，离不开遗传、家庭、教育、社会等因素。在韦布医生 8 岁那年，也就是 1976 年，克里斯敦·伯纳德(Christian Barnard)医生完成了世界第 1 例心脏移植的手术，因而成了韦布心中的"圣人"，他觉得这就是自己想要做的事情——为心脏做手术，拯救生命。从此他有了自己的偶像，立志从医。

出身富足的书香门第，韦布医生接受了正规的医学学习和实践。在各种因素的影响下，他的价值观愈加成熟，也愈加专一。

3) 价值观影响态度和行为：在价值观的引导下，韦布医生对于工作，从来不知疲倦；对于患者，则不仅把自己当作他们的治疗医生，也把给他们做主、给予他们保护视为己任；对于"神奇、全能、超凡"此类的名誉和赞美，他更看作社会对他的期望和所要达到的目标。

三 知觉在卫生领域中的应用

(一) 知觉的重要性

知觉是客观刺激转化为心理内容过程中一个最关键的环节，在心理活动过程中具有特殊地位。人们对客观事物的感知是通过提取大脑信息系统中的相关信息，进而与知觉相结合，使其获得一定的意义。所以，知觉是一个对事物进行解释或赋予某种意义的过程，同时也是个体积累知识的一个重要环节。

知觉具有一定的主观意识性。受知觉者的价值观、需要、愿望及性格等的影响，知觉并不一定能准确地描述环境。或者说，世界是个体知觉到的世界，个体的行为是建立在其对现实知觉的基础上的，而并非以现实本身作为基础。例如，面对员工用好几天才做出重大决策的事实，一名管理者可能认为该员工行动缓慢、瞻前顾后、犹豫不决；而另一名管理者可能认为其考虑周全、小心谨慎。前者对员工的消极评价会损伤其自尊心，挫伤员工的工作热情和积极性；而后者的积极评价会激发员工的工作热情。这其中的原因在于，没有人亲眼看见的事实的真相，只是对自己所看到的表象进行解释并称之为事实。很显然，人们都是在自己知觉的基础上进行活动的。所以，管理者必须经常留意自己的知觉，对员工做出有积极意义的行为，从而调动其工作积极性。

有意识性的知觉可以在一定程度上调节个体的行为。例如，公司要求更努力工作的指示有可能被期望晋升的年轻管理人员当作提升的途径，但同样的工作指示可能被工人看作是工厂提高剩余价值的企图。管理者要认识到个体对事物的知觉存在差异，从而包容员工不同的情绪反应，并有意识地调整自己的语言和行为，与员工建立起和谐的关系。

(二) 知觉在卫生领域中的应用

知觉与判断活动存在于任何组织环境中，当然也包括医疗机构、卫生管理机构等组织。但是，知觉与判断的过程很容易受知觉偏差的干扰，从而导致错误或失真。对社会知觉规律的充分认识，会深刻影响卫生部门相关组织机构的运行和管理。本文简述社会知觉在以下 3 个过程中的应用。

1. **招聘考试** 面试是目前几乎所有组织招聘员工最常用的方法。但有研究证明,面试官经常做出错误的知觉判断。另外,不同面试官的评价常常不能达成一致。或者说,不同面试官关注求职者不同的方面,从而对同一个人得出不同的评价。

研究发现,第一印象在面试中占据重要地位,尤其是最初的几分钟内的印象。如果不好的印象出现在前几分钟内,结果非常糟糕;如果出现在比较靠后的时间内,结果便不会那么糟糕。印象的建立和知觉判断具有时间效应。对这一点的了解可以成为应试者的面试技巧。另一方面,面试官应当注意由此产生的歪曲和错误,以便对人的价值做出正确判断。

招聘过程中,另一个方面也会导致知觉歪曲。应试者常常对应聘的岗位抱有不合实际的期望或幻想。因此,在工作后发现现实与期望之间存在的差距较大时,就会感到失望、沮丧、不满乃至愤怒,辞职的可能性也就大大提高。所以,在一开始面试时就要向应聘人员提供关于工作的准确信息,使应聘人员有正确的认识,不使其产生错觉。

2. **绩效评估** 管理者的一项重要任务就是评价员工的绩效。绩效评估可以帮助管理者获取有用的信息,掌握管理政策的有效性。此外,绩效评估能够显示员工工作中的优缺点,指出哪些地方需要改进。绩效评估的结果往往关系着员工的加薪、晋级、提升或者是否能够被继续聘用,所以绩效评估的内容通常是员工的工作目标。

需要注意,在一定程度上绩效评估也受到知觉过程的影响。尽管绩效评估是对员工工作的评价,评价的过程也采用不少客观指标(如医院每个科室的年收入),但绩效评估的过程中依然有许多工作是通过主观方式进行的。例如,对组织是否忠诚,工作是否努力等。这些方面的评价,往往受知觉偏差的影响。

评估工作实绩时,如果过分看重被评估人与工作考核有关的某种特性,就会造成以偏概全,导致评估误差。因此,如果一个考核者对员工的某个绩效要素评价较高,就会使他对该员工的其他所有绩效要素都有较高的评价;反之,如果对员工的某个绩效要素评价较低,就会使他对该员工的其他所有绩效要素都有较低的评价。在绩效面谈过程中,受晕轮效应的影响,考核人员会带着个人感情与员工交流,造成员工的不满。

3. **员工行为塑造** 医疗或卫生机构的管理者还可以运用知觉过程规律,积极干预和塑造员工的行为。管理者必须认识到如何对待员工决定着员工的工作表现。换言之,如果管理者对下属抱有很高的期望,那么员工就很少会令管理者失望。但如果管理者预期员工只能够完成最低标准的工作,那么员工就倾向于仅完成最低标准的工作以符合这种期望。这就是自我实现预言(self-fulfilling prophecy),又称皮革马利翁效应。它是指个体对于自己或他人的预期往往会在未来的行为结果中应验。

皮革马利翁效应这一术语源于希腊神话故事。著名雕刻大师皮革马利翁倾注全部心血完成了一个象牙美女塑像。后来,皮革马利翁发现自己爱上了这个美女塑像。结果他的诚心最终感动了天神,天神赐予雕像生命,最后有情人终成眷属。

这一效应同样适用于卫生领域,如果管理者相信员工可以取得优秀的成绩,爱护、重视和鼓励他们,员工的自信心和自尊感会得到增强,进而提升员工的自我期望水平和工作激情,有助于取得管理者期望的业绩。

(三) 知觉在卫生领域中应用的案例分析

1. 案例简介——留不住的"儿子"和"女婿"

周某毕业于国内某著名医学高校,2年前刚留美归国,属于国内心内科领域的少壮派。他所在的心内科购置了最先进的医疗设备,还引进了两名高级专家(周某和李某),是人民医院准备重点发展的科室之一。为此,医院投入了大量人力、物力、财力。为了能挖到周某,人民医院几乎满足了他提出的所有条件,并让他担任心内科副主任一职。

人民医院现在的心内科主任肖某是业内的资深人士,已经连续在该院工作10多年,是地地道道由人民医院自己培养出来的专家。在决定来医院工作之前,周某曾经接触过肖某,但是彼此关系不是很熟。开始,周某也担心过与肖某的关系问题,后来考虑到两人有近10岁的年龄差,医院也许诺会支持自己的学术科研,而且医院给出的条件实在诱人,还可以在沿海大城市工作,这让周某最终下定决心"飞"到人民医院。

但事情的发展却并不像预料的那样。肖某是位富有个性的专家,做事往往以自我为中心,说话无所顾忌,做事比较专横,虽然学术能力无可挑剔,但是在员工中的口碑却不是很好,医院拿他也没有多少办法。

开始,尽管不理解肖某的做事方式,但是周某还是尝试把肖某当作前辈,颇为尊重。时间长了,周某逐渐忍受不了他的"不顾脸面"的讲话方式。而且,两个人在学科建设、发展等方面也出现了一些分歧。在私下里和李某沟通后,周某发现对方也有类似的感受。两个人悄悄地找到院长孙某,反映心内科的一些问题,希望取得医院的支持。为此,医院想了很多办法,多次找肖某谈话。无奈肖某是"一根筋",很多话听不进去,敷衍了事。

事情就这样拖着,双方的矛盾也越来越深。后来,李某也卷进了矛盾当中,原先的双边矛盾瞬时变成了三角矛盾。周某和肖某的关系变得更僵,见面几乎不说话,事态发展到了不得不解决的地步。

就在这个时候,李某主动向医院提交了辞呈,他在本市另外一家医院找到了职位。李某的离职,不仅没有让孙某感到可惜,反而长舒了一口气,毕竟这也算是解开一个死疙瘩的方式。可周某的问题怎么解决,孙某思来想去,还是决定按照办公会的意见执行,为周某成立一个专家门诊,暂时缓解一下两者的矛盾。况且,自己也非常看重周某,不希望他步李某的后尘离开医院。孙某决定再找周某谈谈。

医院决定为周某单独成立一个诊室,给他自由发挥的空间,并给他很多决策权,工作经费、课题立项等都将充分考虑到他的意见。对此,周某没有意见。4个多月来的工作经历让周某有些疲惫,对医院怎么解决矛盾,他不参与,也不关心。他想到了离开。这个时候,另一家医院的领导悄悄找到了周某,希望他能过去工作,让他担任科主任,并且给他人事、分配等方面的权利,可以为其配备医疗设备,也可以让自己按照学科发展需要组建团队。看来,这家医院也是有备而来。几乎没有多加考虑,周某就决定去。虽然医院的综合实力没有人民医院强,但是自己到那边会有发挥的空间,周某尤其看重这一点。

表面上看,周某的离去让矛盾瞬间迎刃而解,但是自己引来的凤凰却先后落到了别人的梧桐树上。这让孙某感觉非常不快,也意识到自己很可能在招聘人才方面出了问题。可是,医院要发展,就需要不断地吸纳人才,特别是高端人才的加入。对于怎样处理好引进人才和现有人才的关系,也就是俗称的"儿子"和"女婿"的关系,既要挽留住"女婿",又不能冷落了"儿子",孙诚觉得自己缺少成熟的套路。

2. **案例分析** 如何运用个体行为基础相关知识,分析最终导致两位医生先后离开医院这一个体行为的原因?如果你是院长的话,又会如何处理此事?

从个体行为基础的知觉方面,可以从归因理论来阐述两位医生的先后离开。周某对现在的工作十分不满意,追其根源,只认为是由于肖某专横,说话不顾脸面,以自我为中心。这就是典型的自我偏爱:当遇到失败时,常常倾向于将原因归结于外部因素,而不是从自身找原因。

第五节 个体行为基础相关知识的发展与趋势

一、价值观与全球化

伴随着全球化的不断发展,人们愈发地认识到不同的国家、民族之间基于不同的地理位置和发展空间,最终发展出自身特有的文化。来自不同国家、民族的个体,除了具有不同的语言、信仰等,不同的文化背景还会导致人的价值观存在差异。认识和研究不同国家、民族在价值观方面的差异,有利于帮助我们对不同国家员工的行为进行解释和预测。

(一) 霍夫斯坦德的跨文化价值观研究

20世纪70年代,吉尔特·霍夫斯坦德(Geert Hofstede)提出了一种被后人广泛参照的研究文化差异的分析框架。他对IBM公司遍布40多个国家的116 000名员工进行了调查,询问员工与工作相关的价值观,从而发现不同国家文化背景的员工的价值观主要在以下5个层面上存在差异。

1. **权力距离** 所谓权力距离是指一个国家的人能够在多大程度上接受组织和机构中不公平的权力分布现象。不同国家的人们对组织和机构内部的权力不公的接受度是不同的。权力距离高代表权力的分布不平等,权力距离低代表这个社会强调公平性。

2. **个人主义与集体主义** 所谓个人主义是指人们在多大程度上愿意以个人的方式而不是以群体的方式做事,或者说人们在多大程度上信奉个人权利高于一切。与个人主义正相反,集体主义强调紧密的社会联系,人们期望其他人能够照顾自己。

3. **自我实现与关注他人** 所谓自我实现是指人们对于金钱需求、物质享受、激烈的竞争及独自决断的能力等价值观因素的重视程度,它有利于促进竞争。而关注他人是指人们对于人与人之间的关系、对他人福利的关心等价值观因素的重视程度。

4. **不确定性规避** 不确定性规避指的是人们在多大程度上倾向于避免非结构化的情境而偏好结构化的情境。在不确定性规避较高的国家,人们对模糊性和不确定性的焦虑程度比较高,并采取控制和法律手段来降低不确定性。而在不确定性规避较低的国家,人们对情境模糊性的接受程度比较高,不太信奉规则,敢于承担一定的风险,更能够接受变革。

5. 长期和短期目标导向　长期目标导向下的人们更注重未来及价值观的持久性;而短期目标导向下的人们更强调此时此地的感受,比较容易接受变革,而且不将承诺视作变革的障碍。

霍夫斯坦德的研究发现,马来西亚是权力距离最高的国家;美国最强调个人主义,不确定性趋避程度比较低,受访的美国员工大多数能够在一定程度上接受模糊性和不确定性;中国香港和德国都高度重视自我实现,而荷兰和俄罗斯对自我实现感到无所谓;中国重视长期导向,而美国和法国则重视短期导向。

(二) GLOBE 跨文化价值观研究

1993年以来,"全球领导力与组织行为效果"(global leadership and organizational behavior effectiveness,GLOBE)研究团队一直跟踪研究国家文化及其领导力。GLOBE 研究团队收集62个国家和地区的825家组织机构的数据,从而确定了区别不同国家和地区文化的9个维度(表2-3)。

表2-3　GLOBE 跨文化价值观研究的9个价值观维度

维度	评分低的国家	评分中等的国家	评分高的国家
独断专行	瑞典、新西兰、瑞士	埃及、爱尔兰、菲律宾	西班牙、美国、希腊
未来导向	俄罗斯、阿根廷、波兰	斯洛文尼亚、埃及、爱尔兰	丹麦、加拿大、芬兰
性别差异	瑞典、丹麦、斯洛文尼亚	意大利、巴西、阿根廷	韩国、埃及、摩洛哥
不确定性规避	俄罗斯、匈牙利、玻利维亚	以色列、墨西哥、美国	澳大利亚、丹麦、德国
权力距离	丹麦、芬兰、南非	英国、法国、巴西	俄罗斯、西班牙、泰国
个人主义/集体主义	丹麦、新加坡、日本	美国、埃及	希腊、匈牙利、德国
组内集体主义	丹麦、瑞典、新西兰	日本、以色列、卡塔尔	埃及、中国、摩洛哥
绩效导向	俄罗斯、阿根廷、希腊	瑞典、以色列、西班牙	美国、新西兰
人本导向	德国、西班牙、法国	瑞典	印度尼西亚、埃及、马来西亚

1. 独断专行　独断专行是指国家或地区对于独断专行及竞争性等的提倡程度。此维度对应于霍夫斯坦德的自我实现维度。

2. 未来导向　未来导向是指国家或地区对未来导向的行为(如计划、未来投资或推迟享受)的提倡程度。此维度对应于霍夫斯坦德的长期和短期目标导向维度。

3. 性别差异　性别差异是指一个国家或地区对性别差异的重视程度。

4. 不确定性规避　GLOBE 团队对这一概念界定与霍夫斯坦德相似,是指对社会规范和程序的依赖,从而降低未来事件的不可预知性。

5. 权力距离　与霍夫斯坦德的界定相同,这里的权力距离也是指一国的公民能够在多大程度上接受组织和机构中不公的权力分布现象。

6. 个人主义/集体主义　与霍夫斯坦德的界定相似,是指个体在公共机构的鼓励下融入社会群体当中的程度。

7. 组内集体主义　组内集体主义是指人们对自己的群体成员身份的自豪程度。这个群体可以是所在的组织机构、家庭或朋友圈等。

8. 绩效导向　绩效导向指根据绩效或突出表现给予成员鼓励和奖励的程度。

9. 人本导向　人本导向是指社会对那些公正的、慷慨的、关怀的、友善的个体给予鼓励和奖励的程度,对应于霍夫斯坦德的自我实现和关注他人维度。

由此可知,GLOBE 的文化评估模型发展了霍夫斯坦德文化评估模型,而并非取代。两者之间最主要的区别就是 GLOBE 的模型增加了性别差异导向、绩效导向等 4 个新的维度。

二、知觉与归因的跨文化视角

关于知觉在不同文化间的差异,存在正反两个方面研究证据,但是绝大多数证据都支持不同文化在归因结果上存在差异。有研究表明,韩国管理者的利我偏见比较少,他们大多倾向于将群体失败的责任归于个人,而不是把失败归因于群体成员,比如承认"我不是一个有能力的领导者"。此外,亚洲的管理者更可能会责怪整个组织或机构,而西方国家则认为管理者应该是被表扬或责怪的对象。这种差异解释了公司业绩低迷时美国报纸会鲜明地指出管理者的名字,而亚洲的媒体会报道该公司作为一个整体是怎样失败的。以群体为基础的归因倾向也说明了亚洲文化背景的个体更可能产生以群体为基础的刻板印象。在很大程度上来说,归因理论是在美国与西欧工人的背景的基础上开发出来的。这些研究说明归因理论在非西方文化的社会中,特别是那些集体主义文化传统较深的国家,不一定会起到较好的预测功能。

归因倾向上的差异并非代表归因和责任归属等基本概念在不同文化背景的国家和地区之间是完全南辕北辙的。在东亚文化中利我偏见可能确实比较少见,但是有证据表明,这种偏见在不同文化中都是存在的。最近研究发现,在对错误追究责任的时候,中国的管理者和西方管理者一样会使用共识性、特异性及一贯性等衡量标准。这种现象说明,在不同文化中归因的基本过程是能够通用的,只是亚洲的管理者需要更多证据才能判定个体是否应当被追究责任。

三、压力、工作满意度与社会变革

伴随着世界各地经济和科技创新的不断发展,人类的生产、生活方式也经历着各种改变,由此带来的各种社会变革进一步影响着组织行为的相关情境,这些或大或小的改变都是我们应当加以关注的。

经过工业革命以来 100 余年的发展,人类社会逐渐由工业文明阶段进入知识文明阶段,人类逐渐将自己从繁重的体力劳动中解放出来,体力劳动的强度和比例相对下降,脑力劳动的强度和比例相对上升。与此同时出现的改变是,人们发现工作和生活之间的界限变得越发模糊,经常会出现一些临时性的紧急工作。因此,越来越多的员工开始抱怨工作正在逐渐挤压自己的私人生活空间。这给员工（特别是已婚家庭的年轻员工）带来了很大压力，并影响到这些员工的工作满意度。如何更好地处理工作与私人生活空间之间的冲突，应对经常出现的临时性工作，成为越来越多员工面临的现实问题。

作为组织管理者，要清醒地认识到如果工作过多挤占员工的私人活动时间，会导致员工的压力上升、工作满意度下降，最终导致员工的忠诚度有所下降。为此，组织管理者要努力营造良好的工作环境，提升员工在工作时间的工作效率，并培养员工合理利用弹性时间和释放压力的能力，提高员工满意度。

本章小结

价值观是一系列基本信念的总和，是个人或社会对某种特定的行为方式或存在的终极状态所持有的持久信念，它是人们判断好与坏、对与错、重要与不重要的基本信念。价值观包括内容和强度两种属性。价值观的形成需要经过3个阶段：选择、赞赏和行动，在这个过程中会受到文化、父母、老师、朋友、经验等因素的影响。

态度是指一个人对外界特定事物所持有的评价性的、较为稳定的内部心理倾向。态度的心理结构由认知成分、情感成分和行为成分构成。其中，认知成分表明了人对事物评价性的看法，情感成分是态度中的情感要素，行为成分是指个体以某种行为方式对某人、某事、某物表现出来的目的和意图。一般情况下三者是协调一致的。

态度和行为的关系受到具体性、社会规范和态度体验的影响。在改变员工态度的过程中可能存在许多影响因素，包括外部的人际影响、企业内部的信息沟通、企业文化的影响和内部员工的认知、需要、个性心理特征。

工作满意度是指员工由于对工作特点进行评估而产生的对工作所抱有的一般性的满意与否的态度。满意度和绩效之间的关系，在个体层面很弱，在部门或者组织整体层面呈显著正相关；满意度和缺勤率之间有一定程度的负相关；满意度和离职率之间的负相关较强。

知觉是人脑对当前直接作用于感觉器官的客观事物的整体反映。知觉的基本特征有知觉的理解性、整体性、恒常性和选择性。影响知觉的因素有刺激物的大小、颜色、方位、环境等客观因素，还有人的需要、动机和知识经验等主观因素。社会知觉是指人们在社会活动中对人、对己、对群体进行认识的过程。

社会知觉可以分为人际知觉、角色知觉、自我知觉和对他人知觉。常见的社会知觉偏差主要有首因效应、近因效应、晕轮效应和刻板印象。

归因是指将所观察到的行为归结为一定的原因。美国社会心理学家凯利认为归因依据独特性、共同性和一贯性3个因素。

能力是指一个人顺利地完成某项活动所必需的、直接影响活动效率的个性心理特征。人的能力可以分为认知能力和体质能力两大类。认知能力和体质能力又都包含许多不同的能力。能力来源于先天因素（生物遗传）和后天因素（教育和训练）两个方面。在组织中，管理者可通过人员甄选、人员配置和人员培训实现对员工能力的管理。

压力是个体对刺激的适应性反应。这些刺激对个体提出了超出正常水平的心理和生理要求。压力可能由多种因素引起。主要的组织压力源是任务要求、角色模糊、角色冲突、职位的升迁、富有挑战性的任务、员工经济状况和工作稳定性等。生活压力源主要指各种生活变化事件,其中既有消极的事件,也有积极的事件。

压力会带来多种后果。个体后果包括生理后果、心理后果和行为后果。在组织后果方面,压力会影响员工的态度和情绪,导致退缩和工作倦怠,最终降低个体、群体乃至整个组织的绩效。

学习是在经验的作用下而发生的相对持久的行为。行为学派中有3种理论解释学习的过程:经典条件反射理论,操作性条件反射理论,社会学习理论。

全球化和社会变革的不断发展将对个体的价值观、知觉和归因、压力和工作满意度产生重要影响,组织管理者对此要有清醒的认识,并做好应对。

★ 复习思考题

1. 什么是态度?态度有什么特点与功能?
2. 态度测量的主要方法有哪些?
3. 平衡理论与认知失调理论有何区别与联系?
4. 影响态度改变的因素有哪些?
5. 工作满意度与缺勤率之间是什么关系?与流动率之间是什么关系?哪种关系更有利?
6. 对比员工对工作不满意时的几种反应方式之间的差异:退出、建议、忠诚和怠工。
7. 什么是价值观?价值观对一个人的行为有什么影响?
8. 不同人的价值观有差异吗?这种差异体现在哪里?
9. 如何理解一个人的价值观是相对稳定的,而不同群体的价值观是有差异的?
10. 依据知觉的概念和基本特征,分析影响知觉过程的因素。
11. 分析社会知觉的4种类型和偏差在组织管理中的应用。
12. 什么是归因理论?它在解释组织行为方面有什么意义?
13. 分析归因依据的3个因素,并举例说明知觉和归因的关系。
14. 什么是晕轮效应?举例说明晕轮效应是怎样造成知觉失真的。
15. 什么是印象管理?你对印象管理的看法是什么?
16. 哪些方面的因素会引起工作压力?
17. 工作压力对工作绩效有何影响?
18. 组织可以采取哪些措施减轻员工的压力?
19. 员工可以采取哪些措施减轻工作压力?
20. 面对同样的压力情境,为什么不同的人却有不同的反应?
21. 学习对于组织行为学的意义是怎样的?

★ 案例分析题

根据中国医师协会统计,自2015年5月28日~6月7日,短短10天,我国连续发生9

起伤医事件,多名医护人员受到伤害。6月10日,中国医师协会、中华护理学会联合发出声明,谴责暴力伤医。声明指出,打击暴力伤医是每一位有良知的社会公民应有的共识,维护医师的人身安全是公安、执法机关不可推卸的责任。

对于诸多见诸报端的伤医事件,人们有着不同的看法。

网友A认为,医院的唯利是图、医生的麻木不仁是主要原因。没带够钱,磕头都不管用,别管什么病、急不急,一旦因抢救不及时致人死亡,还想找好?说好的救死扶伤呢?医生的天职呢?

网友B发帖称,带自己家的小狗去宠物医院美个容几百上千不觉得贵,给自己车做个保养几千上万不觉得贵,出去吃个饭几百不觉得贵,买件衣服、买个包包几百几千也不觉得贵,去医院看个病几十上百要了你的命似的喊贵。

网友C认为,医生中的大部分还是好的,但是有那一部分的无医德的恶医。他们在榨干老百姓的血汗钱又没看好病的情况下,很多人会走极端的。

网友D表示,以前成绩最好的中考当护士,高考当医生。现在的护士基本都是成绩最差的初中生,医生则是中下级的高中生去报考。因果报应:也许中国人真的配不上高质量生命守护。

网友E认为,医生也是人,急救进手术室,不是一个医生说了算的,你没交费,就算推进手术室也没有药可以用,又不是他的私人诊所,说急救就急救的。要解决这个问题,没有医院、社会和政府的保障支持是很难的,你总不能让救人的医生贴钱吧,现在做个小手术还得上万呢。

熟悉医疗卫生领域的专家认为,在我国医疗资源分布不均衡的情况下,群众看病难、看病贵的问题依然存在,而分级转诊制度不顺畅,导致患者纷纷涌向大医院,部分专科医生严重缺乏,医生长期处于超负荷工作状态下,难免影响服务质量,与患者之间的矛盾也因此时有发生。

相关媒体的社评认为,医生和患者本来就不该是仇人,而是利益共同体;而在某些地方发生的暴力伤医事件,在很大程度上是"以药养医"等长期积累的产物。所以,重建良好的医患关系,最根本途径还要靠医改。但医改步入深水区后,遭遇的障碍也会更多,需要进一步解放医疗生产力。

卫生行政部门重申任何暴力伤医事件必须彻查、严查、严打。维护社会公平、维护医护人身安全。必须严惩医闹!严惩暴力伤医!

[改编自:我国10天连发9起伤医事件 盘点各国是怎样避免暴力伤医. http://m.news.cntv.cn/2015/06/14/ARTI1434271461698896.shtml. (2015-06-14)(2016-12-15).;又一起伤医事件,这次是对医生的小孩下手. http://tieba.baidu.com/p/4610724080?pid=91860219283&cid=92279250210#92279250210(2016-06-14)(2016-12-15)]

★ 思考问题

上述案例中反映出各方的价值观和态度是怎样的?为什么针对同一事件,不同的个体会有不同的态度?

第三章

人格与情绪

学习目标

1. 掌握人格的概念及其影响因素。
2. 了解相关的代表性人格理论。
3. 理解人格与工作的关系。
4. 理解情感、心境与情绪的区别。
5. 掌握情绪智力的五维度。
6. 理解情绪管理的基本范畴。
7. 理解人格与情绪在卫生领域中的运用。

引例与思考

为普惠大众,北京某三甲医院开设了周末专家门诊。某个周六上午,该医院呼吸科的王医生正紧张有序地为患者问诊和检查,突然有患者进入诊室,不管不顾地高声说:"医生,你赶快给加个号,我还有别的事!"王医生礼貌地答道"上午正常挂号几十人,每人看10分钟,大约4小时。等看完正常挂号的,才能加号!"然而那位患者厉声道:"你赶紧给加个号,不就7元的事吗?"王医生再次强调说"应先看完正常挂号的,加号的一般都需要等到最后!危急重症看急诊!"听罢,那位患者便无理取闹,高声呵斥王医生无医德、态度差、水平差、素质差……王医生严肃地请他离开,以免干扰其他患者看病。然而那位患者不依不饶,甚至愤怒地挥着拳头威胁王医生给其看片子。王医生无奈按下了紧急呼叫按钮,直到警务人员赶到,这场闹剧才得以平息。而后,王医生继续以积极的心态去帮助正常挂号的患者看病。

事实上,7元挂号费不关乎医德,其代表的是规则,是良好的医患秩序。

请思考:这个医患关系中,那位患者在自身主观意愿没有得到满足的情况下表达了一种什么情绪?而王医生又是如何对自己的情绪进行表达和管理的?

第三章 人格与情绪

人格与情绪是组织行为学的重要内容之一。越来越多的研究显示,人职匹配、情绪管理等在组织中的应用越来越广。本章首先介绍人格的基本概念、特征和影响因素,分析人格与工作的关系,讨论5类代表性人格理论;其次介绍情绪的基本概念、情绪管理,并讨论情绪在组织中的应用;然后结合案例探讨人格与情绪在卫生领域的应用;最后探讨人格与情绪的发展。

第一节 人 格

山有脊梁,人有人格。这也就是说,员工在进入某个组织之前就已经形成了固定的人格,而且他们的人格对于其在工作中的表现会产生很大影响。本节中将重点介绍人格特质理论、精神分析理论、麦尔斯·布瑞格斯类型指标、"大五"人格模型和组织中的其他人格特质等几种代表性人格理论,并阐述在工作中适合的人格对于员工的优良表现的重要性。

一、人格概述

(一) 人格的概念、特征和影响因素

1. **人格的概念** 人格(personality),也称个性,这一词源于拉丁文"*persona*",指面具、脸谱。具体包含两层意思:①外在的人格品质,即可以观察的自我——"面具";②内在的人格特征,即面具背后的真实自我。随着社会的进步与发展,人格的概念也得以不断的演化和发展,没有一个公共的认定。例如:

人格是个体内在心理物理系统中的动力组织,它决定人对环境适应的独特性。

人格为稳定的行为方式和发生在个体身上的人际过程。

人格是个体在先天生物遗传素质的基础上,通过与后天社会环境相互作用而形成的相对稳定而独特的心理行为模式。

人格指人所具有的与他人相区别的独特而稳定的思维方式和行为风格。

人格是个体的整体精神面貌,是具有一定倾向性和比较稳定的心理特征的总和。它可以离开人的肉体,离开人所处的物质生活条件,而独立存在于人类的精神文化维度里。

在《组织行为学》中,人格指个人在对人、对己及适应环境中一切事物时所显示的异于他人的性格,是一个人与社会环境相互作用而表现出的一种独特的行为模式、思维模式和情绪反应的特征,也是一个人区别于他人的特征之一。

2. **人格的特征** 人格是一种蕴藏于中、形之于外的统一体。它由一些特质组成,如害羞的、可信任的、友好的、沮丧的、自信的。一般而言,人格的特征包括整体性、稳定性、独特性和功能性4个方面。

(1) 整体性:又称统合性。人是极其复杂的物种,其人格的组合也是千变万化、色彩纷呈的。每一个人的人格世界是各种成分组合而成的受自我意识调控的有机整体,具有内在的一致性。人格统合性是心理健康的重要指标,一个人只有人格各成分和谐一致时,方可形成健全的人格。反之则会出现各种心理冲突,导致"人格分裂"。

（2）稳定性：人格具有稳定性。只要人格是存在的,且行为反映的不是我们所看到的特定情境（如亲人生病、友人离开、遭受不公平的对待等）的话,我们就会预料到人们的行为方式有某种稳定性。例如,一个活泼开朗的人,他昨天、今天是活泼开朗的,我们预期其明天也是活泼开朗的。"江山易改,禀性难移"就是人格稳定性的生动写照。当然,强调人格的稳定性并不意味着其总是一成不变。在人的成长历程中,人格有可能会产生或多或少的变化,即人格是稳定性和可塑性的统一。

（3）独特性：又称个体性。不同的遗传、环境、认知、教育等因素交互作用造就了人们各自不同的人格,人与人没有完全一样的人格特点,也就是说每个人的人格都是独特的。有的人豪爽,有的人沉默寡言,有的人谨慎,有的人大方自然。"人心不同,各如其面"就是人格独特性的很好诠释。

知识链接

人的鲜明特征是他个人的东西。从来不曾有一个人和他一样,也永远不会再有这样一个人。

高尔顿·奥尔波特

（4）功能性：人格是一个人喜怒哀乐、人生成败的根源之一。俗话说,"性格决定命运",即人格可以决定一个人的生活方式,甚至命运。这也显示了人们常常使用人格特征解释某人的言行及事件的原因。当面对挫折与失败时,坚强者能奋发图强,懦弱者会一蹶不振,这就是人格功能的表现。人格功能发挥正常,人的行为健康而有力;一旦人格功能失调,人就会表现出懦弱、无力、失控,乃至变态。

3. 人格的影响因素　人格是由先天获得的遗传素质与后天环境相互作用而形成的、能代表人类灵魂本质及个性特点的性格、气质、品德、品质、信仰、良心,以及由此形成的尊严、魅力等。人格的影响因素主要涉及遗传、环境、认知和情境4个方面。

（1）遗传：生物遗传是人格形成、发展的重要基础。可能有人跟你说过"你的长相、言谈举止很像你的父母""你真是你妈妈的儿子（女儿）"等。人们认为,通过基因,父母不仅会把身材、相貌、头发颜色等身体特点遗传给孩子,而且也会将独立性、禀性、畏惧、忠诚等人格特征予以遗传,即孩子的人格特点是各自父母人格特点的重新组合。

（2）环境：环境是影响人格塑造的另一因素。通常情况下,对我们的人格形成施加外部压力的环境因素包括自然物理因素、家庭环境因素和文化背景因素等。

1）自然物理因素：生态环境、气候条件、空间拥挤程度等均可以影响到人格的形成与发展,即在不同的物理环境中,人可以表现出不同的行为特点。

2) 家庭环境因素：家庭是"人类性格的工厂"，家庭的差异（包括家庭结构、经济条件、居住环境、家庭氛围等）和教养方式、生活方式等的不同在一定程度上塑造了不同的人格特质。

3) 社会文化因素：文化对人格的塑造极为重要。由于文化所建构的规范、信念、态度和价值观会世代相传，保持一定的稳定性，因而不同的社会文化形态塑造了社会成员不同的人格特征，具有相同文化背景的成员其人格便会朝着相似性的方向发展。

此外，群体规范、社会角色、社会氛围的差异（友好或充满敌意）等也是影响人格的环境因素。

(3) 认知：人格决定于个人认知，建构决定命运。人格的认知理论认为人格的差异是由人们信息加工方式的差异造成的，也就是说人们的思维方式决定人的人格。对此，美国心理学家乔治·凯利的个人建构论（又称认知人格理论）指出，人格的差异在于人们建构世界的方式不同。对同样的事件或情境，不同的人有不同的观点和感受，对以后生活的影响也不同。每个人拥有自己独特的认知建构。这种不同的建构和认知使我们对同一事物做出不同的反应。个人的建构系统使人能够对世界进行解释、预测和控制。

(4) 情境：虽然人格具有稳定性和持久性，但也会随着情境的变化而变化。情境的种类繁多，因而不同的情境需要不同的人格匹配。例如，参加面试、召开会议会限制某些人格特质的发挥，而参加家庭聚会、旅游的限制则相对少一些。

总之，人格是遗传、环境、认知和情境等因素交互作用的结果。

(二) 人格与工作的关系

为什么有些人安静而被动，另一些人则热烈且进取？是否某种人格类型更适于从事某种类型的工作？为什么不同员工在同样的组织环境（如同一个领导，同样的薪酬体系，同一团队氛围，同样的企业文化等）中会有不同的绩效表现？带着这些疑问我们探讨一下人格与工作的关系。

1. **职业人格**　所谓职业人格（professional personality），是指具有职业身份的人应具备的工作心理面貌和职业行为风格。它既是人的基本心理面貌，也是人职业素质的核心部分。例如，律师有律师人自信严谨、讲求客观事实的职业人格；教师有刻苦钻研、为人师表的职业人格；医师有精益求精、治病救人的职业人格等。

良好的职业人格往往能将特有的职业观内化为一种自觉的职业行为。自制力、创造力、坚定、果断、自信、忠诚、守信等良好的职业人格，是从业者完成工作任务、适应工作环境的重要心理基础，也是求职者就业成功的重要保证。

2. **人格与职业匹配**　不同性质、不同层次的工作对职业人格的要求是不同的，即职业人格特征应该与个体所从事的职业工作相匹配。每个人与生俱来的气质和人格或多或少地影响着他的职业行为，同时这也是影响组织效益与发展的重要因素。近年来，人职匹配的研究逐渐增多，相关研究成果也为众多企业的人力资源部门所接受，逐渐成为企业引进、考察和晋升员工的重要理论依据。

关于工作要求与人格特点之间的匹配性，约翰·霍兰德的"人格-工作适应性理论"提供了很好的解释。该理论提出6种人格类型（现实型、研究型、社会型、传统型、企业型和艺术型),每一种类型都有与其相适应的工作环境。表3-1对这6种类型进行了阐述,并列举了相应的人格特点及与之匹配的职业范例。

表3-1 霍兰德的人格类型与相应的职业范例

类 型	人 格 特 点	职 业 范 例
现实型:偏好需要技能、力量、协调性的体力活动	害羞、真诚、持久、稳定、顺从、实际	机械师、钻井操作工、装配线工人、农场主
研究型:偏好需要思考、组织和理解的活动	分析、创造、好奇、独立	生物学家、经济学家、数学家、新闻记者
社会型:偏好能够帮助和提高别人的活动	社会化、友好、合作、理解	社会工作者、教师、议员、临床心理学家
传统型:偏好规范、有序、清楚明确的活动	顺从、高效、实际、缺乏想象力和灵活性	会计、业务经理、银行出纳、档案管理人员
企业型:偏好能够影响他人和获得权力的言语活动	自信、进取、精力充沛、盛气凌人	律师、房地产经纪人、公共关系专家、小企业主
艺术型:偏好需要创造性表达的、模糊的、无规则可循的活动	富于想象力、无序杂乱、理想化、情绪化、不实际	画家、音乐家、作家、室内装潢设计师

无论是组织还是个人,实现人格与职业匹配都具有重要的意义。对于组织而言,有效的人职匹配是人力资源管理的核心,是组织有效选拔员工、正确评价和激励员工的手段,既可以增强组织活力和竞争力,又可以有效提高组织效益。对于个人,人职匹配与个体的工作满意度、生活幸福感、事业成就感、个人价值感等密切相关。有研究表明,个体对职业的满意度和职业流动倾向性取决于个体的人格特征与职业的匹配程度。一般而言,协调的人职匹配会产生更高的工作满意度和更低的离职意向。

二、代表性人格理论

(一) 人格特质理论

人格特质理论(theory of personality trait)起源于20世纪40年代的美国。主要代表人物是美国心理学家高尔顿·奥尔波特和雷蒙德·卡特尔。

1. 奥尔波特的特质论　奥尔波特特质论认为,特质(trait)是决定个体行为的基本特性,是人格的有效组成元素,也是测评人格所常用的基本单位。没有两个人会有完全相同的特质,因为每个人对待环境的经验和反应是不同的。"同样的火候使黄油融化,使鸡蛋变硬"奥尔波特这句名言很好的体现这一点。奥尔波特重视人格的个体性,其特质理论直接从个体行为特点出发探讨人格问题,当然这一人格理论也遭到不少批评。

2. 卡特尔的特质因素论　卡特尔的特质因素论认为,特质是构建人格结构的基本成分,就像门捷列夫的化学元素构成宇宙万物一样。因此,特质的概念是卡特尔理论中最重要的内容。他一生的主要工作就是通过因素分析的研究寻找这些人格特质。同时,他还对同一文化下共同群体的特质和那些相对独立的个体特质作了区分。1949年,卡特尔用因素分析法提出了16种相互独立的根源特质(表3-2),从而编制"卡特尔16种人格因素调查表"(16PF)。该内容被广泛运用于人格研究和社会实践中。

表3-2 卡特尔16PF根源特质

因素	低分描述	高分描述
A	保守、超然、爱批评、冷淡、呆板	开朗、热心、容易相处、乐于参与
B	智力较差、具体思维	智力较好、抽象思维、聪明
C	情绪化、情绪不稳定、容易气恼	情绪稳定、成熟、能面对现实、平静
E	恭顺、温柔、随和、易适应、宽容	武断、咄咄逼人、顽固、竞争
F	庄重、谨慎、缄默	逍遥自在、乐观
G	权宜、不顾规则	诚心诚意、坚持、理智、克己
H	害羞、拘束、胆怯、对威吓敏感	大胆、不可抑制、好一时冲动
I	强硬、自信、现实主义	温柔、敏感、依恋、过分被保护
L	忠诚、易适应	多疑、固执己见
M	实际、因袭传统、受外界约束	好幻想、心不在焉、玩世不恭
N	直率、谦逊、单纯、朴实	机灵、俗气、世故
O	自信、满足、安详、尊贵	忧虑、自责、不安全、好担忧、烦躁
Q1	保守、笨重、遵循已确定的观念	有实验精神、自由主义、思想开放
Q2	依赖团体、参加和追随别人	自我满足、足智多谋、愿自己决定
Q3	漫不经心、坚持自己的主张、顽固	受支配、拘泥刻板、社会性严密
Q4	松弛、宁静、不可阻挡、沉着	紧张、气馁、被动、过度劳累

卡特尔的人格理论是一种建立在严谨的科学测验和复杂的数学程序上的特质理论。该理论强调人格的个别差异性和整体性。

(二) 精神分析理论

1. **弗洛伊德理论** 精神分析人格理论的创始人是西格蒙特·弗洛伊德。他将人的心理分为意识、前意识和无意识。意识只占心理生活的小部分,是浅层的经验部分;大量的可再现信息构成了前意识;无意识是深层的、更重要的部分,对人的思想和行为起主导和决定的作用,并开始认识到无意识对行为的影响力。弗洛伊德认为人格是一动力组织,其能量的来源是"利比多"(即生或性的本能)。心理性欲的发展阶段也就是人格的发展阶段。任何阶段的发展阻止或停滞都会对个体的人格产生持续的后效。

弗洛伊德创造了结构模型,将人格划分为本我、自我和超我3个组成部分。

(1) 本我:本我是人格的原始系统,是我的自私部分,与满足个人欲望有关,属于无意识状态。本我采取的行为遵循快乐原则。即本我只与直接满足个体需求的东西有关,不受物理和社会的约束。例如,婴儿看见想要的东西就会去拿它,无论这东西是否属于他人或者有害。弗洛伊德认为本我冲动永远存在,它们必须被健康成人人格的其他部分加以限制。

(2) 自我:自我是人格的指挥部分,是本我与外界之间的中界者,是本我与超我的调停者。自我的行为遵循现实原则。即自我的主要工作是满足本我冲动,但以考虑情境现实性或行为后果的方式进行。由于本我冲动倾向于不为社会所接受,因此自我会将这些冲动控制在无意识当中。与本我不同的是,自我能在意识、前意识和无意识之间自由活动。

> **知识链接**
>
> 在和本我的关系上,(自我)好像是骑在马背上的人,他驾驭着这匹桀骜不驯的马,约束着它前进的方向。
>
> 西格蒙特·弗洛伊德

(3) 超我:超我是进行纠察的人格部分,代表良心或道德规范,属于人们的"意识"状态。儿童在与父母接触中,通过摄取机制将父母的人格及祖先的社会道德变成自己的东西。因而,超我代表社会的,特别是父母或长辈的价值和标准。超我对能做的和不能做的事有更多的限制。

本我、自我和超我三者就好似作用于3个角上的拉力形成三角形一样,相互补充、相互对立。在一个健康人的身上,强大的自我不允许本我或超我过分的掌管人格。三者的斗争永不停止。我们每个人意识之下的某个地方,都存在自我放纵、考虑现实性和强制执行严格道德标准准则三者之间的紧张状态。

2. 新精神分析理论

(1) 阿德勒的个体心理学:阿德勒对人格方面的重要贡献包括寻求优越、父母对人格发展上的影响及出生顺序。阿德勒提出摆脱自卑、寻求优越才是人生动力。他相信出生后的头几年对人成年后的人格形成绝对重要。两类父母行为肯定会导致儿童的人格问题:一类是溺爱,导致儿童长大后没有应付生活问题的能力;另一类是忽视,导致孩子成年后不能与他人建立温暖的或良好的关系。他指出第1个孩子容易被溺爱,但随着第2个孩子出生,自卑感会变强烈,多为问题儿童,中间出生的孩子发展比较积极,末生儿也容易出问题。

(2) 荣格的人格结构和心理类型:卡尔·荣格提出的集体无意识现象,是原始意象(如女性原始意象、男性原始意象、阴影、自我)的收容站。集体无意识包含了我们从前辈那里继承的东西,所有人的集体无意识从根本上都是相同的。荣格提出了思维内倾/外倾、情感内倾/外倾、直觉内倾/外倾、感觉内倾/外倾的人格类型。

(3) 埃里克森的人格理论:埃里克森理论强调自我的积极作用,认为自我最重要的功能之一就是发展并保持自我认同感,并勾画了一生中人格发展的8个阶段:婴儿期(0~1.5岁)——信任对不信任,儿童早期(2~3岁)——自主性对羞愧和怀疑,学前期(4~5岁)——主动性对内疚,学龄期(6~11岁)——勤奋对自卑,青年期(12~18岁)——认同感对角色混乱,成年早期(18~25岁)——亲密对孤独,成年中期(25~65岁)——繁殖对停滞,以及成年晚期(65~)——自我完善对失望。

此外,诸如凯伦·霍尼、哈里·斯塔克·沙利文、埃里克·弗洛姆等都对弗洛伊德理论进行了发展,在新精神分析理论方面提出了各自的人格发展观点。

(三) 麦尔斯-布瑞格斯类型指标

麦尔斯-布瑞格斯类型指标(Myers-Briggs type indicator，MBTI)，是一种破选型、自我报告式的性格评估工具，用以衡量和描述人们在与世界的相互作用、获取信息、做出决策、对待生活等方面的心理活动规律和性格类型，是目前最为普遍使用的人格框架之一。该类型指标包含4个维度。这4个维度如同4把标尺，每个人的性格都会落在标尺的某个点上。这个点靠近哪个端点，就意味着个体有哪方面的偏好。如在第1维度，个体性格靠近外向这一端，就偏外向，而且越接近端点，偏好越强。各类型指标维度如表3-3所示。

表3-3 麦尔斯-布瑞格斯各类型指标维度

维度	类型		类型	维度	类型		类型
1	外向(E)	或	内向(I)	3	思维(T)	或	情感(F)
2	感觉(S)	或	直觉(N)	4	判断(J)	或	知觉(P)

以上4个维度可以组合成16种人格类型(表3-4)。如ESTJ型人是外向的、感觉的、思维性和判断性的。这种类型的人喜欢与他人联系，现实地看待这个世界，客观、果断的做决定，并且喜欢结构性、时间进度明确和有序。具有这种类型的人可能是一种管理者。ENTP型人是外向的、直觉的、思维性和知觉性的。这类人为抽象思考者，他们敏捷、聪明、擅长处理很多的事务，在解决挑战性问题方面阅历丰富，但在处理常规工作方面则较为消极。16种人格类型无好坏之分，这使得MBTI成为不威胁受测者并被普遍使用的一种主要的人格倾向测验。该测验可以用来预测职业选择，并显示出比较好的信度和效度。世界上许多大公司如苹果电脑公司、美国电话电报公司、施乐公司、通用电气公司等用它来做管理发展计划和员工个人职业发展计划。

表3-4 MBTI 16种人格类型

内倾感觉思维判断 ISTJ (稽查员、检查者)	内倾感觉情感判断 ISFJ (保护者)	内倾直觉情感判断 INFJ (咨询师)	内倾直觉思维判断 INTJ (智多星、科学家)
内倾感觉思维知觉 ISTP (操作者、演奏者)	内倾感觉情感知觉 ISFP (作曲家、艺术家)	内倾直觉情感知觉 INFP (治疗师、导师)	内倾直觉思维知觉 INTP (建筑师、设计师)
外倾感觉思维知觉 ESTP (发起者、创设者)	外倾感觉情感知觉 ESFP (表演者、演示者)	外倾直觉情感知觉 ENFP (倡导者、激发者)	外倾直觉思维知觉 ENTP (企业家、发明家)
外倾感觉思维判断 ESTJ (督导)	外倾感觉情感判断 ESFJ (销售员、供给者)	外倾直觉情感判断 ENFJ (教师)	外倾直觉思维判断 ENTJ (统帅、调度者)

(四) "大五"人格模型

"大五"人格模型(the big five model),又称人格结构五因素模型。大五人格因素最早源于高尔顿提出的词汇假说,即凡是重要的个体差异都可以用相应的词汇来描述。该模型涵盖人格的 5 个因素,分别是外倾性、随和性、责任心、情绪稳定性和经验的开放性。

1. 外倾性(extroversion) 这一维度衡量人在人际交往中的自如度。外倾者喜欢群居、善于社交和自我决断。内倾者倾向于封闭内向、胆小害羞和安静少语。

2. 随和性(agreeableness) 随和性,又称宜人性,这一维度描述的是尊重和顺从他人的倾向。高随和性的人是合作的、热情的和信赖他人的;低随和性的人是冷淡的、敌对的和不受欢迎的。

3. 责任心(conscientiousness) 责任心是衡量可靠性的维度。高度责任心的人是负责的、有组织性的、值得信赖的、持之以恒的;而责任心差的人很容易精神分散、无组织性、不可信赖。

4. 情绪稳定性(emotional stability) 这一维度衡量人承受压力的能力。情绪稳定性强的人比较冷静、自信和沉着;情绪稳定性差的人则倾向于神经质、焦虑、沮丧和不镇定。

5. 经验的开放性(openness to experience) 该维度讨论人对新奇事物的兴趣和好奇心的大小。开放性高的人富有创造力、好奇心强,并有艺术的敏感性;开放性较低的人则倾向于守旧、只喜欢和熟悉的事物打交道。

研究表明,大五人格维度能够较好地预测工作绩效。在这 5 个维度中,责任感与工作绩效正相关最高。也就是说,责任感强的人可被预测其工作表现较好。占绝对优势的证据表明,那些可以信赖的、细致周到的、目标明确的、有组织的人格特征的个体,即使不能在所有职业当中,至少也可以在绝大多数职业当中,取得更高的工作业绩。

对于其他人格维度的可预测性取决于绩效标准和职业群两项因素。例如,高外倾性员工在压力情境下的工作效率明显高于低外倾性员工;高随和性员工能够更有效地处理客户关系和解决冲突;高开放性的员工倾向于更快的熟悉业务并精通业务。存在疑惑的是为什么情绪的稳定性与工作表现关联最低。

(五) 组织中的其他人格特质

有研究发现,一些人格特质可以作为组织行为的有效预测指标。这些人格特质有:控制点、马基雅维里主义、自尊、自我监控、冒险倾向和 A 型人格。

1. 控制点 控制点理论是由美国心理学家朱利安·罗特提出的一种关于个体归因倾向的理论观点。控制点(locus of control)是指个体对自己掌握命运程度的认知,分为内控型和外控型两个方面。其中,内控者的控制点在个体的内部,认为自己是命运的主人;外控者的控制点在个体的外部,认为自己受命运的操纵,生活中的一切都是运气和机遇作用的结果。内控者和外控者对待事物的态度与行为方式都不相同。有关控制点的相关研究表明,外控者相较于内控者,其对工作的满意度更低,与工作环境更疏远,对工作的融入度更低,也更容易缺勤、迟到和离职。

2. 马基雅维里主义 马基雅维里主义以意大利政治家和历史学家尼可罗·马基雅维里的名字命名。这种人格特质以主张为达到目的可以不择手段而著称,因此也成为权术和谋略的代名词。该特质通常将人们分为高马基雅维里主义者和低马基雅维里主义者。高马基雅维里主义者讲求实效,保持着情感的距离,为了达到目的可以不择手段,相信结果能替手段辩护。"只要行得通,就采用"是高马基雅维里主义者一贯的思维准则。高马基雅维里主义者比低马基雅维里主义者更愿意操纵别人,赢得更多利益,更难被别人说服,也更多地说服别人。

高马基雅维里主义者是好员工吗?答案取决于他们的工作类型,以及在绩效评估时是否考虑其道德内涵。对于需要谈判技能的工作和成功能带来实质收益的工作(如销售人员),高马基雅维里主义者会是十分出色的员工。

3. 自尊 自尊(self-esteem)是指个体对自己的喜好及自身价值的认知。研究表明,自尊与成功预期呈正相关。自尊心强的人相信自己的能力并认为自己有价值,具有明显的工作成就预期;自尊心弱的人易受外界的影响,需要从他人那里获得积极的评估。

4. 自我监控 自我监控(self-monitoring)是指个体根据外部情境因素调整自己行为的能力。高自我监控者在根据外部环境因素调整行为方面表现出很强的适应性,他们对情境线索十分敏感,能根据不同的情境调整自己的行为并能够在社会自我和个人自我之间保持平衡;而低自我监控者则不善于应付情境,倾向于在各种情境下都表现出自己的真实性情和态度,因而其行为具有高度的一致性。

5. 冒险倾向 冒险倾向(risk-taking tendency)是人们在有意接受风险还是规避风险方面的人格特质。人们在冒险意愿上存在差异。这种接受或回避风险的倾向性对管理者做决策所用的时间和决策前所需的信息量都有影响,如高冒险性个体可以更快地做出决策。根据工作要求考虑与冒险倾向性的匹配很有意义。如对于一名股票经纪人而言,高冒险倾向性可能会带来更好的业绩;相反,愿意冒险这一特点则可能成为审计工作、会计工作的主要障碍。

6. A 型人格 A 型人格(type A personality)早期是由美国两位心脏病专家弗里德曼和罗森曼提出的用于进行临床分类的人格特质之一。A 型人格者总是不断地驱动自己在最短的时间里做尽可能多的事,并倾向于攻击那些阻碍自己努力的人(如果这样做是允许的)。A 型人格者通常工作速度快,更重视数量而不是质量。从管理的角度来看,他们更愿意长时间从事工作,但因追求数量和速度而缺乏严谨性和创造性。

总之,个体掌握人格的基本知识和经典理论有助于在日常生活和工作中更好地解释、预测、控制自己的行为,而管理者理解人格差异的重要价值则在于选择和了解员工。当人格特质与工作相匹配时,其将会得到高绩效和高满意的员工。

第二节 情 绪

情绪是人与生俱来的。有些管理者常常会忽视组织行为中的情绪因素,也会错误地完全理性的角度评定个人行为。一位专家一针见血地指出,"你无法使工作场所与情绪分离,因为人就不能脱离情绪而存在。"因此,只有洞悉情绪作用的管理者,才能更好地提高自己解释和预期个人行为的能力。

一、情绪的基本概念

(一) 情绪的概念及分类

1. 情绪的概念　　情绪(emotion)是指人们对于客观事物是否满足自己的需要的态度体验。情绪既是主观感受,又是客观生理反应,具有目的性,亦是一种社会表达。情绪是多元、复杂的综合事件。情绪构成理论认为情绪发生时,认知评估、身体反应、感受、表达和行动倾向这5个基本元素必须在短时间内协调、同步地进行。

在这里我们还有必要澄清与情绪密切相关的3个概念:情感、心境与情绪。

(1) 情感(affect):是一个广泛的概念,泛指人们体验到的所有感情,包含情绪和心境,具体表现为爱情、幸福、仇恨、厌恶、美感等。

(2) 心境(mood):是一种比情绪更弱化并缺乏背景刺激的情感,其往往在一段长时间内影响人的言行和情绪。

(3) 情绪:是一种强烈的情感,直接指向人或物。大多数专家认为情绪比心境更迅捷,如有人对你粗鲁,你会生气,这种愤怒的强烈感觉来去都特别快。

2. 情绪的类型　　研究表明,情绪有6种基本类型:生气、害怕、悲伤、高兴、厌恶和惊奇。6种情绪可以概念化为一个封闭数轴上几个连续的结点,即"高兴-惊奇-害怕-悲伤-生气-厌恶"情绪轴(图3-1)。情绪轴上,邻近的两者容易使人产生混淆。例如,有时我们会把高兴当作惊奇,但一般不会混淆高兴和生气。

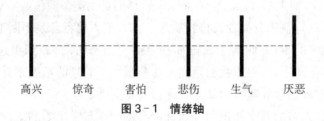

图3-1　情绪轴

(二) 积极情绪与消极情绪

1. 积极情绪　　积极情绪(positive emotion)是指当客观事物作用于人时,由于符合主体的主观需要,主体采取积极肯定的态度而产生的一种内心体验,如高兴、愉快、尊敬、佩服等。拥有积极情绪的人似乎更灵活、更有创造性。组织管理者们要保持员工快乐,因为这会创造员工们良好的心境和情绪,成为激励员工的助力,继而优化员工的工作表现,提高其创造性。

2. 消极情绪　　消极情绪(negative emotion)是指当客观事物作用于人时,由于不符合主体的客观需要,主体采取否定态度而产生的一种内心体验,如忧虑、恐惧、悲伤等。消极情绪往往会导致一系列工作场所的越轨行为,如当你怨恨别人得到了你没有得到东西时,就会产生妒忌情绪,这就有可能导致破坏既有规范、贬低他人等恶意的越轨行为。也就是说,消极情绪容易挫伤工作关系,降低工作效率。

3. 积极情绪和消极情绪的类型　人主要的积极情绪和消极情绪各有 7 种。积极情绪包括:爱、性、希望、信心、同情、乐观、忠诚。消极情绪包括:恐惧、仇恨、愤怒、贪婪、嫉妒、报复、迷信。积极情绪和消极情绪不能同时占有人的意识,其中必定有一种处于支配性的地位。

研究表明,在工作场合,具有消极情绪倾向的员工无论遇到什么挫折,都会委屈地认为自己是受害者,因而常表现出牢骚满腹、怨天尤人,常常体验到明显的工作压力和生活压力;而具有积极情绪的员工则易于拥有明显的主观幸福感和工作满意度,并且和同事、领导保持着友好的交往关系。有研究表明,以积极情绪为主导范围的团队工作效率更高。

(三) 情绪劳动与情绪智力

1. 情绪劳动　情绪劳动(emotional labor)这一概念是由阿利·霍奇柴尔德在 1979 年提出的,是指员工在工作中的人际交往过程中表现出令组织满意的情绪。情绪劳动是工作场合很重要的一部分,它要求员工在工作时展现某种特定情绪以达到其所在职位工作目标的劳动形式。例如,销售人员要对顾客展现笑容,不论顾客多么令人反感;老师和经理必须理性行事且情绪控制得宜;空姐在工作场所需要面带微笑、态度真诚和蔼等。霍奇柴尔德也提出情绪劳动包括调节的主动性、目的的间接性和要求的职业性 3 个特点。

情绪劳动本质上是个人根据组织制定的情绪行为管理目标所进行的情绪调节行为。根据个体努力程度的不同,情绪调节可以分为表层动作(surface acting)和深层动作(deep acting)。表层动作就是隐藏人们的内在情感,按照表达规则,放弃情绪表达,如员工在自己并不想笑的时候对顾客微笑。深层动作就是按照表达规则修改内在的真实情感,如医务人员努力增加对病人的真正同情。表层动作处理情绪表达,深层动作处理情绪感受。研究表明,表层动作会让员工更有压力,因为它必须伪装自己的真实情感。

2. 情绪智力

(1) 情绪智力的概念:情绪智力(emotional intelligence,EI),是指个体监控自己及他人的情绪和情感,并识别、利用这些信息指导自己的思想和行为的能力。情绪智力在一些科普类书籍中有时也被称为情商。情商主要指脑力以外的为人处事的方法和技巧,是一种非认知的技巧和人的自身能力及领受力的综合体。

情绪智力是最根本的领导力,其在企业成长、工作业绩、人才选拔中都有非常广泛的应用。了解自己的情绪并擅长阅读他人情绪的人,工作会更有效。以上正是近年来有关情绪智力研究的内在核心基础。

(2) 情绪智力的五维度:情绪智力会直接影响一个人在面对环境的要求和压力时能否取得成功的能力,主要包括 5 个维度(表 3-5):①认识自身情绪(自我意识);②管理自身情绪(自我管理);③自我激励;④认识他人情绪(感同身受);⑤人际关系管理(社交技能)。情绪智力维度又可称作人际关系维度。

表 3-5 情绪智力的五维度

维 度	主要表现	具体内容
1	认识自身情绪	认识自我情感的能力
2	管理自身情绪	管理自己情绪和冲动的能力
3	自我激励	面对挫折和失败依然坚持不懈的能力
4	认识他人情绪	了解认识他人情感的能力
5	人际关系管理	处理他人情绪的能力

研究表明,情绪智力对工作绩效有着重要影响。例如,在一项研究中,被同业者视为佼佼者的贝尔实验室的工程师们更善于与别人交往,也就是说情商而非智商决定了他们优异的表现。而另一项对于空军士兵的调查有着相似的发现,最优秀的战士情绪智力的指数更高。从情绪智力的重要作用来看,招聘者应将情绪智力(情商)视为录用员工的一个因素,尤其是对那些对社会交往能力要求比较高的职业更是如此。

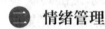 情绪管理

(一) 情绪管理的概念

情绪管理(emotion management),就是善于掌控自我,善于调制和调节情绪,对工作中的矛盾和事件引起的反应能适可而止的排解,能以乐观的态度、幽默的情趣及时地缓解紧张的心理状态。简单讲,情绪管理是对个体和群体的情绪感知、控制、调节的过程。情绪管理不是要去除或压制情绪,而是在觉察情绪后,调整情绪的表达方式。

(二) 情绪失调与管理

1. 情绪失调 当一个人的情绪反应在工作中未能适度管理与转化,则会有情绪失调的情况出现,表现出消极怠工、害怕承担责任等现象。

工作中的情绪失调主要有 4 个特点:累积性、时间性、空间性和对象性。

2. 情绪管理 工作中,情绪失调极容易导致人际关系紧张、工作效益低下的情形,这就需要通过情绪管理来减少无助益的情绪。情绪管理主要包括 5 个方面:自我觉察、自我调控、自我激励、情绪识别和人际处理。

(1) 自我觉察:情绪的自我觉察就是提醒自己注意"我的情绪是什么?",一般指了解自己内心的想法和心理倾向,以及自己所具有的直觉能力。一个人所具备的、能够监控自己的情绪及对经常变化的情绪状态的直觉,是自我理解和心理领悟力的基础。

(2) 自我调控:情绪的自我调控指控制自己的情绪活动及抑制情绪冲动。情绪的调控能力是建立在对情绪状态的自我觉知的基础上的,是指一个人如何有效地摆脱焦虑、沮丧、激动、愤怒或烦恼等因为失败或不顺利而产生的消极情绪的能力。

(3) 自我激励:情绪的自我激励是指引导或推动自己去达到预定目的的情绪倾向的能

力,也就是一种自我指导能力。要求一个人为服从自己的某种目标而产生、调动与指挥自己情绪的能力。

(4) 情绪识别:这种觉察他人情绪的能力就是所谓的同理心,亦即能设身处地站在别人的立场,为别人设想。愈具同理心的人,愈容易进入他人的内心世界,也愈能觉察他人的情感状态。

(5) 人际处理:情绪的人际处理是指善于调节与控制他人情绪反应,并能够使他人产生自己所期待的反应的能力。一般来说,能否处理好人际关系是一个人是否被社会接纳与受欢迎的基础。在处理人际关系过程中,重要的是能否正确地向他人展示自己的情绪情感。因为,一个人的情绪表现会对接受者即刻产生影响。

日常生活和工作中,我们可以通过转移注意力、合理发泄情绪、理智控制等方法进行情绪管理。

三 情绪在组织行为中的应用

提升组织成员的精神待遇,有助于组织成员的情绪保持在较为理想的水平上,从而提高工作效率,增强团队凝聚力。从组织行为学角度出发,应加强情绪管理在以6个方面的应用。

(一) 选拔

情绪智力的研究告诉我们:在雇佣过程中,尤其对于那些需要高度的社会活动的工作,雇主必须把情绪智力因素考虑在内。研究表明,情绪智力得分高的员工与那些得分低的员工相比,其成功率要高2.6倍。在欧莱雅公司,按照情绪智力分数选拔的销售人员的业绩超过了通过公司传统选拔程序选拔的人员。

(二) 决策

组织中有关决策制定的环节中,传统研究强调理性的作用,低估和忽略了焦虑、紧张、害怕、挫折感及怀疑等情绪的作用。消极情绪会限制人们对新备选方案的搜索,降低信息使用的警觉性。而积极情绪有助于决策,可以提高解决问题的技能,促进人们对信息的有效加工。只有既考虑头脑,又考虑到情绪,才可能更好地把握制定决策这一环节。

(三) 动机

动机理论基本上认为个体受到一定程度的激励,其行为会导致理性的结果。但是个体不是冷淡无情的机器,其对工作事件的认知和计算充满情绪色彩,并且情绪会显著影响他们付出努力的水平。一般有着高度工作积极性的组织成员,他们的情绪上也是高度投入的,或者说心境好的人绩效更好。

(四) 领导

领导他人的能力是组织寻求的一项基本品质,组织的领导者一般都会认为情绪成分在组织成员是否接纳组织的未来愿景和变革举措方面十分重要。高效的领导几乎全部会通过表达个人感受借以传达某种信号,也就是说有效的领导都会依赖情绪吸引来帮助他们传递信息。

(五) 谈判

谈判是一个情绪过程。研究表明,那些假装愤怒的谈判者比对手更有优势,因为当谈判者表露愤怒的时候,对手就会得出结论:谈判者已经做了所有能做的退让,因此,对手就会让步。有趣的是,虽然有时候某种情绪(如愤怒)会对谈判或工作有好处,但不能用力过度。否则,情绪会破坏我们的谈判结果。

(六) 冲突

有冲突的地方就会有情绪。组织管理人员能否有效的解决冲突,很大程度上取决于他洞悉冲突中情绪成分的能力,以及通过情绪力量引导双方缓和下来的能力。那些忽视冲突中情绪因素的管理者们,仅仅从理性角度或就事论事去解决冲突,往往收效甚微。

综上所述,情绪会影响工作绩效,提高或降低绩效的情形皆会存在。一般而言,消极情绪会降低工作绩效,但某种高水平的情绪唤醒会发挥情绪的功能能力。因此,这就很好理解在工作日益复杂化的大趋势下,为什么组织会更加关注情绪的作用,尤其是工作场所的强烈情绪。

第三节　人格与情绪在卫生领域中的应用

众所周知,人格与情绪在我们的工作和日常生活中起着重要作用,其在各个领域的应用逐渐引起重视。卫生领域是一个涉及公共卫生、职业卫生、学校卫生、医疗、医药、医保等方方面面,且与公众健康息息相关的特殊领域。人们对人格与情绪持续关注,这里重点探讨一下,两者在卫生领域的表现和应用。

一　人格与情绪在卫生领域的重要性

(一) 人格在卫生领域应用的重要性

有效的人格测验有助于实现医务人员与卫生岗位的优化配置,提高医疗卫生服务质量。人格测验在人力资源规范化和科学化管理中具有很高的应用价值,在预测员工未来工作绩效、实现人与岗位的优化配置、促进组织绩效等方面发挥着不可磨灭的作用。

卫生领域是一个与公众健康息息相关的特殊领域,其涵盖医疗、医药、医保、公共卫生、精神卫生等众多方面,不管哪一方面都需要医方与患方建立融洽的医患关系。而良好医患关系的建立，医务人员的人格素养是关键。因此，在卫生领域的人员选拔中，应充分考虑作为决定个体行为的重要因素——人格。如果我们能够合理认识良好的人格测验在人员选拔中的地位和作用，结合选拔目标恰当实施人格测验，积极推动人格问卷的本土化和专业化，有助于提高对卫生工作绩效的预测，实现人与岗位的优化配置，提高医疗卫生服务质量，从而提高人员选拔的公正性和有效性。

人职匹配研究成果应成为卫生领域引进、考察和晋升卫生人员的重要理论依据。职业人格特征应该与个体从事的职业工作相匹配，个体与生俱来的气质和人格或多或少地影响着他的职业行为，是个体事业成功与发展的关键因素，是影响组织效益与发展的重要因素。随着医疗卫生需求和医疗卫生分工的日趋细化，各个卫生岗位对个体素质的要求也越来越高，越来越细。为了保持和增进医疗卫生组织的活力，只有将医疗卫生人才配置到与其能力、人格、气质相符合的岗位上，才能做到人尽其才，才尽其用；才能提高个体的职业满意度、事业成就感和个体价值感。

(二) 情绪在卫生领域应用的重要性

在卫生领域，伴随着经济发展和居民生活水平的提高，居民医疗卫生需求的增速明显高于各项医疗资源的增速，因而，各种医患矛盾和冲突不断升级，医务人员面临前所未有的工作压力和情绪压力。在快节奏及超负荷的工作强度下，有效引导医务人员进行情绪管理是一种融洽医患关系、促进卫生事业良性发展的有效路径。

二、人格理论在卫生领域的表现和应用

人格是个体的整个精神面貌，是具有一定倾向性心理特征的总和，在一定程度上影响着每一个个体的行为。卫生领域是一个涉及医方、患方、药品、医疗器械、疾病、健康促进等方面的特殊领域，所以该领域的不同岗位在配备相应卫生专业技术人才的同时，要考虑到不同卫生人才的人格特质，适岗任用。

(一) 麦尔斯-布瑞格斯类型指标在卫生领域中的表现

麦尔斯-布瑞格斯类型指标(MBTI)主要包含外向与内向、感觉与直觉、思维与情感、判断与直觉4个维度。这4个维度可以组合成16种人格类型(见表3-4)。其在卫生领域的应用就呈现为不同的岗位需求匹配不同性格偏好的专业技术人员。

突发公共卫生事件应对和处理方面的人才需要具备外向、灵活的人格特质，而ENTP型的应急人才就比较符合这一要求。因为ENTP型人是外向的、直觉的、思维性和知觉性的，这类为抽象思考者，他们敏捷、聪明、擅长处理很多的事务，在解决挑战性问题方面阅历丰富，但在处理常规工作方面则较为消极。诸如重大传染病的暴发与流行、重大食物中毒等突发公共卫生事件往往具有成因多样性、传播广泛性、分布差异性等特点，其应对和处理方面的人才就需要具备敏捷、聪明且能解决各种挑战性问题的能力。

ESTJ型的专业人才则比较适合卫生监督检查的岗位。ESTJ型人是外倾、感觉、思维、

判断的,他们讲求实际,注重现实,注重事实,能够高效率地工作,自我负责,监督他人工作,合理分配和处置资源,主次分明,井井有条;能制定和遵守规则,多喜欢在制度健全、等级分明、比较稳定的岗位工作。此外,ESTJ 型人很善于完成任务,他们具有责任感,有条理性和分析能力,以及很强的推理能力。这些人格特质就非常适合卫生监管岗位,如对经营性公共场所、职业、放射、学校卫生的卫生监督,对医疗机构和采供血机构及其执业人员的执业活动进行监督,整顿和规范医疗服务市场,打击非法行医和非法采供血行为等。

此外,ISTJ 型人安静、勤奋,对于细节有很强的记忆和判断,他们能够引证准确的事实支持自己的观点,把过去的经历运用到现在的决策中,重视和利用符合逻辑、客观的分析,以坚持不懈的态度准时地完成工作,并且总是安排有序,很有条理。这类卫生人才较适合卫生行政部门一般性行政性事务处理的岗位。

(二) 大五人格模型在卫生领域的应用

大五人格模型涵盖人格的外倾性、随和性、责任心、情绪稳定性和经验的开放性 5 个因素。基于这 5 个因素特征,不难发现在卫生领域中不同的人格特征适用于不同的工作岗位要求。

为了高质量地完成国家交予的卫生支援、紧急救援等医疗任务,往往需要建立高质高效的医疗团队,对于团队成员的选择和考量就可以很好的利用大五模型五因素。其中,对于团队的负责人选拔,考虑到其要负责与不同服务部门和服务对象的对接及整个团队的分工协作,可以从外倾性、责任心和情绪稳定性的维度来重点考量;对于医护等团队成员的组建,考虑到他们要快速融入紧密团结的抢救氛围,精准医疗,可以从具有高随和性、高度责任心和具有高度经验开放性的医疗卫生人才中选拔。

(三) 人格在卫生领域中应用的案例分析

1. **案例简介** 人格会影响一名出色医药销售人员的养成吗?如果对一个具有内向型人格特征的成年人进行医药营销的专业培训,他能成为一名出色的医药销售人员吗?

2. **案例分析** 实践证明,答案是否定的,因为人格具有较高的稳定性。在案例中,通过医药营销的专业培训只能提高他业务技能,却无法改变他内向的人格特征。因此,如果让他主动进入医疗机构的相应科室或进入医药市场面对面地推销医药产品,即便他通过培训学习了解药品的适应证或功能主治、药品不良反应、药代动力学等药品性征,也会因为其自身内向的人格特征而不愿意执行"推销或营销"的行为,以致不能成为一名成功的、出色的销售人员。

从组织行为学的视角审视人力资源管理,在职业环境中对员工的选拔任用应考量人格与职业的匹配度。一般而言,人格衡量个体倾向于做什么,喜欢做什么,因为人格通常被认为是"稳定的"。一个个体自出生之日起,就已经具有自己独特的气质类型,这种气质类型决定个体是内向还是外向,是冲动还是冷静;随着教育和感知的发展,个体在形成自我世界观、价值观后,就开始拥有自己的性格结构,如是负责还是推诿,是严谨还是马虎,是合群还是孤僻等。这些人格特征会渗透的个体的所有行为中。所以在挑选医药营销人员时,应首先考虑他们的人格是否与职业要求相一致,尽量聘用和培训那些乐于与人打交道、具有外倾性人格特点的人来承担营销工作。

目前,国内外资企业在进行员工面试时,人力资源部门会在人格方面加以考量。但医疗卫生行政部门在招聘选拔中,更多的是注重医疗卫生知识和技能、医药卫生法律法规的掌握和运用,缺乏人格方面的考量,即使在员工入职后的年终考核中,也仅从业务水平、工作成绩和职业道德方面进行考核,缺乏相应的人格考核和调整机制。这些都是医疗卫生领域今后应注意加强的环节。

三、情绪在卫生领域的表现和应用

(一) 情绪劳动在卫生领域的表现

随着物质文化水平的提高,病患对医疗的需求已不仅仅局限于身体疾病的恢复,他们在接受诊疗的过程中有着更多的心理、精神和文化需求。例如,他们想了解更多的与自身疾病相关的知识,日常健康注意事项有哪些,他们需要得到尊重,受到公平、公正的对待,需要得到真正的关心。这些需求如果得不到满足,不但会影响到治疗效果,甚至会引发医患纠纷。这时,情绪劳动在广大医务人员的医疗卫生技术服务过程中就显得尤为重要。

情绪劳动是工作场合很重要的一部分,它要求员工在工作时展现某种特定情绪以达到其所在职位工作目标的劳动形式。如果医务人员在具备良好诊疗水平的基础上,同时具有良好的道德情绪,使患者感受到他们是和蔼可亲、关心患者的,具有高度的道德文化涵养,那么患者在这种富有人情味和积极情绪的环境中,就会自觉或不自觉的充满安全感和亲切感。这样能增加医患信任度,融洽医患关系,促进病人早日康复。

此外,情绪劳动在医疗卫生社会服务的表现也是十分广泛的。例如,医疗机构中门诊服务或药房药学服务态度的好坏、住院服务中护理态度的好坏皆会影响医患关系。

(二) 情绪在卫生领域中应用的案例分析

1. 案例简介　情绪对工作和生活的影响。

张琳是某市卫生行政部门的局长,5年来该部门的医疗卫生工作业绩一直不错。但是近年来,她感觉压力越来越大,卫生管理体制机制也越显落后,尤其是在国家和省级卫生行政部门积极推行分级诊疗制度的背景下,她感觉力不从心,总是担心自己所辖区域内基层卫生工作人员会因待遇低、任务重等原因而离职,担心医患矛盾升级,担心群众对医疗卫生工作的满意度降低。她感觉工作越来越辛苦,一种说不清道不明的职业恐惧长时间困扰着她。她经常感到烦躁不安,易怒,焦虑乃至影响正常的工作和生活。即使下班回家也不能安心照顾家庭,与先生和孩子的关系变得越来越紧张。她觉得自己的生活和工作都变得一团糟。于是采取到处出差的减压办法,但是仍然无法缓解她内心的困扰。

2. 案例分析　①在这个案情所提供的有限信息下,你认为张琳的情绪状态如何?基于本章情绪方面的知识解释一下张琳的情绪对工作和生活造成的影响。②如果你是张琳,将如何运用情绪管理策略来进行调整和减压?

(1) 案例中,张琳局长正处于消极情绪的状态,"她感觉工作越来越辛苦,一种说不清道不明的职业恐惧长时间困扰着她。她经常感到烦躁不安,易怒,焦虑乃至影响正常的工作和生活"。她正经历着恐惧、焦虑的内心体验。

消极情绪是指当客观事物作用于人时,由于不符合主体的客观需要,主体采取否定态度而产生的一种内心体验,如焦虑、恐惧、悲伤等。在工作场合,张琳的消极情绪容易挫伤工作关系,降低工作效率和工作满意度。这种消极情绪使她面对挫折和困难时无所适从,如果在工作中不能适度管理与转化,就会出现职业倦怠和情绪失调情况;在日常生活中,张琳的消极情绪容易破坏家庭和谐,恶化夫妻关系和母子关系,容易损伤与同事和朋友的友好关系,降低自身的主观幸福感。

(2) 前面我们已经学习了情绪管理,即善于掌控自我、善于调制和调节情绪,对工作中的矛盾和事件引起的反应能适可而止的排解,能以乐观的态度、幽默的情趣及时地缓解紧张地心理状态。

如果我是张琳,应该积极运用情绪管理策略,及时掌控自我调控情绪,以积极乐观的心态及时排解焦虑状态。具体可以从自我觉察、自我调控、自我激励、情绪识别和人际处理5个方面来实现。

自我觉察环节,提醒自己"我的情绪是什么?"我的情绪失调来源于工作压力的增加;自我调控环节,通过正确的自我评价,试着控制自己的情绪活动和情绪冲动;自我激励环节,积极加强时间管理,引导或推动自己制定切实可行的目标;情绪识别环节,多多观察同事、亲人的情绪反应,设身处地站在他们的立场设想;人际处理环节,主动加强与上级卫生部门、他单位、他人的沟通与合作,营造互帮互助的良好氛围,建立和谐的人际关系。此外,也可通过身心放松的方法如微笑、运动、深呼吸等减轻压力,建立积极情绪。只有这样,才能有效避免情绪失调所带来的困境,才能更好地适应工作需求、融洽家庭关系。

第四节　人格与情绪的发展趋势

从不同的角度解读人类的行为是有趣的,有时甚至让人上瘾。研究者们对人格与情绪的多方位研究能够很好地帮助我们更好地解读人类行为。

一、文化对人格的影响

人格架构(如大五模型)是否适用于每一种文化?像控制点、马基雅维里主义、A型人格等人格尺度是否与所有文化有关联?在跨文化研究中,人格理论在不同国家、不同区域的应用会不同吗?下面我们将讨论这些问题。

虽然国家与国家、民族与民族之间存在多元文化与文化差异,但是几乎在所有的跨文化研究中,都有用到"大五"模型的 5 种人格尺度。这些文化范围涉及很广,如中国、以色列、美国、德国、日本、西班牙、尼日利亚、挪威和巴基斯坦,而差别仅仅出现在对这些尺度的强调不同。例如,与美国人相比,中国人更多地使用责任心而不是随和性。"大五"模型在个人主义占主导的文化中预测性会更好一些。但是在各国文化中,尤其是发达国家的个体中,其人格表现出惊人的一致性。一项来自欧盟 15 国员工的综合研究发现,责任心高低是各种工作和职业的员工绩效的有效预测器。这和美国人的研究发现相一致。

虽然在某一特定国家并无某种特定人格,但是国家文化总是会影响其民众的主流人格特征。例如,A 型人格就或多或少的受个体成长的文化环境的影响。每一种文化中都会有 A 型人格的人,但是在欧美发达国家会更多一些。A 型人趋于征服成就任务,尤其当任务具有挑战性,或在与别人竞争时。据估计,50%左右的北美人是 A 型人格,他们都强调对时间的管理和工作的高效率,而且看中个人成就和物质上的成功。反之,在瑞典、法国等不太看重功利的国家文化中,A 型人格的人所占比重就相应少一些。

随着全球化的推进,国际交流与合作愈加深入,跨文化人力(多元文化劳动力)资源管理会带来一定的挑战:如何根据工作特点,选拔适宜的人?如何管理劳动力的多元化?如何基于人格维度来激发变革与改革,提高员工工作满意度?如何平衡员工工作与生活的关系?这系列问题都有待于人格理论在跨文化的深入研究中得以发展和解决。

二 文化对情绪的影响

不同文化间,人们的情绪体验程度是一样的吗?不同文化背景的人对情绪的解读会不同吗?情绪表达会存在文化差异吗?这些是人们对于情绪与文化关系的几个关注点。

(一) 不同文化间,人们的情绪体验程度是不一样的

与其他文化背景下的人相比,中国人体验的积极情绪和消极情绪更少,并且无论什么情绪,强度都要低于其他文化中的人。与中国大陆相比,台湾人的情绪体验程度与美国人更接近,他们比大陆人有更多的积极情绪和更少的消极情绪。

(二) 不同文化背景的人对情绪的解读大致相同

各种文化背景下的人们解读积极情绪和消极情绪的方式大致相同。大都认为厌恶、恐惧和愤怒等消极情绪是危险的、有破坏性的,而高兴、热爱和幸福等积极情绪是有益的。当然,不排除有些文化会更重视某些特定情绪,如在西方个人主义文化中,骄傲被认为是一种积极的情绪,而在东方文化下,如中国和日本,则认为骄傲是不好的。

(三) 情绪表达规范存在文化差异

美国文化要求服务业的员工在对待顾客时要微笑和友善;而在以色列,超市收银员若微笑则被视为没有经验,所以收银员多外表阴沉。在多数文化中,微笑被视为幸福和友善,但在中东等穆斯林文化中,微笑多代表性引诱,所以女性一般不对男性微笑。

另外，还有研究表明，在某些文化中缺乏对于一些基本情绪如焦虑、消沉、愧疚等状态相对应的描述性词汇。塔希提人就没有与悲伤相对应的词汇。当他们悲伤时，同族的人将这种状态形容为肉体的病痛。

总的来说，相同文化背景的人更容易准确地识别和解读自己文化中的情绪。文化差异应当成为情绪研究中予以探讨的因素之一。因为情绪表达规范在不同文化间存在差异的，一种文化中人们普遍认同的东西，可能在另一种文化中就会不合时宜，甚至南辕北辙。

三、组织变革对情绪的影响

随着全球化的推进和经济社会的发展，组织变革随之进行，产生了诸如虚拟组织、学习型组织等新型组织结构。与此同时，组织变革也对情绪产生了一定的影响。例如，在互联网迅猛发展和广泛应用背景下出现的虚拟组织，其部门化程度很低，或根本就不曾存在部门，借由网络化，人们即使相隔千里，也能够相互沟通，共同工作。在这种组织结构中，人们相互独立的个人工作空间大大降低了员工间的相互情绪传达，使情绪因素在组织行为学中的选拔、决策、领导和谈判等情绪管理作用受到了削弱或弱化等挑战。

此外，传统组织结构的变化和发展也会对个体或员工情绪产生影响。例如，随着居民医疗卫生和公共卫生需求的提高，基层医疗卫生服务机构的工作任务不断增加，压力倍增，加之付出与回报不对等等因素，使基层员工的消极情绪得不到有效安抚和缓解。以上种种提示我们需要继续加强组织变革和发展对情绪影响的研究。

本章小结

人格与情绪是组织行为学的重要内容之一，有效运用人格和情绪的相关知识对提高工作满意度和组织的工作绩效具有重要意义。本章在阐述人格与情绪基本理论知识基础上，介绍了两者在卫生领域实践中的应用，并从文化和组织变革层面分析人格与情绪的未来发展趋势。

基本理论部分，人格理论知识主要涉及人格的概念及其影响因素，人格与职业匹配，麦尔斯·布瑞格斯类型指标和大五人格模型等。情绪理论知识主要涉及情绪劳动、情绪智力及情绪管理。

人格与情绪在卫生领域的表现和应用日益重要。有效的人格测验有助于优化医疗卫生人力资源，提高医疗卫生服务质量；合理运用情绪管理相关知识是促进卫生事业良性发展的有效路径。

文化发展对人格与情绪的发展均会产生不同程度的影响。人格理论在跨文化中的应用不尽相同；不同文化间，人们的情绪体验和情绪表达也是存在差异的。此外，组织变革也在日益影响着情绪的运用和发展。

★ 复习思考题

1. 你属于内向性还是外向性？
2. "大五"模型对卫生领域管理者有什么价值？
3. 道德困境：请思考工作中的男性和女性是否受到双重情绪标准的对待。

★ 案例分析题

案例一：工作岗位上的"大五"

假设你拥有一家自己的医院，近期你急需做出一个录用一名医务部门员工的决策。摆在你办公桌上5位应聘者的申请材料和个人简历几乎完全相同。但你注意到每个应聘者的档案里都有一些人格测验材料，而且你还有他们每个人在大五人格维度上的得分。你快速浏览后发现，每个人都在某一个维度上与其他人得分明显不同。第1位应聘者在"外倾性"上得分最高；第2位在"随和性"上得分很低；第3位在"情绪稳定性"上得分甚高；第4位在"经验的开放性"上得分最高；最后一位应聘者则在"责任心"上的分数明显位于5人之首。

★ 思考问题

时间紧迫，你不得不根据这些信息尽快做出决策，你认为应该雇佣这5人中的哪一个呢？

案例二：如何化解工作中的消极情绪？

丁颖是某三甲医院消化科的一名女医师。在一次与朋友的聊天中谈到，她认为自己所在医院的工作氛围非常压抑。不但任务重、压力大，工作付出与绩效奖励不匹配，而且同事之间经常充满愤怒和敌意，管理者经常用恐吓的策略来留住员工，医院管理层表达给大家的观念就是"本医院是三甲医院，人才济济，没有人是不可或缺的"。所以基于生活和家庭的需要，丁颖为了保住自己的工作岗位，不得不在这样的工作环境中继续疲惫低效的工作，努力让自己的情绪迎合这种环境。久而久之，丁颖发现这种压抑、恐惧、焦虑的消极情绪使她陷入了更多的烦恼之中。

★ 思考问题

1. 你认为丁颖对这种医院组织文化的反应合理吗？为什么？假如你是丁颖，你会如何应对这种组织文化？
2. 研究显示，同事和管理者的行为比其他人更能引起员工的消极情绪。你认为丁颖所在的医院应该怎样做才能改变这种情绪氛围？

第四章

动机与激励

学习目标

1. 理解动机和激励的基本概念。
2. 理解基本的激励过程。
3. 理解传统激励理论和现代激励理论的基本观点。
4. 理解常见的激励策略与措施。
5. 理解激励理论在卫生系统中运用的特殊性。
6. 分析激励理论应用的发展趋势。

引例与思考

从医学院毕业后10年的大学同学聚会上,大家纷纷谈起对工作的感受。甲抱怨:"我是儿科医生,收入比其他医生低,工作还累。医院给我们进修的机会也不多。"没想到,在某三级医院的外科医生乙也抱怨起来:"我们收入还可以,医院给我们的进修机会也挺多的。但是我们最担心的就是医患关系,很担心万一出事,患者家属会闹。另外,上班时候诊室里挤满了患者,也是件很让人头疼的事情。"这时,丙说:"我对自己的工作还是很满意的!我已经从原来的公立医院出来了,现在在一家中外合资医院。收入虽然少了,但是每天的工作量大大下降了。原来一天至少50个患者,现在只有10个左右。"之后,大家又聊起医学生誓言,"健康所系,性命相托……"。尽管有不少同学对自己的工作有点抱怨,但是大家对自己所从事工作仍然感到一种很浓重的敬意。

促使员工努力工作,取得理想的工作绩效,无疑是管理者的重要职责。管理者还需要考虑员工的满意度,只有满意的员工才会持续地努力!管理者经常思考的一个问题就是:究竟给员工什么,他(她)才会努力工作?才会减少员工离职?为什么有时候大幅提高了工资却还是留不住人？本章以行为驱动力的心理学分析作为切入点，解释动机、激励的基本概念，并介绍重要的激励理论。然后，围绕激励理论，阐述常见的激励策略。最后，分析激励理论及其策略在卫生领域中的应用。

第一节 基本概念与理论

很多时候，管理者面临的现实问题是：几乎没有人能够在工作中发挥出全部潜力或接近全部潜力。有研究表明，如果没有有效的激励措施，员工有 50%~70% 的潜在能力未被激活。在同一个组织内，相同能力的员工，所取得的绩效会有很大的差别。对于同一个员工，在不同的管理制度下，其工作绩效也会有很大的差别。其中的原因在于，一个人所取得的成绩，不仅与自身能力有关，还与其工作的动机有关。因此对于管理者而言，激励员工形成努力工作的动机是非常重要的职责。

动机和激励

(一) 动机和激励的基本概念

动机(motivation)，是心理学的一个重要概念。动机是一个过程，它是指个体为了实现目标而付出努力的程度、方向和坚持性。从心理学一般概念而言，"目标"可以是个体自身希望达成的任何目标。显然，个体目标有可能与组织目标(organizational goal)不一致。在本章中，我们聚焦于组织目标，聚焦于激发员工的工作相关行为的动机；因此，促使个体目标和组织目标尽可能一致，是管理者面临的重要任务。

在动机的概念中，有 3 个关键要素：强度(intensity)、方向(direction)和坚持性(persistence)。强度，是指个体愿意付出多大的努力。方向，是指努力的方向是否与组织目标相一致。坚持性，是指个体的努力可以维持的时间长度。这 3 个要素，相辅相成，缺一不可。如果个体的努力有足够的强度，但是方向与组织目标相背离，显然不利于组织目标的达成。如果努力有足够的强度且方向也与组织目标一致，但是努力缺乏坚持性，那么动机水平依然是不足的。

激励(motivate)，是指采取一些方式促使人们形成动机。管理者需要了解激励的基本概念和理论，并恰当应用激励理论，对自己的员工进行激励，往往能够取到意想不到的效果。

清晰理解动机的上述 3 个要素，是制订有效的激励措施的基础。有效的激励措施总是围绕着这 3 个要素(或其中的 1~2 个要素)提升员工的动机水平。

(二) 激励的基本过程

心理学研究显示，激励是一个过程。由图 4-1 可见，激励过程中，首先是个体有"未被满足的需要"。个体有"未被满足的需要",就会产生"紧张"的心理状态。"紧张"的心理状态,就会刺激个体内在的"驱动力"。这些内在的"驱动力",则促使个体寻求指向特定目标的"行为",如努力工作。通过个体的"行为",如努力工作,个体得到了组织给予的报酬(物质或非物质的),个体"未被满足的需要"也就得到了满足,当需要被满足后,紧张就得到缓解。

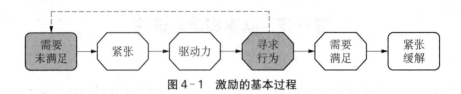

图4-1 激励的基本过程

激励的基本过程,对管理者有着极其重要的启示作用,包括如下几个方面。①需要,意味着某些物质或非物质上的缺乏,正是由于这种缺乏,使得个体愿意去采取某些行为。这就启示管理者,激励员工应该去了解员工缺乏什么;即使员工自己并不认为自己缺乏什么,管理者也可以激发员工的欲望,促使他们感受到物质或非物质的缺乏。②建立"行为"与"需要满足"之间的联系。员工之所以愿意采取某些行为,其根本的出发点是希望自身需要得到满足,即员工预期的是"只要我采取某些行为,我的个人需要应该能够得到满足"。从心理学上看,员工最终是为了满足自己的某种需要而努力工作的。③直接促使个体采取行为的是内在驱动力,是个体与情境相互作用的产物。在特定的情境中,个体产生了内在驱动力,从而才会采取某些行为。这就提示管理者,要有效激励员工,必须最终要让员工从内心形成一种信念。

知识拓展

区分需要和动机

前苏联著名心理学家列昂捷夫就"需要"与"动机"进行了区分。他指出:作为个体,生来就是有需要的,需要是客观存在的。这种客观存在的需要,如果被个体所感知,并且个体为了满足这种需要而积极采取某种行为,那么,此时的"需要"就获得了它引导个体行为的功能。也就是说,"需要"就变成了"动机"。反之,如果个体虽然有某种"需要",但是个体并不愿意为之努力,那么,这种"需要",就没有成为动机。

(引自:列昂捷夫.活动、意识、个性.上海:上海译文出版社,1980.)

真正决定组织绩效、达成组织目标的,是员工的行为。对于管理者而言,他们激励员工的最终目标是希望员工采取管理者预期的行为。显然,如果员工仅仅将"努力工作"停留在"内心",而并未付诸行动的话,并不会对组织绩效、组织目标带来实质影响。那么,如何促使员工采取特定行为呢?管理者可以根据激励基本过程进行倒推,逻辑思路如下:首先,分析为了实现组织目标,希望员工采取哪些行为;其次,分析员工如何才愿意采取这些行为,那么,就需要分析员工自身有哪些需要未被满足;然后,让员工确信,他们只要有这些行为,其个人需要就会被满足。这时,管理者希望员工采取的行为也就成了员工自身主动追求的行为。

一 激励理论

激励理论是指分析如何通过满足人们的各种需要以调动人们的工作积极性的原则和方法体系。不管是何种激励理论,总是遵循激励的基本过程;对于特定激励理论而言,常常可以侧重从不同视角进行解释。

从学科来源看,激励理论来源于心理学、管理学、行为科学等相关学科。随着这些学科的发展,新的激励理论不断涌现。根据不同的分类方法,可以将众多激励理论进行分类。

根据激励理论所侧重的激励基本过程的环节,激励理论可以分为内容型、过程型、行为改造型3类。其中,内容型激励理论重点研究动机的激发,即激励基本过程示意图中的"未被满足的需要"作为分析的逻辑起点。内容型激励理论如马斯洛需要层次理论、赫茨伯格的双因素理论和麦克利兰的成就需要理论等,这些理论或关注激励对象有哪些需要,或关注促成对象形成需要。过程型激励理论侧重于如何从"未被满足的需要"转变到"行为"的过程的分析,包括行为的出现、维持、组织等,影响力较大的过程型激励理论如期望理论、公平理论等。行为改造型激励理论则是侧重于研究行为的维持,其与过程型激励理论不同之处在于行为型激励理论不一定对"需要"等进行深入分析,而是直接从如何维持行为角度进行分析。最典型的行为型激励理论是强化理论。需要特别指出的是,这3类激励理论的分类并非是泾渭分明的,而只是反映了各自相对的侧重点。

此外,主要根据激励理论提出的时间及理论被社会认可的程度,激励理论可以分为传统激励理论和现代激励理论两类。以下将根据该分类详细介绍主要的激励理论。

(一) 传统的激励理论

20世纪50年代前后是激励理论(theories of motivation)发展硕果累累的阶段。在这一时期,出现了马斯洛需要层次理论、X理论和Y理论、双因素理论、麦克利兰需要理论等最为经典的激励理论。尽管这些理论中的观点并未都得到实证研究的支持,但是它们仍然是最为重要的理论。依据它们,可以解释很多现象,并指导管理者采取有效的激励措施。传统的激励理论也是现代激励理论产生的基础。传统激励理论,之所以被称为传统理论,不仅仅是由于提出的时间较早,更因为这些理论是现代理论提出的基石。

1. 马斯洛需要层次理论 1943年,美国著名心理学家亚伯拉罕·马斯洛(Abraham Maslow, 1908—1970)提出需要层次理论(hierarchy of needs theory)。

该理论的主要观点如下。

(1) 需要的多维度性:如图4-2所示,每个人内心存在着5种需要,从低到高分别是:生理需

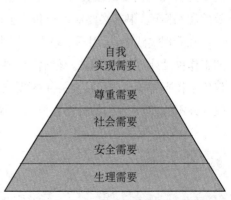

图4-2 马斯洛需要层次理论

要、安全需要、社会需要、尊重需要和自我实现需要。生理需要和安全需要属于低层次的需要；社会需要、尊重需要、自我实现需要，属于较高层次的需要。

1) 生理需要(physiological needs)：包括饥饿、口渴、住宿、性和其他身体上的需要。

2) 安全需要(safety needs)：包括保护自己免受生理和心理伤害的需要。

3) 社会需要(social needs)：包括友情、归属、接纳和友谊的需要。

4) 尊重需要(esteem needs)：包括内部和外部因素。内部因素(internal factors)如自尊、自主、成就；外部因素(external factors)如地位、认可和关注。

5) 自我实现需要(self-actualization needs)：一种追求个人能力极限的内驱力，包括成长、开发潜能和自我完成(self-fulfillment)。

需要说明的是，在马斯洛所著的《动机与人格》中，在"自我实现需要"基础上，后期进一步增加了"自我超越需要""大我实现需要"。后两者需要本质上从属于"自我实现需要"，因此，本书对此不作详细阐述，而是聚焦于上述提交的5个层次。

(2) 需要满足的层次性：人们必须在低层次需要得到满足后，才能进入高层次需要。这也是需要层次理论受到抨击最多的一点。没有证据证实马斯洛所列的需要按照上述层次排列，也没有证据证实在一个需要得到满足之后，下一个更高层次的需要就会出现。

(3) 如何满足需要：对于较低层次的需要，常常可以通过报酬、劳动合同等外部因素可以满足；但是对于较高层次的需要，则以内在满足为前提。

马斯洛的需要层次理论，尽管有些观点并未得到普遍认同，但它依然是激励理论中最重要的激励理论，至今没有任何一种其他激励理论能够取代它的位置。马斯洛需要层次理论，启发其他心理学家、行为科学家们开展了进一步研究，之后提出的各种激励理论几乎都与该理论有关。例如，美国哈佛大学教授戴维·麦克利兰(David McClelland)等围绕成就需要、权力需要、亲和需要提出了麦克利兰需要理论；美国心理学家克雷顿·奥尔德弗(Clayton Alderfer)提出了ERG需要理论，即生存需要(existence)、关系需要(relatedness)、成长需要(growth)。

马斯洛需要层次理论对管理者最大的启示是：员工的需要是多维度的，在激发员工时，需要分析员工需要的多元性，员工的主导需要可能是物质，也可能是非物质的。为了探求有效的激励措施，很有必要深入分析人们的外在行为与他们的内在动机之间的关联。

在管理实践中，运用马斯洛需要层次理论可以解释很多现象；也可以解释很多激励措施，如工作再设计等具体措施。马斯洛需要层次理论核心在于考虑到员工的需要是多维的，绝不仅仅是物质需要。广受社会关注的"富士康连续跳楼"事件也正印证了这一点。这些员工尽管收入并不低，但是他们的社会需要、尊重需要等得不到满足，导致他们的工作满意度低下。

知识链接

富士康连续跳楼事件

富士康科技集团创立于1974年，是专业从事电脑、通讯、消费电子、数位内容、汽车零组件、通路等6C产业的高新科技企业。2010年1月23日,富士康员工跳楼自杀,至2010年11月5日的短短不到一年中,富士康共发生14起跳楼事件,引起社会各界乃至全球的关注。

[引自:富士康跳楼事件.(2013-04-27)(2016-06-22). http://baike.baidu.com/]

2. X理论和Y理论 1960年,美国著名的行为科学家、心理学家道格拉斯·麦格雷戈(Douglas McGregor, 1906—1964)在《企业的人性面》一书中明确提出了两种人性假设:一种假设是将人性总体上认为是消极的,称为X理论(Theory X);另一种假设则是将人性总体上认为是积极的,称为Y理论(Theory Y)。管理者基于对人性的基本假设,而采取相应的管理措施。当管理者持有X理论时(认为员工是消极的),或持有Y理论时(认为员工是积极的),他们所采取的管理措施将会有很大的区别。

X理论可以说是西方古典经济学中"经济人"假设的概括。其核心内容是,管理者对员工持有如下假设:①员工内心里不喜欢工作,只要有可能,他们会找机会逃避工作;②员工不喜欢工作,因此必须采取强制、控制、惩罚措施;③员工总是尽可能不愿意承担责任,而是甘愿寻求别人的指导;④员工工作是为了满足基本的生理需要和安全需要。

Y理论与X理论相反,其核心内容是,管理者对员工持有如下假设:①员工喜欢工作;②员工会进行自我管理、自我控制;③员工愿意承担责任,甚至会主动寻求责任;④员工普遍具有创造性,而不仅仅是管理者才有创造性。

结合马斯洛需要层次理论,可以更好地理解X、Y理论的核心内容。也就是说,X理论是假设个体行为主要受较低级需要的支配,而Y理论则是假设个体行为主要受高级需要的支配。

管理者对员工持有不同的人性假设,就会采取不同的管理措施。例如,如果管理者持有Y理论,则会认为员工是积极的,管理者就可能会让员工承担更多的责任、促使员工进行自我管理、让员工参与决策、为员工提供富有挑战性的工作机会等;反之,如果管理者持有X理论,则为认为员工是消极的,管理者就会加强对员工行为的监控等。

3. 双因素理论 1959年,美国心理学家弗雷德里克·赫茨伯格(Frederick Herzberg)提出了双因素理论(two-factor theory),也称为激励-保健因素理论(motivation-hygiene theory)。

赫茨伯格围绕"人们究竟想通过工作得到什么?"这一问题,让人们描述一下在什么情况下他们觉得特别好及在什么情况下他们觉得特别差。通过分析,研究得出如下主要观点。

(1) 观点一:人们对工作满意的因素与人们对工作不满意的因素有很大的区别,并提出了激励因素和保健因素这两个关键概念。

1) 激励因素:与员工满意相关,这些因素能够激励员工。激励因素常常是内在因素(intrinsic factors),如工作成就感、得到认可、责任、晋升等这些因素。这些因素都是与工作本身内在紧密关联的。

2) 保健因素：与员工不满意相关，具备保健因素时，员工没有不满意，但是也不会带来满意。保健因素，常常是外在因素（extrinsic factors），如行政管理、物理工作环境、人际关系、工资报酬等。

如图4-3所示，导致员工非常满意和非常不满意的因素，有着非常大的区别。

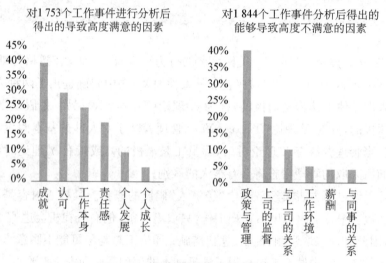

图4-3 激励因素与保健因素的比较

(2) 观点二：管理者如果消除了工作不满意的因素，会带来平静，但是不一定带来员工对工作的满意。"满意（satisfaction）"的对立面是"没有满意（no satisfaction）"；"不满意（dissatisfaction）"的对立面是"没有不满意（no dissatisfaction）"。

双因素理论同样也受到质疑。例如，赫茨伯格假设工作满意度与生产率之间存在一致关系，在研究时没有调查生产率，只是考察了工作满意度，然而事实上，满意的员工，不一定必然带来高生产率。

4. 麦克利兰需要理论 20世纪50年代，美国哈佛大学教授戴维·麦克利兰和合作者提出了麦克利兰需要理论（McClelland's theory of needs）。

麦克利兰需要理论的主要观点如下。

(1) 关注3种需要：成就需要、权力需要和亲和需要。这3种需要对应于马斯洛需要层次理论中的较高层次需要。

1) 成就需要（need for achievement, nAch）：是指追求卓越、追求达到标准、争取成功的内驱力。追求的是个人成就感，而不是外界给予的报酬。高成就需要者总是希望把事情做得更好。在他们认为成功的概率为50%的时候，他们的工作绩效最佳。他们喜欢通过一定努力能够达成的工作，从而体会到成就感。高成就需要者不喜欢偶然性很高的赌博，也不喜欢成功概率很高的、没有挑战性的工作。

2) 权力需要（need for power, nPow）：是指控制他人采取某种行为的需要，并且这种行为是他人原本不会采取的行为。通俗来讲，也就是促使他人做原本不做的事情。他们最关注的是自己的威望、对他人的影响力，而不是绩效本身。

3) 亲和需要(need for affiliation，nAff)：建立友好和亲密的人际关系的愿望。高亲和需要的人不喜欢高竞争性的环境,而是喜欢人与人之间的相互理解。

其中,对于成就需要的研究相对较多,因此,该理论又称为麦克利兰成就需要理论。

(2) 不同需要类型的人,适合于不同的岗位。①高成就需要者,所喜欢工作具有如下特征：强调个人责任、可以获得工作反馈和冒险程度中等。高成就需要者适合从事高创造性的活动,如自己经营公司、在大企业中管理一个独立的部门等。②高成就需要者不一定是优秀的管理者,尤其在规模较大组织中更是如此。因为他们只关注自己的成就,或是关注自己所在小群体的成就,而不喜欢去影响更大范围的其他人。因此,大型企业的总经理常常并非高成就需要者。③高权力需要、并且低亲和需要,是成功管理所需的。高权力需要,是高管理效果的一个必要条件；但是,也有相反的观点,有人认为高权力需要本身产生于一定的组织地位,并非高权力需要促使人们成为高层管理者,而是在组织中地位较高激发了人们较高的权力需要。此外,作为一个成功管理者,应该是低亲和需要的。④通过培训等方式来提升员工的成就需要。有些工作,需由高成就需要的员工来承担。此时,除了招聘、选拔高成就需要者外,也可以通过培训来提高人们的成就需要。

在上述传统激励理论中,麦克利兰需要理论是最有研究基础的。对员工的成就需要的程度进行评价,可以用问卷调查方式,但是更理想的则是投射测验,也就是由专业人员通过一些图片对被测试者进行测试。而这种测试相对较为费时、昂贵,因此在现实中,麦克利兰需要理论不如其他3种激励理论使用得更广泛。

(二) 现代的激励理论

现代的激励理论,代表着激励理论的当前状况。现代激励理论都有大量的有效证据支持,这一点与传统激励理论不同。当然,这也并不是说现代激励理论是完美无缺的。现代激励理论代表性的如自我决定理论、目标设置理论、公平理论、期望理论、强化理论等。

1. 自我决定理论　20世纪80年代,美国心理学家Deci L. Edward 和 Ryan M. Richard 等提出了自我决定理论(self-determination theory)。其中,较为重要的是认知评价理论(cognitive evaluation theory)。

认知评价理论的核心观点是：对于原本有内在奖励(previously intrinsically rewarded)的行为给予外在奖励(extrinsic rewards)时,假如这种外在奖励被员工认为是一种控制(controlling)的话,那么动机水平反而会降低。这一观点被很多研究得到证实。

认知评价理论对激励理论的最大贡献在于阐明了内部激励因素和外部激励因素之间的关系。传统的激励理论认为内部因素(成就、责任、成长)与外部因素(高薪、晋升、人际关系、工作外部环境)是相互独立的。但是,认知评价理论指出了外部激励因素可能会对内部激励因素有负面作用。这就提示管理者：不恰当的管理措施可能会起到反作用,这对管理者而言有着非常重要的提示价值,尤其是在管理者应用有形形式的外部奖励方式之前,必须深入考虑其是否具有反作用。

随着认知评价理论的发展,进一步提出了自我一致性(self-concordance)这一概念。其关注的是人们行为与他们的内在兴趣、价值观的一致性。人们努力工作是由于工作过程本身充满乐趣,是由于所做工作与自身价值观相一致。此时,如果对员工进行奖励(物质或非物质的,尤其是物质的奖励),很可能反而会将员工的注意力放到外部奖励上,从而降低了其原本的内在激励。自我一致性概念,能够很好解释人们在做与自己价值观一致的工作的时候总是能够保持很高的动机水平。认知评价理论提示,人们在选择工作时,要选择与自己的价值观一致的工作,正如同博恩·崔西提出的价值观管理。显然,认知评价理论适用于工作本身已经有一定内在激励的情境,当员工已经由于工作与自身价值观一致而勤奋工作的时候,慎用外部的激励措施去扰乱他们。

知识拓展

博恩·崔西的价值观管理

美国激励大师博恩·崔西提出实行"价值观管理",他认为"每个人都希望遵从自己的内心去生活。一个人存在的核心意义和生命主轴就是深植于内心的信念与价值观"。管理者可以书面制定公司的共同价值观,在招聘员工时就招聘价值观一致的员工。

(引自:博恩·崔西著,林志勋译.激励.北京:机械工业出版社,2014.)

2. **目标设置理论** 20 世纪 60 年代末,艾德温·洛克(Edwin Locke)提出了目标设置理论(goal-setting theory),指出目标是主要的激励因素,因为目标告诉员工应该做什么及应该付出多大的努力。

目标设置理论主要观点如下:①明确的目标可以提高绩效,目标最好具体化为定量的指标,而不是"尽量、尽最大努力"等抽象的目标,并且应该制订个体的目标;②困难的目标,一旦被接受,那么比容易达成的目标带来更高的绩效;③基于目标进行反馈,将比没有反馈带来更高的绩效,可以是自我反馈,也可以是外部反馈。可见,目标设置理论的关键词是:明确(specific)、困难(difficult)、反馈(feedback)。

对于困难的目标,前提是要被员工所接受。那么,如何让员工接受困难的目标呢?答案是可以让员工共同参与到目标的制订中来。员工参与目标的制订,换一个角度看,也就是提高了员工对目标的认同、对目标的承诺。当然,让员工参与目标的制订时,需要避免的是所制订的目标很可能会"不够困难"。

在接受了困难的目标之后,那么,这些困难的目标究竟是如何激励人们去努力工作以达成目标的呢?①困难的目标促使人们专心致志地做这件事情。②困难的目标会促使人们更加努力。③被接受的困难的目标会让人们更加坚持,因为你已经接受了它。④困难的目标会促使人们努力开发出更有效的方法来完成任务。

对于目标设置理论,需要特别说明之处有以下两点。①目标设置理论中所提的困难的目标,似乎与麦克利兰需要理论中的高成就需要者喜欢中等的成功概率相矛盾。其中的原因是目标设置理论是针对普通人的,而后者是针对高成就需要者的。②目标设置理论起作用的前提是员工接受目标且愿意承担责任,这一点是至关重要的,没有这一前提,任何目标将不会起作用。

3. **公平理论** 1965年,美国心理学家斯塔希·亚当斯(Stacy Adams)提出公平理论(equity theory)。公平理论指出,人们不仅关注自己得到了什么,还关注自己付出了什么,并且还会与其他人进行比较。①人们分析自己通过工作得到了什么,即"产出"(outcome),如收入、奖金、认可,需要注意,产出不仅仅是物质,还包括非物质;人们还分析自己对工作的投入,如努力、经验、教育、能力,即"投入"(input)。②人们分析自己的产出与投入之间的比例。然后,他们将自己的产出-投入比,与他人进行比较,或是与自己之前的产出-投入比进行比较。当他们觉得自己"产出-投入比"与参照对象一致时,他们会觉得公平;当他们觉得自己的"产出-投入比"低于参照对象时,他们会感到自己得到太少;当他们觉得自己的"产出-投入比"高于参照对象时,他们则会感到愧疚。后两种情况他们都会感到不公平,都会产生紧张,并试图改变这种情况。

公平理论主要回答如下问题,这些回答也就是理论的基本观点,具体如下。

第一个问题是:"人们为什么会感到不公平"公平感是一种主观感觉,由比较而感知。公平理论指出员工有4种参照对象:①"自我-内部组织",即与自己在同一组织曾经的所在职务进行比较;②"自我-外部组织",即与自己之前在其他组织的工作经历进行比较;③"他人-内部组织",即与目前所在组织的其他员工进行比较;④"他人-外部组织",即与其他组织的其他员工进行比较。前两者都是与自己的工作经历进行比较,后两者则是与他人进行比较。员工采取哪种比较方式,与性别、任职时间、在组织中的地位等有关,也与他们所能够获得的信息有密切的关系。特别需强调的是,公平是一种主观感知,对于同样的事情,有些人可能感到不公平,另外有些人可能会感到公平。只有他们感到不公平,才会产生紧张感,并出现如下的想法或行为。

第二个问题是:"员工感到不公平,会怎么想或怎么办"那些认为自己未得到应有水平报酬的人,可能出现的想法或行为如下:①改变自己的投入,如降低努力程度;②改变自己的产出以获得更多报酬,如拿计件工资的员工通过提高产品数量的方式来提高工资,而不顾及产品质量;③选择其他参照对象求得心理平衡,与自己认为"产出-投入比"更低的人去比较;④离开该工作。

那些认为自己"产出-投入比"高于别人的员工,可能出现的想法如下:①歪曲对自己的认知,如他们会认为自己是由于比他人更努力工作才拿到了比他人更多的报酬。②歪曲对他人的认知。例如,他们会觉得他人的工作做得不好,所以他人才得到较低的报酬。从这里可以看出,人们对于自己得到了过高的报酬,常常会较为容忍,人们会做出对自己有利的解释来缓解紧张;但是当他们认为自己的报酬过低,则不大会容忍。

第三个问题是:"公平理论提示管理者从哪些维度提高公平性"随着公平理论的发展,可以从分配公平(distributive equity)、程序公平(procedural equity)、互动公平(interactional equity)3个方面来理解公平性,并采取相应措施。具体如下图4-4所示。

4. **期望理论** 1964年,美国著名心理学家维克多·弗鲁姆(Victor Vroom)提出期望理论(expectancy theory)。期望理论认为,人们行为的强度取决于两个方面:一是他们认为这

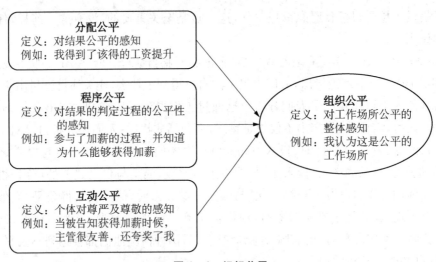

图 4-4 组织公平

种行为可能会带来哪些结果;二是这些结果对他们是否有吸引力。

结合图 4-5,可以更直接地理解期望理论。该理论主要涉及个人努力(individual effort)、个人绩效(individual performance)、组织报酬(organizational reward)和个人目标(personal goal)这 4 个要素,关键点在于个人对以下 3 个关系的感知。

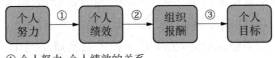

① 个人努力-个人绩效的关系
② 个人绩效-组织报酬的关系
③ 组织报酬-个人目标的关系

图 4-5 期望理论

(1) 个人努力与个人绩效之间的关系。个体对于自己努力工作与组织对自己的个人绩效评价结果之间关系的信念。如果他(她)认为自己只要努力工作,个人绩效评价就会高,那么就很可能会努力工作;相反,他们很少会努力工作。显然,对于个人努力与个人绩效更高之间关系缺乏信念的个体,其可能的原因包括对自己的技术水平缺乏信心,也可能是组织的绩效考核制度不合理。

(2) 个人绩效与组织报酬之间的关系。如果他(她)认为个人绩效高,就会得到组织给他(她)的报酬,那么,个人很可能会努力工作;反之,就很可能不会努力工作。这归根取决于员工对组织绩效考核制度的认可程度。

(3) 组织报酬与个人目标之间的关系。组织报酬,是指组织给予个人的报酬。该关系关注组织报酬是否正是个体所想要的。如果组织所给的正好是个体所想要的,那么他们很可能会努力工作;反之,如果组织所给的并非个体所想要的,他们就很可能不努力工作。

总之,期望理论提示管理者:① 建立一个合理的绩效考核制度,在此制度下,员工相信,只要自己努力工作,组织对自己的绩效评价就会高;② 促使员工相信,员工的个人绩效高,组织就会给予个人报酬;③管理者要了解员工的需要,确保组织给予员工的报酬,正好是员工所想要的。也就是说,管理者要促使员工形成完整的期望链条,此时,员工的动机水平才会高。

5. 强化理论　美国的心理学家和行为科学家伯尔赫斯·弗雷德里克·斯金纳(Burrhus Frederic Skinner)等提出了强化理论(reinforcement theory)。强化理论并不关注人们的内心变化,而只是分析刺激与行为之间的关系。因此,强化理论并非严格意义上的激励理论。强化理论认为,在人们的某种行为之后,如果能够马上采取一个反应(正面的或负面的),那么,该行为很可能会被重复或削减。

强化理论对管理者的启示主要有以下3个方面。①让员工明白行为与后果之间的关系。这种后果,可以是奖励,也可以是惩罚。奖励会使行为重复,惩罚会使行为消失。②管理者如果希望员工重复出现特定行为,应当在行为出现后及时实施奖励措施;管理者如果希望员工消除特定行为,应该及时对员工的行为进行惩罚。③管理者尽量采取正面强化的方式。④了解员工需要,以员工所想要的物质或非物质来奖励员工。

尽管强化理论的创始者指出管理者不用关注人们的内心变化,但是在实践中,往往是强化理论与其他理论相互结合,从而取得理想的效果。

6. 整合现代激励理论　由上可见,现代激励理论有很多种。在现实中,仅用一种理论往往难以行之有效,如难以解释所有现象、难以持续地激励人们、只对组织中部分员工起作用。如果结合多种激励理论进行综合运用,将能够更好激励员工。

图4-6是现代激励理论的整合模型。其中,期望理论是主轴,进一步结合了麦克利兰需要理论、公平理论、认知评价理论、强化理论、目标设置理论等。

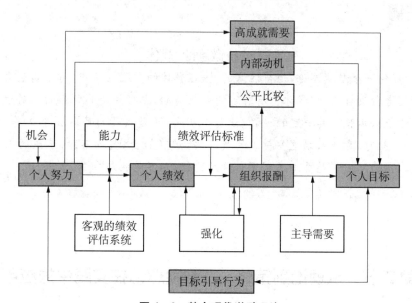

图4-6　整合现代激励理论

根据期望理论,如果员工认为个人努力与个人绩效、个人绩效与组织报酬、组织报酬与个人目标的关系非常密切,个人就会努力工作。从个人绩效的前方的箭头可以看出,个人绩效不仅仅受个人努力程度的影响,也受到机会、绩效评估系统的影响。此外,如果个人绩效所带来的组织报酬正好是符合个人目标的需要（尤其需要关注员工的主导需要），那么，该员工会有很高的动机水平。

整合模型中，"高成就需要"反映了麦克利兰需要理论。高成就需要者努力工作的原因是由于员工认为工作本身就是一种激励因素，即工作本身所具有的个人责任、工作反馈和中等程度的成功概率正是他们所想要的（即个人目标）。他们并不在乎组织对他们的绩效评价，也不关心组织给他们的绩效奖励。

模型中的"内部动机"反映了认知评价理论。已经得到内部因素（如成就、责任、成长）激励的员工，他们的个人努力直接指向个人目标，他们最关注的是工作本身，而不是组织给予的报酬。

模型中的"强化""公平"分别对应强化理论和公平理论，强调组织的绩效评估与组织报酬标准应该合理，从而才能产生持续的激励效果。

模型中的"个人目标"，对应目标设置理论。"个人目标"与"目标引导行为"之间有个双向箭头，反映了个人目标与个人行为之间的双向作用：一方面，通过该采取特定行为，人们可以实现个人目标；另一方面，个人目标有引导人们采取特定行为的作用。

根据整合模型，应用于特定的组织时，可以将不同的员工对应于不同的激励理论，沿着不同的"激励路径"，因人制宜地分析激励因素，从而采取针对性的措施。此外，整合模型中，箭头指向与导出最多的是"个人目标"，而"个人目标"正是激励理论中最关键的因素，也提示了管理者应该充分了解员工的个人目标，并以此为基础采取相应的激励措施。

知识拓展

深入分析激励的"载体"

对于任何一个激励理论，值得注意的是，在具体的激励措施中，对于高层次需要的满足，管理者激励员工的"载体"，有时可能是物质的，也可能是非物质的。对于物质形态的"载体"，必须赋予其一定的内涵，让员工明白，正是由于自己的出色工作，才获得这些奖励。此时，真正激励这些员工的是这些物质（如金钱、汽车）所承载的来自管理者对员工的认可，或者是员工感到了自身的价值，而不是物质本身。

第二节　从理论到策略——激励理论在实践中的应用

激励理论为管理者制定有效的激励策略提供了指导。基于激励理论，可以形成诸多激励策略措施，如工作再设计、工作可替代性安排、员工参与、员工奖励、目标管理、员工认同等。这些策略措施是激励理论在实践中的具体应用。以下将首先介绍常见的策略措施的基本含义,分析策略措施与前述激励理论之间的关系;然后结合具体案例,阐述如何在实践中应用激励策略,以及应用激励策略的注意事项。这些激励策略的制定,是灵活地应用激励理论的结果。例如,对于特定理论,可以只应用该理论中的最核心部分而非全部;此外,还可以综合运用多种理论,进行激励策略的制定。

一、工作再设计

工作再设计,聚焦于如何对工作本身进行重新设计,从而使工作本身具有激励作用。运用麦格雷戈Y理论、赫茨伯格的双因素理论等,可以很好地对工作再设计激励策略进行解释。Y理论中,工作本身就是促进人们努力的因素;双因素理论同样如此,工作本身具有的内在因素就是激励因素。

为了更合理地设计工作,使得工作本身具有更有效的激励作用。①基于工作特征模型,分析从哪些维度来进行工作再设计;②基于工作特征模型中的分析维度,重新设计工作;③形成具体的措施。

(一) 工作特征模型

美国哈佛大学教授理查德·哈德曼(Richard Hackman)和伊利诺依大学教授格雷格·奥尔德汉姆(Greg Oldham)提出工作特征模型(job characteristics model,JCM)。如图4-7所示,该模型指出任何工作均可以从技能多样性(skill variety)、任务完整性(task identity)、任务重要性(task significance)、自主性(autonomy)和回馈性(feedback)这5个维度来进行描述。工作特征模型能够指导管理者优化组织设计。

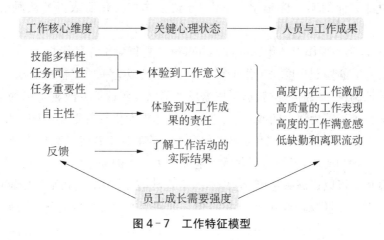

图4-7 工作特征模型

(二) 工作再设计的具体措施

1. 工作轮换　工作轮换(job rotation),是员工定期轮换去做另一项层次相同、工作技术要求相近的工作任务。工作轮换常常与培养员工多样化的工作技能相结合,故有时候又称为交叉培训(cross-training)。从员工角度,工作轮换提高了工作的技能多样性,对工作的全局性有了更好的了解,从而员工更能体验到工作的意义、工作的趣味性,员工成长需要得以满足,从而降低离职率。对于组织而言,工作轮换也能带来好处,由于员工有了更多的技能,管理者在安排工作时候就有了更大的灵活性。

在实践中,工作轮换激励策略常常被作为新员工培训的方式,如新进住院医师在不同的科室进行轮转。事实上,工作轮换可以并不局限于新员工。例如,索尼公司的内部招聘制度,索尼公司通常每两年就让员工调换一次工作,旨在提高工作本身对员工的激励作用。

实施工作轮换的注意事项如下。①需要明确哪些工作任务之间可以轮换的。通常,轮换的工作任务属于组织中的同一层级;此外,轮换的工作任务,技能要求不同但又相关。②工作轮换必须有序,否则会影响正常的工作秩序和工作效率。③并不是所有员工都喜欢工作轮换。④工作轮换可能存在一些问题,如培训费用增加、管理难度增加等。

2. 工作扩大化　工作扩大化(job enlargement),即横向的工作扩展,是指增加员工任务的多元化。工作扩大化与工作轮换不同,工作轮换中,工作任务本身并不发生变化,只是员工从一项任务到另一项任务;但是,工作扩大化中,工作任务本身要进行改变,工作范围会扩大,工作的种类会增加,正好与传统的专业分工是相反的。例如,邮件分拣员可以从仅仅分拣各部门收到的信件,扩大到将邮件送到各部门。

工作扩大化中,员工新增加的任务是与原来的工作相似的,这与以下的工作丰富化是不同的。工作扩大化主要在于工作任务数量上的增加。但是,工作扩大化在增加工作任务多样性及增加工作自主性等方面,依然是不足的。因此,工作扩大化在激发员工的积极性和培养挑战意识等方面没有太大的作用。

在实践中,工作扩大化有时候会提高工作效率、提高员工的满意度。但是,由于工作扩大化在工作设计方面的实质性变化并不大,导致工作扩大化所取得的激励效果常常并不理想。

3. 工作丰富化　工作丰富化(job enrichment),是指对工作的纵向扩展,增加员工在规划、执行、评估方面的控制程度。工作丰富化后,工作就成为一项完整的活动,增加员工的自主权、责任感、控制权,并提供反馈,员工依据反馈可以自我评估并改善自己的工作。工作丰富化对工作本身进行较为深入的改革,与上述的工作扩大化有着很大不同。相对而言,工作扩大化只是对工作做细微改变。工作丰富化激励措施的提出背景是高度专业化带来的员工的倦怠、不满、缺勤和离职,工作丰富化极大地提供了员工的满意度。

工作丰富化虽可以提高满意度,但并不一定意味着生产率的提高。工作丰富化有时候可以提高生产率,有时候却会降低生产率。但是即使生产率降低的时候,产品或服务的质量还是较高的。

二、工作可替代性安排

工作可替代性安排(alternative work arrangements)是指对工作的时间与地点进行重新安排,主要方式如弹性时间制、工作分享、远程办公等。工作可替代性安排,可以增加员工的工作时间或地点上的灵活性,从而平衡好工作与生活。工作可替代性安排激励措施与期望理论是一致的。也就是说,组织报酬(即组织给予的工作时间或地点上安排的灵活性),正好满足了员工的个人目标(如员工希望在工作与生活之间达成平衡)。

(一) 弹性时间制

弹性时间制(flexible work time, flextime)是指灵活、弹性地安排工作时间,给员工一定的自主权来决定上下班时间。在弹性时间制下,员工的工作小时数是固定的,但是他们可以在一定范围内自由安排工作时间。

弹性时间制的通常做法是:每天有一个公共核心时间段(例如,从上午9点到下午3点的6小时是公共时间),但是办公室开门时间是早上6点一直到晚上6点。在公共核心时间段里,员工都必须在岗位上工作。除此之外,还有2小时的工作时间,可以由员工自由安排。有些方案还允许将额外的工作时间累积成假日。

弹性时间制的优点很多,可以降低员工缺勤率、降低员工对管理层的敌意、提高员工的自主性、员工还可以选择自己精力充沛的时间去工作从而提高生产率。弹性时间制特别适用于如下情况:吸引无法遵循传统工作时间的优秀人才,鼓励有年幼小孩或其他人需要照顾的员工继续工作,减少离职。

当然弹性时间制也存在不足,最大的不足是不适用于招待员、零售人员等必须在规定时间内开展工作的人员。

(二) 工作分享

工作分享(job sharing),是一种工作时间安排上较创新的一种方式,即由两个或多个员工共同承担一个传统的每周40小时的工作。这种分担可以是上午、下午分担,也可以是每周不同日(如一人是周一、周二上班,另一人是周三、四、上班,周五则是两人轮流上班)的分担。

工作分享非常适用于家里有小孩或老年人需要照顾但是又不希望放弃工作的员工,为这些员工平衡工作与家庭提供很好的条件。对于招聘、留住员工等方面存在困难的组织而言,工作分享是一种潜在有效的方法。当然,工作分享策略最大的问题是如何找到时间偏好上相匹配的搭档。

(三) 远程办公

远程办公(telecommuting)通常是指每周至少有两天可以在家里办公的工作时间安排,在家里通过与办公室联网的电脑来开展工作。远程办公避免了交通拥堵,几乎不受同事打扰,因此,是一种非常受员工欢迎的方式。在发达国家,互联网技术发达,越来越多的大公司积极鼓励远程办公方式。

远程办公通常适用如下情况:常规化的信息处理、知识或专业化的服务等。适用于远程办公的典型人员如作家、律师、分析师、电话推销员等。

远程办公也会带来一些问题。例如,员工之间的隔离感;此外,远程办公人员与管理者面对面的接触较少,还可能会对远程办公人员的加薪与晋升产生不利影响。

三 奖励员工

根据激励基本过程，组织对员工进行奖励，是激励的重要环节。奖励员工的具体策略包括浮动工资方案、技能工资方案、灵活福利和员工认同等。由于不同策略主要基于的激励理论有所不同，因此以下在分析各激励策略时，分别阐述特定策略相应的理论基础。

(一) 浮动工资方案

浮动工资方案(variable-pay program)，是指将员工的一部分薪酬与个人绩效(individual performance)和(或)组织绩效(organizational performance)挂钩，个人所得到的薪酬会根据绩效上浮或下调。绩效(performance)，是指完成工作后为组织所创造的成果。个人完成的为个人绩效，组织总体完成的即组织绩效。

显然，浮动工资方案的核心包括两个方面：①绩效的评价标准；②根据绩效评价结果给予报酬。浮动工资方案的具体措施有很多种，如计件工资(piece-rat pay)、价值工资(merit-based pay)、利润分成(profit-sharing plan)、员工持股计划(employee stock ownership plan)等。

1. 计件工资　计件工资是指按照固定的单位产出的报酬，对员工完成的每一个生产单位进行给付。绝对的计件工资是没有基本薪酬的，完全按照"数量×单价"给予报酬。绝对的计件工资并不常见，较为常用的是"基本薪酬＋计件工资"的形式。可见，计件工资方案中，绩效评价的标准是完成工作的件数。计件工资较适用于比较简单而又容易量化的工作。例如，服装加工生产线上的工人，按照其缝制的服装的数量来给予报酬。

2. 价值工资　价值工资，有时也译作"绩效工资"。此处将"merit"译作价值，以便与performance(绩效)进行区分。价值工资是指按照员工个人的价值评估级别给予报酬。其中最关键的是如何评价员工的价值。通常，价值评估是一套相对较为复杂的评估体系，而不是像计件工资那样简单地计算产品或服务的数量；此外，价值评估通常是以一年作为评估的期限，计件工资则是按照每天的实际完成数量进行计算。许多大型组织倾向于使用价值工资这种方式。

3. 利润分成　利润分成方案，是指根据一定的计算公式，基于组织利润进行计算，以此来分配给员工。利润分成的具体操作，可以是直接以现金支付，也可以是股权分配。利润分成方案，尤其是适用于激励高层管理者。华为公司是典型的以员工持有股权来激励员工的公司。

> **知识链接**
>
> **华为公司的股权激励**
>
> 华为是一家生产销售通信设备的民营科技公司，于1987年正式成立。成立后的第3年，公司不断完善并实施股权激励计划。依据员工的可持续性贡献，突出才能、品

> 德和所承担的风险给予员工不同的股权额度,员工购买"股票"后可享受一定数量的分红权和股价升值权,年终分红和股票收益与公司当年的收益相关。2014年,员工持有99%股份!华为通过股权激励拉开了员工收入水平的差距,使分红对员工收入的影响达30%以上,对员工起极大的激励作用,也使公司通过内部融资度过艰难时期。
>
> [引自:一文读懂华为的股权激励(2015-10-10). http://mt.sohu.com//20151010/n422905830.shtml]

浮动工资方案,主要与期望理论有关。浮动工资方案下,员工能够清楚地了解到个人工作绩效评估与个人所得之间的关系。当然,前提是浮动工资具体方案要设计合理,尤其是价值工资等工作绩效评估方法相对较为复杂的浮动工资方案,其具体的设计思路必须合理;并且,管理者需要对员工阐明浮动工资方案的细节,让员工清晰地明白他们得到浮动(上升或下降)的报酬的原因。在浮动工资方案中,有些组织会设定员工所得报酬的上限,如果上限设得过低,导致员工工作效率达到一定水平之后,其报酬就没法继续提升,此时也就失去了浮动工资方案的激励作用。

(二) 技能工资方案

技能工资方案(skill-based plan),是指根据员工的技能,而不是绩效、资历或职称,来给予员工报酬。员工如果有更多的技能,就有能力做更多的事情。但是,给予员工报酬的基础并非根据他们实际做了哪些事情,而是根据他们有能力做哪些事情。

技能工资方案的核心是确定哪些是与报酬相关的技能。管理者将与提升组织绩效相关的技能列入技能工资方案中的"技能"。当然,这些技能清单会发生变化。也就是说,有些技能在某个时期是与组织绩效有关的,但是随着时间变化,这些技能对于组织绩效无关了,那么当然就要将这些技能移出与工作相关的技能清单了。

技能工资方案的另一个问题是"如何判断该员工是否具有特定技能"。对于该问题,可以是组织内部进行考核,也可以根据员工是否具备第三方(如注册会计师协会等社会组织)颁发的证书。

技能工资方案与马斯洛需要层次理论是相吻合的。对于低层次需要已经满足的员工,技能工资方案可以将员工的成长需要与组织给予的奖励相结合,将能够提高员工的满意度。

在技能工资方案中,特别需要注意的是,对于组织而言,最终的落脚点是组织绩效。因此,对于绩效有关技能清单的确定,是需要慎重考虑的,技能与组织绩效是否相关及相关的程度是最需要考虑的问题。

(三) 灵活福利

灵活福利(flexible benefit),是指组织设计多个福利项目,员工可以从中挑选一组自己想要的福利组合。员工福利方案可以用期望理论进行解释,即要给员工真正想要的福利,满足员工的多元化需要。

员工中,由于性别、年龄、家庭状况等的差异,统一的福利方案很难满足员工的多元化需要。例如,家里有孩子的家庭,与单身青年的需要很可能有较大差别。

灵活福利常见的做法是有3种类型:模块计划(modular plans)、核心加选择型计划(core-plus options)和弹性支付账户(flexible spending accounts)。①模块计划是预先设计好的福利包,每一个福利包是针对特定的人群进行设计的,员工可以自由选择。②核心加选择型计划,则是在每个员工得到核心福利包的基础上,还有其他福利可以由员工用福利积分进行自由"购买"。③弹性支付账户,每年从员工税前收入中拨出一定数额款项作为自己的"支付账户",用于支付公司的各种福利服务,如支付医疗、牙科服务费用等。弹性支付账户由于不需要缴纳税款,从而可以增加员工的实际收入,并且支付范围并不单一,员工可以在可选服务包内自行选择服务项目。

(四) 员工认同

员工认同(employee recognition)是指对员工的工作表示认可。通常,可以用口头赞扬等非物质的方式对员工表示认同。当然,也可以在非物质赞扬的基础上结合物质,即"非物质+物质"。如果对员工认同时借助了物质,那么管理者必须告知员工,是由于员工的哪些行为而得到这些物质,否则很可能起不到激励作用。员工认同方案,无论是否伴有物质奖励,其核心都是在于组织对他们的认可,即员工认同方案本质上是内在奖励(intrinsic rewards)。员工认同方案可以用强化理论进行解释,对员工的良好行为进行及时奖励,从而强化他们的行为。

员工认同的具体方式可以是非正式方式,如管理者的一句赞扬;也可以是正式的方式,如有明确的程序规定哪些行为可以得到赞扬,以及规定用哪些正式方式(如"工作标兵"海报等)进行赞扬。在员工认同方案中,最关键的一点是要将赞扬与员工的特定行为相关联,切忌缺乏针对性的泛泛的赞扬。

四 目标管理

目标管理(management by objectives),是一种基于目标的管理方法,强调进行目标设置,并且所设置的目标必须明确、可检验、可测量。目标管理主要可以用目标设置理论来进行解释。

如图4-8所示,目标管理中,组织的总体目标转化为下一个层级直至个体的具体目标(自上而下),并且低层级部门的管理者也参与具体目标的设置(自下而上)。目标管理的关键词包括:目标具体性、员工参与目标设置等决策过程、明确的时间期限、绩效反馈。

目标管理具体措施与目标设置理论基本一致,但是也有不同之处,即目标设置理论并不强调低层次员工共同参与目标制定。目标设置理论认为上级管理者直接给下层员工制定目标也是有效的。

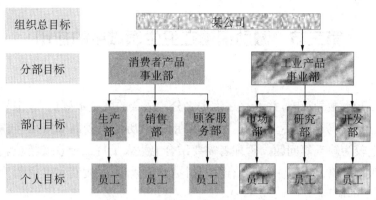

图 4-8　目标管理的"目标阶梯"

五　员工融入

员工融入(employee involvement)是指通过员工参与决策来促使员工更加致力于工作、推动组织取得成功的一类方式。员工融入策略与 Y 理论是一致的,也可以用赫茨伯格的双因素理论进行解释。员工融入增加了员工在工作中的成长机会、责任、参与。这些都是激励员工的内部因素。

员工融入的主要方式包括员工参与管理(participative management)和员工代表参与(representative participation)。前者是指所有员工都参与;后者则是一部分被选出来或被任命的员工,作为全体员工的代表,参与管理层的决策。

员工融入激励策略是否能够起到预期作用,与员工的能力、沟通技巧有关,也与组织文化有关。

六　改变工作的社会和物理环境

大量的现代激励理论及基于理论的不断涌现出来的激励策略,较多聚焦于高层次内在激励因素(如成就、成长等)。此时,管理者需要特别注意,不能走入一个"只重视内在激励却忽略外在激励"的极端。员工所处的外在的社会和物理环境因素(social and physical context of work),依然是不容被忽视的重要因素。社会和物理环境因素,可以利用赫茨伯格双因素理论中的保健因素进行很好的解释。

社会因素,如人际交往、社会支持等,将在很大程度上影响员工的情绪,从而影响工作绩效。物理因素,如基本办公条件等,也是影响工作积极性的重要因素。

当员工工作动机水平不高的时候,除了检查工作本身是否具有内在激励外,还需要审视保健因素是否得到满足。管理者需要审视员工的工作条件,如员工工作时候是否有足够的工具、设备、物质资料,工作场所是否安全,是否有良好的人际关系,是否有乐意提供帮助的同事,是否有可以寻求帮助的途径。

第三节 激励理论在卫生领域中的应用

诸多激励理论、激励策略,并不存在优劣之分,"适合的就是最好的"。卫生领域中,作为被激励对象的卫生人员具有专业性强、培养周期长、学历水平较高等特征,同时存在工作量大、人员总体上较为缺乏等问题。管理者需要结合卫生人员特征及现实情境,合理选择相应的激励理论、激励策略。本节主要介绍期望理论、双因素理论、麦克利兰需要理论、公平理论等在卫生领域中的应用。

一、期望理论在卫生领域中的应用

期望理论几乎是围绕着整个激励基本过程。因此,几乎所有激励策略都可以与期望理论进行结合,从而更好地解释现象及设计有效的激励措施。基于期望理论,可以侧重从两个角度开发激励策略:一是了解员工想要什么,具体策略如工作分享、灵活福利;二是让员工确信,只要努力,组织可以给他们想要的东西,如浮动工资方案。

在"医护人员频繁辞职,如何应对?"案例 4-1 中,管理者首先分析员工辞职的原因,即了解员工的需要,这是最核心的要点。案例中显然欲辞职员工的需要是"希望能够有时间来照顾孩子"。然后,围绕员工需要设计出能够满足员工需要的方案。

> **案例 4-1:如何应对医护人员频繁辞职**
>
> 儿科医院医护人员缺乏是一个普遍问题。某儿科医院人事处的陈处长最近更是面临一个难题:有多名医生、护士辞职或长期请假,理由是工作太忙,没法照顾自己的孩子,尤其是孩子尚年幼的女医生和护士。即使极力挽留,还是无济于事。经过深入了解,辞职或请长假的医护人员中,还是有很大一部分并非对目前工作完全不满意。
>
> 对此,陈处长想到了是否可以用工作分享、弹性时间制的方式。为了挽留那些原打算辞职的医护人员,陈处长提出了以下方式:①对医生采取工作分享方式,即由两名医生进行组合,相当于一名医生的工作量;②对护士采取弹性时间制方式,以病人数量最高峰的时间段为核心工作时间,其他时间则是弹性时间。

在案例 4-2 中,由于绩效工资的过低的封顶线,导致员工积极性不高。那些已经达到封顶线的员工认为即使自己再努力,组织也不会给他们想要的奖励(这里是更高的工资)。基于期望理论可见,员工觉得"个人绩效"与"组织报酬"之间的关系不紧密,从而没法很好地激励员工。

> **案例 4-2:社区卫生服务中心绩效工资制度**
>
> 社区卫生服务中心医护人员绩效工资制度近年来在全国普遍开展,较早的如北京。

北京于2007年就开始实施社区卫生服务岗位绩效制度。2010年,国务院办公厅强调落实基层医疗卫生事业单位实施绩效工资政策,旨在提高医务人员积极性。

然而,研究提示,在一些地区,绩效工资提升基层机构医务人员积极性的作用很有限,其中最主要原因:机构虽然有一定的自主分配权力,但是浮动工资部分比例过低,而且制度规定了绩效工资的"封顶线",导致部分人员即使非常努力工作,一旦根据其工作量已经达到封顶的绩效工资时,他们就不能再增加薪酬,他们也就不再积极工作了。

(引自:鲁丽静.北京市社区卫生服务中心绩效工资实施效果研究.北京:北京协和医学院,2013.)

二、双因素理论在卫生领域中的应用

赫茨伯格双因素理论指出:保健因素和激励因素是有很大差异的,真正能够使得员工满意的是激励因素,但是千万不可忽视保健因素。从具体的激励策略来看,侧重于激励因素的策略有工作再设计和员工融入策略等;侧重于保健因素的策略如改变工作的社会和物理环境等。

在本章引例中,外科医生乙的感受可以很好地用双因素理论来解释。一方面,外科医生乙感受到从医的成就感及成长的快乐,这些属于双因素理论中的激励因素,他总体上对这些因素还是比较满意的。另一方面,他对医患矛盾、工作场所环境等感到不满意,这些则属于保健因素。

在案例4-3中,提高医生收入是属于保健因素。提高了薪水,仅仅在一定程度上消除了不满意,但是收入并非激励因素。提升知识与技能则是激励因素,在确保保健因素基础上增加培训机会,才可能真正激励年轻医生。当然,也可以看出,不同年龄的医生的需要并不相同,这与期望理论是相符合的。

案例4-3:农村基层卫生人力缺乏

我国农村地区的"县-乡镇-村"三级医疗卫生保健网曾经被世界卫生组织誉为农村卫生工作的三大法宝之一。然而,现阶段,村卫生室的卫生人力缺乏是一个突出问题,三级网的"网底"在很多地方并不牢固。

有些地方政府给农村基层医生增加工资,在提高医生积极性方面起了一定效果,但是对于部分医生,尤其是年轻医生的效果似乎很有限,而且即使对他们进一步提升收入,仍然不能留住他们。通过深入访谈了解到了其中原因,很多农村基层医生对基层医疗机构工作存在种种顾虑,尤其是,在农村基层工作缺乏学习机会,很难提升临床知识和技能,发展前景不佳。在选择工作单位时,年轻人非常看重将来的发展前景。

赫茨伯格双因素理论特别从以下几个方面提示管理者。①必须识别哪些是保健因素、哪些是激励因素,在研制激励策略的时候,很有必要分析具体措施是对应着哪个或哪些具体的保健因素或者激励因素。②同一个组织中的不同员工,很可能存在差异,如年轻医生比年长医生有更强烈的成长需要,因此管理者很有必要去判断,对于特定个体而言,分析是哪些具体的保健因素、激励因素未得到满足,也就是如期望理论中所提的"员工究竟想要什么?"③针对这两类因素进行提升,两者需要兼顾、不可偏废。

三、麦克利兰需要理论在卫生领域中的应用

麦克利兰需要理论指出,高层次的需要有成就需要、亲和需要和权力需要,不同人具有不同的需要类型,还可以通过一定手段来激发人们的需要。管理者在安排岗位的时候,需要提高员工与岗位之间的匹配度,还可以根据岗位对员工的要求来激发员工的成就需要。

> **案例4-4:优秀的临床科室主任,一定是优秀的院长吗?**
>
> 我国公立医院中,"医而优则仕"是一个普遍现象,院长主要从临床科室主任中进行选拔。由医生担任院长当然有优点,如与医生更能进行专业上的沟通。但是,有些科室主任担任院长后,很难从全院总体进行管理,片面地将发展机会给予自己所在的临床科室。
>
> 从麦克利兰需要理论进行分析,这些院长是高成就需要者,而不是高权力需要者。高成就需要者只关注自己或是自己所在的较小的群体(如科室),而不关注更大的范围。高成就需要者并不适宜担任大型组织的高层管理者。

针对章节末的《某三甲专科医院的护士激励机制改革》案例中的年轻护士B,管理者做思想动员工作的核心是激发她的成就需要。激励基本过程中,激励作用的起始点是员工觉得自己有未被满足的需要,如果员工自己并不觉得自己有什么需要,那么就没法启动激励这一过程。年轻护士B原先是缺乏需要的,管理者通过激发其需要来"启动"激励程序。在此基础上,进一步运用目标管理策略,管理者与员工共同设定可实现的目标。可见,在激发了高层次需要后,还可以进一步结合其他激励理论及策略来推动激励的整个过程。

四、公平理论在卫生领域中的应用

公平理论核心观点是指出人们会关注投入-产出之间的比例关系,从而采取相应行动。公平理论提示管理者需要营造让人感到公正的工作环境。人们总是通过比较来感觉是否公平,具体而言,至少可从如下几个方面来进行比较:①卫生行业与非卫生行业;②卫生行业内部的不同专业;③同一医疗卫生机构内部的不同个人;④对于个体自身的不同时期进行比较。

章前引例中的丙在公立医院中的收入略低于中外合资医院,但是由于在公立医院的工作量远远大于中外合资医院的工作量,因此仍然对在中外合资医院中的工作更为满意。此时用公平理论可以很好地进行解释。

此外，公平理论还可以解释以下现象：①有些医师改行从事其他行业，这是由于他们将卫生行业与非卫生行业进行比较，并感到自己职业的"性价比"不高，投入的时间、精力大，却没有更高的收入、还要承担很大的风险，于是采取了员工感到不公平后的最强烈的行为——离职；②从不同专业来看，儿科医师、妇产科医师紧缺严重，但是外科医师数量相对足够，这是由于人们倾向于选择他们认为"产出-投入比"相对较高的外科专业。

第四节 激励理论应用的发展趋势

任何一项管理活动总是在一定的情境之下的，激励当然也不例外。管理者解释员工行为或采取一些措施来激励员工时，其所面对的都是有着复杂心理活动的人。根据激励基本过程，从最终效果上看，激励是希望员工采取积极工作的行为。但是，在发生"行为"之前，员工会首先经历复杂的心理活动。而这些心理活动会受到员工所处情境的影响。社会在不断发展，管理者在运用激励理论对员工进行激励时，至少需要分析全球化、信息化、技术化、知识经济发展等因素对拟定具体策略措施的影响。针对这些因素，可以从个体需要多元化角度进行分析，也可以从它们对组织结构产生影响的角度来进行分析。

一、组织结构变革对激励策略的影响

随着全球化、信息技术等的发展，现代组织的结构正发生着巨大变化。组织结构向扁平化、虚拟化、网络化等方向发展。管理者必须认识到这些组织变革趋势，并相应地调整激励策略。

（一）扁平化组织的激励策略

扁平化组织中，存在着如下与激励策略选择有关的特征。①企业内部行政层级较少，员工纵向晋升机会也就少。因此，习惯于纵向晋升的员工就会缺乏目标，从而缺乏工作积极性。②扁平化组织的同级员工较多，如果仍然基于行政等级制度设计激励机制，就会导致员工的薪酬层次不清晰。③受传统等级制的影响，许多员工（特别是原来职位较高的阶层）保留有严重的职位观念和个人色彩。这种环境氛围不利于横向团队的交流与合作。可见，在扁平化组织内，按照等级制度的激励机制通常是不合适的，而是可以基于绩效评估等方式进行激励。

（二）虚拟化组织的激励策略

虚拟化组织是组织在专业化、多元化背景下出现的一种组织形态。相对于传统组织，虚拟化组织的各部分之间并不存在严格的隶属关系，而是成员之间的利益关系与社会关系。这些关系成为虚拟化组织运作的根本。

虚拟化组织中，核心组织成员可以描述特定项目，然后挑选所需人员。这些人员可以是"外部"人员。特定的机遇、共同的利益，促使虚拟化组织中各成员为整体组织工作。在目标完成后，虚拟组织则自行解散，不同于传统的战略联盟。虚拟组织中，各个成员没有固定的日常工作安排，而是围绕共同目标，借助于信息化技术，在不同的场所开展工作。因此，监督、绩效考核相对较为困难。

虚拟化组织之所以存在，根本原因在于各成员之间形成了利益共同体，只要大家一起努力，大家才能一起获益。各成员努力工作的动机来源于其内在的完成工作的动力，而不是外在的监督。

虚拟组织员工的激励，归根到底是解决组织的精神整合问题，确信自身努力与组织报酬之间的关系。可以采用正激励、负激励相结合的策略。正激励角度，加强成员之间的信任，是基本前提。例如，耐克公司是虚拟组织典型代表，合作厂商为了分享与耐克公司合作所带来的收益会保持诚信。负激励角度，即预先告知如果有不符合要求行为时会有负面事件发生，成员为了自身利益会通过努力工作来避免负面事件的发生。

二、员工个体层面的变化趋势

(一) 员工多元化的文化背景

全球化（globalization），体现为全球各个地区之间、人群之间等的联系不断增强。全球化导致员工文化背景的多元化，这对管理者如何有效激励员工带来挑战。

全球化背景下，员工不仅来自国内各地，还来自世界各地，他们必然带着之前所在地区的文化烙印。

美国、加拿大等北美国家，相对于中国、智利等国家，更适合应用麦克利兰需要理论。这是由于：①北美员工更乐于接受中等程度的冒险，而中国人对风险的规避性相对更高；②北美员工更看重个人成就、个人绩效，而中国人更注重集体。

来自北美的员工，他们很可能比中国人更看重家庭，尤其是更看重对未成年子女的陪伴与教育。这样提示管理者有必要采取弹性时间制等方式，便于他们照顾年幼子女。北美员工更看重的节假日当然也会和中国人有很大差别，这就提示管理者对于来自不同国家或地区的员工采取灵活福利制度（如灵活的节假日）。

另外，非常需要引起重视的是，来自不同区域、不同国家的员工，他们的文化、生活方式还可能会对其他人产生影响，因此就需要管理者不能对来自特定地区的人群持有刻板印象。

(二) 员工更倾向于高层次需要

现代社会是知识经济的社会。员工有着更高的知识水平，更为专业化，他们的低层次需要的满足程度通常较好。因此，员工对于低层次需要有减弱的趋势，而更看重高层次的需要。

在知识经济时代，尤其是有专业特长的员工，他们与雇主的关系不是像过去那样——员工就像商品一样,命运掌握在雇主手里。管理者更需要采取以人为本的激励方式,需要让员工感到工作本身的重要性,关注员工的尊重需要、自我实现需要,给予员工成长的机会。

管理者需要恰当地运用内在奖励、外在奖励策略。管理者需要认识到,不恰当的激励有时候会起到反作用。

此外,管理者切忌走到另一个极端。尽管员工在特定时期有特定的主导需要(如高层次的自我实现需要),但是并不意味着管理者可以忽视其他非主导需要。激励是一个系统工程,首要的是员工各方面需要有全面的、一定程度上的满足。然后在这基础上,针对不同类型的员工,从某一个或几个方面进行针对性的、更高程度的满足。

本章小结

在介绍基本概念与激励理论基础上,阐述了理论在实践中的应用(即激励策略)并基于卫生系统特征,阐明了激励理论及其策略在卫生系统中的应用,并从组织、个体两个层面分析激励理论应用的未来发展趋势。

基本概念部分,主要从心理学视角,介绍了动机和激励的概念,强调了动机有强度、方向和坚持性这3个关键要素;激励是一个"未被满足的需要-紧张-驱动力-行为-需要满足-紧张缓解"的基本过程。这些基本概念是激励理论的基础,激励理论总是围绕着这些要素、遵循这一过程来提升员工的动机水平。

激励理论部分,从基本观点、对管理者的启示等方面介绍了重要的激励理论。其中,传统激励理论部分主要介绍了马斯洛需要层次理论、麦格雷戈的X理论和Y理论、赫茨伯格的双因素理论、麦克利兰需要理论等;现代激励理论部分主要介绍了自我决定理论、目标设置理论、公平理论、期望理论、强化理论及整合现代激励理论等。

激励理论在实践中的应用部分主要介绍了工作再设计、工作可替代性安排、奖励员工、目标管理、员工融入、改变社会和物理环境等策略。在理论应用中,需要注意:管理者不一定将一个理论的所有观点都纳入,而是可以只应用其中的核心部分,或是有机结合多个理论进行综合运用。

激励理论在卫生系统中的应用部分,基于卫生系统的特征,主要阐述了期望理论、双因素理论、麦克利兰需要理论、公平理论等理论在卫生系统中的应用。在应用中,需要注意:动机是个体与环境相互作用的产物,理论的选择、具体应用都需要注意情境,要因人而异,因时而异,在使用中需要紧密结合卫生系统的特殊性,注意灵活运用激励理论,开发、应用具体的激励策略措施。

在激励理论应用的发展趋势中,从组织、个体两个层面分析了全球化、信息化、技术化、知识经济发展等情境因素带来的影响。组织结构方面,向扁平化、虚拟化、网络化等方向发展;员工个体而言,体现为文化背景多元化、更倾向于高层次需要等的发展趋势。管理者必须认识到组织、个体的发展趋势,并相应地选择、应用、调整适宜的激励策略。

★ 复习思考题

1. 如何解释当前医疗机构中存在的医生收受"红包"的现象？

2. 医师多点执业是指符合条件的执业医师经卫生行政部门注册后，受聘在两个以上医疗机构执业的行为，即执业医师从"单位人"转为"自由人"。请基于一种或多种激励理论，预测执业医师行为可能会发生什么变化。

3. 在卫生技术人员总体缺乏情况下，儿科、妇产科等专科的卫生技术人员尤其缺乏，思考一下有哪些潜在的措施。

★ 案例分析题

某三甲专科医院的护士激励机制改革

某专科医院（H医院）护理人员占全院职工的38%。护士紧缺现象已在国内存在多时，H医院同样如此。H医院门诊病人多、手术周期短、床位周转快，临床一线急需年资较高、具丰富护理技术经验的护士。

该医院的护士，临床一线直面病人，责任重大，如沟通欠缺，还会遭遇投诉；工作琐碎压力大，业务考核检查频繁；工作艰辛，夜班频繁；晋升机会少，职业发展受限；与医院辅助检查和行政部门相比，工作辛苦，经济效益与之相比反而低下。尤其是夜班责任重大，独自一人当班，要有果断的处事能力；生物时钟被打乱，生理上无法调适；夜班津贴低，仅10元/次。不少资历较深的护士不安心临床一线工作，不愿上夜班，希望早日"脱离苦海"，千方百计去二线，希望从事办公室护士，甚至导医工作。

针对上述现状，新院长开展了护理技术分级管理改革，旨在更好地发挥她们的专业技术特长、挖掘她们的潜力，更好地通过激励机制使她们的专业技术得到充分的体现。主要措施如下：①向社会公开招聘导医和文员，以取代技术含量不高的非专业护理的门诊日常服务答疑、病区办公室杂务等护士工作，使具有丰富技术经验的护士回归临床一线技术护理工作。医院从60名具本科、大专、中专、高中学历的网上报名者中进行遴选和培训后，10名应聘者分别被安排在门诊和病房办公室工作。此举使近20位高年资骨干护士从非护理工作的杂务中解脱，回归技术护理"岗位"，解了燃眉之急。②对护理人员从技术上实行分级管理，临床护士被定为4个等级，即特级、Ⅰ级、Ⅱ级、Ⅲ级，并且对这4个级别定出岗位要求和评定标准，评定方法采用自愿报名竞聘、评审团无记名投票后决断。

为使方案更趋合理性和科学性，护理部在短短1个月中举行了5次座谈会。在多次听取各方意见后，根据护士的技术水平、服务质量、服务态度等，结合医院护理队伍现状，制定了相应的准入标准，同时公布了护士长和各级护士的工作职责，调整了各级护士的效益工资分配：新的效益工资分配制度打破各部门护士效益工资基本平均分配的方式，实施效益工资与护士各级别挂钩的分配方案。护士长与一级护士的系数相同或接近，二级与三级护士的收入差异通过系数和夜班补贴拉开差距。

针对护士们夜班辛苦，激励措施不到位的情况，医院从措施上保证夜班正常运转，从人

第四章
动机与激励

性化角度调动护士上夜班的积极性。新措施规定取消上夜班的年龄界限,凡一级、二级护士都必须上夜班;根据各部门夜班护士工作负荷的差异,即夜间收治急诊多寡、工作繁忙程度及病种轻重的差异,夜班津贴调整为80元/次、120元/次与150元/次3档。

改革方案公布后,关乎着每位护理人员的归宿,引起的反响巨大。投票结果揭晓后,护理部门槛几乎被踏破。两个月,70余人次的个别谈话,护理部主任耐心地答疑解惑和疏导,个别护士点名约见院长和党委书记。

有一位护士长(A),专业技术全面、操作细致,但性格比较内向,领导考虑到她的技术比行政更有发展前途,于是找她谈话,希望她竞聘一级护士,她当时不吭声,显然有情绪。回家一商量,丈夫一个电话打给护理部主任,明确表示不理解,理由很简单:如果是管理工作没做好,不称职,那就撤职,我们没意见;现在问题不是这样,护士长莫名其妙不做了,别人还以为犯错误了呢。

护理部主任只得苦口婆心地劝说,解释领导意图,并从她的性格特点和工作特长来分析职业发展方向,终于使她明白了:不担任护士长,只是减少了行政事务工作,但科研、技术指导和带教工作的份额加重了,也就是说一个病房的技术业务水平如何,与病房中的这位一级护士有着极大的关系,全面提高护士的整体专业技术素质,正是这次改革的目的。最后,这位护士长愉快地竞聘一级护士并获得成功。

有些年轻护士或许体质弱些,或许是独生子女,或许怕苦怕累,挑个技术性不强的工作轻轻松松8小时。这次改革给这些"慢些走的马儿"是猛抽一鞭,让它加紧跑,还是任其"慢慢地走"赶不上趟?改革,决不能落下一个人。

门诊有一位年轻护士(B)自忖身体不好有病,测视力已数年,这活儿技术性不强,一般照顾那些即将退休的体弱的老护士干。这次改革,此岗位划归眼科门诊,这就意味着她必须与眼科门诊其他护士一起轮班做各种治疗工作。眼科门诊的专业治疗工作难度特别高,她从没学过,而且并非一朝一夕能练就,肯定干不了,护士长理所当然的不会聘用她。那么只有去病房了,于是认为医院有意整她,惶惑焦急之下,她在护理部坐了24小时,她的父亲也陪着坐了整整2天,要领导解决"问题"。

领导商量后,认为她年纪轻、有潜力,应该能干好,必须"推一把",但不是生硬地强制执行,而是"人性化"的循循善诱。当领导得知她父亲曾下岗8年后,便劝说父女俩:人无远虑,必有近忧,趁着年轻学好技术打下扎实基础,万一将来医院效益不好,首先下岗的是哪一类职工?总不能这样年纪轻轻混个数十年至退休吧?医院是真心诚意地为她好,希望她能明白领导的用心。最后给出解决方案:进病房,先从基础护理的三级护士做起,为适应久违的工作节奏,只需完成60%的工作量,习惯后再增加,一年之内暂不上夜班。

她得知方案后,还是有顾虑,一怕自己不适应做不好,二怕护士长、同事看不起自己、不欢迎。护理部主任当即承诺:除了特需病房(特需病房工作量大、技术要求高)之外,其余病房任你挑,护士长思想工作由我负责做。最后她选了一个眼科病房。一段时间后,她工作得很好,基础护理如输液、宣教等十分出色,对患者的服务热情周到,与同事相处融洽和睦。护士长开始有意识地安排她做一些治疗性工作和健康宣教工作,让其渐渐熟悉业务,为将来冲刺二级护士、上夜班做准备。慢慢地工作量被增加到了70%,她仍然完成得很好,领导看在眼里、喜在心上，并没有按照70%的工作量给效益，而是按80%的工作量发放效益，以示鼓励。现在的她，满脸阳光、笑容灿烂，一改过去少言寡语、病病恹恹的模样。以前蕴含着的潜力，她自己没发现，通过改革，潜力终于得到了体现。

（改编自：复旦大学医院管理研究所. http://www.fudanmed.com/institute/）

★ 思考问题

1. 为什么改革前夕，护士积极性不高？

2. 对护士长A，为什么护理部主任做这样的安排？请用激励理论进行解释。

3. 对年轻护士B，为什么能够发生从"病病恹恹"到"满脸阳光"的转变？如果一开始就用公平理论，能否成功激励护士B？

4. 你还有哪些建议？

第五章

群体行为基础

学习目标

1. 理解群体的基本概念,并能区分正式群体和非正式群体。
2. 了解群体发展的 5 个阶段。
3. 运用群体行为模型,解释影响群体绩效和满意度的影响因素。
4. 解释角色在不同情境中如何变化。
5. 明确群体规范对个体行为的影响。
6. 分析高凝聚力群体的生产力状况。
7. 运用群体行为基础理论解决卫生领域中特定群体存在的问题。
8. 分析群体行为基础应用的发展趋势。

引例与思考

在某医学院附属医院的一次周例会上,院长提出了一个方案,规定临床科室的每位医生都要轮流无偿给医学院临床或护理专业学生上课,不论职称高低和工作年限长短,每人每年的课时必须达到科室的平均课时。这个方案提出后,院长等待下属们提出疑问,但没人提出问题。大约 15 秒钟的沉默之后,当院长让所有人表决时,在场的 20 多名科主任的大多数人举手赞成。这个方案通过了。

整个过程似乎很正常,但在会后大约 20 分钟,一位科主任敲门走进了院长办公室。他提议:在会上,让每位医生给医学院临床或护理专业本科生上课这个方案没有得到充分讨论,要求在下次会议上再次予以讨论和表决。院长问这位主任,为什么半小时之前他没有提出这个问题。他沮丧地看了院长一眼,告诉他,会后同别人交谈之后他才知道,实际上许多人不同意这个方案。在会上之所以没有发言,是因为他觉得只有自己持不同意见。

(改编自:冀鸿,李泓欣.组织行为学实用教程.北京:北京大学出版社,2012.)

> 分析是什么原因使得大多数人都存有异议的方案在院周会上得以通过了。这个案例体现了群体行为的哪些理论?

我们每个人每天都会和其他人发生着或多或少、或紧密或疏远的关系,但无论是生活还是工作、学习,每个人都生活在群体当中。而个体、群体、组织三者之间有何关系?为什么要研究群体?群体对个体行为、组织行为有何影响呢?唐代思想家、文学家柳宗元在其《封建论》中就对个体、群体、组织之间的关系做了解答。他写道"近者聚而为群,群之分,其争必大,大而后有兵有德"。这段话指出了人从个体发展为群体,继而发展为社会的过程。也就是说,个体、群体、组织是相互关联的。系统论认为,组织是一个系统,而组织内的群体是一个个的子系统,个体又是群体或组织的基本构成单位。群体是十分重要的社会现象和管理现象,研究群体行为是组织行为学的重要内容。群体内的个体行为会影响其他个体,或受其他个体影响。因为处于群体中的个体行为与其独处时表现是不一样的。对于管理者而言,需要理解群体与个体间的相互作用及群体行为的影响因素,达到发挥群体的作用、增强群体凝聚力、提高群体及组织绩效的目的。

第一节 对群体的认识

到底什么是群体?放学时间集结在小学门口的家长们算不算群体?演唱会上的观众算不算群体?大学中的一个课题研究小组算不算群体?医院内的就医患者算不算群体?……下面来了解一下群体的定义和分类。

一、群体的定义及特征

(一)群体的定义

对于群体的界定,不同学者强调的侧重点不同,因而表述也不同。唐·赫尔雷格尔教授将群体描述为:"在一段时间内,能够经常互相进行交往的人群,其人数应相对少些,使每人能与本群体内所有其他的人进行面对面的而不是通过别人的间接沟通。"他强调群体是成员之间的相互作用或群体是一个整体。西拉季等指出:"群体是两个或更多的个人为了实现共同的工作目的和目标而形成的互相依赖和互相作用的集合体。"西拉季强调群体中的个体具有共同的目的和目标,以及相互依赖和相互作用的特点。

美国社会心理学家霍曼斯对群体构成要素进行了分析。他认为"群体是任务活动、相互作用和情感3个要素构成的统一体。它们相互依赖,相互制约,缺一不可。"

勒温认为"群体成员的彼此相互依存是群体的本质"。社会心理学家纽科姆认为：群体的独特之处在于其成员具有某些共同的规范。史密斯认为"群体具有团结一致的集体知觉，并具有以统一方式采取行动以应付环境的能力和趋向。"贝尔斯指出："群体是一定数量的人们，通过直接接触或一系列接触发生相互作用，并在接触中，群体中每一个体都得到另一个体的观念或印象，以便在当时或以后被问到时能以某种方式对其他个体做出反应，甚至只是为了回忆起另一个人也在场。"这一定义在西方广为流行。

斯蒂芬·P·罗宾斯认为："群体（group）是为实现特定目标而组合到一起并形成互动和相互依赖关系的两个或更多个体。"

(二) 群体的特征

1. 成员关系比较明确　群体成员被认为具有相当于证件的成员资格。
2. 有持续的互动关系　成员彼此间经常接触和联系。
3. 有共同的目标　群体成员有共同的目标或工作，并分别担当不同的角色，能对外界环境的挑战作出反应。
4. 具有一致的群体意识和一定的群体规范　群体一般具有共同遵守的价值标准和行为规范，在行为上相互影响和作用。

因此，根据群体的定义和特征，我们可以准确地判断出放学时间集结在小学门口的家长们、演唱会上的观众、医院里的就医患者只是一般意义上的聚集体，他们的关系是临时性的，不能称之为群体，而大学中的一个课题研究小组就是一个群体。

群体的分类

群体有多种分类，按照不同标准可以把群体分为不同的类型，如按照组织属性可将群体分为正式群体和非正式群体，按照群体规模大小可将群体分为大型群体和小型群体，按照群体的开发程度可将群体分为开放群体和封闭群体，等等。这里主要介绍一种常用的群体类型，即按照组织属性将群体分为正式群体和非正式群体。

(一) 正式群体

正式群体（form group）是指由组织结构界定的、根据工作岗位来确定工作任务的群体。在正式群体中，个体的行为由组织目标确定，并指向组织目标。例如，某医院儿科由 10 名大夫组成了一个正式群体。

还可将正式群体划分为命令型群体和任务型群体。

1. 命令型群体　命令型群体（command group）是指由组织章程规定，由正式的命令与服从关系维系，由直接向某个上级汇报工作的下属和该上级组成。例如，一位妇产科主任和她科室的 8 位医生就组成了一个命令型群体；一位卫计委规划处的主任和他的 5 位下属也组成了一个命令型群体。

2. 任务型群体　任务型群体（task group）是指由组织结构和组织关系确定，为了完成一项任务而共同工作的群体。但该类型的群体不仅局限于直接的上下级关系，还有可能跨越这种命令关系，可以由来自不同部门、不同层次的人员组成。例如，如果一名外科大夫被患者投诉，那么该医院的医务处主任、护理部主任、外科主任、保卫处处长之间就需要进行沟通和协作。这些人员会组成一个任务型群体。需注意的是，所有的命令型群体都是任务型群体，而由于任务型群体可以跨越组织的界线，因此任务型群体不一定都是命令型群体。

(二) 非正式群体

非正式群体(inform group)是指既没有正式结构、也不是由组织指定的联盟关系，而是个体为了满足社交需求而在工作环境中自然形成的组合。例如，某医院爱好户外运动的职工自发建立了一个户外群，不定期的去户外旅行；几个来自不同科室的退休医生定期在一起下棋、练习书法。这些都属于非正式群体。

非正式群体还可进一步划分为利益型群体和友谊型群体。

1. **利益型群体**　利益型群体(interest group)是指由有着共同关心的具体目标的个体所组成的群体。例如，在某医院中为了支持受到不公平待遇或解雇的护士，一些具有相同背景和利益的护士或青年医师自发组成一个群体进行申诉。

2. **友谊型群体**　友谊型群体(friendship group)是个体为了满足个人安全感、自尊和归属需要，寻求相互关照、情谊和友爱而自发结成的群体，如各种同学会、老乡会等。这种非正式群体在满足成员的社会需要、心里需要及对其成员的行为和工作绩效具有深远的影响。

三　个体加入群体的原因

不同群体为其成员提供了不同的利益，满足个人的不同需要。个体加入群体的常见原因主要包括以下6种。①安全需要：个体加入群体能够降低其独处时的不安全感。当个体加入一个群体后，会感到自己更有力量，自我怀疑感就会降低，面对威胁时更具有抵制力。②地位需要：个体加入一个被公认为非常重要的群体，能够使其获得该群体成员所拥有的社会认可和社会地位。③自尊需要：个体加入群体能使其感受到自我价值。也就是说，个体不仅能向外人传递自己的地位，还能够增强群体成员的自我价值感。④归属需要：个体加入群体能够满足其社交需要。工作中的人际互动是满足个体归属需要的最基本途径。⑤权力需要：权力需要是单个人无法实现的，但是通过群体活动才可能实现。⑥目标实现的需要：组织有时为了完成某个特定目标需要多个人的共同努力，需要汇集众人的智慧、知识和力量。此时，管理者就要依赖正式群体来完成目标。

四　群体发展阶段

总体来说，群体的形成与发展一般或多或少地会经历不同的阶段，有一定的发展规律，但要确切指出其发展到了哪一个阶段在现实中比较困难。而作为管理者必须了解群体的不同发展阶段，了解一个群体是如何从无效率、无效益的"萌芽"阶段开始，逐步发展演变到有效率、有效益的"完全成熟"阶段,以便其有效管理群体,发挥群体整体效用。

有关群体形成与发展阶段的理论模型有多种,我们重点介绍五阶段模型和另一种模型——有着明确截止日期的临时群体。

(一) 五阶段模型

如图5-1所示,美国管理学家斯蒂芬·P·罗宾斯提出了群体发展的五阶段模型(five-stage group-development model)。他认为群体的发展过程遵循着5个明显的阶段:形成阶段、震荡阶段、规范阶段、执行阶段和解体阶段。

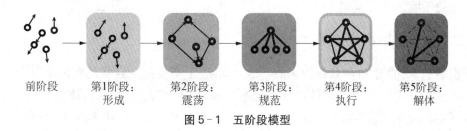

图5-1 五阶段模型

1. 形成阶段(farming stage) 群体在目的、结构、领导方面存在着大量的不确定性。成员常常是各自摸索群体可以接受的行为规范。当群体成员开始把自己视为群体的一员时,这一阶段就结束了。

2. 震荡阶段(storming stage) 这是群体内部冲突阶段。此阶段群体成员虽接受了群体的存在,但却抵制群体对个体所施加的约束。而且,在由谁控制群体的问题上会发生争执。这一阶段结束时,群体的领导层级就比较明朗了,成员对于群体发展方向也达成了共识。

3. 规范阶段(norming stage) 群体内部成员间开始形成亲密关系,同时也表现出一定的凝聚力。这时,成员会产生一种强烈的群体认同感和友谊关系。当群体结构稳固了、群体成员对正确的成员行为达成共识时,这一阶段就结束了。

4. 执行阶段(performing stage) 群体的结构开始充分发挥作用,并得到群体成员广泛认可。群体成员的主要精力从相互认识和了解变为完成当前的工作任务。

5. 解体阶段(adjourning) 对长期性的工作群体而言,执行阶段是最后一个发展阶段。但对于临时群体来说,如临时委员会、特别行动小组或其他类似的团队,它们是为了完成某种具体任务而组建的,因此还存在解体阶段。群体为解散做好准备,即人们关注如何做好收尾工作。在此阶段,群体成员的反应差异很大:有的很乐观,沉浸于群体所取得的成就之中;有的很悲伤,为即将失去在群体生活中所建立的和谐与友谊而恋恋不舍。

对五阶段模型的补充解释如下。①冲突可能有利于群体绩效。五阶段模型的许多解释者都这样假定:当群体经历了4个阶段后,它就变得更有效。但在复杂的因素影响下,情况却未必是这样的。一些研究发现,在某些条件下,高冲突可能会使群体绩效水平更高。例如,一些与工作相关的争执和冲突有助于群体避免错误、提高绩效。因此,我们可能会发现处在第2阶段的群体成绩超过了处于第3或第4阶段的工作群体。②各阶段之间并非界限明确。虽然理论上讲,所有群体会经历这样5个阶段,但实际中未必都会精确地遵循这一发展历程向前发展。有时几个阶段还可能同时进行,如震荡和执行任务可能同时发生。群体甚至会倒退回到先前的阶段,或者群体的第4阶段的效果也不一定是最好的。③忽视了组织环境。这里的"组织环境"包括群体完成任务所需要的规则、任务的内容、信息和资源、角色的分配、冲突的解决、规范的建立等。一项关于飞行员的研究发现,当3名陌生的飞行员被命令同时驾驶一架飞机时,他们在初次合作后的10分钟内就会成为高绩效群体。促使这个群体高效发展的因素是飞行员处于强烈的组织环境中。这种情境本身提供了规章制度、任务界定、信息和资源。这些都是群体发展过程中的必要内容。而五阶段模型恰恰忽视了组织所处的环境。

(二) 有着明确截止日期的临时群体

该模型是20世纪90年代提出来的,又称"间断-平衡模型""点状均衡模型"(图5-2)。研究人员在对10多个任务型群体进行了现场和实验室研究之后发现,群体在其形成和变革运作方式的时间阶段上是高度一致的,它们拥有自己独特的活动(或不活动)序列:①成员的第1次会议确定了群体的发展方向;②第1阶段的群体活动依惯性进行;③第1阶段结束时,群体会发生一次重大转变,这次转变恰恰发生在群体生命周期的中间阶段;④这次转变会激发群体内的重大变革;⑤转变之后,群体第2个阶段的活动又开始依惯性进行;⑥群体最后一次会议的特点是活动速度明显加快。

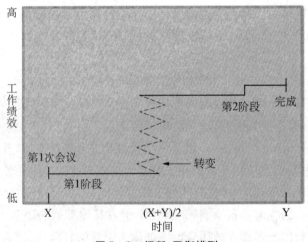

图5-2 间断-平衡模型

第1次会议是群体发展的开始。此阶段会形成群体成员完成该项目的基本规范和行为模式。这些内容成为群体发展方向的大框架,在群体发展的前半阶段基本上保持不变。在此阶段,群体根据惯性进行群体活动,一般不会轻易改变。

在这些研究中,研究者发现了一个十分有趣的现象,那就是每个群体都在其生命周期的同一时点上发生转变,正好在群体的第1次会议与正式结束的中间阶段。当然这些群体完成任务的时间不一定相同,有的是用几个小时,有的可能用几个月。就像每个人在生命周期的中间阶段都要经历中年危机一样。这个危机点促使群体成员认识到,时间紧、任务重,必须迅速行动。这个危机点成为第 1 阶段结束的标志。成员们意识到必须开始变革,摒弃旧模式,采纳新观点。

转变调整后的群体进入了发展的第 2 阶段,即一个新的平衡阶段,或者说又是一个依靠惯性进行的阶段。此阶段群体开始实施在转变期形成的新计划。

当群体完成工作任务后,最后一次会议成为一个总结,标志着群体任务的结束。

总之,间断-平衡模型的特点是,群体长期以来依据惯性运行,其中只有一次短暂的转变时期。而这一转变时期之所以能够发生,主要是由于群体成员意识到他们完成任务的最后期限和紧迫感而产生的。若能利用好这一特殊时期对群体进行变革提升,便能改善群体绩效,使群体发展上升一个台阶。但这一模型并不适用于所有群体,它主要适用于临时性的任务群体,且成员要在有限的时间段里完成工作。

第二节　群体行为模型

为什么有些群体比另一些群体更容易成功?为什么不同的群体会有不同的行为方式,会有不同的成绩?这个问题的答案很复杂,一个群体在运作中受到很多因素的影响,这些因素使得不同的群体有了差异。

图 5-3 列出了决定群体绩效和群体成员满意度的几个主要因素。以下详细分析这几方面的因素。

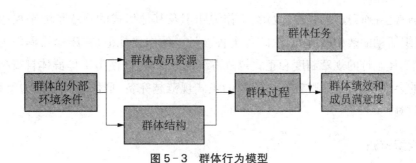

图 5-3　群体行为模型

● 群体的外部环境条件

要理解工作群体的行为,首先应从系统的观点来分析。我们应该把群体放在它所处的环境中,它是大的组织系统中的一部分。此时,大的组织系统就会有以下因素对群体产生影响。它包括组织的整体战略、权力结构、规章制度、资源、员工录用过程、绩效评估和奖励体系、组织文化及物理工作环境。例如,某医院中的保健科必须遵守医院制定的规章制度。

(一) 整体战略

群体是组织中的一部分。组织的整体战略一般由组织中的高级管理层制定。它规定着组织的目标和实现目标的方针与手段,会对群体产生直接影响。这些影响通过任务、资源、权力等的分配和安排作用于群体。例如,一所医学院的目标是10年内建设成为以医学为主的研究性大学,它的战略就会定位在加强医学类学科的专业建设,鼓励教师进行科研工作,注重培养学生科研能力和素养。那么该医学院的各院系作为一个个群体,其发展目标、具体措施和内部资源的分配、成员间的相互作用都会受到学校整体战略的影响。以医学为主的相关院系就会得到学校的政策支持和丰裕的资源;而边缘学科则相反,既得不到学校的重点扶持,学科建设与发展的资源也会相应缩减。这样就会增加群体成员的焦虑感及引发群体内部冲突的可能性。

(二) 权力结构

权力结构就是组织中的权力分配体系,它由正式的组织结构决定。每个组织都有权力结构,其规定了谁有权做出决策,谁有权下命令和分配任务,谁向谁汇报工作。

权力结构通常决定着一个工作群体在组织中的位置,决定着群体的正式领导者和群体之间的正式关系,以及群体领导与他的群体成员间的关系。虽然工作群体可能由一个非正式的领导者管理,但作为组织正式任命的领导(由组织管理层任命),就会具有群体内其他成员所不具备的权力,而这些权力会影响群体的运行与绩效。

(三) 正式规范

组织通常会制订规则、程序、政策、工作说明书及其他形式的规章制度来规范员工的行为,提高组织活动的效率。例如,医院各类各级员工的岗位规范、临床诊疗操作规程等。在许多组织中,其制订的规章制度和正式规范占统治地位,因而使得工作群体自行独立制定的行为标准的余地很小。一般情况下,组织的正式规范越完备,群体成员的行为就越一致,也就越容易预测。

(四) 组织资源

组织拥有的人、财、物、信息、技术、知识、设备、时间等资源状况对它的从属群体所能支配的资源有很大影响。工作群体的任务和活动效率在很大程度上取决于组织为其提供的资源条件。在其他条件不变的情况下,组织给工作群体分配的各种资源越充裕,对群体行为的正面影响越大。

(五) 人员甄选

任何工作群体中的成员,首先是这个群体所属组织的一部分。一个组织在员工录用过程中所使用的人员甄选标准和工具等,决定了该组织工作群体中成员的类型。

(六) 绩效评估和奖励体系

绩效评估和奖励体系是另一个影响所有员工的组织变量。工作群体隶属于更大的组织系统，组织的绩效评估标准、评估方式、组织奖励的行为类型、奖励方式等考核（奖励体系）都会影响到群体成员的绩效目标、工作积极性和群体行为成效。

(七) 组织文化

组织文化是一个组织在生存与发展过程中所形成并区别于其他组织的该组织成员的共同价值观、基本信念、组织哲学、行为规范等的总和。每个组织都有其不成文的文化。它规定了员工的哪些行为是允许的，哪些行为是不允许的。大多数员工在进入组织后很短的时间内，便能了解组织特有的文化。许多组织中还存在亚文化。这些亚文化通常是在工作群体中产生的，它们能补充或修订组织的正式规章制度。但组织中的主导文化始终向所有的组织成员传递着组织所重视的价值观及提倡的行为方式等重要信息。工作群体的成员如果认识并接受了组织中主导文化所蕴涵的价值标准，就容易得到组织的承认，获得较好的地位。

(八) 物理工作环境

群体的物理工作环境主要是指工作群体成员工作地点的远近和工作场所的外观、设施、噪声、照明等群体运行的基本硬件条件，以及群体领导和成员之间的沟通条件。物理工作环境也对群体行为有着重要影响。

二、群体成员资源

群体成员资源主要包括成员的知识、技能、能力及人格特质等。它们在很大程度上决定着个体带给群体的资源状况，从而影响着该群体的行为和绩效水平。具体情况如下。

(一) 知识、技能和能力

群体成员所拥有的知识、技能、能力是影响群体绩效的重要因素之一，可以部分地预测群体行为有效性。如果一个人具备完成群体任务的重要能力，他将更乐于参与群体活动，为群体做出更大的贡献，在群体中的地位提升得更快，也会增加工作的满意度。但是，群体规模、工作任务类型、群体中领导的行为方式、群体内部的冲突水平等因素也将影响个人能力与群体绩效之间的关系。

(二) 人格特质

群体成员的人格特质通过影响群体成员在群体内部的互动方式而影响群体绩效。有一些人格特质可能对群体生产率、群体士气和群体凝聚力产生积极影响，如乐观外向、善于社交、有责任心等。当然，不同的文化所侧重的人格特质也有所不同。例如，中国人更接受谦虚、随和、乐于助人的特质,而美国人更接受独立、自主、自信等特质;另外有一些特质,不管在什么文化下都会对群体生产率、群体士气、群体凝聚力有负向影响,如专制、控制欲强、悲观等。

当然任何单一人格特质对群体行为的影响力都很小,若是把人格特点综合起来考虑,对群体行为的影响就非常有意义了。

三、群体结构

任何工作群体都是有内在结构的。群体结构塑造着群体成员的行为,并可据此解释和预测群体内大部分的个体行为及群体绩效。而群体结构变量主要包括正式领导、角色、规范、从众、地位、群体规模、群体构成和群体凝聚力。

(一) 正式领导

每个工作群体中一般都会有一个正式领导者,如部门经理、项目主管、护士长、科主任。群体领导对群体绩效影响巨大,这种影响是多方面且比较复杂的。因此,我们将在第九章中详细介绍有关领导及领导者对群体成员和群体绩效影响的研究。

(二) 角色

角色一词最初来源于戏剧,主要指演员根据剧本对某个人物的描述进行表演,包括人物的行为、语言甚至心理活动等一些细节都要表现在舞台之上。而这里使用的"角色"是指人们对于在某一社会单元中处于某个特定位置的个体行为模式的期望。若每个人只选择扮演一种角色,并且长期始终扮演这种角色,那么我们的行为只需按照一种角色表现就可以了。但事实并非如此。例如,老张是一家公立医院的人事处处长。在工作当中,他要扮演多种角色:医院的员工、医院的中层管理人员、院长的下属,他是人事处的领导、其他同级部门领导的同事、医院有关薪酬改革项目的发言人。工作之余,他还要扮演丈夫、父亲、儿子、女婿、羽毛球俱乐部的会员等角色。这些角色有些是相互兼容的,但也有一些是冲突的。例如,最近他得到晋升但需要调往医院的分院做院长,可是家人却希望他留下。他的工作角色与丈夫和父亲的角色产生了冲突。另外,为了迎接医院等级评估,老张有段时间常常加班到深夜,而他的儿子马上就要参加高考,妻子身体又不好,他该怎么做呢?

所以与老张一样,我们每个人都需要扮演不同的角色,因而我们的行为也因自己扮演角色的不同而出现差异。例如,老张星期天早晨在羽毛球会馆中的行为与他周一下午在医院例会上的行为是不同的。可见,不同的群体对个体的角色要求是不一样的。

1. **角色认同**　角色认同(role identity)是指个体在一种角色中的态度与实际行为模式保持一致。也就是说,当人们发现环境条件明显要求自己做出重大改变时,他们能够迅速调整自己的行为。例如,一位医生向医院管理部门提意见,反映医生的不满;而当他被调到医院的行政管理部门工作几个月后,他的态度就会发生变化,开始亲近管理层。但是他以后再次被调回原来的岗位扮演医生的角色,那么他又会疏远管理层,站在医生的立场上说话。

2. 角色知觉　角色知觉(role perception)是指个体对于自己所处的特定情境中应该有什么样的行为反应的认识和理解。我们在自己应该如何表现的解释基础上做出某种行为反应。

个体对角色的认知是从哪里来的呢？实际上，我们对于各种角色的认知都是由周围的各种刺激灌输给我们的，包括父母、老师、朋友的观念，书籍、电影和电视的内容及各类媒体渠道的信息等。其中，生活经历是个体对角色知觉的主要来源。

3. 角色期待　角色期待(role expectation)是指他人认为在某个特定情境中扮演某种角色的个体应该表现出什么样的行为。它与角色知觉的主、客体正好相反。个体的行为背景很大程度上决定着个体的行为方式。例如，当你听说你认识的一位非常优秀的医生去做了门卫，你一定会非常诧异。因为你对医生和门卫的角色期待是不一样的。

心理契约(psychological contract)就是一种角色期待。在工作群体或组织中的心里契约，一般是指雇主和雇员之间(正式领导与成员之间)在正式契约或协议之外还伴随着一种不成文的协定。这种心理契约是双方都对对方抱有的一系列微妙而含蓄的期待，希望对方能满足自己的某些需要。这种心理契约界定了每个角色的行为期待。一般来说，员工期待管理者公平对待自己、提供可接受的工作条件、合理安排工作任务、公平计发薪酬等。而管理层则期待员工认真工作、听从领导及对组织忠诚等。

人们大多将心里契约默藏于心，不主动挑明，需细心体会、领悟和估测。但它对组织或群体行为的影响非常大，一旦心理契约中蕴涵的角色期待没有得到满足，就会对工作绩效和工作满意度造成消极影响；或者使个体或群体受到某种形式的处罚和损害。

4. 角色冲突　个体在生活和工作中不得不同时扮演多种角色，因而不得不应对多种角色期待。若个体服从了某一种角色期待或要求，就很难达到另一种角色期待或要求时，便会产生角色冲突(role conflict)。甚至有时会可能存在这样的情境：个体不得不面对两种或多种相互矛盾的角色期待。

角色冲突自古有之。如"忠孝不能两全"就反映了个体常常会面对的角色冲突。作为子女要对父母尽孝心，作为臣民要对君王忠诚服从。当行孝和尽忠发生冲突，需要舍弃一面时，个体就会感到痛苦异常。

前面谈到的老张扮演的多种角色中，有一些是相互冲突的。老张试图协调自己作为丈夫和父亲的角色期待与作为医院分院院长的角色期待。前者强调为了孩子的前途、妻子的健康，需要老张留在妻儿身边。而医院又希望老张服从医院的需要，调往分院任院长。虽然调往分院任院长能增加经济收入，能满足老张的职业发展要求，但当前，他面临的问题是家庭和职业两种角色期待之间发生了冲突。

每个人都会多多少少经历角色冲突。组织或群体内的不同角色期待会给个体带来角色冲突。当个体感觉到角色冲突时，会产生紧张感和挫折感，个体有可能作出一种正规的、符合正式规范的行为反应，如依靠能够调节组织活动的规章制度来解决；也有可能作出其他非正规的、消极的行为反应，如退却、拖延、谈判等。角色冲突会影响个体乃至群体或组织的行为。

为了深入地理解上面提到的关于角色概念，我们通过一个社会心理学中的经典实验(津巴多的监狱模拟实验)来说明。

> **知识拓展**
>
> ### 津巴多的监狱模拟实验
>
> 斯坦福大学心理学家菲利普·津巴多(Philip Zimbardo)和他的同事在1971年完成了这个角色实验。这个实验对于说明角色认知和扮演问题具有很强的说服力。
>
> 在斯坦福大学心理系办公楼的地下室里,模拟建起了一座"监狱",研究者以每天15美元的价格雇了24名大学生参与其中。这些学生在各项人格测验中的得分均属正常水平。实验者将这些学生随机分为两类角色(一部分人为"看守者",另一部分人为"犯人"),并制订了一些基本规则。
>
> 为了让实验更加逼真,津巴多寻求了当地警察署的帮助。警察们没有事先通知便进入扮演"犯人"的学生家中,在朋友和邻居面前逮捕了学生,给他们戴上手铐,押入警车,带到警察署,录完口供并按压了手印,送入"斯坦福监狱"。
>
> 模拟实验原计划两周时间完成。刚开始时,扮演两类不同角色的学生之间并没有太大差别。做看守的学生也没有经过专门训练。他们仅仅被告知要"维护监狱的法律和秩序",不要搭理犯人的胡言乱语(如罪犯说的"禁止使用暴力")。为了让监狱生活更逼真,犯人可以像真正的罪犯一样,接受亲戚和朋友的探视。模拟看守每8小时轮换一次,而模拟犯人必须24小时待在牢房里,除了吃饭、锻炼、上厕所及办些必要的事情之外。
>
> 研究者对整个过程始终进行观察记录。犯人们没过多久便认可了看守的权威地位。或者说,模拟看守融入了新的权威角色之中。实验的第2天,看守们"粉碎"了犯人们的反抗企图后,犯人们的反应就更为消极了。不管看守吩咐什么,罪犯都唯命是从。犯人们真的开始相信,正如看守常对他们说的,他们确实低人一等、无法改变现状。而且,在实验中每名看守都曾虐待过罪犯。例如,一位看守说,"我让他们相互谩骂,还让他们擦洗厕所。我真的把他们当成牲畜,而且我一直在告诉自己,'我一定得看住他们,以防他们做坏事。'"另一位看守补充道,"我一到犯人的牢房就烦,他们穿着脏衣服,牢房里气味难闻。我们命令他们相互厮打,他们已经不觉得这只是一次实验,一切好像都是真的,尽管他们还在尽力保持自己原来的身份,但我们一直向他们表明我们才是上司,这使他们的努力收效甚微。"令人奇怪的是,整个实验过程中甚至在遭受虐待的日子里,没有一个犯人站起来说:"不许这样,我和你一样是学生,这仅仅是一次实验。"
>
> 由于参加实验的学生在实验中表现出了病态反应,研究者在实验进行了6天之后,不得不终止了实验。

从这个实验中我们能够得到什么启发呢?

参加这次实验的学生人格正常且并未受到任何培训,但却能够按照人们对"看守"和"犯人"的角色期待去扮演被分配的角色。而他们是通过各种渠道得到的对这些角色期待的了解的。如同我们大多数人一样,通过大众传播媒介和自己的亲身经历,如在家庭(父母与子女)、在学校(老师和学生)及在其他各种包含权力控制关系的情境中,学习到关于犯人和看守角色的内容。这个过程就是角色认知的过程。

在此基础上,学生们能够毫不费力、快速地融入与他们内在人格特点有巨大差异的假定角色中去。从这个例子中我们可以看出,人格正常、未经过新角色训练的人,也会极端地表现出与自己扮演的角色一致的行为方式。

(三) 规范

你是否有过此种经历:打牌时不得与对方谈论手中的"牌情";在公共场合,即使雇员知道领导讲错了,也不会公开批评或反驳。为什么会这样呢?答案是:规范。

1. 规范的定义　规范(norms)就是群体成员共同遵守的一些行为准则。群体规范使其成员知道自己在特定情境下什么可以做,什么不可以做,应该怎么做,不应该怎么做等。群体规范意味着,在某种情境下群体对一个人行为方式的期望和潜在约束。群体规范一旦被群体成员认可并接受,就成为一种仅仅用最少的外部控制来影响群体成员行为的手段和力量。任何群体都有自己的规范,不同的群体有不同的群体规范。

20 世纪 30 年代早期,人们才全面认识到规范在影响员工行为的过程中非常重要。这归功于在 1924~1932 年的霍桑实验。霍桑实验由西方电气的领导人发起、后经哈佛大学的教授埃尔顿·梅奥(Elton Mayo)领导,在芝加哥的西方电气公司所属的霍桑工厂进行的一系列研究。下面我们简要回顾一下霍桑实验,看一下这些发现对解释群体行为有何重要意义。

知识拓展

霍桑实验

霍桑实验的研究人员起初的目的是想测量物理环境与生产率的关系。照明和其他条件被作为物理环境。但研究人员最初的发现与他们的预期截然相反。

研究人员采用了几组工人进行照明实验。研究者变换照明强度,但是群体产出却没有发生变化。因此研究人员加入了一个控制组,实验组的照明强度发生变化,而控制组照明强度保持不变。结果是,虽然只增加了实验组的光照强度,但是控制组和实验组的产出都提高了。令研究人员惊讶的是,当实验组的光照水平下降时,两组的生产率仍然提高了。事实上,只有当实验组的光照水平降低到只相当于月光的强度时,生产率水平才下降。因而研究人员得出结论,在影响员工生产率的多个因素中,光照强度只是一个次要因素。

照明实验之后,研究人员在西方电气的继电器装配实验室开始了第 2 项实验。研究人员将一小组女工从主要的工作群体中分离出来,细致观察她们的行为。结果发现,这组人的产出稳步提高,而且由于个人及疾病原因缺勤率仅相当于正常生产部门的1/3左右。这个工作组的绩效因它的"特别"工作组地位而明显提高。这组女工认为,在实验组很有趣,她们是精英,在这样的实验中所进行的管理也与她们的兴趣有关。实质上,照明实验和装配室实验中的工人因他们受到了更多的关注而做出了回应。

第3项研究是接线工作室实验,用来确定工资激励计划的影响。实验假设是,员工在注意到产量与经济报酬直接挂钩时,每个人会把产量最大化。但实验结果是,员工不会独自最大化个人产出。相反,他们的产出受群体规范控制,最佳日工作量由群体规范确定。不仅产出受限,每个人的记录也是错误的。每周的总量与周产出总量相符,而日常记录的产出水平很稳定,与实际日产量无关。为什么会这样呢?

通过面谈发现,该群体控制自己的产出水平,其产出始终保持稳定,低于该群体的最大产出,目的是为了保护本群体。群体成员担心,若他们显著增加了产出,个体的激励比率便会下降,日产出量就会相应增加,因而有可能出现裁员,低效率的工人也会因此受到批评。因此,该群体形成了自己的公平产出规则——不高不低。他们互相帮助,以确保他们的记录保持在同一水平。

这一群体形成的规范包括许多的"不":不做生产率巨人(rate-buster),工作既不做太多,不拖大家后腿,又不做太少,不对同伴吼叫。而群体是如何强化这些规范的呢?方法主要有挖苦、嘲笑、讽刺、谩骂、奚落,甚至对那些破坏群体规范的人进行人身攻击。

该研究的结论是:个体的行为与情感紧密联系;群体因素能显著地影响个体行为;群体标准决定个体的产出;与群体标准、群体情感和安全感相比,金钱是决定产出的次要因素。霍桑实验有利于我们深刻理解群体行为,尤其是显示了规范在决定个体的工作行为中具有的重要作用。

2. 规范的主要类型　严格讲,不同群体的规范就像人的指纹一样,每个群体的规范都独具特性和唯一性。以下我们就大多数群体的某些共性,将规范划分出几种类型。

(1) 绩效规范:这类规范最常见。它会明确告诉其成员,应该如何工作,应该如何完成自己的工作任务,应该达到怎样的产出水平,应该如何与别人沟通,应该如何与其他成员协作,等等。这类规范对个体及个体所在群体的绩效影响非常大,并在很大程度上能够修正仅仅根据个体的知识、能力、态度等所做出的绩效预测。

(2) 形象规范:这类规范告诉群体成员应该如何着装,应该在什么场合做什么事、说什么话,应该何时忙、何时闲,应该如何表现出对组织或群体的忠诚感,等等。有的组织明确规定了着装制度,而有的则没有。在没有这类制度的组织中,成员对于上班时应该穿什么服装,有着心照不宣的规范。例如,在许多医院中,尤其是对临床专业技术人员和行政管理人员,上班时间不佩戴胸卡被看作是不合适的。

(3) 社交约定规范：这类规范来自非正式群体，主要用于规定非正式群体中成员的相互作用。这类规范告诉群体成员应该与谁交友，应该参加哪类社交活动，应该与谁共进午餐，等等。

(4) 资源分配规范：这类规范来自组织或群体内部，主要用于调整群体成员间资源或利益的分配关系，主要涉及如何分配薪酬，如何安排困难任务，如何分发工作用品、设备和工具，等等。

(四) 从众

个体总是生活或工作在一定的群体中，作为群体中的一员，肯定希望被群体接受和认同。因此，会倾向于按照群体的规范行事。与此同时，群体能够给予成员巨大的压力，使他们改变自己的态度和行为，与群体标准保持一致。

群体成员的行为通常有跟随群体的倾向。在群体中，当一个人与大多数人发生意见分歧、行为相悖时，就会在心理上产生紧张感、压迫感，感觉到群体压力。此时的个体在自己的知觉、意见和行为上与群体的大多数人趋于一致的倾向就称为从众(conformity)行为。从众行为是个体按照群体规范行事的一种顺从行为。从众行为又称为社会从众行为或群体从众行为，是群体里的一种普遍现象，它由群体成员的安全需要及依赖他人或群体力量才能满足的其他实际需要产生。

群体对成员的从众(conformity)压力对于群体成员个人判断和态度的影响在 20 世纪 50 年代美国心理学家索罗门·阿希(Solomon Asch)的经典实验中得到了充分印证。

> **知识拓展**
>
> **阿希实验**
>
> 阿希让 7～8 个被试者为一组，要求他们比较实验者手中的两张卡片。如图 5-4，对几条线的长短进行比较，并判断左图中的 X 线段与右图中 A、B、C 3 条线段中的哪条线一样长。其实，线段的长度差异非常明显。一般情况下，被试者做出错误判断的概率低于 1‰。实验组中只有一名是不知情的被试者，其他都是事先串通好的合作者。且阿希故意让不知情的被试者坐在最后的位置上。
>
>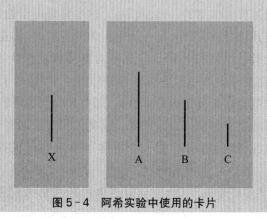
>
> 图 5-4 阿希实验中使用的卡片

> 根据事先安排,最初的几次,所有被试者都做出了正确回答。此后的几轮,合作者则故意做出错误回答,比如说图5-4中的C线段与X线段一样长。由此观察真正被试者的选择和反应受他人错误影响的程度。
>
> 阿希在1951年、1956年、1958年多次重复了该实验。他发现:当真正的被试者只遇到一个组员做出的错误回答时,他仍坚持自己的正确意见;当组内错误回答者增至2人时,他就会感到群体压力,接受错误判断次数的统计值达13.6%;当组内做出错误回答的人增至3人时,被测试者接受错误判断的次数比率达31.8%。

这个实验结果表明即使面对高度真实的事实,群体规范能够对成员构成压力,迫使他们的反应趋向一致。也就是说,每个人都渴望成为群体中的一员,而不愿意与众不同。

一些心理学家在阿希之后又进一步研究分析群体压力和从众行为问题。发现,并不是所有的群体都能对自己成员施加相同的从众压力。个体通常要参加多个群体,这些群体的规范是不同的,还可能是互相矛盾的。所以,个体并非对所有参与群体的规范都予以接受,而是服从自己认为很重要的群体的规范。这些群体可能是已经加入的或希望加入的。个体认为很重要的群体即参照性群体(reference groups),其特点是:个体了解群体中的其他个体;个体将自己视为该群体的一员,或者希望成为该群体的一员;个体看重该群体成员的身份。由此可见,并不是所有的群体都能对成员施加相同的从众压力。

(五) 地位

1. **对地位的理解** 地位(status)是指人们对群体或群体成员的位置或层次的一种社会性的界定。我们生活的社会处处都有地位的差异,哪怕是在最小的群体里也存在地位的差异,通过权力、角色行为、礼仪等方面表现出来。人的薪水、能力、知识、职业、荣耀等都可以成为地位的象征。在理解人类行为时,地位是一个重要的理解因素和激励因素。若个体认识到自己的地位认知与他人对自己的地位认知有差异,就会对个体的行为反应产生重大影响。

2. **决定地位的因素** 根据地位特征理论,群体中的地位等级由地位特征的差异决定。获得地位3个主要来源:个体驾驭他人的权力;个体对组织目标的贡献能力;个体的个人特征。①那些通过权力控制群体结果的人地位较高。这主要是由于他们具有控制群体资源的能力。所以群体中的正式领导或管理人员在分配组织的资源时,如在任务选择、时间表的安排、加薪等方面,他就会被认为地位较高。②那些对群体成功做出重要贡献的人地位也很高。例如,主刀医师成功地完成了一个重症患者的外科手术,挽救了患者的生命,那么他在这个手术小组中的地位就会高于其他成员。最后,那些具有群体所注重的个人特征的人,如拥有出众的相貌、智慧,或拥有财富或对人友善。这类人相对于拥有较少重要特征的人来说地位较高。当然,需要注意的是,有可能一个群体所看重的特征在另一个群体看来并不重要。

3. **地位与规范** 许多研究表明,地位会对群体规范和给人们带来的从众压力产生影响。一般而言,地位较高的群体成员具有更大的偏离群体规范的自由,他们比地位低的成员更能抵制群体规范施加的从众压力。如果一名成员在群体中很受器重,但他并不在乎群体给他的社会性报酬,那么他可能会漠视群体的从众规范。

4. 地位和群体互动　地位还会影响群体成员间的互动。一般来说,地位高的人更加果断,他们经常发言或批评他人,也有更多的要求,还经常会打断他人。但是,地位的差异实际上对群体思想及创造性的多样化产生消极影响。例如,地位低的成员参与集体讨论的积极性不高,即使地位低的成员拥有有价值的专门技术和见解时,也不可能被完全利用,因此群体的总体绩效也会降低。

5. 地位公平　维持群体中的地位公平感十分重要,即让群体成员感知群体中存在着公平的地位等级。若是成员感到群体中存在不公平现象,那么就会引起群体内的不均衡,并产生不同的修正行为。例如,如果小王和小李是某医院某科护士长这个位置的两名候选人。相比而言,小王资历深、管理水平和业务技能更高一筹,若她得到晋升,小李就会认为提升小王是公平合理的。如果仅仅因为小李的丈夫是院长而获得晋升,那么小王就会认为不公平。

(六) 群体规模

群体的整体行为会因群体规模的不同而产生差异吗?答案是肯定的。那到底多大的规模才算合适的呢?群体规模可以从2～16人,且群体的规模要视群体任务而定。研究表明,7人左右的小群体能够迅速完成任务,且个体在小群体中表现更好。而12人以上的大群体能更有效地获取各种渠道的信息,提出丰富的观点,比较适合解决复杂的问题和完成困难的任务。

群体行为与群体规模有关的一项重要的发现是社会惰化(social loafing)现象。社会惰化是指个体在群体中工作不如单独一个人工作时更努力的一种倾向。这种社会惰化倾向使得群体规模的增大与个体绩效的提高呈现出了负相关关系,挑战了"群体作为一个整体,其生产力至少等于成员个体的生产力之和"这一逻辑。

知识拓展

拉绳实验

20世纪20年代末,德国心理学家马克斯·瑞格尔曼(Max Ringelmann)在拉绳实验中比较了个人绩效和群体绩效。他原本预测,群体绩效等于个人绩效之和,即3个人一起拉绳的拉力是一个人单独拉绳时的3倍,8个人一起拉绳的拉力是一个人单独拉绳时的8倍。但结果显示,3人群体产生的拉力只是个人拉力的2.5倍,8人群体产生的拉力不足个人拉力的4倍。

其他一些类似的实验也基本上支持了瑞格尔曼的发现。随着群体规模的扩大,群体绩效虽会增加,但新成员的补充反而降低了生产回报率。从总体生产力来讲,4人群体大于3人群体,但随着群体规模的变大,群体成员个体的生产力却降低了。

所以中国俗语中"一个和尚挑水喝,两个和尚抬水喝,三个和尚没水喝"就非常形象地展现了社会惰化现象。而在实际工作中,我们也经常会遇到"搭便车"的现象。这种现象违背了公平原则、等价交换原则及社会责任标准,也影响了一个群体的绩效水平。

导致社会惰化现象的原因有二:①当群体成员怀疑他人并未尽职尽责时,认为别人是懒惰或无能,就可能会降低自己的努力程度,这样才会感到公平;②责任扩散,即当个人投入与群体产出之间没有明确的关联性,或者无法衡量个体贡献时,就可能会降低个体的努力程度而影响群体绩效。

工作群体中的社会惰化效应对于研究群体行为和组织行为学有重要意义。这就提示组织和群体在确定规模、分配任务、运转时都必须注意减少甚至避免社会惰化行为。作为管理者和领导者来说,必须提供衡量个人努力程度的手段,完善奖惩制度,以此提高成员的参与度与积极性,减少"搭便车"现象,这样才能达到借助群体的力量提高工作绩效的目标。否则,就可能会出现群体中个体满意度降低,生产率的潜在下降等现象。当然,在个人主义或集体主义支配的不同文化背景的组织中,社会惰化现象的效应和影响并不相同。

(七) 群体构成

群体构成即群体组成成分的构成,也就是一个群体中各成员具有的个体特征的具体情况。根据群体中成员个体特征的差异性可将群体构成分为同质结构和异质结构两种类型。

1. 异质结构　异质结构群体又称异质性群体或异类群体,是指群体成员在性别、年龄、人格特点、教育背景、观点、能力、技能、视野、工作经验等个体特征方面存在明显差异的群体。这种群体更可能拥有多种能力和信息,尤其在需要具备多种技术知识的群体活动中,工作效率也会更高。当然,异质性群体中个体特征差异性很大,这样的群体可能冲突更多,沟通也比较困难,也更少有舒适感。事实证明,异质群体适合完成复杂任务、创造性的任务或时效性不高的任务。其主要原因是,该群体的多样性引发了冲突,并激发了群体的创造性,提高了决策水平。

2. 同质结构　同质结构群体是指群体成员在性别、年龄、人格特点、教育背景、观点、能力、技能、视野、工作经验等个体特征方面比较相近的群体。这类群体的特点与异质性群体相反,它适合完成简单、连续或合作性的任务,以及速度快、时效性高的任务,如医院的护士这个群体基本上是具有护理专业背景的、形象清新、有亲和力、护理技能熟练的年轻女性。

群体构成的研究意义在于可以一定程度上作为预测群体成员离职率一个重要变量。一些实证研究发现,如果一个群体内成员个体特征差异巨大,成员间较难沟通,容易发生冲突和权力之争。一旦发生冲突就难以控制,会使群体对成员的吸引力越来越小,或者导致群体成员的离职率升高。在权力之争中,失败者更容易主动辞职或被迫辞职。需要注意的是,差异本身并不能预测群体成员的离职率,离职率侧重的最重要的因素是群体成员在差异方面的离散程度,而不是他们之间的差异大小。

对于管理者来说,到底采用何种类型的群体需根据不同类型群体的特点及工作的性质、类型、特点、员工个体特征及领导者的组织管理能力而定。

(八) 群体凝聚力

凝聚力(cohesiveness)是指成员之间相互吸引,愿意留在组织中且承担义务的意愿的强烈程度。凝聚力是群体成员间的"黏合力",当然不同的群体凝聚力是有差异的。例如,有的工作群体成员之间合作时间较长,或小群体促进了高度互动,或是群体在受外部威胁时,成员间更团结紧密团结在一起,那就说明该群体的凝聚力强,反之则弱。

从管理的视角看,研究凝聚力非常重要,群体凝聚力有助于提高群体生产率。一般来说,群体的凝聚力高其生产率高,但凝聚力与生产率的关系比较复杂,不能简单地判断凝聚力高群体生产率就高,二者的关系受到绩效规范的影响。研究表明,凝聚力与生产率的关系依赖于群体中所建立的绩效规范。群体凝聚力、绩效规范与生产率三者之间关系如表5-1所示。

表5-1 凝聚力、绩效规范与生产率的关系

		凝聚力	
		高	低
绩效规范	高	高生产率	中等生产率
	低	低生产率	中低生产率

当群体绩效规范较高(如高产出、高工作质量、积极与他人合作等)时,群体的凝聚力越高,生产率越高,即便是群体的凝聚力较低,该群体的生产率也不会太低;而群体的绩效规范较低时,即便是群体的凝聚力很高,其生产率也会低于凝聚力低的群体。原因在于在高凝聚力的群体内,从众行为会明显增强,在群体决策过程中,会出现过分追求一致的倾向,群体成员更关注群体内的团结和统一,而不是群体决策的质量,从而导致较低的生产率。

四 群体互动过程

(一) 群体互动过程

工作群体内部的互动过程包括群体成员用于交换信息的沟通模式和群体决策过程、领导行为、权力结构、群体冲突等群体行为活动内容。这些内容将放在其他章节详细讨论。

这里我们主要讨论的是群体互动与群体潜在绩效水平和实际绩效水平的关系。我们知道群体的潜在绩效水平并不等于群体的实际绩效水平,因为群体的潜在绩效水平是指群体成员在知识、技能、经验等结合的理想情况下所能达到的最好状态,而群体实际绩效则会受到群体互动过程的影响。这种影响有可能是正向的,也有可能是负向的。我们通过下面的公式来直观地理解:"群体的潜在绩效+群体互动过程增量-群体互动过程减量=群体的实际绩效"。该公式直观地显示了群体互动过程对群体实际绩效水平的影响。当群体互动过程带来积极效应时,群体整体产出大于个体产出之和,则群体实际绩效水平高于潜在绩效水

平;当互动过程带来消极效应时,如出现社会惰化、冲突、小团体意识等情况,群体整体产出小于个体产出之和,则群体实际绩效水平低于潜在绩效水平。

(二) 协同效应与社会促进效应

在群体互动过程中,协同效应和社会促进效应对过程增量和过程减量的变化有重要作用。了解这两种效应可以帮助我们更好地理解群体互动过程,更科学地设计、调控群体互动过程,提高过程增量、减少过程减量,达到提高群体实际绩效的目的。

1. 协同效应　协同效应(synergy)原是一个生物学术语,指两种或两种以上的物质相互作用后所产生的效果,不同于单个物质产生的作用之和。而组织行为学所说的协同效应则是指两个或两个以上的个体相互作用产生的效果,不同于单个个体作用产生的效果之和。它又有正协同效应和负协同效应之分。前面我们介绍的社会惰化现象就属于负向协同效应,社会惰化会使群体互动的结果小于个体作用之和。另外,比如任何一台妇科手术都需要一个由麻醉医生、主刀医生、辅助医生、护士等组成的专业群体来完成。因为这个群体可以利用成员的多种技能,从事个体无法单独完成的工作,他们之间的互动会产生正向协同效应。

2. 社会促进效应　社会促进效应(social facilitation effect)是指在别人面前,个体绩效水平提高或降低的倾向。有社会促进正效应(又称社会助长作用)和负效应(又称社会抑制或干扰作用)之分。

这两种社会促进效应描述了群体或他人对个体行为的影响情况,这种现象很常见。当他人在场时,个体从事简单的、常规性的任务会更有效,产生社会助长作用。例如,护理专业本科毕业生小李几周以来为了应聘某三甲医院护士一职,一直在自家里反复练习静脉滴注,当她正式应聘时在考官面前发挥得比在家里更出色。但是,如果个体从事的是需要高度集中注意力的复杂工作,别人在场可能会造成绩效水平下降的情况,产生社会抑制或干扰作用。例如,当一位年轻的中医学博士在诊断一位患有罕见病症的患者时,如果他人在场就会分散他的注意力,影响他做出正确全面的诊断和治疗。

研究社会促进效应对于管理群体过程有何意义呢?虽然社会促进效应并不完全是一种群体现象,但我们可以利用它的原理提供或改变社会促进效应发生的条件,使群体互动过程增量更大。如群体或组织通过统一训练成员来完成简单的任务,也可对成员进行单独培训和开发去完成某项复杂的任务,还可以根据成员的心理和性格特征、能力、技能及工作的复杂度合理安排工作,提供适当的工作环境和条件,创造社会促进正效应,实现群体或组织目标。

五　群体任务

群体任务主要包括群体任务目标、群体任务类型、群体任务结构、难易度、完成群体任务的方式等内容。

我们可把群体任务简化为简单任务和复杂任务。复杂任务是指非常规化、新颖、特殊的任务。简单任务是指常规性的、标准化的任务。

群体互动过程与群体绩效和群体成员满意度的关系受到群体任务这一变量的影响。许多研究表明，群体任务的复杂性、相互依赖性、不同的要求会影响群体的有效性。也就是说，群体的任务越复杂，群体成员间的方法讨论、信息交流、沟通协调、适当冲突等互动行为就越多，群体从中获得收益也就提高了群体绩效。由此可见，复杂的任务又使得群体互动过程很重要。因此，当工作任务是相互依赖的，则有效的沟通和最低水平的冲突则与群体绩效更为相关。而群体成员在承担简单的工作任务时的情形则可能相反。即使一个沟通不良、领导不力、交流不足、相互依赖性不高、有较多冲突的群体，虽然承担了简单的任务，其绩效不见得就是低劣的。

六 群体绩效

群体绩效主要包括群体任务的完成情况或工作成果、群体生产率、群体外部相关者的满意度和群体内部个体的满意度及群体学习和个体成长等内容。其中，员工满意度和群体任务完成情况在衡量群体绩效时较为直观和常用。当然群体的外部环境条件、群体成员资源、群体结构都是影响群体绩效的因素（见图 5-3）。

任何工作群体都是组织中的一部分，而组织的战略、权利结构、正式规范、资源、人员甄选、绩效评估和奖酬体系等因素都影响着群体的运作和群体行为，从而影响群体绩效。因此对于管理者而言，应该首先评估群体的外部环境对群体提供支持和鼓励的程度如何。如果一个组织外部环境条件优越，同时得到高层管理者支持，则这个群体的生产率及群体绩效就有可能更高。

群体成员的知识、技能、能力及人格特质等群体成员资源情况也会直接或间接影响群体行为和绩效。

群体结构因素与群体绩效相关，其中角色知觉、群体规范、地位差异、群体规模、群体构成和群体凝聚力对群体绩效有较大的影响。角色知觉与群体成员绩效之间存在正相关。群体规范通过已经设定的标准来约束群体成员的行为。地位不平等会使群体成员产生挫折感，对群体生产率和员工留在组织的意愿造成消极影响。群体成员的构成是决定群体成员离职率高低的一个关键因素。群体规模对群体绩效的影响取决于群体任务类型。群体凝聚力对群体生产率或绩效有重要影响，而这种影响取决于群体的绩效规范。

在同等条件下，员工满意度较高的群体或组织其生产率和绩效高于员工满意度低的群体或组织。同样，角色冲突及工作压力与员工满意度降低有关。

第三节　群体行为基础理论在卫生领域中的应用

卫生领域中包含了大大小小各种群体，不同群体有不同的特点和群体行为，必须深刻理解群体行为理论,并将其应用于分析卫生领域中的不同群体行为,以此为管理者提供管理思路与依据,从而才能使卫生领域高效率运转,实现其促进全民健康的最终目标。

群体在卫生领域中的重要性

正因为卫生领域包含了大大小小不同的群体,即包括了医生群体、护士群体、基层医疗卫生服务群体、基本公共卫生服务群体、行政管理群体、后勤保障群体等正式群体,还包括各类非正式群体。在卫生领域中不同的群体面临外部的组织环境条件千差万别,群体结构、成员资源、群体规范、地位、群体规模、群体凝聚力各不相同,况且群体互动过程和承担的任务也存在差异,因而群体绩效也就出现明显的差别。有些群体比另一些群体更容易成功,群体中个体的行为反应也与其独处时不同。所以每个群体都会受到各种因素的影响。

因此在卫生领域中,要做好对不同群体的管理、提高群体绩效,必须研究每一个群体,学会将群体行为基础理论应用于其中。这样才能使管理者深入细致地研究卫生领域中群体行为,正确评估卫生领域中群体的外部环境条件对群体行为的支持和干扰,解释卫生领域中不同群体的不同行为反应,运用群体成员的知识、能力及人格特质、群体的结构、群体互动过程、群体任务等影响因素来预测群体行为、群体绩效,从而努力促成群体行为中正协同效应和社会促进正效应,减少甚至避免群体中的社会惰化现象、从众行为。只有这样才能提高卫生领域中群体的绩效水平,才能提高卫生领域中医疗、保健、预防、康复、公共卫生等各个方面的整体服务水平、提高医患双方满意度,促进公众健康。

卫生领域中群体行为的案例分析

(一) 案例简介

医院的绩效取决于医生、护士、药剂师、技师与患者之间的良好互动。高绩效的医疗群体是获得良好医疗效果的关键。某市一三甲医院最近面临着患者投诉,医生、护士离职率升高,而内部员工消极怠工等问题。

为了改善这种情况,该医院着手进行全面的组织改革,聘请了一位资深的专家顾问进行全方位的"诊断"。该专家头几天从了解医院概况、参观医院全貌开始,首先发现了以下几个问题。①行政楼高端大气上档次。行政管理部门办公面积充裕,相关办公设备、设施齐全先进;相比而言门诊楼、病房楼等设施比较落后,医护人员平均办公面积拥挤不堪,办公设备(如电脑、打印机等)不足且老化。②奖酬体系不合理。该医院中眼科与妇科是两个重点科室,医院无论是在政策、资金、学科发展、人才引进和培养上都给予大力支持,而其他科室的组织资源明显投入不足。眼科与妇科的医护人员每月绩效奖金都是其他科室的十几倍,收入可观,而其他科室虽然有发展的能力和需求,但无奈医护人员每月拿到的绩效奖金仅仅是几百元的保底水平,比行政管理人员的平均奖都低,这就引起了大多数科室医护人员的不满,严重打击了他们工作的积极性。另外,该医院除了妇科和眼科之外,医护人员的整体待遇，如基本工资水平和绩效工资均低于该市同等级别的医院。③医院的上下班考勤制度、药房管理、医疗服务流程等都存在不少有待改善的地方。

另外，这位专家与管理层和医护人员广泛接触，甚至与一些人交上了朋友，又发现了一些问题。该医院从院长到职工，年龄结构都差距较大，人员素质也参差不齐。例如，医生这个群体大多数是本科以上学历，年龄、职称差距较大，在专业知识、技能和能力上整体高于其他群体；护士多数是中专、大专及本科，学历参差不齐，年龄、职称差距小，群体内部护理技能参差不齐；行政人员多数是大专或本科学历，年龄较大、资历老；而保洁和保安人员大多是初中以下学历，年龄较大。但通过进一步的沟通，专家发现他们中的医生和护士不时流露出对某些制度的不满，尤其一些业务能力和专业技术水平较高的医护人员认为绩效工资体现不出对能力强、贡献大的员工的激励。可他们为什么不公开提出来呢？专家问了许多人，大都笑而不答。最终一位刚工作两年的年轻医生坦言道："我也知道这个建议可能很好，但你想没想过，一旦被采用执行，其结果如何？"他顿了顿，接着说，"人，毕竟是群居动物！"专家终于明白了，这就是问题的关键。他们知道医院的问题可能因自己的建议而得到解决，但若因此而损害了一部分群体的利益，那自己作为"群居"中的一员，就会受到群体的"惩罚"。

紧接着，专家在门诊和病房里还发现医生们的工作效率大都保持在相近的水平，即使能力很强的医生也宁愿多休息、做慢点也不全力以赴。因为他若不这样，将可能导致医院提高各科室业绩考核指标，不但不会增加绩效奖励，反而会增加工作量，这样就会引起同事们的不满，最终给自己带来麻烦，遭到同事们的反感和排挤。而一些能力较低的医生和护士也存在"搭便车"现象。同时专家也发现，无论是导医台的护士、电梯里的服务人员，还是保洁人员，个个工作积极性不高，存在消极怠工的现象（改编自：群体心理和群体行为案例. http://www.doc88.com/p-893241442919.html）。

(二) 案例讨论

根据群体行为模型中影响群体绩效的因素，结合上述案例介绍的情况，影响该医院患者投诉、医生护士离职率升高、内部员工消极怠工等问题的原因如下。

(1) 群体的外部环境条件对群体行为有一定的干扰和影响，如医院的整体战略、权力结构、正式规范、资源配置、绩效评估和奖酬体系、医院的物理工作环境设置等方面都存在不合理之处。在整体战略方面，医院仅注重发展妇科和眼科，忽视了其他科室也有发展的需求，因而导致相关的资源配置不到位，这是引发群体内部员工满意度降低、员工离职率高的原因之一；在权力结构方面，医院的行政管理部门权力明显高于临床科室，导致相关资源和福利明显向行政管理部门倾斜，从办公楼、相关设施设备配备及绩效工资的对比上就能看得出来；在正式规范方面，该医院的上下班考勤制度、药房管理、医疗服务流程都不完善，导致医院中各个群体行为低效，医院内部员工消极怠工；在资源配置方面，除了妇科和眼科，其他科室的发展受到资源配置的限制，对相关科室群体行为造成了负面的影响；在绩效评估和奖酬方面，该医院除了侧重于个别重点科室，其他科室拿到的奖金绩效都很低，且低于行政部门，严重挫伤了这些科室的工作积极性和工作效率；在物理工作环境方面，为医院创收的业务部门及代表医院形象的门诊楼、病房楼等设施比较落后，医护人员平均办公面积拥挤、办公设备不足老化,医护人员在工作中受到物流工作环境方面的限制,对医护群体行为造成负面影响。

(2) 组织忽略了群体成员资源和群体构成方面对群体绩效的影响。一方面,医生和护士这两个群体,其拥有的知识、技能和能力高于行政部门和后勤部门;且在群体构成中尤其是医生这个群体属于异质群体,群体中个体差异较大,但执行力更强。而医院恰恰忽视了这一点,与其他群体同等看待,甚至对该群体的激励机制低于其他群体。

(3) 该医院的群体规范对群体成员施加了巨大的压力,造成从众行为严重,降低了群体的生产力。群体的绩效规范对个体及群体绩效影响较大。一方面即使员工们有很好的建议也不愿意公开提出,怕影响群体中大多数人的利益,并受到排挤。另一方面,群体的绩效规范影响了群体效率的提高,不管该医院中的各个群体凝聚力高还是低,该医院比较低的绩效规范,使得各个群体最终的生产率都处于中低水平。

(4) 该医院医护群体在群体互动中存在负向协同效应。例如,医生们的工作效率大都保持在相近的水平;一些能力较低的医生和护士存在"搭便车"现象;导医台的护士、电梯里的服务人员、保洁人员,个个工作积极性不高,存在消极怠工。这些社会惰化现象在医院中如此普遍,是由于个体工作的贡献与群体产出之间关系不明确、个人工作无法衡量造成的。

(三) 分析提示

首先,应该优化该医院医护群体的外部环境条件。医院应该调整权力结构,重新调整行政部门的定位。行政部门应该是为一线医疗服务部门提供服务并对其进行监督、管理的,而不是绝对的权力机构,只负责下达命令,占据优势资源。医院应优化组织资源配置,应在注重效率优先,在重点发展妇科和眼科的同时,也要兼顾公平,应兼顾其他非重点科室发展的需求,适当地给予政策支持、资金保障和人才引进与培养。这样才能发挥这些科室的潜在优势,提高这些科室中人员的积极性,给这些科室相应的发展机会和发展动力,使医院的特色学科和优势学科得以拓展。同时,也应进一步完善绩效考核和奖酬制度,做到绩效奖惩措施与个人工作贡献挂钩,努力满足职工物质上的需要、希望公平竞争的需要和自我实现的需要,真正激发每个一线医护人员和其他岗位员工的工作积极性,增强职工对医院的信心,提高其行为绩效。门诊和病房楼是医院的标志和形象,为医院创造生产力和效益的一线医护人员办公设施、设备老旧、区域狭小,影响到医护群体的行为,降低医护群体的满意度和工作绩效,所以应改善医护人员办公条件,扩大其办公面积,更新办公设备。应加强医务人员医疗规范、服务态度和职业道德的教育,如上下班考勤制度、药房管理、医疗服务流程,规范员工的行为,提高组织活动的效率。对于个别医务人员违纪违规现象,及时处理,并且在院内公示,以震慑企图在群体压力下其他类似盲目从众犯低级错误的医务人员。

其次,要根据医护群体工作性质和要求,以及个体特性差异性等方面,合理招聘医护人员,降低医护人员的离职率。鉴于近来医护人员离职率高,一方面是由于待遇太低;另一方面也可能是源于医生、护士这两个群体结构、个体特征差异较大,属于异质群体,成员间相对其他群体来说沟通难度大,容易发生冲突和权力之争,一旦发生冲突就难以控制,造成离职率高。

再次,应积极发挥群体成员的能动性,真正让职工参与医院管理中去,发扬主人翁意识,为医院发展献计献策,增强医院凝聚力。俗话说:"没有无用之才,只有不适之才。"作为医院的管理者、业务科室负责人,要积极鼓励医护人员的个性化发展,充分调动医护人员的工作积极性,人尽其事,事择其人,防止在群体压力下出现或放大从众效应,从而导致的群体成员的创新性、能动性下降。

最后,应强化群体互动过程的正效应,削弱群体互动过程中的负效应。医院应注意提供或改变社会促进效应发生的条件,使群体互动过程产生增量,如通过统一训练护士群体来完成相对简单、标准化的护理工作;也可对个别主治医师进行单独培训、提供进修学习的机会,提升其完成某项复杂的手术或疑难杂症的诊断治疗任务,创造社会促进正效应,提升医护群体的工作绩效。

第四节 群体行为基础理论应用的发展趋势

随着整个社会全球化、网络化的快速发展,以及消费者需求的多元化变化,不同群体所面临的内外部环境条件及影响因素都发生变化。如何根据这些变化准确解释群体行为,预测群体行为发展趋势,并进行有效地干预与控制,进而实现群体绩效目标?这是摆在每个组织管理者面前需要考虑的课题之一。

一、文化差异性带来的挑战

从管理角度讲,不同文化有着不同的规范和期望,而每种文化都具有自己的优势,因此不同民族文化都发挥着巨大作用。如我们不了解文化背景,就不能充分发挥这方面的作用。

民族文化是管理人员在确定企业大方向时要考虑的经营环境。尤其是现在和将来,在卫生领域,跨国经营越来越普遍、医务人员等自然人的流动会越来越频繁,管理者必须熟练应对不同文化的众多细小方面。如要注重不同国家的文化价值观,注意在群体中人们把自己看成是独立的个体还是集体的一员?例如,跨国文化研究者吉尔特·霍夫施泰德(Geert Hofstede)认为,美国人、澳大利亚人和英国人个人主义比较明显,而哥伦比亚人、委内瑞拉人和巴基斯坦人的集体主义比较明显。在医院中,各个科室的医护人员,包括引进来的医学博士或专家、进修人员、实习生、规培生等,他们的教育背景不同,来自不同地区、不同民族,甚至不同国家,这就为医院及各科室带来了文化和价值观的多元化。那么对于管理者来说,就如何对来自不同文化背景的进行人员进行管理提出了挑战。管理者需要改变他们的管理哲学,从对待员工一视同仁转变为承认他们之间的差异,并采取不同的方式对待他们,以保证员工能踏实安心的工作并能保持甚至提高服务水平,尤其注意不要带有任何歧视。

二 劳动力短缺带来的挑战

2015年10月中国全面放开"二孩"政策以应对中国出生率下滑、劳动力数量收缩、老龄化现象。可见作为世界第一人口大国,当下中国的人口结构出现严重扭曲、适龄劳动人口减少。劳动力对于中国来说,不再是"充裕"的生产要素,劳动力价格也会随之上涨。在这种形势下,良好的薪水和福利将不足以吸引并留住有能力、有技能的员工。而在卫生系统中,面对高强度高、风险的医疗服务,相对而言医护人员的工资、福利水平整体过低。像儿科医生这个群体已经出现了严重短缺,在职的医生工作负担重、压力大、待遇低。而整个社会医患关系紧张、杀医伤医事件频发,医生的人身安全得不到有效的保障,又使得医学院校临床专业报考率降低,临床医生储备不足。面临庞大的就医人群而言,医疗服务供给出现缺口。在这种背景下,还存在卫生人才配置不均的问题,如技能高的医疗服务人才流向级别高的医院和卫生系统,而基层医疗卫生服务机构却人才匮乏。因此对于管理者来说,如果不从群体行为视角着手甄选人才、留住人才,优化考核及薪酬体系,也将面临无人可管理的风险。

三 需求多元化带来的挑战

随着社会经济的发展,服务业所占的比例越来越大,卫生领域的目标是满足人们的健康需求,也归属于服务业。一方面由于个人平均收入的差异,表现出多元化的医疗卫生需求;另外,由于个人收入水平整体的提高,对健康的需求水平越来越高。如何满足公众不同层次的需求,提供公众满意的医疗卫生服务?如何在提高外部公众满意度的同时,关注内部员工的需求,进而提高内部员工的满意度?为身处卫生领域中不同组织、不同群体的管理者提出了挑战。群体行为基础可以向管理者展示群体行为与客户满意度之间的关系,从而有助于改进群体绩效。

四 工作与生活的冲突

如今顺应社会经济发展的需求,员工的工作与非工作之间的界限变得越来越模糊,导致很多与个人生活的冲突与压力。例如,大多数医生下班后都出现过这样的场景:一个住院患者病情恶化的电话就会让他们匆匆忙忙回到工作岗位上去。一位医学院的教授为了研究他的课题,也会占用自己休息的时间查阅资料、撰写标书。一名在春雨医生APP注册的医生也会利用自己的休息时间在线解答患者的问题,为患者提供在线的医疗服务。而每个人也会因为在工作和生活中扮演多个角色多多少少经历角色冲突。面对这种工作与生活界限模糊的发展趋势,如何去解决个体承担的多种角色冲突问题,为群体行为基础理论提出了挑战。

五 应对临时性的挑战

现在的工作群体与以往不同,一直处于动态变动中,群体中的成员来自不同的部门,且总在变化。这也是由于群体所处的组织也处于不断变迁状态,不断地重组或分解各个部门。例如,集中精力发展核心业务、压缩经营规模,将不擅长的业务外包出去,和员工签订临时聘用合同来代替长期雇佣关系。尤其是在全球化、中国入世后逐步开放服务市场的背景下,跨国间的卫生服务需要越来越多。例如,美国的一支医疗服务小组到上海某医院与该医院的医生组建临时群体为患者开展综合诊断和治疗服务,那么这个临时群体如何在短时间内有效整合,管理者和群体中的个体都要学会适应临时性、动态的、不可预测的环境。

本章小结

本章在介绍群体的基本概念和群体行为模型的基础上,阐述了群体的分类、发展阶段及影响群体绩效的因素,以及群体行为基础理论在卫生领域应用中的重要性,并运用群体行为模型对一个卫生领域中的案例进行了系统分析;从多个层面介绍了群体行为基础应用的发展趋势。

在对群体的基本认识上,通过对群体的界定介绍了如何区分群体,并介绍了群体的特征和群体的基本分类情况,引入两个群体发展阶段的模型,即五阶段模型和间断-平衡模型,对群体发展大体经历的阶段进行了介绍。

通过群体行为模型的构架结构,对影响群体绩效和员工满意度的因素展开立体分析。其中,群体的外部环境条件中,展开介绍了整体战略、权力结构、正式规范、组织资源、人员甄选、绩效评估与奖惩体系、组织文化、物理工作环境。在群体成员资源中,介绍了群体成员的知识、技能和能力及人格特质两部分内容。群体结构中介绍了正式领导、角色、规范、从众、地位、群体规模、群体构成、群体凝聚力8个方面,其中对角色、规范、从众、群体规模、群体凝聚力展开介绍相关的概念,并通过介绍相关的实验研究(如津巴多监狱模拟实验、霍桑实验、阿希实验、拉绳实验)强化对角色认知、角色期待、规范、从众、群体规模、社会惰化等知识的理解。

群体行为基础理论在卫生领域中的应用,介绍了群体行为基础理论对于卫生领域的重要性,通过引入卫生领域的相关案例,展开分析了影响卫生领域中群体绩效的各个因素并提出了针对性建议。这部分内容必须是在对前两节内容深入理解的基础上,并紧密结合卫生领域不同群体的特殊性和行为表现,要注意灵活运用群体行为基础的理论。

在群体行为基础应用的发展趋势中,从文化差异性、劳动力短缺、需求多元化、工作与生活的冲突、应对临时性5个方面分析了这些变化趋势对群体行为研究和应用带来的挑战。同时随着社会的发展,还会涌现出新的发展趋势和影响因素,提醒管理者在应用该群体行为基础理论知识时注意及时调整、与时俱进。

★ 复习思考题

1. 如何从群体行为视角解释当前北上广等大城市大医院"看病难、看病贵"的现象,如家属彻夜排队挂号、检查等现象?
2. 找出你扮演的5种角色,分析它们有什么行为要求。这些角色相互冲突吗?如果有冲突,是什么形式的冲突?你是如何解决这些冲突的?
3. "群体的凝聚力越强,生产率就越高。"你是否同意这种说法?请说明理由。
4. 某三甲医院的心内科科室成员工作中存在社会惰化现象,如何让这个群体呈现良性互动,产生正向协同效应?

★ 案例分析题

群体的凝聚力与生产率

关键词　凝聚力;绩效规范;生产率

某社办医院有一个新职工入职仪式,该集团几乎每个医护人员都经历了这种仪式,老员工称这种仪式为"签约参加工作仪式"。通过这种"签约"活动,使每个医护人员愿意在必要情况下牺牲个人及家庭的利益。从管理者的视角来看,这种加入方式的优点有多个,员工不再是被动工作,而是自愿参加工作。一旦他们签约参加了工作,那么就等于宣誓"我愿意做这项工作,并将全心全意地做好"。这些员工被招进来以后,对他们的工作有一种自豪感,感到自己的工作很受医院重视。因此,员工们都非常勤奋,并通常会主动加班工作,甚至牺牲周末的休息时间。医院的效益逐渐提高,并且患者对医院及医护人员的满意度也非常高。

另外一家医院,该医院消化内科的医生是一个凝聚力很强的群体。该医院的绩效考核和奖酬制度会根据每个科室每个月门诊收入和住院收入给予各科室一定的奖励或惩罚。如果超出上月的总收入,将会给予一定的额外奖励;反之,就会扣发一定的绩效奖金。但是如果他们每月创收太多,管理部门就会适当降低每个人的报酬比例,那么就会出现这种情况:医生提供更多医疗服务,反而得到与原来相差无几的报酬。因而该科室群体成员面临越来越大的工作压力。在这种情况下,他们私下建立了一种非正式的收入标准,并强烈地排斥任何拒绝遵守标准的"高效率者"。所以每个月该科室的医生每人的工作绩效差距不大,每个人并未付出百分百的努力,却能获得不错的报酬。

(改编自:叶龙,史振磊.组织行为学教程.北京:清华大学出版社,2006.)

★ 思考问题

1. 群体一和群体二都有很强的凝聚力,为什么前者会产生很高的生产率,而后者的生产率反而下降?
2. 是什么因素影响着凝聚力和群体绩效的高低?
3. 从对这两个群体的比较中,你发现了什么?

第六章

决策行为

学习目标

1. 掌握决策和群体决策概念,以及决策要素和分类。
2. 掌握个人决策与群体决策优缺点和群体决策副产物。
3. 理解决策的影响因素和常见的决策误区。
4. 理解理性决策模型,以及人们实际是如何决策的。
5. 熟悉群体决策有哪些常用技术和理论。
6. 理解如何激发创造力,文化和道德因素如何影响决策。

引例与思考

来自卫生部门的数据显示,目前上海郊区常住人口占全市的65%,区域面积占全市的96%,而医院总床位数仅占全市的45%。至于优质医疗资源,郊区的缺口则更大:全市33家三级医院中仅有9家位于郊区;三级医院2.59万张床位中,郊区仅有0.44万张,占17%。郊区是优质医疗资源的洼地,已成为不争的事实。如何填补医疗资源洼地,成为新医改一项重要的课题。2009年2月,上海市委、市政府将医疗资源布点调整列入本市新医改近期重点工作,启动了新中国成立以来上海规模最大、力度最强、投入最多的新一轮医疗资源布点调整项目——上海郊区三级综合性医院"5+3+1"建设工程,以促进优质医疗资源均衡布局。其中,"5"即在浦东新区、闵行、原南汇、宝山和嘉定5个区分别引入长征、仁济、六院、华山和瑞金这些三级医院优质医疗资源,床位规模600张;"3"是对崇明、青浦、奉贤3个区(县)的中心医院,提升其硬件设施和技术水平,评审通过后升级为三级医院;"1"即迁建金山医院。

(引自:上海调整医疗资源布局的"5+3+1"郊区三级医院建设取得重大进展. http://news. hexun. com/2012-12-10/148846865. html.)

第一节 个体决策基本原理

所谓决策,简单来说,即从两个或两个以上的备选方案中进行选择。日常生活中,人们每天都在有意无意地面临着各种各样的选择,最基本的如每天的吃穿住行都包含着一系列的决策活动。另外,从出生以来,人们就生活在各种组织中,同时也隶属于某个群体,承担着不同的角色,如家庭、班级、学校、工作单位等。一般来说,每一个组织内的所有个体/群体都经常要做出决策。例如,对于高层管理者来说,其经常要思考:组织目标和能提供的服务是什么,如何争取和优化资源等;而对于中层管理者来说,其经常需要考虑如何制订具体工作计划、如何组建团队等;决策并非管理者的特权,基层员工也同样在经常进行着决策,如:今天是否按时去上班、要投入多少精力、是否要按要求去做等。可见非管理层的普通员工也能做出影响其工作及其工作组织的决策。

西方决策理论学派的代表人物赫伯特·西蒙认为:管理就是决策。可以认为,决策是管理活动的核心,决策质量决定事业兴衰。本节将围绕个体决策的基本原理和理论进行阐述。

一、决策的概念

所谓决策(decision making),就是为实现一定的目标,提出解决问题和实现目标的各种可行方案,依据评定准则和标准,在多种备选方案中选择一个方案进行分析、判断并付诸实施的管理过程。根据决策的定义可以明确,决策包括如下要素:决策主体、决策目标、决策环境、决策准则、备选方案和决策结果。决策主体是指参与或影响决策的人或者组织,它主要解决谁来决策、谁对决策结果负责的问题,在决策中起主导作用。决策环境是自然状态不以决策者主观意志为转移的情况和条件(可能出现的情况及其发生的概率)。决策准则即判断标准和原则。

二、决策的分类

从决策主体看,决策可分为群体决策(group decision making)和个体决策(individual decision making)。从调整对象和涉及时限看,决策可分为战略决策和战术决策。战略决策调整组织的活动方向和内容,战术决策调整在既定方向和内容下的活动方式;战略决策面对的是组织整体的未来较长一段时间的活动,战术决策需要解决的是组织的某个或某些具体部门在未来某个较短时期的行动方案。

从问题重复程度和有无既定程序可循来看,决策可分为程序性决策(programmed decision)和非程序性决策(non-programmed decision)。程序化决策涉及经常发生的情况,用于解决规律性或日常问题。管理人员可以根据以往的事件,制订一套决策方案,在事件再次发生时立即运用,如医院的药品库存不足时向供应商订货。非程序化决策用于非规律性、新颖的和没有明确定义的、非重复性的情况,如新项目、新产品或新技术的采纳等。需要指出的是,大多数决策既不是完全程序化的,也不是完全非程序化的,而是两者的结合。

还可以从决策面临的风险程度来划分决策类型,即确定型决策、风险型决策和不确定型决策。确定型决策是指决策的影响因素和结果都是明确的、肯定的。风险型决策是指方案的实施会出现几种不同的情况(自然状态),并且每种情况对应的后果是可以确定的,虽然不能确定最终出现那种自然状态,但每种自然状态发生的概率是可以做出客观估计的决策。因此风险型决策又称为随机型决策或统计型决策。不确定型决策是指方案可能出现的自然状态或者所带来的后果不能做出估计的决策。

三、决策的程序

决策的一般过程(图6-1):①界定问题;②分析成因和影响因素;③罗列各种可能的备选方案;④依据事先确定的决策标准和权重,选择其中可行最佳的方案;⑤方案执行;⑥方案评估与反馈。以上过程是个循环往复的过程,直到问题解决。

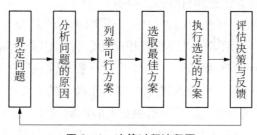

图6-1 决策过程流程图

四、影响决策的主要因素

影响决策的因素众多,从个体到组织,乃至社会环境的因素,都会不同程度影响决策。个体方面如个人需求、情感、性别、智力、人格等。另外,研究发现人们的行为是基于他们对现实的感知而不是现实进行决策的;组织方面如各项规章、奖惩制度、组织文化等;社会政治经济文化等环境因素也会对决策产生重要影响。本章将主要就知觉,个体因素中的人格、性别、道德、智力和决策风格,以及组织因素中的绩效评估等进行介绍。

(一)知觉

所谓知觉(perception)是个体为自己所在的环境赋予意义并解释感觉印象的过程。然而,我们的知觉可能与客观对象的现实有本质上的区别。为什么知觉能成为组织行为学特别是决策的重要印象因素? 这是因为人们的行为是基于他们对现实的感知,而不是现实本身,是感知的世界影响着人们的行为。

知觉与决策有何关系呢?决策指的是对问题的反应。也就是说,在事物的当前状态与期望的状况之间产生差距以后,问题就产生了。如果你今天感冒了,而你又要去上班,那么你就遇到了需要决策的问题。然而,是否意识到问题的存在与是否认为需要做出决策都是一个感知性的问题。同样是感冒,有的人认为是小问题,或者不是什么问题;而另外一个人则认为是严重的问题,需要立即采取行动。影响知觉的因素包括知觉者(perceiver)、知觉对象(target)和情境(situation)。

每个决策都要求我们解释信息和评估信息。我们往往从多个渠道获得信息,因此需要筛选、处理并且解读这些信息。哪些信息对决策有帮助,哪些信息与决策无关?我们不可能接受所有观察到的信息,只能接受零零星星的信息。但这些零散信息并不是随机选择的,而是观察者依据自己的兴趣、背景、经验和态度主动选择的。我们也同样需要寻找多种解决方法,并且评估他们的优缺点。同样,个体的感知过程会影响最终的结果。最后一点是,在整个决策过程当中,知觉扭曲现象通常会出现并干扰我们的分析和结论。

(二) 个体因素

1. **人格**　有关人格和决策的研究并不多见,但是已有的研究表明,人格确实会影响我们的决策。让我们来看看责任感和自尊两个因素。

具体的责任感,而不是泛泛而论的责任感,会影响承诺的升级。责任感的两个方面——追求成功和工作投入——对承诺的升级具有相反的影响。追求成功的人更有可能使承诺升级,工作投入的人的这种可能性则较低。为什么?一般来说,成就导向的人讨厌失败,因此会升级他们的承诺,希望能阻止失败的发生。但工作投入的人更易于做那些对组织最有利的事情。另一方面,追求成功的人更易受后视偏见的影响,或许是因为他们更需要判断自己的行为是否适当。不过我们并不知道工作投入的人对后视偏见是否具有免疫力。

高自尊的人有强烈维持自尊的动机,所以他们利用自我服务偏见来保护它。也就是说,他们把失败归因于他人,而把成功归因于自己。

2. **性别**　关于沉思方面的研究让我们对决策中的性别差异有了深刻的理解。沉思是指长时间的思考。在决策中,沉思主要是指反复考虑问题。研究发现,女性比男性花更多的时间分析过去、现在和未来;而且,更有可能在决策之前反复分析,在决策之后更改决策。这种做法的好处是,对问题考虑得更仔细。但是,也让问题更加难以得到解决,使人更容易后悔过去做出的决策,而更加失望。女性失望的可能性几乎是男性的两倍。

关于为什么女性比男性沉思得更多,有如下观点:①父母更鼓励女孩子表达悲伤和焦虑;②女性更容易把自尊和幸福感建立在别人对她的认识基础上,更注重别人对自己的看法和自己行为对他人的影响;③对于他人生活中发生的事件,女性更富有同情心,更容易被感动,因此她们沉思得更多。到 11 岁的时候,女孩子就开始有更多的沉思。但随着年龄的增长,这种性别差异逐渐减少。少年时期的差异最大;65 岁之后的差异最小,这时候男性和女性的沉思都最少。

3. **道德**　关于道德问题的讨论,是决策中的重要问题。考虑到一些组织的丑闻,今天的讨论看来无疑更加必要。组织中为什么会有不道德的行为,除了组织环境的影响外,个体因素无疑也起到了很重要的作用。个体因素包括个性特点和道德发展阶段。

个性特点指的是一个人相信他对生活中事件掌控程度的认知。研究表明,外控者(即把生活中所发生的事件归因于运气或机会)很少为自己的行为结果承担责任,并更有可能受到外界环境的影响。相反,内控者更有可能根据自己内在的正误标准指导行为。

道德发展阶段(stages of moral development)是对个体道德判断能力的评价,其分3个水平,每个水平包括两个阶段(图6-2)。第1个发展水平称为前习俗水平(preconventional)。在这一水平,只有当涉及个人利益,诸如奖惩措施、薪资福利或提升时,个体才会去关心其对错与否。习俗水平(conventional)下的推理表明,道德观念存在于常规秩序的维护及他人的预期之中。在道德原则水平(moral principle)下,除了群体或社会中的权威人士以外,个体也通过特定的努力来定义道德准则。

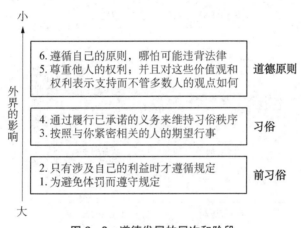

图6-2 道德发展的层次和阶段

研究发现:①人们是逐级经历这些阶段,一般不会跳跃。②无法确保连续发展,道德发展可能终止于任一阶段。③大多数成年人达到了道德发展的中等水平(第4级)。这一水平上的个体受到同伴的有力影响,并且会遵守组织的规则与程序。④一个人的道德发展水平越高,则越少受到外界环境的影响,也因而更倾向于做出道德决策,采取道德方式行为。例如,第3阶段的管理者可能做出被其同事认同的决策,第4阶段的员工会做出尊重组织规范和程序的决策,第5阶段的员工会向那些他们认为错误的组织惯例发起挑战。

组织环境指的是员工对组织期望的知觉。组织是否通过奖励来鼓励和支持道德行为,并通过惩罚来阻止不道德行为?通过组织环境可以培养较高道德决策水平。这方面的具体例子有:对道德的书面界定;高层管理者的高尚道德行为;符合实际的绩效期望;在绩效评估中不但评估结果,而且评估手段;对高尚道德行为的个体给予明确的认可和奖励,对不道德行为者的明显惩罚,等等。

总之,一个缺乏高尚道德观念的人,如果处在抵制不道德行为的组织环境中,会较少做出不道德的决策;相反,一个非常有正义感的人在允许或鼓励不道德活动的组织中,也会受到侵蚀。因此,在所有的组织决策中,道德都应当是重要的原则。

4. 智力　我们知道智力水平高的人能够更快捷地处理信息、更准确地解决问题和更迅速地进行学习。所以你可能会认为他们受常见决策错误的影响较少。然而，智力仅仅有助于消除其中一些问题。聪明的人同样会陷入锚定、过度自信和承诺升级的错误中。这可能是因为聪明并不会改变过度自信和情感保守的可能性。但是这并不意味着智力不重要。一旦受到决策错误的警告，聪明的人能够更加快速地学会如何避免它们。他们能够更好地避免逻辑错误，如错误的三段论或者对数据的错误解释。

5. 决策风格　决策风格模型定义了4种决策风格（图6-3）：指示型、分析型、概念型和行为型。这种模型基于两个维度来分类的：认知复杂性和价值导向。认知复杂性高者对不确定容忍度高；低者则对结构要求高，希望减少不确定性。价值导向（或者说思维方式），一方面注重理性和逻辑，关注技术和任务本身；一方面则较多的运用直觉和关系，关注人和社会本身。

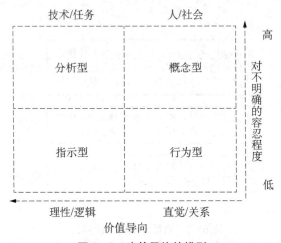

图6-3　决策风格的模型

指示型风格的人有效率、讲逻辑，他们追求理性，对不确定的容忍度较低，因此适合解决那些结构性问题。他们在决策时，关注效率，长于口头沟通，不要求大量的信息，几乎不考虑备选方案。因此决策速度快，注重短期效应。

分析型决策者对不确定有较大容忍度，因此适合解决那些非结构性问题。他们期望获得更多的信息，并考虑更多的备选方案。分析型决策者适应和应付新环境的能力较强。与指示型风格的决策者相比，他们更倾向于书面沟通，由于具备对细节重视的倾向，他们往往在最后决定之前要对问题进行深入的调查，因此效率较低。

概念型决策者眼界开阔，考虑很多备选方案。他们重视长远目标，并且善于找到创新的方法来解决问题。他们对不确定型容忍度高，善于交际，更像是思想者而不是实干家。

行为型决策者也善于与其他人合作，关心同事和下属，愿意接受建议、厌恶冲突，乐于通过会议进行沟通达成一致。这种风格要求相对较少量的信息，因此一般也较短视。

尽管这4种决策类型是有区别的，但大多数管理者都会具备其中某些特质。一些管理者几乎完全依赖于他们的主导风格，但是更为灵活的则可能会根据情境做出调整。商学院的学生、管理者等往往偏向具有分析型风格,因为商学院的教育十分重视理性思维。有证据表明,中国和日本的管理者分别更多依赖于指示型和行为型风格。一个可能的解释是,中国人更重视社会秩序的维持,日本人则更关注工作场所的协作性。

(三) 组织因素

组织本身会对决策者产生约束,如组织的绩效评估、薪酬体系和时间约束,以及历史的先例,等等。

1. 绩效评估　在决策过程中,管理者在决策时会受到评价其行为的绩效标准影响。
2. 奖酬制度　组织的奖酬制度会通过令决策者个人利益受到左右而影响决策。例如,它指示人们选择哪些做法对提高个人收入有利。
3. 规章制度　除了最小型的机构,几乎所有的机构都会制订规章制度指导政策,从而让个体形成组织希望的行为方式。当然,在这种情况下,这些规章制度会对决策造成约束。
4. 时间限制　几乎所有的重要决策都有明确的时间限制。这种状况会给决策者带来时间上的压力。在决策之前,往往难以收集到所需要的全部信息。这恰恰是违背了理性决策模型的假设。
5. 历史先例　决策并非在真空中制订的,都处在特定的情境中。事实上,个体决策都是一系列的决策点构成的决策流。过去的决策将持续影响当前决策。例如,影响任何特定年份预算的最重要的决定因素就是上一年的预算。今日的决策在很大程度上是多年来决策的结果。

五　决策模型

模型(model)是指对于某个实际问题或客观事物、规律进行抽象后的一种形式化表达方式。管理模型是对某个问题和业务管理控制方式的统称。一个管理模型可以是一个定量化的管理方法(即数学模型),一套规范化的管理过程或规章制度等。决策模型是管理模型的一类,是为管理决策而建立的模型。随着有关学科的发展,决策模型有很多类型,如理性决策模型、垃圾桶模型、贝叶斯预测模型、决策-阶段模型等。本章首先讨论理性决策模型(又称为最优决策模型)。

然而,人们决策都是理性的吗?事实上,现实世界中大多数决策都并不符合理性模型,难以做出最优选择。其原因与现实生活难以满足一些假设有关。例如:①由于外部环境的影响,不可能收集所有信息;②人类处理问题的能力有限,无法吸收和理解最优决策所需的全部信息,也只能制定有限数量的行动方案;③任何方案付诸实施之前都仅仅是设想,是否最优需要实践检验才能确认;④目标与偏好不明确也不稳定,而且有些问题很可能根本没有最优解等;⑤即便决策方案的实施带来了原来预期的结果,这种结果也不一定就是组织实现其最终目标所需要的。

事实上,大部分决策都只是一种反射行为,做出决策是顷刻之间的事情,即不经大脑思考的条件反射,类似工作日要不要去上班的问题就属于此类问题,员工往往认为该问题无需深思熟虑，是自然而然的事情。决策者面对的问题简单且备选方案不多的时候，搜寻和评估备选方案的代价很低，于是理性决策模型是较好的选择。一般来说，当面临新的、重要或困难决定（如没有遇到过，并且缺乏判断标准或原则的决策）的时候，人们会倾向于理性思考分析各种方案、权衡利弊，但在这个过程中，基于人们精力、资源等方面的约束，人们的做法又总是想办法将问题简化为他们能够理解和把握的程度，并且通常满足于找到一个可接受或者合情合理的解决方案，即满意选择，而很难说是最佳方案。这些决策包括：配偶选择、聘用面试、医疗方案的确定等。一个决策专家这样说过：大多数重要的决策多是人们通过自己的判断做出的，而并不是通过规范的模型做出的。而且，人们总是不知道自己做出了次优的决策。因此本章还将对其他一些典型决策模型进行介绍，即有限理性决策模型、隐含偏爱模型和直觉决策模型。

(一) 理性决策模型

理性（rationality）指的是稳定而价值最大的选择。为了追求产出最大、结果最优而采取的一系列行动，人们称之为理性决策。理性的决策意味着决策者能够完全客观并符合逻辑。有关的步骤、理论和方法则称之为理性决策模型（rational decision-making model）。理性决策模型包括6个步骤：界定问题、确定决策标准、给标准分配权重、开发备选方案、评估方案和选择最优方案。该模型的第1步是界定问题。当事务的实际状态与人们的期望有差异时，问题就产生了。很多失败的决策都是起因于决策者忽略或错误的定义了问题。第2步，确定决策标准，也就是决定决策中需要考虑的因素的过程。这对于方案的选择和问题的解决至关重要。在这个步骤中，决策者的兴趣、价值观和个人偏好会对决策标准的确定产生影响。第3步，需要给出各个决策影响因素的权重，即重要性排序。后3个步骤就是基于前3个步骤开发方案、评价和选择的过程。

理性决策模型除了需要依据科学的步骤以外，必须遵循如下假设。

1. 目标确定　问题清晰、明确，不存在目标冲突。它假定决策者有一个自己最希望达到的意义明确的单一目标。

2. 所有选项已知　决策者可以确定所有的有关标准，并能列出所有的可行性方案，并且决策者有足够能力对标准和备选方案进行评估。

3. 偏好明确　它假定各个决策标准和方案的价值可以量化，并且可根据其个人偏好来排序。

4. 偏好稳定　假定决策标准及其权重是稳定的，不随时间改变。因此，不同时间获得的标准和备选方案应该相同。

5. 不受时间和费用约束　决策者可获得依据和方案的所有信息。

6. 收益最大化　按照最优化模型，理性决策者将选择评估分数最高的方案，挑选最大认知价值方案。

基于以上假设的理性决策，理论上来说最终的选择就是最佳选择，因为决策者应该不会有遗憾。

(二) 有限理性决策模型

对于构思和解决复杂问题来说,人类的大脑容量远远不足以达到完全理性的要求,通常会在有限理性(bounded rationality)的范围内活动。他们不是捕捉问题的所有复杂方面,而是抽取其中的重要特点,并在此基础上建构简化的模型,然后个体在简化模型的范围内进行理性行为。表6-1给出了有限理性和完全理性决策的区别。一般情况,选择的方案会是第1个满意而又足以解决问题的决策,这就是可接受的方案而并非最优方案。由于实际很难满足理性决策模型所要求的假设,实际上理性模型往往并不比主观猜测精确多少,还会消耗大量时间、精力和金钱,迅速简单地解决问题恰恰是最佳选择。

表6-1 理性与有限理性决策模型的比较

决策活动	完全理性	有限理性
界定问题	确定一个重要的组织问题	确定反映管理者利益和背景的问题
确定决策标准	确定所有的标准	确定有限的一套标准
给标准分配权重	评价所有标准并进行重要性排序	建立一个简单的评价模型
开发备选方案	制订各种方案	制订有限的一系列相似方案
评估备选方案	评估所有方案,每一方案的结果是已知的	从希望的解决方法出发评估方案
选择最优方案	选择获得最高经济效果的方案	寻找一个满意的解决方案

(三) 隐含偏爱模型

与有限性模型一样,隐含偏爱模型(implicit favorite model)也认为个体通过简化过程来解决复杂问题;但它认为决策者不是理性而客观的。在决策早期,他隐含地选择了一个偏爱方案,而后的过程主要是决策证明练习,即通过后续过程使决策者确信他的隐含偏爱方案确实是恰当的选项。决策者常常并没有意识到自己已经选择了一个隐含偏爱方案,因而还会继续搜寻其他备选方案,只不过其余过程实际上都带有偏见色彩。该模型在学生找工作与选择大学等方面得到了研究证实。

(四) 直觉决策

可能最简单的决策方法就是依靠直觉。人们有时候必须根据直觉进行决策,这有错吗?这样做一定会导致糟糕的结果吗?答案是"否"。恰恰相反,用直觉决策事实上可能有助于决策。

直觉(intuition)决策是一个来自过去经验积累的下意识过程。其特点是,它并非来自有意识的思考,而是依靠一些总体的联想或信息碎片之间的联系等。虽然直觉并非理性,但它不一定错误,也不一定独立于理性分析;相反,它与理性分析相辅相成、互为补充。还要意识到,直觉并非迷信,也不是魔术或超自然第六感。瑞士洛桑国际学院对1300人所做研究得出的结论是:一半以上的企业领导者是凭直觉办事的。

一项近期的研究认为:"直觉是一个非常复杂的东西,它是依据多年的经验和学习获得的一种理性。"依据经验能够很快识别一种情形与曾经类似情形的对照,结果是基于直觉的决策者根据很少的信息就能快速做出决策。

人们在什么时候更愿意用直觉做出决策呢？常见于以下几种情况：①不确定性水平很高时；②几乎没有先例存在时；③难以科学地预测变量时；④信息非常有限时；⑤已知信息并不能帮助做出判断；⑥分析性数据几乎没有用处时；⑦当存在多种似是而非的方案并且每种方案又有其合理性；⑧时间有限,但又有压力要做出正确决策时。

六 常见决策误区

研究证实：决策者除了难以做到理性决策外,还会受到一些偏见或错误的影响而陷入一些决策误区,这主要是与人们想简化决策过程有关。为了节约精力和规避麻烦,人们倾向于过度依赖个人经历、冲动、直觉和个人经验。在大多数情况下,这都是有益的,但有时也会导致严重的决策失误。

(一) 过度自信

所谓过度自信(overconfidence bias)就是想当然地认为自己懂得的知识远远超出自己实际拥有。人们常说"判断和决策中的过分自信比任何问题的危害都大",当人们说自己有100%的把握时,他们往往只有70%～80%的正确性。企业家的乐观程度与新开创企业的绩效有负相关关系,企业家越是乐观,成功的可能性越低,因为这会令他们缺乏规避风险的计划。

(二) 锚定偏见

锚定偏见(anchoring bias)指的是持续关注于一开始的信息而没有恰当的关注后续的信息。表现为最初的印象、想法、价格和预测被人们给予了与其重要性不成比例的关注。只要有谈判就会有锚定。一旦有人说出1个数字,你就无法略过。当新雇主询问你先前工作的工资时,你的回答一般会让这个雇主所提供的工资锚定在此。最后,锚定得越精确,调整幅度越小。

(三) 证实偏见

理性决策过程的一个假设是能够客观地收集信息,但事实并非如此。人们存在选择性认知倾向,即往往只看到希望看到的事物。证实偏见(confirmation bias)是选择性感知的极端例子,即人们会主动寻找证实过去经历和判断的信息,并且低估与经验相悖的信息。人们也倾向于接受能够验证事先观点的表面性信息,却批评和怀疑挑战这些观点的信息。

(四) 可获得性偏差

可获得性偏差(availability bias)指的是人们倾向于在既有信息的基础上做出判断。能够激起情绪的事件对人们的影响特别深远,也可以说在记忆中更容易被回想起来。这令人们高估一些不太可能发生事件的发生频率,如飞机失事。可获得性偏差的观点也可以解释:为何管理者在进行绩效评估时,相对于员工在过去6~9个月的表现来说,他们对员工近期的表现给予更高的权重。

(五) 代表性偏见

代表性偏见(representative bias)是把现在事情与先前的经验联系起来,高估概率。每个人都会因为有时使用这种方法而出现偏差。例如,管理者常常对一项新产品的预测与过去产品的成功联系起来;如果来自同一个学校的多名学生均表现不良,那么后面很可能导致管理者预测后面来自这所学校的学生也不会表现优良。

(六) 承诺升级

承诺升级(escalation of commitment)指的是在有明显证据表明一个决策是错误的情况下还坚持这个决策。个体在发现自己对失败的行为负有责任时,会升级对其的承诺。他们会为了自己最初的行为并没有错或不承认自己犯了错而为此追加更多投入。事实上,那些努力按照理性决策模型要求进行操作的人很有可能比那些不太花时间思考的人更容易做出承诺升级的行为。在承诺升级方面最常引用的例子要数美国总统约翰逊对越战争的决策。尽管不断有信息表明向越南北部投掷炸弹对结束战争毫无帮助,但他的解决办法依然是继续投掷成吨的炸弹。

(七) 机会主义偏见

机会主义偏见又称为随机错误(randomness error)。大多数人都认为,人们在一定程度上能够控制这个世界及命运。毫无疑问,人们确实可以通过理性决策控制未来的很大一部分,但这个世界总是包括很多随机事件。人们倾向于认为自己能够预测随机事件的结果,这就是所说的随机错误。一种极端的情况是,一些人完全被迷信所控制,他们几乎无法客观的处理信息或改变做法。

(八) 风险厌恶

除了嗜赌成性的人,几乎每个人都偏好确定价值的事物,而不偏好具有风险的事物。在大多数人看来,得到一枚价值200美元金币的概率是50%的情况下,其价值低于一个确定能得到的50美元,而实际这个赌博的价值比50美元多出1倍。这种偏好确定性而厌恶有风险的结果的倾向,就是风险厌恶(risk aversion)。

坚持那些在过去曾经有效的策略能够将风险降到最低,但从长期来看却会导致事物停滞不前。面临被撤职风险的CEO也特别厌恶风险,然而有时一些风险稍高的投资策略却对机构有利。

当存在大量的不确定因素时,人们不愿意进行承诺升级,因此风险厌恶也不完全是负面的。当风险投资不奏效时,大部分的人都愿意进行安全的投资以减少损失,但如果他们认为结果是确定的,就会保持承诺的升级。

有时存在相反的风险偏好：当试图阻止一个消极结果时，人们宁愿冒险。他们宁愿冒着损失100美元的风险进行赌博，也不愿意接受肯定损失50美元的结果。因此，他们宁愿冒着损失很多钱的风险提出诉讼，也不愿意接受庭外和解。另一个例子是，即使冒着导致灾难性的新闻报道甚至是坐牢的风险，人们也试图掩盖不道德的行为而不愿承认错误。压力情境可能引起更强烈的风险偏好。对积极的结果，处于压力下的人厌恶风险；对消极的结果，处于压力下的人偏好风险。

(九) 后视偏见

后视偏见(hindsight bias)指的是人们倾向于在事后错误地认为自己预测的准确性，它与习惯所说的"事后诸葛亮"是同一涵义。当人们准确地预测了事物的结果时，往往倾向于认为事情是显而易见的。后视偏见降低了人们从过去中学习的能力，它导致人们认为自己是很好的预测者并且错误地感到自信。假设你预测的准确率只有40%，但如果你认为自己的准确率达到了90%，你就更加不会怀疑自己的预测力。

七 减少决策偏差和错误

(一) 聚焦目标

没有目标，你很难变得理性，你不知道什么信息是你需要的，什么信息与你有关，哪些与你无关，你会发现在备选方案中选择非常困难，并且你很可能会在做决定后经历后悔。清晰的目标使得你的决策变得更容易，并且帮助你剔除掉与你的兴趣不一致的选项。

(二) 寻找那些与自己的信念或假设不一致的信息

抵消过分自信、证实偏见和后视偏见的一个有效办法就是积极寻找与你的信念和假设相矛盾的信息。当我们全面考虑各种可能出现错误的情况时，就向把自己想象的比实际更聪明提出了挑战。

(三) 不要试图给随机事件创造意义

受过教育的人总会寻找因果关系。问题出现的时候会问为什么。当人们找不到理由时就会创造理由。你不得不承认，在生活中总有你无法控制的事情。自问一下，能否有意义地解释行为模式，还是这些行为模式纯属偶然。不要试图给随机事件创造什么意义。

(四) 增加备选方案的数量

无论你有多少备选项，你的最终选择也几乎与你已有选项中最好的一个差不多。这说明，要增加决策的备选方案，创造性地开发更广范围的多样化的选择项。所产生的备选方案越多，越具有多样性，找到最优选择的机会就越大。

第二节 群体决策基本原理

前文主要是从个体角度探讨决策的规律。然而,当今组织中的很多决策都是由群体、团队或委员会形成的。本节讨论群体决策。

一、群体决策概述

(一) 概念

由群体中多数人共同进行决策即群体决策。一般由集体中个人首先提出备选方案,而后进行优选。

(二) 优点

群体决策存在众多优势。群体是一种出色的工具,它在信息收集的深度和广度等方面有很大优势,能增加观点的多样性。群体决策的质量往往高于个体决策,也能够增加对决策的认可程度,减少执行阻力。有证据表明,群体几乎总会超过个体的成绩,即使是最优秀的个体。群体能够产生更高质量的决策。"三个臭皮匠顶个诸葛亮"也形象地揭示了群体决策的优点。①群体能提供更完整的信息和知识。②可增加观点的多样性。③提高了决策的可接受性,未来执行的阻力会减少、动力会增加。④增加合法性。群体决策过程与民主思想是一致的,因此被认为比个人决策更合乎法律要求。如果个人决策者在进行决策之前没有征求其他人的意见,决策者可能会被看成是独断专行。

(三) 局限性

群体决策也有其天然的局限性或缺点。①浪费时间。组织一个群体本身需要时间。群体产生之后,群体成员之间的相互作用往往是低效率的。群体决策所用的时间与个人决策所用时间相比要多一些,从而就限制了管理人员在必要时做出快速反应的能力。不过也有特例,比如在进行一项决策时需要了解多方面的信息,那么单个决策者就要花费大量时间来查阅资料、向别人咨询。由于群体中包括来自各个领域的成员,他们了解各方面的信息,寻找信息所花费的时间就可以大大减少。②从众压力。群体中存在社会压力。群体成员希望被群体接受和重视的愿望可能会导致不同意见被压制,在决策时使群体成员都追求观点的统一。③少数人控制。群体讨论可能会被一两个人所控制,如果这种控制是由低水平的成员所致,群体的运行效率就会受到不利影响。④责任不清。群体成员对于决策结果共同承担责任,但谁对最后的结果负责呢?对于个人决策,责任者是很明确的。对于群体决策,任何一个成员的责任都会降低。

表6-2从7个决策特征出发,对个体决策与群体决策进行了比较。

表 6-2 个体决策与群体决策的比较

决策特征	个体决策	群体决策
职责划分	明确	较为模糊
准确性	较差	较好
创造性	较低,适用于工作结构明确,有固定程序的工作	较高,适用于工作结构不明确,需要创新的工作
效率	取决于决策任务的复杂程度,通常费时少但代价高	从长远看,费时虽多,但代价低,效率高于个体决策
可接受性	较差	较好
风险性	视个体素质、经历而定	若群体成员富于冒险性,则决策趋于更大冒险性;反之,思想保守,则决策更趋于稳重
价值观	较稳定	内部斗争可能导致决策重大转变

(改编自:李珑主编.管理心理学,北京:科学出版社.2006.8)

关于群体决策还需注意:第一,由于群体决策也有其固有的弊端,群体决策要发挥其优点需要满足以下条件:①成员的多元化。"两人智慧"的优势要求他们在重要的技能和能力方面互补。②群体成员必须能够自由和开放的沟通想法。这要求他们之间没有敌对和威胁。③从事复杂性的工作任务。与个体相比,群体在完成复杂性任务时比完成简单任务时效果更好。第二,从总体上看,群体决策优于群体中平均的个体所做的决策,但群体决策并不一定比杰出的个体决策要好。第三,群体决策有副产物,会影响群体评估备选方案的客观性及最终解决方案的质量。下文进行详述。

二、群体决策副产物

(一) 群体思维

群体思维(groupthink)与群体规范有关,指的是这样一种情境:由于群体中从众压力的影响,严重抑制了不同寻常的、由少数派提出的或不受欢迎的观点。作为群体的一员,他们发现人们更愿意与群体保持一致,即成为群体的支持者,而不是成为干扰力量,即使这种干扰力量对于改善群体决策效果十分必要。群体思维通常表现为如下几种情况。

(1) 对群体力量的过度估计:这个表现可体现为两个方面:①认为群体无坚不摧,鼓励极度冒险;②由于对群体内在道德坚信不疑,因此倾向于忽略决策的伦理或道德后果。

(2) 如果个体的观点与绝大多数群体成员不一致,则在群体压力下,他可能会屈从、退缩或调整自己的真情实感或内心信念,来尽量避免与群体观点的不一致。

(3) 对于那些对群体共同观点或多数人方案论据有怀疑的人,群体成员会对他们施加直接压力。

(4) 将任何与群体成员假设不一致的意见合理化。无论事实与他们的基本假设之间存在多大冲突,群体成员都会试图加强这些假设。

(5) 存在一种无异议错觉。如果某个人不说话,大家往往认为他默认了这一看法。换句话说,缺席者或没有建议者会被视作赞成者。

以上这些情况导致在进行群体决策时出现如下后果:对问题的评估不完整;信息收集不充分,处理信息时存在选择上的偏见;针对问题的方案制订有局限,并且不能进行正确的评估。因此,群体思维是一种损害了许多群体的弊病,它会严重影响群体绩效。

事物都有其两面性。群体思维并不仅仅是一种使异议者屈从的机制,它还是群体维护其积极形象的工具。因为群体思维往往出现在具有如下特征的群体中:明确的群体认同感;成员愿意维护群体的积极形象;成员感到群体的积极形象受到严重威胁。研究表明,以下5个因素对群体思维的出现有一定的影响:群体凝聚力、领导者行为、群体是否与外界隔离、时间压力及是否遵循决策流程。①凝聚力强的群体比松散的群体由于辩论更多,会产生更多的信息,但凝聚力提倡意见一致,因此需要提高警惕。②管理者应努力追求一种开放型的领导风格。这包括鼓励成员积极参与,避免在会议开始时阐述某人观点,鼓励所有成员发表各自观点,并且强调最终做出好决策的重要性。这有助于促进建设性批评意见的提出,全面分析所有可能的决策方案。③管理者应避免群体与外界信息隔绝,因为隔离的群体易于失去客观性、鼠目寸光。④管理者应避免让群体成员感到时间压力而难以忍受。⑤鼓励使用系统的决策流程。

管理者还可以通过如下努力来减少群体思维。①监控群体规模,将人数控制在10人以内。随着群体规模增长,个体可能更少感到个人的责任。②任命一名成员扮演"吹毛求疵者"角色,这个角色的作用是公开挑战主流观点,并提出新颖的观点;或者对外部人员进行开放,从而增加可选择和评价的方案数量。③运用练习激发成员对备选方案的积极讨论。

(二) 群体偏移

群体偏移(group shift)指的是,在讨论备选方案进行决策时,群体成员倾向于放大自己最初的立场或观点。在某些情况下,谨慎态度占了上风,形成保守偏移,但更多时候群体更易向冒险偏移。群体决策的极端化可以看成是群体思维的特例。群体的决策反映了群体讨论中所形成的主流决策规范。群体决策向更保守还是更激进转移取决于讨论前的主流规范。

为什么更可能出现群体偏移的现象呢?有以下观点:①随着成员的熟悉程度加深,他们也会变得更加勇敢和大胆。②大多数社会崇尚冒险,敬慕那些敢于冒险的人,群体讨论激励成员向别人表明自己与同伴一样愿意冒险,以避免给人留下思想保守的不良印象。③人们选择极端以显示他们与群体外的人有很大的区别。④最有道理的一种说法是,群体决策分散了责任,因此群体更愿意冒险。

三 群体决策技术

群体决策最常见的形式就是群体成员之间面对面互相交流。但人们发现这种形式存在一些弊端,于是人们陆续发展出了许多定性、定量决策技术与方法,以充分发挥群体决策的优势,弱化其缺点。定性方法如头脑风暴法、德尔菲法、哥顿法等,定量方法如量本利分析法(盈亏平衡分析)、边际分析法、(净)现值分析法、决策树法、线性规划等。本文主要介绍常用的几种定性方法,定量方法部分可参考其他有关学科书籍。

(一) 互动群体法

互动群体法(interacting groups)是指通过召开会议的形式,让成员面对面进行接触,并依赖言语与非言语进行相互沟通,从而获得决策意见和观点的方法。群体决策最常见的形式是发生在互动群体中,其中通常容易表现出群体思维现象。

(二) 头脑风暴法

头脑风暴法又称脑力激荡法(brainstorming),简称 BS 法。该法由美国 BBDO 广告公司的创立者阿莱克斯·奥斯本(A. F. Osborn)于1939年提出,是一种为了发挥集体智慧而设计的会议形式。20世纪50年代,BS法作为一种创造性思维方法在专家会议预测中得以广泛运用并普及开来。它是激发想法与观念的过程。在这个过程中,鼓励人们提出各种备选方案,不许别人对观点加以评论。在典型的头脑风暴会中,6~12人围成一桌。群体领导清晰地将问题描述一遍,以便所有与会者都能理解。然后,在给定的时间内,成员畅所欲言,提出尽可能多的可选方案。整个过程,鼓励大家进行与众不同的思考,无论这种想法是引人深思的还是稀奇古怪的,都不允许任何人做出评价。所有的方案和想法都被记录下来以方便接下来的讨论与分析。

头脑风暴是创造想法和观念的一种程序,能够产生很多新的观点,但不见得是有效的方式。研究表明,独立工作的个体会比利用头脑风暴讨论的群体产生更多的想法。原因之一就是"思维阻塞",即当群体中的人正在思考时,会有很多人立刻说出自己的想法,这就阻塞了思考的过程,最终也阻碍了思想的分享。

(三) 名义群体法

名义群体法(nominal group technique)即在决策过程中,对群体成员的讨论或人际沟通加以限制。名义群体法采取如下活动步骤。

(1) 主持人向与会者通知开会时间和地点,但不告知议题,而是等与会者到期后当场宣布。一般每次只讨论与解决一个问题,时间大约为2小时。

(2) 议题宣布后,在进行群体讨论之前,每个成员写下自己对于解决问题的想法或观点,时间大概10~20分钟。

(3) 这个安静阶段结束后,每个群体成员都要为群体贡献自己的想法或观点。成员们一个接一个地表达自己的观点,直到所有想法都记录在案。在所有观点全被记下来之前,不允许人们进行讨论。

(4) 现在群体开始讨论每种想法,对它们进行澄清和评价。

(5) 然后,群体成员独自对这些观点想法排序,最终的决策是那个选择人数最多、位列第一的办法。

名义群体法的主要优点是,它让群体成员正式参加会议,但同时又不像互动群体那样限制个人的独立思维。研究结果普遍认为名义群体法比头脑风暴法更好。

(四) 德尔菲法

德尔菲法(Delphi technique),又称专家小组法或专家意见征询法,是以匿名方式轮番征求一组专家各自的意见,进行不断的收敛与量化,最后由主持者进行综合分析,确定趋势和预测值。此法是由美国兰德公司1969年提出的。除了不需要群体成员见面这一点之外,它与名义小组法相似,但克服了人们互动中的心理和行为问题,同时又保留了有组织的群体沟通的特点。其具体实施步骤如下。

(1) 组成专家小组。按照课题所需要的知识范围,确定专家。专家人数的多少,可根据预测课题的大小和涉及面的宽窄而定,一般不超过20人。

(2) 向所有专家提出所要预测的问题及有关要求,并附上有关这个问题的所有背景材料,同时请专家提出还需要什么材料。

(3) 各个专家根据他们所收到的材料,通过匿名填写精心设计的问卷,独立提出自己的意见,并说明是怎样利用这些材料并提出预测值的。

(4) 将各位专家第一次预测意见汇总,列成图表,进行对比,再发给各位专家,让专家将自己与他人意见进行比较,修改自己的意见和判断。也可以先请身份更高的其他专家加以评论,然后把评论意见再分送给各位专家,以便他们参考后修改自己的意见。这一过程的结果通常是启发新的解决办法,或使原有方案得到改善。

(5) 将所有专家的修改意见收集起来并汇总,再次分发给各位专家,以便进行第2次修改。在向专家进行反馈的时候,只给出各种意见,并不说明发表各种意见的专家姓名。这一过程重复进行,一般要经过3~4轮,直到每个专家不再改变自己的意见为止。逐轮收集意见并为专家反馈信息是德尔菲法的主要环节。

(6) 对专家的意见进行综合处理。

德尔菲法的优点是:使地理位置分散的群体成员参与到一个决策中,能充分发挥各位专家的作用,集思广益,准确性高;能把各位专家意见的分歧点表达出来,取长补短;就像名义小组法一样,德尔斐法能够保证群体成员免于他人的不利影响,避免碍于情面而不发表与其他人观点不同的意见;可以避免出于自尊心而不愿意修改自己原来不全面的意见。当然,德尔斐法也有其不足:①这种方法过程比较复杂,要占用大量时间;②无法像互动群体法或名义小组法那样,可以提出丰富的解决问题的方案,因为群体成员之间不能进行热烈的互动而激发创见。

(五) 电子会议法

电子会议法是名义群体法与复杂的计算机技术的混合产物。只要技术条件具备,这个方法是很简单的。群体成员围坐在马蹄形的桌子周围,面前除了一台计算机终端之外,一无所有,群体成员的总人数不要超过50人。问题通过大屏幕呈现给参与者,要求他们把自己的意见输入计算机终端上。个人的意见和投票都显示在会议室中的投影屏幕上。

电子会议法(electronic meetings)的主要优势是:匿名、可靠、迅速。与会者可以采取匿名形式把自己想表达的任何想法表达出来。参与者一旦把自己的想法输入键盘,所有的人都可以在屏幕上看到。与会者可以如实表现自己的真实态度,而不用担心受到惩罚。而且这种决策方法决策迅速,因为没有闲聊,讨论不会离开主题,大家在同一时间可以互不妨碍地相互"交谈"而不会打断别人。

专家们认为,电子会议法比传统的面对面的会议快 55%。但这种方法也有缺点:①那些打字速度快的人,与口才好但打字速度慢的人相比,能够更好地表达自己的观点;②想出最好建议的人也得不到应有的奖励;③得到的信息也不如面对面的沟通所能得到的信息丰富;④降低群体效力,需要更多的时间完成任务,减少成员的满意度。

(六) 小结

可以看到上述各种方法都有其优势与劣势。如表 6-3 所示,互动群体法有助于实现成员对解决问题的承诺,增强群体内部的凝聚力;头脑风暴法可以使群体压力降到最低,形成群体的内聚力;名义群体法是一种获得大量想法的低成本手段;德尔菲法能使人际冲突趋于最小;电子会议法可以较快地处理各种观点,使社会压力和冲突最小化。因此,选择哪一种方法取决于你所强调的效果标准及成本-效益之间的平衡。

表 6-3 群体决策方法与效果比较

效果标准	互动群体	头脑风暴	名义群体	德尔菲法	电子会议
观点数量	低	中等	高	高	高
观点质量	低	中等	高	高	高
社会压力	高	低	中等	低	低
财务成本	低	低	低	低	高
决策速度	中等	中等	中等	低	高
任务导向	低	高	高	高	高
潜在人际冲突	高	低	中等	低	低
成就感	从高到低	高	高	中等	高
对决策结果的承诺	高	不适用	中等	低	中等
群体凝聚力	高	高	中等	低	低

(引自:Murnighan JK. Group decision making: what strategies should you use? Management review, 1981, 61.)

第三节 决策理论在卫生领域中的应用

第一、第二节对决策有关的理论进行了系统介绍,本节拟首先对上述理论在卫生领域的应用情况进行简述,接来下分别从个体和群体决策两个角度列举案例并进行案例分析。

一 应用的一般情况

从个体决策的角度来看,走进卫生领域中的居民,以及正在卫生领域中工作的卫生工作者,都会面临着各种各样的决策问题。对居民来说,生病后是否去看病,怎么从医生建议的治疗方案中进行选择,就医后是否遵从医嘱,是否及时来复查,是否愿意养成良好的卫生习惯,等等;对卫生工作者,特别是医务人员来说,诊断和治疗决策几乎是每时每刻都在进行的工作。可以说,卫生领域中的各类主体每天都在有意无意地进行着各种决策。许多卫生服务具有紧迫性,必须及时地处理和治疗,这时对决策的能力要求更高。有学者指出:医学本身就是缺乏充分信息的决策艺术,这说出了卫生领域,特别是临床领域决策的特征和面临的挑战。

决策理论学派是在系统理论的基础上,吸收了行为科学、运筹学和计算机科学等研究成果而在20世纪70年代形成的。主要代表人物是美国人赫伯特·西蒙。其因在决策理论研究、决策应用等方面做出的开创性研究,而获得1978年诺贝尔经济学奖。决策理论的发展趋势之一就是应用于政策科学领域,其中就包括卫生政策领域。19世纪50年代初,美国著名政治学家哈罗德·拉斯韦尔首次提出"政策科学"的概念,并对这一学科的内容进行了较为系统的阐述。20世纪80年代,政策科学传入我国,结合中国改革开放的实践及经济体制的转变,包括卫生管理与政策在内的各领域的学者开始着手对卫生政策进行研究。目前在医改的背景下,特别是1997年以后随着《中共中央、国务院关于卫生改革与发展的决定》颁布以来,卫生政策有关的研究、期刊、专著和教材等越来越多。作为交叉和应用学科,管理学、统计学、运筹学、心理学、社会学、政策学等学科的理论和方法也越来越多地被引入卫生管理研究中。其中就包括决策理论。

就卫生领域决策理论的应用来说,首先应该在研究者和业务部门的领导中普及决策有关理论。一方面在可能的情况下,尽可能依据科学决策流程来操作;一方面也要认识到理性决策模型的局限性,以及存在其他一些决策模型和方法,要根据客观情况灵活选择。其次要发挥群体决策的优势,正确应用群体决策技术,从而不断提高决策质量。

二 个体决策案例

(一) 案例一:丈夫拒签字 妻子致死 谁谋杀了孕妇

2004年,民工张某因救下了企图自杀的王某而走到了一起。此后的3年里,张某换过很多工作。为了解决生孩子费用的问题,张某让王某跟着自己去洗碗,导致怀孕的王某患感冒并引起严重肺炎。就在小诊所无法治愈、肺炎日趋严重的情况下,"王某说,我们可能得上大医院看病了",于是张某这才带着她来到某医院。

某医院副院长回忆,入院不久王某的病情急转直下,她的身体状况已经无法被送到手术室。医院当即将有6个床位的妇产科二病房清空,只留下一个床位。B超、呼吸机等机器全部被运到妇产科二病房。"正常情况下,这是不允许的,"医务处副主任说。京西分院呼吸科、ICU、胸外科多科室的多名医护人员全部守在第二病房和走廊。11月21日16时20分，医院向患者丈夫张某征求是否手术。他说："我爱人就是感冒，吃一点感冒药就好了。"并说，"不能做手术，做了剖宫手术将来就不能生第二胎了"。众人百般劝说始终没有打动张某，他在手术通知单上写上：坚持用药治疗，坚持不做剖宫手术，后果自负。

17时，情况急转直下，医生再次向张某交代病情，他仍拒绝手术。当时有其他患者表示愿意捐款资助；有人提出，如果答应手术，就给张某1万元。医院紧急上报北京市卫生系统的各级领导，得到的指示为：如果家属不签字，不得进行手术。

18时24分，彩超显示胎死宫内。19时25分，患者最终呼吸、循环衰竭，心跳停止，抢救无效死亡。据专业人士表示，孕妇先后错过3次手术机会，张某的理由是"你们把她的病治好了就行，她自己会生的！"还说，"我们是来看感冒的，不是来生孩子的，还有一个月才会生孩子。"

11月28日晚，张某前往中国青少年心理成长基地，接受该基地心理教授的心理治疗。在长达4小时的心理催眠后，教授分析认为，偏执型人格、侥幸心理和对医学常识的无知是导致张某在妻子危急情况下拒绝签字的3大原因。

（改编自：丈夫拒签　妻子致死　谁谋杀了孕妇李丽云. http://www.dyxw.com/html/2007-12/10/content_28699.htm. 丈夫拒签手术单致孕妻身亡　称妻子被医院害死. http://view.news.qq.com/a/20071126/000007_1.htm.）

（二）案例二：产妇病危　家属拒绝签字　医生联合签名施救

2008年1月11日15时，某县农民李某的27岁妻子周某在县人民医院接受剖宫产。孩子顺利生下来了，但产妇在2小时后出现弥散性血管内凝血的症状。医院了解到，产妇此前已有流产经历，子宫受到过创伤，因此决定"必须进行手术切除子宫，否则极易导致死亡"。

妇产科主任、主治医生先后向患者丈夫李某说明患者病情的危急，需要他在手术告知书上签字。但李某一直念叨着："我老婆走进来时蛮好的，怎么会病危了呢？"始终不肯签字。一直等到19时，周某依然流血不止。

医院院长很快了解到了周某的病情，立刻成立抢救小组。针对这种情况，常务副院长决定："生命高过一切，家属不签字，主治医生联合签！"卫生局副局长也给出指示："抢救病人、尽我们职责"，"如果我们眼看着患者死亡，那我们就是罪人，至于万一不幸患者去世，因而发生纠纷，那也是以后的事情"。

20时，两名妇产科主治医生在手术告知书上郑重地签下自己的名字，并对孕妇进行手术。患者子宫被切除后，腹腔仍流血不止，因此医院又发出病危通知书，但李某仍不肯签字。最后，还是由主治医生联合签字，继续手术。幸运的是，周某终于转危为安。

[记者与常务副院长的对话]

记者（以下简称记）：当时决定由医生来签字实施手术时，抢救成功的把握大不大？

常务副院长（以下简称院）：患者血液没有凝血功能，当时血像水一样流，都没有一点点血块，情况十分凶险，我做院长10多年了，从来没有遇到过这样的病例。

记：那当时您还敢拍板，让医生签字实施手术？

院：不做手术还能怎么办呢？再拖下去，患者就没有任何希望了。患者只有27岁，如果去世,对一个家庭的打击有多大?再说,如果看着患者死去而不救治,我们还做什么医生呢?

记:患者家属为什么就是不愿意签字呢?

院:我们一个副院长专门负责和患者家属沟通,但是到现在还是没弄明白。我想,还是患者家属缺少医疗常识。让患者家属在手术单上签字,对于我们来说是走程序,可能他认为是我们在推卸责任。

记:手术成功后是否大家都松一口气?

院:想想真是后怕。直到昨日患者出了重症监护室,这才彻底放心的。

记:以后遇到这样的情况,还会这么做吗?

院:病情有轻重缓急之分,如果患者实在危急,那也只能这么做了。

(改编自:浙江:签字做手术医生称不冒风险哪有成功希望. http://zjnews.zjol.com.cn/05zjnews/system/2008/02/01/009192281.shtml. 产妇病危家属拒绝签字手术医生联合签名施救. http://zjnews.zjol.com.cn/05zjnews/system/2008/01/28/009180614.shtml.)

(三) 案例分析

案例所显示的场景显然属于非程序化决策,因为家属不愿签字这个事情发生的确突然,让人难以理解。但从医学专业知识和常识来看,两个场景又属于确定型决策,即患者应该尽早进行手术,否则都有生命危险,但两地的医务人员和领导却进行了截然相反的决策。案例一悲剧的发生确实令人痛心,面对该起悲剧,谴责固然需要,但更重要的是需要进行深刻反思,才有可能避免类似悲剧再次发生。反常的决策背后一定有其深层次的原因,知觉、道德、法律、人格、决策风格、智力都会有影响。不过对本案例来说,如何进一步加强宣传既有的规定,并完善有关制度,特别是事后的严格追责,对于避免发生类似事件无疑具有决定性作用。针对如案例中描述的农民弱势群体,经济水平较差,教育水平也较低,全社会应更多地给予关心和支持他们,通过提供更多的教育机会提高其素质,并借助完善社会保障来解决其后顾之忧,将有助于他们做出正确决策。案例还从正反两方面说明了决策的价值,特殊与紧急情况下,能否正确及时决策,事关人命。

三 群体决策案例

(一) 案例:如何优化卫生人力的投资

20世纪80年代以来,鄂西丽山卫生系统逆流人才频繁,严重影响了农村卫生事业的发展。上任不久的萧局长心急如焚。于是他召开局办公会,寻求对策。会上,人秘股刘股长首先发言。他说,从1981年全县卫生系统人员以种种理由、种种关系外流。已流出的174人中,本科生40人,专科生21人,占当时全县卫生系统本、专科生的39.10%;中专生85人,占中专生总数的21%;无专业学历的调走了28人。而同期调进人员只有159人。其中,本、专科生只有19人,中专生也只有67人。调进的人年轻的多,实践经验更差,而顶职招工进来的高、初中生最多,有73人。这种局面使我县的医疗技术水平急剧下降。在20世纪70年代,县医院外科已能胜任肝、胆、脾、胃上腹部手术,乡镇卫生院做阑尾、肠梗阻等下腹部手术都未出过大的医疗事故。如今技术骨干走得差不多了,有些手术不能开展。医政股向股长接着说,几年来县财政拨款搞基建,买仪器,买B超。房子、设备有了,没有人还是什么都搞不成,手术器械只会生锈。其他同志也七嘴八舌,争相发言,问题的焦点最后都集中在人才身上。如不采取有效措施,改进现有人员技术业务素质,给卫生系统"输氧、输血",医院不仅越办越穷,还会越办越差,越办越垮。萧局长责成局办主任向县委写报告,如实向上报"灾情"……

雷主任雷厉风行,第2天将报告交局长签字后火速上送。不久,县委常委会研究了卫生局报告,县委根据丽山各行各业知识分子外流的问题,通过县人大常委会制定了《丽山县关于落实知识分子政策条例》,并拨款20万元专款给全县卫生系统人力投资。根据县委指示,刘书记召集了党委扩大会,组织了一个专门制订方案的领导小组,由萧局长领导的15人组成。

领导小组第1次会议上,还是由刘股长介绍了全县卫生人员的动态。丽山全县有16个乡,9个镇,面积达3500平方公里,总人口45.5万。全县卫生系统卫生人员总数为1025人,其中卫技人员806人。细心的刘股长将卫技人员的专业结构、职称、年龄、结构及与全国卫技人员平均数比较印制成3个表。表的下面,用文字进行了如下分析。

(1)丽山卫技人员数量不足,全县平均拥有卫技人员1.37人/千人,与1986年同期全国平均拥有卫技人员3.33人/千人低得多。

(2)学科带头人年龄老化。全县12名主治(管)医师平均年龄已51.9岁,197名医师平均年龄也已达40.8岁。

(3)卫技人员学历偏低。全县有50.8%的卫技人员无专业学历。初级以上职称209人中,只有54.5%的人有大专学历,还有18.0%的人无学历。

(4)专业比例失调,如医护比偏低。

(5)医疗质量和医疗技术水平下降。不少人对卫生院和县医院的医疗水平不满意而舍近求远,山里农民常跑县城就医,县城的人常跑到附近厂矿职工医院就医,或到省、市级医院去就医。这不仅加重了农民负担,有时还延误病情。

县统计局也摘录了一点有关经济、人口结构、文化程度等内容给小组成员。经过1个月的努力,全组成员制订了5种方案。

(1)以丽山医院院长等3人制订的第1套方案:重点要将资金主要投资在培养学科带头人上。因前段时间高年资医师及学科带头人调出较多,医学中没有过硬的学科带头人,医疗质量不可能提高。所以主张将资金投资到临床、医技各学科带头人的专业进修、培训。进修时间可长些,每人次1~2年。两年后,丽山的医疗技术将会从低谷中有较大的飞跃。

(2)以柳河卫生院院长为首的第2套方案:将经费重点投资到选拔乡镇卫生院报考成人中专。25个乡每年推荐4~5名有志于卫生工作的职工报考成人卫生中专,择优推荐2名。县直卫生机构每年选送5名。3年后每年将有55名原无学历者获卫生中专文凭。几年后,将彻底改变卫生系统学历结构,使卫生系统的卫技人员不再出现无学历的现象。

(3)以卫生局人秘股刘股长为首制订的第3套方案:主张每个乡镇及县直从应届毕业

生中推荐成绩好、愿意回本县及乡镇从事卫生工作的青年报考医药院校,在校期间学习费和生活费全部由卫生系统负担,与学生签订合同,定向分配,工作8年后方可提出调动。这样,可改变卫生系统学历结构,增加新鲜血液改变乡镇卫生院面貌。

(4) 第4套方案:主张以短期进修、专项培训为主;辅以请专家进山讲学,传授专项技术。他们认为短期投资见效快,专项投资花钱少,临床各科、医技科室、护理都可以专项进修培训为主,时间每次不超过半年。例如,护士培训可参加心电监护、心肺复苏、责任制护理等专项培训。除此,可聘请大城市医院外科、妇产科、五官科医师解决某项手术问题,作示范教学;聘请化验技师解决某项化验技术问题等。

(5) 最后一组方案是:重点开展大专成人在职教育。学习后回到原单位工作,不仅改变了原单位学历结构与技术素质,而且有利于医疗技术队伍的稳定,有利于卫生系统的发展。

五套方案集中后,萧局长组织了方案的可行性论证,局党委最后选择了一套比较切实可行的方案,并在1988年全面贯彻落实,到1990年时卫生系统已面貌一新。

(改编自:杨树华,曾凡富. 实用卫生管理案例. 贵州科技出版社. 1991)

(二) 案例分析

从案例中可见,该县卫生系统的领导针对卫生系统人才流失的问题,积极想办法解决。在获得县政府财力支持后,组织了专门的领导小组,分头拟定决策方案,最终产出五套方案,并进行了可行性论证。选定方案后进行执行,取得了良好的效果。

总体来看,该县新上任卫生系统领导发现问题后,没有"拍脑袋"决策,而是能从现实出发,首先集体讨论,征求熟悉情况同志的意见,明确问题的严重程度、表现等。在方案设计阶段,领导更是注意发挥群体决策的优势,做到了集思广益,成功克服了群体思维。当然,有关决策之所以能取得实效,与卫生系统领导敢于承担责任,能及时、果断做出决策有关。这是卫生领域群体决策的一个成功案例。

第四节 决策理论的发展趋势

一 决策与创造力

决策者需要具备创造力,即创造新颖而有用想法的能力。创造力是一种以独特的方式综合各种想法的能力或在各种想法之间创造不同寻常联系的能力。这种想法与以往有所差别,但却非常适合当前的问题。

创造力对决策的价值体现在如下方面:①能帮助决策者确定所有可行的备选方案;②让决策者能够更全面地评价和理解问题,包括看到其他人不能看到的问题。

(一) 激发创造力

人们的创造力天赋存在差别。创造力高的人可能有如下特征：智商高、有经验、具有开放性、独立、自信、敢于冒险、内控型及有较强的毅力等。另外，创造力高的人对不确定性的容忍度高，即无秩序的状态并不令他们感到焦虑，他们偏爱复杂而没有结构的任务。接触各种各样的文化也能提高创造力。但这些人不遵从传统规范，因而很难与别人融合相处。

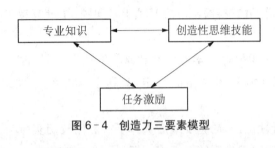

图6-4 创造力三要素模型

据研究发现，少于1％的人具有超常创造力，10％的人具有较高创造力，60％的人具有一定程度创造力。这表明大部分人具有创新性潜能，但要发挥它们，必须走出心理惯性和思维定势，学会从多个角度思考问题。图6-4显示的创造力三要素模型为激发个体和组织创造力提供了方向。这个模型提出，个体的创造性从本质上需要专业知识、创造性思维技能及任务内在的激励。研究证实，人们拥有每个要素的水平越高，其创造力也就越高。

专业知识是所有创造性工作的基础与必要条件。创造性思维技能包括与创造力有联系的个性特点，使用类比的能力，以及捕捉不同事物相似之处的能力等。研究表明，积极乐观的心境、把工作当成娱乐和实践的机会能提升创造力。消极情绪对创造力的影响有两面性：被动的消极情绪（如悲伤）似乎影响不大，但有逃避倾向的消极心境（如恐惧和焦虑）则会削弱创造力。而活跃的消极心境（如愤怒）能提升创造力，尤其当你认真对待你的任务时。与那些具有创造力的人待在一起会激发人们的灵感，特别是被他们的创造力所吸引的时候。一项研究发现，与具有创造力的人保持"弱连接"，即"君子之交淡如水"的状态，能够促进创造力。这是因为在你需要他们的时候，他们可以作为重要资源，但双方关系又不会因太过亲密而使你独立思考的能力更迟钝。

任务激励，或者说任务动机，指的是某事有趣、与自己有关系、令人兴奋、让人满足，或者具有个人挑战性，因而人们有想去做它的渴望。动机要素可以将人的创造力转化为实际的创造性思想，它决定人们投入和使用专业知识及创造性思维技能的程度。个体所在的工作环境对其内在动机有显著的影响，促进因素包括：鼓励集思广益、对人们的想法进行公正且建设性评判的文化；对创造性工作的认可与奖赏；充分的财力、物力和信息资源；拥有能够有效沟通、对他们表现出信任并给予支持的主管；工作中的群体成员相互支持与信任等。

(二) 创造力的阻碍因素

研究发现下面5种组织因素将阻碍人们创造力的发挥。①期待评价：将注意力放在工作得到什么样的评价上；②监督：工作时受人监督；③竞争：与同事争输赢；④外部促进因素：强调外部的有形酬劳；⑤选择受到制约：工作方式受到限制。

文化差异对决策行为的影响

理性模型没有认识到文化差异。决策者的文化差异会对以下方面产生重大影响：时间取向、对问题的选择、分析的深度、理性与感性的偏好、对个体与群体决策的重视，等等。举例来说，时间取向的差异有助于人们理解为什么埃及管理者制定决策的速度比美国同行慢很多，而且更加深思熟虑。意大利人看重过去和传统，在这种文化下，管理者依赖于经过检验的、可靠的方案解决问题。相反，美国和澳大利亚人则更具进取心并注重当下，这些国家的管理者更可能采用独特而富有创造性的方法解决问题。

尽管直觉决策已经受到人们的重视，但对于北美、英国和其他热衷于理性分析的国家来说，也许会凭直觉做个决策，但直觉决策往往只能埋藏在心中，人们有时需要用"数据外衣"去包装直觉决策，以得到人们的认可。而在不重视理性的国家如伊朗，就没有必要为此付出努力。一些国家重在解决问题，另外一些文化强调接受他们所处的环境。美国属于前一类，而泰国和印尼属于后者。重视问题解决的管理者相信他们能够而且应该改变情境以获得好处，因此美国的管理者会比泰国和印尼的同行更早地确定出需要解决的问题。

不同国家习惯于不同的决策模式。美国很少谈群体决策。日本比较喜欢采用群体决策，日本文化强调一致性和合作性。因此，日本管理者做重要决策之前，会收集大量信息用于团队决策，以便达成共识。中国介于两者之间。中美日三国文化传统与决策的关系详见表6-4。

表6-4 文化传统与决策行为

比较对象		中国	日本	美国
个体特征	处世哲学	中庸之道	团体精神	自我精神
	行为表现	言不由衷、谦虚	言不由衷	言行一致
	求稳心理	强	中	弱
决策思维	指导思想	系统与综合	—	分析
	推理模式	原则演绎	—	归纳
组织观念	人际交往	以和为贵，注重情面与关系	以和为贵	我行我素
	权威崇拜	强	中	淡薄
	集体主义	强	强	弱

（引自：鲍宗豪.决策文化论.上海三联书店，1997.）

 决策中的道德原则

在决策制定过程中，无论怎样强调道德准则的重要性都不为过。前文讨论了道德对决策的影响。本节将对形成决策的3个道德原则及其对管理者的启示进行介绍。

第1个道德原则就是功利主义原则（utilitarianism），在这里决策的制定只以其收益和后果为基础，其目的就在于最大限度地获取利益。这种观点在商业决策中占主导地位，它与效率、生产率和高利润等目标相一致。

第2个道德原则注重人权。对人权的重视意味在制定政策中强调尊重和保护个人权利，如隐私权、言论自由和遵循法定诉讼程序等。这一标准会保护告密者，因为他们拥有言论自由的权利。

第3个道德原则是公平公正。这一点要求人们公正无私的执行规则及章程，使利益与损失得到公平的分配。工会成员往往支持这种观点。这种标准的结果是，做同一种工作但绩效不同的人，却拿同样多的工资；另外在做解聘决策时，资历成为最重要的决定因素。

每个标准各有利弊。功利主义提高了工作效率和工作成果，但容易忽视个体（特别是组织中代表少数派的个体）的权利。权利准则保护个体免受侵害，保证其自由和隐私，但会产生过于制度化的工作环境，并且阻碍工作效率和工作产出的提高。公平准则保护少数派和弱势派，但会减少个体的创造性和工作效率及承担风险的责任感。

一项好的决策不能仅用一种标准就做出判断，功利原则正日益受到非功利原则的挑战。决策者，尤其是在为营利组织而工作的决策者，运用功利主义准则时感到安全和愉快。许多有疑问的决定被描述为"为了企业和股东的最大利益"。社会上对个体权利与公平的关注正在逐渐增加，所以管理者必须要培养运用非功利性的道德原则来做决策的能力。这对今天的管理者而言无疑是个挑战。因为在决策中，运用权利、公平等原则对于利润和效率所产生的影响远比只利用功利主义原则要复杂得多。这也可以说明为什么管理者正日益因为产品提价、关闭工厂、大批减员等降低成本的行为而广受批评，而类似的行为如以功利准则来看则是十分正常的。

通过将亚洲某些地区的文化和西方文化作对比，人们发现全球通用的道德标准很少。虽然道德标准在西方可能是看似模糊的，但实际上有关是非的标准却比亚洲某些国家清晰得多。在亚洲某些地区，是非划分清晰的情况比较少见，大部分处于灰色地带。全球化的组织如果希望保持高标准和一致的行为，就必须为这些地区工作的决策者设立道德原则，并且根据情况修改，使其反映当地文化规范。

四 计算机决策

近些年，计算机决策（computerized decision making）已真正开始应用。一些人甚至将2007~2008年的金融危机归咎于过度依赖这些计算机决策模型。贷款专员过去习惯于通过个人判断来对某人的信用可靠性进行决策，目前逐渐被计算机和统计模型支持的机器决策代替。因此，大量的决策与很多假设联系在一起，一旦这些假设证明是错误的，整个信用体系就土崩瓦解，影响经济发展。

除了计算机决策模型的应用以外，以信息分享软件推特（Twitter）为代表的计算机系统及其他众多程序的广泛应用，使得机械的事实和数字代替了人们传统决策中的分析与思考，并且可能导致信息过载。于是人们没有时间、精力和意愿去分辨事物的重要性程度，而只会聚焦于那些急需处理的事情上。佩斯（Pace）大学鲁宾（Lubin）商学院的埃里克·凯斯勒

(Eric Kessler)说,"紧急性在推动决策,而不是重要性"。研究者发现使用过多信息的人比那些使用较少信息的人实际上做出了更糟糕的决策,或者他们干脆就陷入信息的沼泽中而难以做出决定。

计算机决策确实具有某些优点。①计算机有能力积累和整理大量的数据,并且利用这些数据发现某些人类通过直接观察不可能发现的趋势和模式。②计算机不会感情用事,也不会陷入人类才有的决策惯性和偏差中。③计算机决策系统一般比人类反应的要快。

然而,计算机决策系统也有某些缺陷,这些缺陷将极大地限制它们的应用。①虽然计算机可处理大量的数据,但不具备直觉或创造性思维的能力。就像学者阿玛尔·毕海德(Amar Bhidé)指出的那样,一个创新者不可能仅仅依赖历史变化模式来把握未来的机会,人类更可能超越这些数据而发现新的机遇。②人们可以在一起讨论和质疑假设和结论,而如果环境如人们的价值观已发生改变,在这种情况下,计算机不会主动思考其程序是否还有意义或者进行自动调整。

本章小结

本章分别介绍了个体决策和群体决策的基本原理,对决策理论在卫生领域的应用进行了阐述,并分析了个体决策与群体决策的案例,最后对决策理论的发展趋势进行了介绍,如创造力、文化差异对决策的影响等。

在个体决策部分,首先介绍了决策的概念和分类,其次重点论述了决策的主要影响因素:知觉、个体因素和组织因素,再次对理性决策模型、有限理性模型、隐含偏爱模型和直觉决策进行了介绍,最后从9个方面分析了常见决策误区,并给出了如何减少决策偏差和错误的建议。

在群体决策原理部分,首先介绍了群体决策的概念,重点分析了群体决策优点和局限性,并与个体决策进行了比较;群体决策的局限性包括副产物:群体思维和群体偏移;最后详细介绍了常用的定性群体决策技术。

就卫生领域来说,决策活动是频繁发生的事情。由于卫生服务的特殊性,很多决策都必须在很短的时间内快速做出,学习、理解并运用决策理论有助于卫生领域的科学决策。政策制定离不开决策,卫生领域的政策制定同样需要决策理论与技术的支撑,如正确运用,有利于提高政策价值,减少决策失误。

决策需要创造力,创造力的激发有其规律,其与专业知识、创造性思维以及任务本身有关。在各国交流日益频繁和深入背景下,有必要学习文化差异对决策的影响。决策中的道德原则非常重要,但人们发现全球通用的道德标准很少。因此,全球化组织应设立道德原则,目的是确保组织内部按照统一的标准工作,但必要时需要在理解各地文化规范的基础上适当修改。随着计算机决策的应用,需要了解计算机决策的优点和缺陷。

★ 复习思考题

1. 什么是理性决策决策模型？它在什么条件下是切实可行的？
2. 在越来越尊重多元化和个人权利的背景下，有人认为所有决策都要用群体决策的方法。你怎么看待这种观点？
3. 针对案例《如何优化卫生人力的投资》，如果你是这个县的卫生局长，将同意什么样的方案？请对上述方案的优缺点进行评价。另外，你能根据上述方案，结合该地实际，拟定出一套新方案吗？
4. 你是否曾经增加对一项失败活动的投入？如果是，分析一下你所做出的这一增加投入的决策，并解释为什么你会这样做。
5. 围绕着创造力要素模型，请自评下自己目前的创造力并思考进一步提高创造力的着力点和下一步计划。

★ 案例分析题

为什么开大处方？在医院，不按病情给患者多开药、添加不必要的检查项目，这种开大处方的现象并不罕见，一直为国家卫生部所禁止，医院往往暗箱操作，医生也很少公开承认。最近，某县中医院的几位医生向《焦点访谈》栏目反映他们医院实行的是院、科两级核算制和绩效工资制。这些医生承认在绩效工资的压力下给患者开了大处方。但医生们向记者提供的一份该院门诊科室每月核算表显示，医生每月工资的大部分是由他所开出的药费和各种检查费用的提成组成：其中西药提成15%；中药提成20%；化验、放射、B超、心电、脑电等检查项目合称为"医技"合计提成最多，比例为30%。不仅医生的收入增加了，2004年，在院、科两级核算和绩效工资制正式实行的第1年，医院的收入也达到了1005万元，医院还购入了螺旋CT等大型医疗设备。记者在该医院采访期间，院方表示不会停止实行这种处方提成的收入分配制度，院方的解释是：由于医院的生存面临困境，实行这一办法是没有办法的办法

[改编自：刘典恩.临床决策与卫生政策.医学与哲学，2005，26(9)：8~13.]

★ 讨论问题

1. 医生开大开处方决策属于什么决策类型？其背后的原因是什么？该决策与医院有什么关系？
2. 请选择合适的群体决策技术讨论：①如何解决大处方问题？②要解决该问题，除了医院本身的努力外，政府与社会需要提供哪些支持？

第七章

工作团队

学习目标

1. 掌握团队概念、团队与群体的差异。
2. 熟悉常见的团队类型、有效团队的特征。
3. 能够理解如何组建有效的团队。
4. 熟悉组织将个体塑造成为团队选手的方式。
5. 掌握工作团队在卫生领域中的重要性。
6. 分析工作团队有哪些发展趋势。

引例与思考

> 2016年6月14日,齐鲁医院接诊了一位被1.5米钢筋从会阴部贯穿头顶的中年男性患者。男子被紧急送至齐鲁医院急诊外科,接诊大夫立即进行了全身检查,并通知了各科室进行会诊,医院急诊外科、心外科、胸外科、泌尿外科、耳鼻喉科、口腔科等多学科30位专家参与手术,联合对男子进行反复会诊,拟定最终手术方案。手术中,多科室医生紧密合作,经过7个多小时,手术于15日凌晨1点多结束,钢筋被顺利取出,测量长度约1.5米。患者性命被保住,手术创造了医学的奇迹。

在今天的许多组织中,以团队为基础的工作模式取得了巨大的成绩,团队已经成为管理过程中不可分离的一部分,变得越来越盛行。据估计,80%的《财富》500强企业至少有一半员工是在团队中进行工作。在多变的环境中,团队比传统的部门结构或其他形式的永久构成更为灵活,它能够被快速的组合、配置、重新聚焦和解散,也能够通过激励来促进员工参与一线的工作决策。毋庸置疑,基于团队来开展工作是当今组织的一项核心特征,团队将会是21世纪组织和管理成功的最佳方式。

本章将讨论许多与组织中团队有关的问题。首先,将对团队做出定义,分析团队与常见的工作群体之间的区别,描述 4 种常见的团队类型及团队成员的角色。然后明确有效团队的特征,分析组建有效团队的关键要素及将个体塑造成团队选手的几种可行方案。接着具体分析工作团队在卫生领域中的应用。最后探讨在新形势下工作团队的几种发展趋势。

第一节　团队的基本概述

工作团队是由一群不同背景、不同技能、不同知识的人所组成的一种特殊的群体,简称团队。本节将着重对团队的内涵、类型及成员角色等核心内容进行讨论。

一、团队的内涵

(一) 团队的定义

不同研究者针对团队定义提出了多种观点。

美国著名管理学家斯蒂芬·P·罗宾斯认为,团队是一种为了实现某一目标而由相互协作的个体所组成的正式群体。

沙勒斯认为一个团队是由两个以上具有不同背景及特色的人所组成的,他们被赋予特定的角色,表现出不同的功能,在有限的期间内紧密互动、相互依存,机动式的完成共同的目标或具有特别价值的任务。

盖兹贝克和史密斯认为一个团队是由少数具有技能互补的人所组成,他们认同于一个共同目标和一个能使他们彼此担负责任的程序。

尼克·海伊斯将团队定义为:一群人以人物为中心,互相合作,每个人都把个人的智慧、能力和力量贡献给自己正在从事的工作,他是组织中的一分子。其显著特征是团结、合作,有共同目标,以任务为导向。

约翰·卡曾巴赫将团队定义为:由少数有互补技能,愿意为了共同的目的、业绩目标和方法而相互承担责任的人组成的群体。

彼得·德鲁克认为:团队是一些才能互补并为共同的目标而奉献的少数人员的集合。

综合学界对团队不同的定义,我们认为团队是由利用积极协作、个人责任、集体责任及彼此互补的技能来努力完成某个特定的共同目标的成员组成的群体。基本要素包括:团队成员超过两人;成员具有不同的技能、知识和经验,每个成员都能为这个团队做出一定的贡献;团队成员共同承担责任;团队建立以完成共同目标为主要任务。

(二) 团队与群体的区别

在现实生活中,"团队"这一概念应用十分广泛,一群工作者或管理者一般被描述为一个团队,这就像一个科室或部门往往被描述为"一个大家庭"一样。但是人们经常会发现,某些所谓的"团队"根本没有体现出如共同目标、共同承担责任等团队的必备要素。这就需要我们清晰地区分团队与群体的差异。总的来说,所有的工作团队都是群体,但并非所有的群体都是团队。

群体中的成员不一定要参与需要共同努力的集体工作中,因此,群体的绩效,仅仅是每个群体成员个人贡献的综合。在群体中,不存在积极的协同作用,能够使群体的总体绩效水平大于个人绩效之和。工作团队则不同,它通过其成员的共同努力能够产生协同作用,其团队成员努力的结果使团队的绩效水平远远高于个体成员绩效的总和。

从图7-1可以看到群体与团队之间存在多方面的差异。

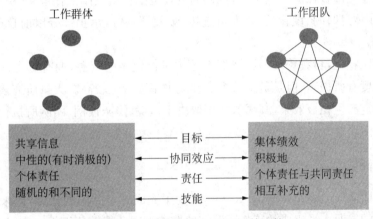

图7-1 工作群体与工作团队的比较

一是,在目标方面,群体强调信息共享,团队则强调集体绩效。
二是,在协同方面,群体的作用是中性的,有时是消极的,而团队的作用往往是积极的。
三是,在责任方面,群体责任个体化,而团队的责任既可能是个体的,也可能是共同的。
四是,技能方面,群体的技能是随机的或不同的,而团队的技能是相互补充的。

二、工作团队的类型

工作团队可以从事各种工作,他们可以设计产品、提供服务、谈判交易、协调项目、提供建议和制订决策。根据团队存在的目的,问题解决型团队、自我管理型团队、跨职能型团队和虚拟型团队是4种最为普遍的团队类型。

(一) 问题解决型团队

20世纪80年代早期,问题解决型团队盛行,典型的是在北美和欧洲流行的质量圈。问题解决型团队(problem-solving teams)一般由来自同一个部门的5~12名员工组成,他们会定期聚在一起,讨论解决工作中的某些具体问题。例如,如何提高服务质量、提高工作效率、降低成本、改善工作环境等。在这类团队中,成员就如何改进工作方法与工作程序,互相交流看法和建议。但是,这些团队几乎没有权力根据建议采取行动。

问题解决型团队的目标比较明确、简单,人员的组成也比较单一,有利于团队的有效沟通与协调合作,迅速解决具体的实际问题。但是这种团队在让员工参与和工作有关的决策及过程上还不够彻底,并且具有临时性质,一项任务完成后,团队就有可能解散或重组。

(二) 自我管理型团队

虽然问题解决型团队可以提供帮助,但它并不能使员工充分参与和工作有关的决策和程度。这种缺陷导致了另一种工作团队的出现,即自我管理型团队(self-managed work teams)。它通常由10~15人组成,他们不仅注意问题的解决,而且执行解决问题的方案,并对工作结果承担全部责任。一般来说,他们的责任范围包括控制工作节奏、决定工作任务的分配、安排工作休息时间、设置目标、人员选拔、绩效评估等,承担部分以前自己的领导所承担的一些责任。

与传统团队相比,自我管理型团队拥有更多可供使用的资源,拥有更大的决策权力,团队成员的满意度有所提高,但是员工缺勤率和流失率通常也较高。大量研究表明,自我管理型团队并不一定产生积极效果,其团队效果取决于情境、团队惯例、团队所执行的任务类型、员工激励等很多因素。

(三) 跨职能型团队

跨职能型团队(cross-functional teams)是为了完成一个共同的任务,由来自不同部门、不同职业领域的专业人员组成的工作团队。跨职能型团队能够使组织内或组织间不同领域员工之间交换信息,激发产生新的观点,解决面临的问题,协调复杂的项目,可以减少完成任务所花费的时间,提高生产效率和利润。但是由于团队成员之间的思维方式、知识结构存在较大差异,有时会导致某些失调性的冲突,这可能会影响跨职能型团队的效力。

许多组织采用跨越横向部门界线的形式已有多年,近年来,这种团队类型也广泛应用于医疗领域。例如,在医院,由一名在重症监护医学领域接受过训练的医生、一名药剂师、一名社会工作者、一名营养学家、一名重症监护室主管护士及一名呼吸治疗师组成的重症监护室团队,每天与每一位患者的临床护士开会商讨最佳治疗方案。这种团队工作方式减少了治疗错误,缩短了患者在重症监护室的治疗时间,改善了医护人员和患者家属之间的沟通和交流。

(四) 虚拟型团队

虚拟型团队(virtual teams)通过计算机技术把身处异地的人联系起来以实现共同目标的任务团队。它既可以联合组织内部所有成员,又可以联合不同组织间的成员,完成信息共享、制订决策、执行任务等其他类型的团队所能做到的全部工作。

虚拟型团队代表了组织改革的新模式和新方向。它避免了言辞或非言辞性暗示,成员在表达自己内心真实想法时少了许多暗示和压力,使决策更具有科学性;并且能够克服时空约束,使得相隔千里的成员共同完成工作。但是,与其他3类面对面型团队相比,这类团队成员间缺少彼此交往和直接交流,他们无法进行日常的面对面问答式讨论,无法进行情感交流。

三 团队成员角色

团队的成员具有不同的性格,而成功的团队必须包括一系列不同的角色。马格利森和麦克卡恩(Magerison & MeCan)提出"团队管理轮盘"(图7-2),将8种特殊的角色分成了四大范畴:探究者、顾问、控制者和组织者。在这一模型中,"联络人"协调了团队成员和团队活动,并承担着团队与"外界"进行联系的工作,这个角色使整个组织有了某种程度的一致性。

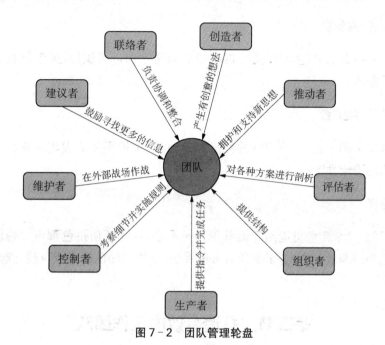

图7-2 团队管理轮盘

(一) 汇报者-建议者

寻求全面的信息,他们是很好的听众,愿意在做出决策之前得到更多的信息,鼓励团队在决策之前充分收集信息,在非草率决策方面起到非常重要的作用。

(二) 创新者-革新者

产生创新思想,这类人富有想象力,善于提出新观点或新概念,具有较强的独立性。

(三) 探索者-倡导者

倡导和拥护所产生的新思想,在创新者-革新者提出创意以后,他们善于利用并寻求资源支持新创意。

(四) 评估者-开发者

分析决策方案,他们具有很高的分析技能,能为决策提供很好的分析依据。

(五) 信任者-组织者

提供信任，促进得到结果，他们会为团队设定目标、制订计划、组织人力、建立起完善的制度以保证能够按时完成任务，是团队中管家级人物。

(六) 总结者-生产者

提供指导并坚持到底，他们着眼于坚持按时完成任务，保证所有承诺兑现。

(七) 控制者-监督者

检查工作的各个细节，他们最关注规章制度的建立和贯彻执行，善于核查细节，并保证避免出现任何差错。

(八) 支持者-维护者

处理外部冲突和矛盾，支持团队的标准和价值观，维护团队的表现。具有强烈的信念，能够增强团队的稳定性。

(九) 联络者

协调与组织，这个角色可能与上面其他角色重叠，上述任何角色都可以扮演这种角色。他是一个出色的协调者，倾向于了解所有人的看法，尽力与团队所有成员建立起合作关系。

第二节　打造有效的工作团队

团队组建的目的是更有效地实现组织目标。如何建设一支高效的工作团队是高绩效实现组织目标的保证，是提升组织竞争力的关键，也是团队工作得以顺利开展的前提。本节中，将基于有效团队的特征，着重讨论哪些因素对于组建有效团队将会产生重要影响。优秀的团队成员是工作团队高绩效的基础，但人们并非生来就是合适的团队选手，那么如何将个体塑造成为团队成员也是本节将要讨论的内容。

一、有效团队的特征

(一) 清晰的目标

高绩效团队能够准确理解将完成的目标，并且坚信这一目标包含重大的意义和价值。在有效的团队中，成员认同团队的目标，知道团队对自己的期望，愿意为团队目标做出承诺，并且懂得如何进行合作以实现这些目标。

(二) 相关的技能

有效团队是由一群有能力的成员组成的,其成员应该拥有进行良好合作并实现预期目标所必需的技术技能和人际关系技能。人际关系技能尤为重要。有精湛技术能力的人并不一定有处理团队内关系的高超技巧,而有效团队的成员则往往兼而有之。

(三) 相互的信任

成员之间高度信任,相信彼此的能力和品行是有效团队的显著特征。每个成员对其他人的品行和能力都确信不疑,只有信任他人才能换来被他人的信任。

(四) 一致的承诺

在有效团队中,成员对团队展示出高度的忠诚和奉献精神,并且愿意去做任何能够帮助团队获得成功的事情,我们把这种忠诚和奉献称为一致的承诺。通过对成功团队的研究发现,团队成员对他们的群体具有认同感,他们把自己属于该群体的身份看作是自我的一个重要方面。

(五) 良好的沟通

有效团队的成员之间应该以通俗易懂、清晰明确的方式来传达各种言语和非言语信息,成员之间能够迅速、高效的分享创意和感受,并及时获得反馈。管理层和团队成员之间健康的信息反馈也是良好沟通的重要特征,它有助于管理者指导团队成员的行动。

(六) 谈判的技能

对于有效的团队而言,其成员角色具有灵活多变性,处于不断调整变化中,因而有效团队会不断调整成员的工作任务。这种灵活性要求团队成员具备谈判技能,随着团队面临的问题和关系的改变而及时正视和化解分歧。

(七) 合适的领导

有效的领导对于团队非常重要,能够为团队成员指明前进的目标,克服惰性,增强成员自信心,帮助成员更充分地实现他们的潜力,为团队提供帮助、指导和支持。有效团队的领导者往往担任的是教练和后盾的角色。他们对团队提供指导和支持,但是并不试图去控制它。

(八) 内部和外部的支持

有效团队不可或缺的最后一项特征是拥有可以提供各种支持的环境。在团队内部,应当具备一种合理的基础结构为成员提供支持,包括适当的培训、一套易于理解的并用以评估员工总体绩效的考核与薪酬体系等;在团队外部,管理层应当为团队提供完成工作任务所必需的各种资源。

组建有效团队的关键要素

组建有效团队的关键要素可以归结为 4 类(图 7-3):第 1 类是资源等影响团队效力的情境因素;第 2 类涉及团队的组成;第 3 类是工作设计;第 4 类是过程变量,即团队中能够影响其效力的事件。团队效力包括对团队生产率的客观评测、管理者对团队绩效的评估和成员满意度的总体评价。

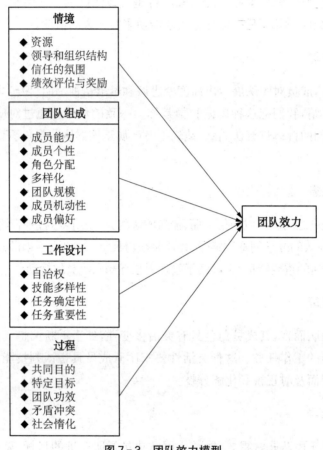

图 7-3 团队效力模型

(一) 情境

与团队绩效关系最大的影响因素是具备足够的资源、有效的领导、信任的风气及绩效评估与奖励系统。

1. **资源** 团队是更大的组织系统的一部分,因此,所有的工作团队都要依赖群体之外资源的支持。这些支持包括及时的信息、技术、足够的员工配置、鼓励和行政上的帮助。要想成功地实现团队目标,团队应当从管理层及更大的组织中接受必要的支持。

2. **领导和组织结构** 在团队中,对于谁做什么和保证所有成员承担相同的工作负荷问题,团队成员必须取得一致意见;另外,如何安排工作日程、需要开发什么技能、如何解决冲突、如何做出和修改决策等,这都需要领导和组织结构来提供方向和焦点。

3. 信任的氛围　有效团队的成员间必须彼此信任,他们也要向领导者展示信任。团队成员间的相互信任可以促进相互合作,减少监管行为,并且使团队成员坚信团队中没有谁会利用他们。

4. 绩效评估与奖励系统　如何让团队成员既有个人责任感又负有集体感呢？要体现团队绩效,就应当对传统的、面向个体的评估和奖励系统进行修改。个体绩效评估、固定小时工资、个体激励因素等类似的事物与高绩效团队的发展不可调和。因此,除了要对员工的个体贡献给予评估和奖励之外,管理层应当考虑基于群体的评价、分红制、收入分成及其他能够强化团队努力和责任感的系统安排。

(二) 团队组成

1. 成员能力　团队绩效在部分程度上取决于团队成员的知识、技能和能力。团队需要具备3种不同类型技能的成员。①需要具有技术专长的成员。②需要具有解决问题和决策技能的成员。他们能够找出问题,提出解决问题的方案,并权衡各种备选方案,最后做出有效选择。③需要善于聆听、反馈、解决冲突及处理人际关系技能的成员。

2. 成员个性　个性对个体员工的行为有着显著影响,也同样与团队效力相关。如果团队成员的外向度、认同度、责任心和情绪稳定性的平均水平较高,管理层对团队的评估价值也较高。

3. 角色分配　不同团队有着不同的需求,团队在挑选成员时,应当确保所有必要的角色都获得填补。从马格利森和麦卡恩团队管理轮盘中我们可以确定8种潜在的团队角色和一种起着连接作用的角色。这些角色都需要有团队成员充当,并且是基于技能和偏爱来承担合适的角色。管理者应该了解每个成员对团队的影响力,并在挑选团队成员时就加以考虑,给成员分配最合适的工作任务。

4. 多样化　多样化的团队能够受益于不同的观点和视角,进而取得更高的绩效。尽管团队内部会有冲突,但它的绩效仍然超出由单一技能组成的团队。多样化也是把双刃剑,它可以增加观点的多样性,也会使有不同观点的人解决问题更加困难。

5. 团队规模　通常来说,最有效团队的成员都不会超过10人。当团队成员出现冗余状况时,团队凝聚力会下降,社会惰化现象加剧,人们倾向于逃避责任。所以在创建有效团队时,应当尽量控制团队规模,如果工作单元太大而又想采用团队方式完成工作,可以考虑将大的群体拆分成若干小团体。

6. 成员机动性　由具有机动性的个体组成的团队,拥有的成员在必要时可互相完成其他人的任务。这对于团队来说是一个明显的优点,因为这提高了团队的适应性而不必过于依赖某一个体。因而要选择重视机动性的成员,然后对他们进行交叉培训,随着时间推移,将会提高团队的绩效。

7. 成员偏好　在选择团队成员时,个体偏好应当与能力、人格、技能等同时予以考虑。高绩效的团队通常是由喜欢成为团队成员的人们所组成,这是因为并非每个员工都是团队选手。如果让他们自己选择,不少员工会选择不加入团队,当要求偏爱独自工作的人加入团队时,会对团队道德产生直接威胁。

(三) 工作设计

工作设计包括自由和自主性(自主性)、使用多种不同技能的机会(技能多样性)、完成一项完整任务(任务完整性)和工作对他人的意义(任务重要性)。有效的团队需要成员共同努力,共同承担责任来完成任务。有特色的工作设计可以提高员工的责任感和主人翁精神,从而提高员工受激励的程度,提高团队绩效。

(四) 过程

与团队效力有关的最后一个因素是过程变量。过程变量包括成员对一个共同目的的努力、特定团队目标的建立、团队功效、对矛盾的控制及社会惰化的减少。对规模较大的团队及成员之间依存很高的团队来说,这些过程变量尤为重要。

1. 共同目的 有效团队有一个共同的有意义的目的,它为成员提供方向、动力和义务。这个目的是一个远景。有效团队首先会分析本团队的使命,设定目标及制订战略来实现这些目标。如果团队能够清楚地认识到自己需要做什么,以及如何去做,往往会表现得更好。

2. 特定目标 成功团队会把团队的共同目的分解成为具体的、可测量的、切实可行的、具有挑战性的具体绩效目标。具体目标能够促进明确的沟通,有利于团队保持全神贯注的状态,致力于实现这些目标。

3. 团队功效 团队成员对自己有信心,他们相信自己能成功,我们称为团队功效。团队效能会增强团队对自己未来获得成功的信念,反过来又激励团队成员更加努力的工作。获得较小的成功和技能培训是帮助团队提高功效的两种途径。

4. 矛盾水平 团队中的矛盾未必是坏事,事实上矛盾能够提高团队绩效(当然不是所有类型的矛盾)。对于从事非常规活动的团队,成员之间在任务内容方面的意见不一致(称为任务矛盾)可以激发成员间的讨论,促进对内容和备选方案的批判性评估,能够带来更好的团队决策。因此,有效团队的特征之一是有适当水平的矛盾存在。

5. 社会惰化 社会惰化(social loafing)指的是个体在群体中工作不如单独工作时那么努力的倾向。在团队中可能无法准确衡量每个成员的具体贡献,因而,团队成员可能会变成"搭便车者",借助群体的努力而自己不费力气,在团队中滥竽充数。有效团队通过让成员在团队和个体这两个层面上对团队目的、目标和行动方式承担责任,从而减弱其社会惰化倾向。

三 如何将个体塑造成团队选手

每一个组织都需要人员来从事本组织业务范围内所必需的工作,但是许多人并非生来就合适充当团队选手。组织可以采取以下几种方案获得合格的团队成员,并将其塑造成团队选手。

(一) 选拔

如果团队中存在员工空缺,那么管理者应当利用通过工作分析收集到的信息来指导自己的招聘,即发现、识别和吸引合格的求职者。表7-1解释了管理者可以用来发现潜在求职者的不同招聘途径。团队有着不同的需求,在挑选团队成员的时候,应该确保其包含各种不同的角色,具备不同的技能和偏好。管理人员需要首先了解个体优势,根据不同的优势选择员工,并恰当分配工作任务,提高团队成员共同工作的可能性。

表7-1 不同的招聘途径

招聘途径	优点	缺点
互联网	可触及大量人员;可立即获得反馈	产生许多不合格的求职者
员工推荐	公司员工可以提供关于本公司的信息;能够获得优秀的候选人	可能不会增加员工多样性
公司网站	辐射范围广;能够瞄准某些特定群体	产生许多不合格的求职者
校园招聘	大量的候选人集中在一起	仅限于初级职位
专业招聘机构	非常熟悉该行业面临的挑战和要求	对特定组织没什么承诺

(二) 培训

通过选拔能够招聘到员工,但要想取得较高的团队绩效,员工不仅仅需要拥有某些特定的技能,还必须能够适应组织的文化,更重要的是通过团队培训,学会以一种与团队目标相一致的方式从事工作。表7-2描述了组织提供培训的主要类型。培训可以使个体成为合格的团队选手,通过员工培训,帮助员工解决问题,与员工沟通、谈判、处理冲突并传授技能,使他们不但接受认可团队工作的价值观念,也掌握团队工作所必备的实用技能。

表7-2 培训的类型

类型	优点
一般培训	沟通技能,电脑系统应用和编程,高管培训和开发,管理技能和开发,个人发展,销售,监管技能,技术技能和知识
具体培训	基本的工作/生活技能,创造力,客户教育,多样性/文化意识,写作辅导,变革管理,领导力,产品知识,公开演讲能力,安全知识,工作伦理,团队建设,身心健康等

(三) 薪酬

大多数人都希望从雇主那里获得合适的薪酬,设计一种合适、有效的薪酬体系是团队建设过程的重要组织部分,它可以帮助吸引和留住那些有才华的优秀员工。管理者制定的薪酬体系必须能够反映工作和工作场所不断变化的特征,以使员工获得足够多的激励,鼓励员工共同合作。组织提供的薪酬可以包括多种类型的奖励和福利,如基本工资和薪水、工资和加薪、激励工作,以及其他各种福利和服务。团队中的晋升、加薪和其他形式的认可,应该给予那些善于在团队中与其他成员合作共事的个人。

第三节 工作团队在卫生领域中的应用

一、工作团队在卫生领域中的重要性

(一) 医疗卫生领域依赖多学科协作

随着社会经济的发展和人们生活水平的提高,医学对人类自身发展的重要性日益突出。随着医疗技术水平的不断发展,医院的专科划分越来越细,对于疾病的治疗更加专业,虽然大大提高了医生专业技术水平,但同时也面临着其知识领域的限制,有时并不能给患者提供最佳的诊疗决策。人体是一个有机整体,不可避免会遇到一个患者患有多个专科疾病,或者所患的疾病治疗需要涉及多个专科。这时,无论是诊断还是治疗,均涉及多学科领域,单个医生为患者提供的医疗服务已经不能覆盖患者的诊疗全过程。因此,在高度专业化的基础上,需要以患者为中心,集中各个学科和专家的经验、知识和循证医学证据,制订适合每个患者的诊疗方案和最佳治疗模式,发挥各学科的整体优势与合力,为患者提供综合的团队医疗服务,保证医疗安全,提升医疗质量。

(二) 医疗技术实施需要多部门协作

医疗保健本身就是一项团队服务。随着医学各学科、医学与其他学科间的交叉、整合和重新构建,卫生服务的目的从提供疾病诊治转向对生命全过程的健康监测,新的医疗模式着重强调将多学科、多层次、多途径的协作和团队配合融入疾病预防、诊断、治疗、康复等不同的阶段。在医疗技术具体实施过程中,将会涉及临床科室、营养科室、康复科室、麻醉科室、手术室等多学科专家会诊、制订和修改诊疗方案、监测诊疗过程、评估诊疗效果;还涉及医生层面、护士层面、患者家属层面、社会工作者等多层面团队相互配合。大量证据表明,在慢性病的预防和管理中,将患者和同伴教育融入团队合作关系中,将显著改善患者健康状况和临床治疗效果。

(三) 团队协作在卫生领域体现出高效性

研究表明,团队协作是提高医疗护理质量、改善患者就医安全、降低医护人员短缺及解决医护人员超负荷工作的有效途径,可以明显地降低工作量、提高工作满意度、保持工作稳定性及降低患者的发病率。此外,团队协作对于提高医疗机构科研水平、加强人才管理、营造团结协作的工作氛围、增强集体凝聚力、塑造医疗机构文化和促进医疗机构可持续发展具有重要意义。

肿瘤多学科协作团队诊疗模式

(一) 案例简介

肿瘤是一种全身性疾病。在过去,肿瘤患者可能要分别挂号看多个学科、多个门诊。在这个过程中往往会因为时间延误,耽误了病情。随着医疗技术的发展,肿瘤的治疗不单是外科手术的问题,而是要综合考虑各方面状况对患者身体的影响再做诊断。精准化、个体化、综合化的多学科协作治疗是目前肿瘤诊治最新模式。某医院根据疾病特点,成立了以肿瘤科为基础,由肿瘤内科、肿瘤外科、放疗科、介入科、影像专业(放射科、超声科、核医学科)、病理科、心理、护理等相关科室组成的肿瘤多学科协作团队。把具有不同专业知识、技能和经验的专家聚集在一起,打破学科之间的界线,学科间以"虚拟"合作的形式,针对某种疾病,以患者为中心,讨论制订适合患者个体的诊疗方案和最佳治疗模式。

为使患者得到规范有效的治疗,保证多学科协作团队诊疗模式,医院制订了相应的系统疾病诊疗规范、会诊制度和疑难危重患者多学科综合诊疗的相关制度等一系列多学科协作指导文件。选拔优秀的、有影响力的、包容性的负责人,在遇到不同意见时,负责人要进行高度的整合、总结和决策。团队成员选拔的是相关科室副高级职称以上具有独立诊治能力,有一定专业学术水平、有团队精神、善于合作、相互信任和尊重他人意见,并能时刻跟踪本领域诊断治疗发展前沿的医学专家。成员之间通过信息交流、资源共享确保诊疗质量。

(二) 案例讨论

运用工作团队的相关理论,分析案例中的肿瘤多学科协作团队属于哪种团队类型,该团队的建设具备有效团队的哪些特征,为什么是有效的。

1. **团队类型分析** 为了做出合理的临床诊断治疗决策,为患者提供规范化、个性化的综合肿瘤治疗方案,医院成立了以肿瘤科为基础,由肿瘤内科、肿瘤外科、放疗科、介入科、放射科、超声科、核医学科、病理科、心理、护理等相关科室组成的肿瘤多学科协作团队。这属于跨职能型团队。

2. **团队特征分析** 案例中的肿瘤多学科协作团队的构成并非是简单的医疗人员的合并组合,而是由不同学科和部门、具有特殊专业知识技能的个体,彼此相互依赖、配合,在能力上互补,在组织结构上优化组合,发挥整体优势与合力,并致力于实现共同工作目标,因而是有效的。这个团队具备以下特征。

(1) 清晰的团队目标:制订适合患者个体的诊疗方案和最佳治疗模式,使患者能够得到规范有效的治疗。

(2) 拥有具备相关技能的团队成员:团队由医院肿瘤科为基础,联合相关临床及辅助科室专家,组成优势互补的诊疗团队,并能时刻跟踪本领域诊断治疗发展前沿的医学专家,为患者提供全面的诊断、治疗和康复建议。

(3) 相互的信任:选拔的团队成员具有一定专业学术水平、有团队精神、善于合作、相互信任和尊重他人意见。

(4) 合适的领导：团队选拔具有优秀的、有影响力的、包容性的负责人作为领导者。

(5) 内部和外部的支持：医院制订了相应的系统疾病诊疗规范、会诊制度和疑难危重患者多学科综合诊疗的一系列相关制度为团队发展提供了有力支持。

三 梅奥诊所：倡导团队医学

(一) 案例简介

梅奥诊所是世界著名私立非营利性医疗机构，于1864年由梅奥医生在明尼苏达州罗切斯特市创建，是世界最具影响力和代表世界最高医疗水平的医疗机构之一。团队合作是梅奥诊所的核心战略和重要制度。医生们通过团队合作，解决棘手的医疗问题。在梅奥诊所，为患者提供服务的不只是一位医生，而是"整个组织"。根据患者情况的不同，外科医生、手术室护士、技术人员、受过专业训练的护士、营养学家、理疗专家和社会工作者等都有可能加入这个团队，通过汇集不同医学领域的专家团队为每一位患者提供医疗服务。

梅奥的招聘制度非常严格，他们只招适合梅奥的人。当然，并不是每位员工都具有志愿精神，梅奥所要做的就是不断挖掘具有这种精神的员工，不断地在招聘过程中寻求善于团队合作的员工。梅奥诊所及其患者受益于梅奥员工高度的志愿精神，为患者和团队尽心尽力已成为梅奥文化的精髓。梅奥诊所投入了大量资金进行员工在职培训，许多是一次几小时的教育课程，有的则会持续数天。这些教育项目用于帮助提高和更新员工的知识水平，并巩固确保梅奥诊所不断成功的价值观念。提高员工能力和发展职工职业生涯的另一个重要部分是专业发展辅助项目。通过提供学费上的支持，梅奥诊所鼓励员工利用外部的教育机会为自己在梅奥当前或其他岗位提供专业发展支持。

梅奥诊所对待员工从小处着眼，为员工营造社区感，建立共同愿景，提倡合作精神。梅奥诊所通过对基础设施和通信设备的大量投资，为合作提供便利。梅奥为团队不断地进行物力、技术、系统等多方面投资，以保证团队能够提供高质量、个性化的服务。在梅奥诊所，相互尊重至关重要。相互尊重意味着相互信任、平等对待、乐于倾听、和睦相处。无论是对患者、同事、医生或是管理人员，对任何人都应该以礼相待，把他们视作团队中的一分子。

在薪酬制度方面，梅奥诊所的医生薪资水平高于市场同等条件下其他医院医生的薪资水平；同时，通过制度设计保证医生在面对利益诱惑时，不会损害患者利益。为了鼓励团队合作，梅奥诊所实行全薪制，即不会基于医生的出诊数量或做手术的数量为其提供奖金，花费时间协助同事同样不会造成个人收入的减少。

梅奥诊所能为医生们提供更好的发展空间，能更好地发挥他们各自的专长。梅奥诊所的互助体系让每个人感觉到自己不是一个游离的单细胞，而是置身于一个有机体中，时刻感觉到团队的力量。梅奥诊所的"无边界管理"设计使得组织更加开放，使人才资源自由流动，能力和资源也得到最大限度的开发，使得不同工作小组的专长得到最大化发挥。

(二) 案例讨论

运用工作团队的相关理论,分析在梅奥诊所倡导的团队合作中,体现了组建有效团队的哪些关键要素,梅奥如何将个体塑造成团队成员。

1. **有效团队的关键要素分析** 基于组建有效团队的 4 类关键要素,案例中梅奥诊所的团队建设中体现了以下要素。

(1) 情境因素:在资源方面,梅奥诊所为团队合作提供必备的资源,通过对基础设施和通信设备的大量投资,为合作提供便利,并为团队不断进行物力、技术和系统等多方面投资,以保证团队能够提供高质量、个性化的服务。在领导和组织结构方面,构建了"无边界管理"的组织设计及强有力的促进团队合作的领导;在信任的氛围方面,团队中形成了相互尊重、相互信任、平等对待、乐于倾听、和睦相处的团队氛围和互助体系;在绩效评估与奖励系统方面,有一套合适的薪酬体系、工作制度和升迁制度来满足团队成员的需求。

(2) 团队组成:在成员能力方面,梅奥重视成员选拔与能力培训,选拔适合梅奥、认同梅奥价值观的成员,通过培训帮助提高团队成员的知识水平。在成员偏好方面,梅奥诊所通过招聘制度,招聘适合梅奥的人,并通过培训巩固确保梅奥诊所不断成功的价值观念,为员工建立共同愿景,提倡合作精神。

(3) 工作设计:梅奥强调员工价值的组织文化让员工每时每刻都能够感受到尊重的力量,提升员工志愿精神,降低团队矛盾水平,使员工更甘于付出,提高工作热情,提升团队认同和凝聚力。梅奥诊所的互助体系让每个人感觉到自己不是一个游离的单细胞,而是置身于一个有机体中,时刻感受到团队的力量。

(4) 过程变量:在共同目的方面,医生们旨在通过团队合作,解决棘手的医疗问题;根据患者情况,通过汇集不同医学领域的专家团队为每一位患者提供医疗服务。在矛盾水平方面,梅奥诊所倡导团队合作的精神及强调员工价值的组织文化让团队成员时刻感受到他们是团队中的一分子,团队矛盾水平随之降低。

2. **将个体塑造成团队成员分析** 梅奥诊所在选人、留人、用人、发挥人的潜能方面有一系列有效的制度和措施:①通过严格的招聘制度,吸引和选拔那些个人价值观同组织价值观一致的优秀人才;②通过在职培训、专业发展辅助项目等措施提高员工的知识水平和专业能力,使其更快更好的融入团队;③梅奥诊所通过薪酬制度设计鼓励员工参与团队合作,面对利益诱惑时,不会损害患者利益;④梅奥合作医疗、倡导互助、互相尊重、相互信任的医院文化激励员工竭尽全力工作,为患者提供优质的诊疗服务。

第四节 工作团队的发展趋势

从单独工作转变为在团队工作,这要求员工之间进行合作、共享信息、正视分歧,并且超越个人利益以实现工作团队的整体利益。随着社会的进步与发展,当今团队管理与团队建设也正面临着一些新的挑战,有了一些新的发展趋势。主要涉及团队弹性、互联网医疗发展及工作家庭冲突对医疗卫生领域工作团队的影响和挑战。

一、团队弹性的发展与影响

团队与传统部门或者其他群体相比,能够更加灵活和迅速地应对变化的环境,即具备更高的灵活性和弹性。团队弹性是团队面对危机、压力等负性情景时的抵御能力、恢复能力、再组织能力和更新能力。

团队弹性在个体和团队两个层面并不是孤立的,而是相互联系、共同提升的。提高成员个人弹性的同时也提高了团队弹性,因而将人性因素应用到团队管理中有助于提高团队竞争力。胡普斯(Hoopes)研究认为建立弹性团队的第一步就是集合具有弹性的个人作为团队,这些具有弹性的人在特定的情境下会表现出合适的特征。一个具有弹性的团队应该包括个人弹性和协同,而且弹性团队中的每个成员均应具备积极、专注、灵活、组织、积极主动等特质。

医疗卫生领域的特殊性要求团队具备高度的灵活性和弹性,以应对内部和外部医疗环境的不断变化,减少医疗风险,提高团队处理问题和救治患者的能力,改善医疗质量,提升患者安全。对于医疗卫生领域,组建具有高度灵活性和弹性的工作团队是未来发展的一大挑战。①在成员配置方面,团队成员在共同的目标、兴趣和心理相容的前提下,其专业、技能、性格、资历的构成是异质的,这样便于各方面的互补。②构建学习型团队。通过团队间的学习弥补团队成员技能上的缺陷,使团队成员能够自我调节,满足变化的需求,执行不同的决策和功能,当某一个角色不在的时候要求有人主动去补位,分担团队领导的责任和发展的责任。③团队管理者要重视队员之间的互相磨合和默契程度,创造积极向上的、彼此信任的团队气氛。这样在任何人忙不过来的时候,团队其他成员会主动帮助,让患者得到良好满意的服务。

二、互联网医疗发展的影响

20世纪90年代,我国的互联网医疗行业兴起,从早期的健康科普与健康咨询逐渐延伸到个人健康管理。互联网医疗,是以云计算、大数据、物联网等信息技术为支撑,以互联网为载体,与传统医疗业务交叉渗透、融合创新而形成的新的医疗模式。互联网医疗具有开放、交互、便捷和跨界等特点,有利于提供多样化的就医方式和个性化的医疗服务,提高诊疗咨询的效率。随着"互联网+"概念的普及,促使互联网医疗形成了医药电商、在线问诊及预约、可穿戴设备和远程医疗等多种服务应用模式。近年来,"互联网+"医疗已成为一种发展趋势。

"团队医疗"是互联网医疗发展第3个阶段的主要特征。在这个阶段,通过利用互联网技术,将资深专家的经验和年轻/基层医生的时间相融合,让资深专家专注于重症患者,做经验传承。让年轻/基层医生获得转诊的绿色通道、优先会诊等资源,共享专家组的经验及品牌，获得便捷的协作、会诊、转诊及服务患者的工具。通过互联网，使大医院和基层医院之间建立远程医疗的关系，优化医疗资源配置，让患者享受更加优越的医疗服务。

互联网医疗的发展，将把禁锢在公立医院或大医院的生产力释放出来，使医生根据市场需求寻找适合自己的发展平台。医疗团队的出现可能是有益的探索和尝试。但是如何组建高效的医疗团队、培养团队成员就成为互联网医疗发展面临的最大挑战。①团队成员的来源问题。相当一部分医生已经习惯于生活在体制的"笼子"里，不愿意出来，而且大部分名医似乎不愿意放弃公立医院的大平台；即便出来了，如何适应新工作的要求和体制外的生活，也是面临的一个问题。②与医药行业传统的"医生+护士"模式不同，互联网医疗对团队成员的技能要求有一定的特殊性。最理想的状态是团队成员是既懂互联网又懂医疗的人才，在有效地分析研究和利用海量的患者数据的同时，又具备精湛的医疗服务水平。

三、工作家庭冲突的影响

在日常生活中人们除了员工这个角色，常常要履行其他多种角色。工作和家庭对每个人来说都是最重要的领域，而工作角色和家庭角色相互之间并不是完全独立的。Hobgoll的资源守恒理论指出：时间和精力是消耗性的资源，一旦消耗就不能再继续完成同领域或其他领域的相关任务。也就是说，一个角色（如工作角色）的较高需求会导致可用于另一角色（如家庭角色）的资源相应变少。当来自工作和家庭两方面的压力在某些方面出现难以调和的矛盾时，就会产生工作与家庭之间的冲突。因工作角色介入对家庭角色产生干扰称为工作-家庭冲突；反之，则称为家庭-工作冲突。

医生是一个特殊的职业，具有工作超时、作息不规律、高风险、服务对象期望高等特性，加上医疗执业环境不断恶化，医患关系紧张，医生要投入更多的时间和精力在工作上。工作时间的增加意味着投入家庭时间的减少，更是工作对家庭生活的占领和入侵的表现。因此，工作对家庭的影响非常明显。工作家庭冲突不仅影响着医生个人的身心健康，如焦虑和抑郁、身体不适、生活满意度较低等；而且对工作也会带来消极影响，如工作效率低、态度倦怠、工作满意度低、缺勤和离职等。这将影响整个团队的竞争力。

研究表明，工作组织在帮助员工平衡工作与家庭矛盾中能扮演积极的角色，而且现代员工价值观中更多纳入了平衡家庭和工作关系的概念。因此，在团队建设过程中，工作组织应该充分考虑通过适宜的组织政策或工作设计帮助团队成员协调好工作和家庭之间的关系。

本章小结

团队是由利用积极协作、个人责任和集体责任以及彼此互补的技能来努力完成某个特定的共同目标的成员组成的群体。团队具备以下要素：团队成员超过两人；成员具有不同的技能、知识和经验，每个成员都能为这个团队做出一定的贡献；团队成员共同承担责任;团队建立是以完成共同目标为主要任务。团队有不同的类型,根据团队的存在目的,组织中的团队一般可以分为问题解决型团队、自我管理型团队、跨职能型团队和虚拟型团队。成功的团队必须包括一系列不同的角色,即探究者、顾问、控制者和组织者四大范畴、8种角色。

有效团队有一系列共同特点:它们拥有清晰的目标、相关的技能、相互的信任、一致的承诺、良好的沟通、谈判的技能、合适的领导、内部和外部的支持。组建有效团队的关键元素包括4类:①资源等影响团队效力的情境因素;②涉及团队的组成;③工作设计;④过程变量。为了塑造团队成员,管理人员应该努力选拔那些人际关系技能较强、有可能成为有效团队选手的个人,对员工进行培训,开发其团队工作技能,并对个人的合作努力给予奖励。

随着医疗模式、医疗机构管理模式转型以及医疗技术水平的不断发展,团队合作在卫生领域中的重要性日益凸显,卫生领域中多职能、多部门、多学科间的团队合作被广泛应用并体现出高效性。

随着社会的发展,团队管理者应该重点关注团队弹性、互联网医疗发展以及工作家庭冲突对医疗卫生领域工作团队的影响和挑战。

★ 复习思考题

1. 团队与群体存在哪些差异?
2. 团队可以分为哪4种类型?
3. 高效工作团队具有哪些特征?
4. 影响团队是否有效的条件或环境因素有哪些?
5. 如何塑造团队选手?

★ 案例分析题

美国"以患者为中心的医疗之家"

"以患者为中心的基本卫生保健合作组织"(PCPCC)是由全美国4家医师协会和IBM等一些大型企业于2006年共同发起成立,目前已经有超过1万名各类成员,是美国基本卫生保健服务在组织、提供方式和信息技术等方面的创新模式。该模式为患者建立了一个从初级保健到团队治疗的递进模式。每位患者均有自己的个人医师进行初诊、综合诊断、持续深入的治疗。团队治疗可以显著改善医疗保健模式,减少急诊、住院和再入院,缩短住院时间。团队医疗还能为患者提供健康管理,因为每位患者都有自己的实时监护医师。团队医疗降低了医疗资源浪费,增加了治疗过程中各科医师、各部门之间的协作。

"以患者为中心的医疗之家"模式涉及基本卫生保健领域服务理念、服务方式和内容等多方面改革和创新,主要依赖于以下几方面的支持。

(1) 人力资源:该模式需要家庭医生、专科医生、护士、营养师、药剂师以及信息技术人员等众多专业人员参与。参与者要按照该模式的特点和要求提供服务,除了具备专业能力外还要理解该模式的理念,有沟通、协调配合和应用信息技术的综合能力。PCPCC 帮助医疗机构开展人员培训,着重提高人员的沟通协调能力,维护和患者及其家庭的关系,并且配合医疗卫生人员培养体制改革来达到该模式对人员的要求。

(2) 电子信息技术:该模式的创新运作需要电子信息技术在各个环节的全面支持。从医疗信息收集、记录,到医疗决策、医疗效果评估等都离不开信息技术,建立电子病历系统、网络电话咨询系统。

(3) 资金:在医疗机构转变为"医疗之家"模式的过程中,进行教育培训、设备更新、人力投入等都需要资金,联邦财政、大型保险公司对此都给予了支持。

(4) 支付方式改革:医疗保险支付方式要适应模式创新的需要,能够激励和引导健康服务团队,体现团队贡献、服务质量和满意度因素。

"以患者为中心的医疗之家"模式如图 7-4 所示。

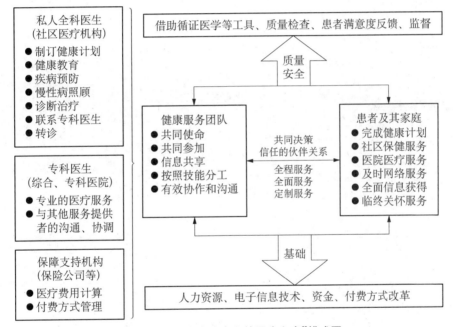

图 7-4 "以患者为中心的医疗之家"模式图

在 PCPCC 的推广下,"以患者为中心的医疗之家"模式迅速发展。截至 2014 年 1 月,包括全美最大的医疗计划在内的 90 多个医疗计划和众多大型企业积极推广该创新模式,大约 7000 家医疗机构通过认证。该模式使每位患者得到医疗团队提供的教育、预防、治疗和慢性病照顾等全方位服务;通过电话、网络咨询、电子健康记录提高了医疗效率;最显著的成效是在解决美国突出的医疗费用高涨问题方面产生了积极效果。

[改编自:高飞,闫东玲.美国"以患者为中心的医疗之家"创新模式及其启示.沈阳工业大学学报:社会科学版,2015(3):225~230.]

★ 思考问题

1. 案例中的"以患者为中心的医疗之家"模式属于工作团队的哪种类型？
2. 该团队体现了哪些团队特征？
3. 结合案例说明，构建有效团队的关键要素有哪些？
4. "以患者为中心的医疗之家"模式对我国基本医疗卫生服务有哪些启示？

第八章

沟 通

> **学习目标**
>
> 1. 掌握沟通的基本过程和模型。
> 2. 理解沟通的作用、类型和方向。
> 3. 理解影响沟通的常见障碍因素。
> 4. 掌握提升沟通效果的策略和技巧。
> 5. 运用沟通的基本理论对沟通过程进行分析。

引例与思考

医院里曾经有一个老大爷,挂完号直接冲到医生的办公室,对医生说:"你们这个医院太黑了,怎么能这么贵。我挂的是普通外科,为什么给了我一个专家号?"医生就有点诧异,说:"我就是专家呀。"老大爷说:"我明明挂的是普通外科,那就应该是普通大夫,你怎么可能是专家呢?"

"普通外科"这个称呼实际上闹出过很多的笑话。昆明暴恐袭击的时候,因为很多都是砍伤,国家卫计委当时派了协和医院普外科最好的专家去现场救治。结果网友评论说,"都到什么时候了,国家怎么还派普通的大夫,不能派高级的大夫吗?"[引自:一席.在上海十余家医院蹲守近两年,他看到的是真实的人间世态.中国医学论坛报,2016,12(27).]

对于"普通外科"这样一个医院常用的科别名称,由于人们的理解不一,就引起了这么多的误会。可见,沟通并不是一件简单的事情。要做到良好沟通,双方需要建立共同的背景信息。而信息不对称恰恰是卫生领域的特点之一,因此在卫生领域如何更好地认识沟通的重要性,做到有效沟通,对于沟通理论的理解就显得更为重要。

本章主要包括4部分内容,首先介绍沟通的概念、主要作用、沟通过程和类型;然后阐述沟通的常见障碍因素,有效沟通策略与技巧;再运用沟通的基本理论知识,对卫生领域的案例进行分析、解读;最后简述新形势下沟通的发展趋势、可能面临的挑战等。

第一节 沟通概述

著名成功学家戴尔·卡耐基(Dale Carnegie)认为,交流沟通是人类行为的基础。人们的日常生活、工作和学习都离不开沟通。要提高沟通能力,培养高效沟通技能,首先要对沟通的功能、内涵、过程与类型等有所理解。

一、功能与作用

沟通最基本的作用是信息传递。人们借助于文字、表情、动作、语气等符号表达思想、感情等信息,这些信息通过采集、传送、整理、交换等过程在人们之间进行交流传递。这一过程可增进彼此了解、相互促进,有助于各部门、各成员之间密切配合、有效协调,完成组织使命、实现组织目标。

沟通为人们提供了情绪表达的途径。例如组织成员通过彼此间的沟通表达自己的满足感、成就感、归属感、参与感和挫败感等。

在组织层面,良好的沟通是组织有效运行的基本保证。医疗卫生组织关系人民群众身体健康,其提供的有关服务具有极强的专业性、技术性;在医疗卫生组织中,服务的提供者、决策者和相关保障人员等相互依存,他们之间保持良好的沟通有利于组织目标的顺利实现。

在个体层面上,沟通会对生理健康产生极大的影响。研究表明,个人一天短短10分钟的交往可以改善记忆力、增强智力;沟通还可以满足人们娱乐、感情、休闲等社交需求;沟通也是人们达成许多生活、工作目标的工具,如与家人协商家事、说服水管工人到家中修理水管等。

此外,从国家和社会发展角度看,沟通有助于社会稳定、国际合作、人类社会的进步。

二、定义与过程

(一)定义

沟通是人们非常熟悉的词语,关于"沟通"的定义众说纷纭,究竟什么是沟通呢?

"沟通"源于拉丁文"communis",意义为共同化。其英文为communication,《美国传统双解词典》将其译为"交流、交换思想及信息等";《大英百科全书》认为,沟通是"用任何方法,彼此交换信息,是人们之间运用视觉、符号、电话、电视或其他媒介工具,进行信息交换的活动";《韦氏大词典》认为,沟通是"交流文字、文句和信息,交换思想或意见";哈罗德·拉斯韦尔认为沟通就是"什么人说什么、由什么路线传至什么人,达到什么效果";赫伯特·西蒙认为,沟通"可视为任何一种程序,借此程序,组织中的每一成员,将其所决定的意见或前提,传送给其他有关成员";斯蒂芬·P·罗宾斯认为,沟通就是"意义的传递和理解"。

在中国文化中,"沟通"早有提及。《论语》中"忠告而善道之,不可即止,无自辱也",是关于沟通技巧和禁忌的慧语。《现代汉语词典》中对"沟通"的解释为"使两方能共通连"。沟通本指开沟以使两水相通,后用以表示两方相通连、疏通彼此的意见。从文化渊源上讲,沟通指彼此连通,达到一致。这与现代意义上沟通的目的和实质是一致的。

尽管各方对沟通含义的具体表述有所不同,但关于沟通本质理解基本一致,即沟通是信息从一方到另一方的传递过程。从管理和组织的角度,可将沟通(communication)定义为,为完成某一任务或达成特定目的,人们所进行的信息、思想与情感的交流、理解和反馈的过程。在这一过程中,交流各方取得彼此的了解和信任。

(二) 沟通过程

沟通是由两个或两个以上个体参与的一个循环反复的过程。常被大家接受和使用的沟通八要素过程模型如图 8-1 所示。信息发送者对信息源进行编码,形成特定的信息信号,通过一种或多种渠道传至接收者。接收者对接收的信号进行译码,进而转变为收到的信息。接收者再将接收到的信息反馈给发送者进行确认,沟通过程中会有一些干扰因素产生影响。同时,由于人与人之间交流是双向的互动过程,所以发送者和接收者是相对而言的,两种身份可能发生转换。

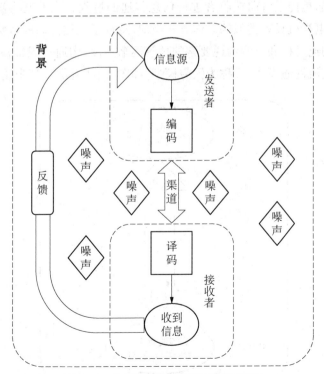

图 8-1 沟通"八要素"过程模型示意图

1. 沟通的基本要素　沟通过程涉及以下8个基本要素。

（1）发送者：又称沟通主体，是沟通的初始和起点，由其产生、提供用于交流的信息。

（2）编码：发送者将其欲传递的信息转化成可传输的信号或符号的过程，如转化为文字、数字、声音或身体语言。

（3）渠道：信息由发送者传至接收者所借助的媒介，或传送方式。信息传递的途径和方式很多，包括语言符号和非语言符号。

（4）译码：接收者将获得信号转译为自己理解含义的过程，接收者文化背景及主观认识等会对解码过程产生很大的影响。

（5）接收者：又称沟通客体，是接收信息的个体或组织，接收发送者传递的信息。接收者通常会采取多种方式进行信息的感知和理解。

（6）噪声：沟通过程中对信息的传递和理解产生干扰的一切因素，存在于沟通的各个环节中。内部噪声，即来自沟通主体身上，如知识、技能、态度等；外部噪声，来源于环境中的各种阻碍信息接收和理解的因素，如周围吵闹等。

（7）反馈：是指信息接收者把收到的信息返送给发送者，并表达自己对获得信息的理解，以便进行核实。通过反馈沟通双方才能把握沟通的效果，提高准确性，沟通过程也形成一个循环。

（8）背景：是沟通的总体大环境，包括物质环境和非物质环境，如社会文化背景、空间时间背景、心理背景等。

2. 沟通模型的演变　人们对沟通的认识经历了逐渐发展的过程。最初学者提出直线型沟通模型，即沟通是传送者向接收者进行信息传递的过程。该模型将沟通过程视为机械沟通，与收音机或电视机具有类似的运作方式类似，忽视了人类沟通的特殊性。

随着人们对沟通过程和影响沟通要素的理解逐渐加深，沟通过程日益丰富、完善。现有学者提出沟通的交流沟通模式，又称为无穷模型，如图8-2所示。其中用"沟通者"代替"传

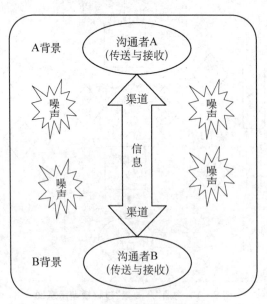

图8-2　交流沟通模型示意图

送者""接受者",强调在沟通过程中,每个人同时传送和接收信息;亦强调沟通者背景的作用和影响,双方重叠的背景部分代表不同沟通者之间共同的背景,此区域越小,沟通越困难,可能引起的误解越大。欲详细了解交流沟通模型,可参考《沟通的艺术:看入人里,看出人外》(第14版)。

三、沟通方向

从信息流动的方向来看,沟通可以分为垂直沟通和水平沟通,而垂直沟通可进一步划分为向下沟通和向上沟通两类,如图8-3所示。

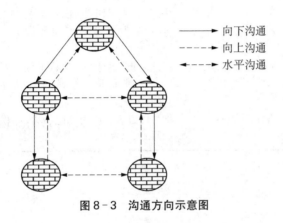

图8-3 沟通方向示意图

(一) 向下沟通

向下沟通是指在组织或群体中,从较高层次向较低层次进行的沟通活动,即上级向下属传达信息、意见、指令等。例如,领导者或管理者给下属制订目标、进行指导、传达政策文件、工作绩效的反馈等。可以口头沟通、面对面接触或信函交流等。

(二) 向上沟通

向上沟通是在组织或群体中,从较低层次向较高层次进行的沟通活动,即下级向上级陈述事情、表达意见等。例如,员工向管理层汇报工作进度、存在的问题,单位中设置的意见箱也是向上沟通的一种形式。向上沟通使得组织的管理层了解员工的工作感受和态度,发现工作中存在的问题等。

(三) 平行沟通

平行沟通是指在组织内部同一阶层、同一等级工作群体成员之间的交流沟通,如各部门之间进行交流、合作等。平行沟通以交换意见、了解合作为目的,由于沟通主体在层级、权利方面相对平等和相似,沟通更为随意、准确,是向下沟通和向上沟通的重要补充。

四 沟通类型

根据沟通发生的主体和信息传递渠道的不同,将沟通分为人际沟通和组织沟通。其中,人际沟通包括语言沟通和非语言沟通(表8-1);组织沟通包括正式群体网络、辅助沟通、知识管理和小道消息。

表8-1 人际沟通主要形式及特点

种类	形式	优势	不足
语言沟通	口头沟通:如面谈、演讲、汇报、讨论、会议等	快捷、灵活、双向交流、反馈及时、获取信息渠道相对广泛等	无记录,易失真
	书面沟通:如备忘录、信函、电子邮件、平面广告、刊物、报告、通知、网页信息等	信息有形,易于核实;易于保存;一般逻辑性较强,更全面、清晰	耗费时间、缺乏及时反馈
非语言沟通	手势、表情、语气、声调等	增强语言表达能力和感染力、直观、形象	模糊、理解差异

(一) 人际沟通

1. 语言沟通

(1) 口头沟通:口头沟通是指通过口头语言进行的信息交流。常见的形式有面谈、演讲、汇报、讨论、会议等。

口头沟通的优点是快捷、灵活、双向交流、反馈及时、获取信息渠道相对广泛等。口头沟通时,信息短时间内在沟通者之间传输,并迅速得到对方回复,因此不确定的部分可及早发现,并得以纠正,确保信息的准确传递。除言语沟通外,也可以通过体态、手势、表情等肢体语言了解对方反馈。

口头沟通信息失真的可能性很大。口头沟通没有书面的记录,在人际传递过程中,特别是传递经过的人越多,信息失真、被曲解的可能性就越大。在组织中,当信息通过口头传达的方式逐级传达时,就会非常容易出现信息失真的现象。

(2) 书面沟通:书面沟通是指人际间、组织中,通过相关的媒介、手段传递书面文字或符号而进行的沟通。常见传递方式包括备忘录、信函、电子邮件、传真、平面广告、刊物、报告、报表、通知、网页信息等。

书面沟通具有3方面主要优点。①信息有形,易于核实。沟通者多可以获得信息的复本,对信息内容有疑问时可以查询确认。②容易长期保存。由于沟通人员可以获得信息复本,则所记录的信息便能被长期甚至永久的保存。③书面信息一般逻辑性较强,更全面、清晰。书面沟通在用词上通常更为谨慎,信息传达者通常会深入全面的思考后再进行撰写。

耗费时间和缺乏及时反馈是书面沟通两大缺点。例如,1小时内通过口头沟通传递的信息量远多于书面文字所能传达的信息;同样,书面沟通没有内在的反应机制,口头沟通时沟通者可以进行及时回应,但书面沟通时通常不能确定文件或邮件是否被查阅,若被查阅是否被正确理解等。此外,书面沟通无法传递情绪信息,不够灵活。

2. 非语言沟通　在沟通交流过程中,许多信息通过手势、表情、语气、声调等方式进行传递,这些被称为非语言沟通。

沟通主体通过非语言沟通,可以更准确、清晰的传递信息,灵活运用非语言工具可以增强语言表达能力和感染力。沟通对象可借助非语言信息更全面完整的接收信息,直观、形象地判断对方的态度和情感变化,具有更大的、潜在的思索和利用空间。

与语言沟通相比,非语言沟通传递的信息是间接的,具有隐藏性和暗示性的特点。许多非语言信息在传递中,可能会被接收者忽略,或者在解码过程中出现偏差,或由于理解和习惯差异造成误读,从而影响了沟通的效果。

(二) 组织沟通

1. 正式群体网络　组织的形式通常复杂多样,设置的职务级别和信息传递渠道也是不同的。为简化分析,将组织网络简单归为3种常见类型(图8-4),即链式、轮式、全通道式。这3种形式简单明了,我们日常所见的组织网络多属于这三者之一。

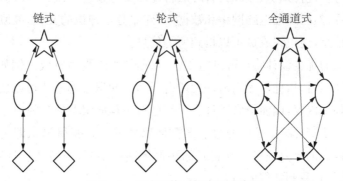

图8-4　正式群体网络沟通示意图

链式类型严格遵循正式的命令链,在严格的分3个及以上职务级别的组织中,该类型沟通渠道较为常见;轮式类型网络结构中,往往有一个组织内沟通的总导管即中心人物,由该人物向其他组织成员传达消息指令,这种类型常出现在强有力领导者的团队内;全通道网络结构中,成员之间进行自由互换意见、积极沟通,自我管理团队通常是这种沟通方式,通常无绝对的领导角色。

在信息传递速度、精确性、领导者、成员满意度方面,3种类型的效力各有优势(表8-2)。

2. 辅助沟通　随着信息网络、电脑互联网技术的不断发展,沟通的形式和手段更为丰富,即时通信、电子邮件、微信、电话视频会议、内部网等是现阶段常用的沟通工具,电脑辅助沟通重新塑造了组织中的沟通方式。

表8-2 小群体沟通类型与效力比较

标准	沟通网络		
	链式	轮式	全通道式
速度	中	快	快
精确度	高	高	中
领导者的出现	中	高	无
成员满意度	中	低	高

(引自：P Robbins，A Judge. Organizational Behavior. 15th ed. New York：Pearson Education，2013.)

辅助沟通使得组织成员间的沟通不再受空间、时间的限制，不同地点的成员可通过手机、电脑等设备随时交换信息、保持不断的交流。例如，电子邮件、通信信息具有快速书写、编辑，便于储存、分享，快捷、廉价的特点。与面对面交流相比，这类沟通缺乏情绪、语音、语调等信息的传递；持续的在线状态在一定程度上分散人们注意力。

3. 知识管理　知识管理是组织有效安排和运用集体智慧的过程，将组织长期以来的规章制度、员工知识、经验、智慧等进行统一管理，供后来人员学习、参考，也属于组织沟通。有效的知识管理可以提高组织绩效。现阶段，在组织运行中，智力资本的重要性绝不亚于有形的或财务的资本。因此，迅速有效地聚集员工的综合经验和智慧，并不断传承更可能拥有超出竞争对手的智慧。进行知识管理时，管理层首先需要考察这一流程，并确认那些可以提供最重要价值的流程；然后开发电脑网络和数据库，建立分享知识的文化，鼓励、重视和奖励组织成员分享相关信息，使组织成员可以得到所需信息。

知识管理系统的优良设计将会降低重复性，从而使组织更为有效。例如，大型组织中的员工在完成一个新项目时，他们无需从一无所有开始。知识管理系统可以使他们了解到，前面的员工学习了什么内容，因而节省了许多重复已有过程所浪费的时间。

4. 小道消息　组织、群体成员通过正式群体以外的方式获得消息即为小道消息，小道消息是成员获取信息的重要途径。与正式的小群体网络不同，小道消息具有不受管理层控制、服务于内部成员自我利益等的特点。

小道消息是组织中不可避免的信息传播形式，但管理者可采取措施，如可通过积极主动的解释、发布采取相关行动措施的原因、有关活动的时间安排、相关决策的积极影响和不利影响等，将小道消息限定在一定的范围内，减少过多小道消息产生的不良影响。

第二节　有效沟通

通过第一节的学习，我们对沟通的基本过程、类型有所了解，是不是按照这个过程就可以达到沟通主体的目的呢？日常工作生活中，经常会发现对方的行为与我们的期望有所差距，这是为什么呢？有哪些因素影响沟通？如何改善沟通效果？

研究表明,在沟通过程中,存在沟通漏斗现象(图8-5)。沟通漏斗是工作中团队沟通效率下降的一种原因。具体来看,如果假设一个人心里想要表达的信息量为100%,由于表达能力、情境等的限制,其可能只能表达出80%。而当这80%的信息进入信息接收者的耳朵时,由于知识背景、噪声等因素,往往只听到了60%,理解了40%,记住的只有20%,可以被转化为行动的则更少。

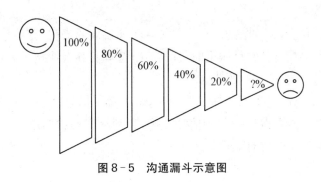

图8-5 沟通漏斗示意图

一、常见障碍因素

(一) 信息过滤

过滤(filtering)是由信息发送者原因所产生,具体是指由于发送者有选择性的编码和发送信息,使得信息对自己有利或者选择对方希望听到的消息。

在组织沟通中,组织结构的层级数量会影响信息过滤情况。一般而言,纵向层级越多,信息过滤的机会越多,当信息达到目标人群时,往往会有较大的遗失和扭曲。

(二) 选择性知觉

选择性知觉是信息接收者原因所导致的沟通障碍。在沟通中,接受者会根据自己的偏好、需要、经验等其他个人特点,有选择地接收信号并进行加工。不同个体对视觉形象、言语、声音、信息有不同的偏好,因此在面对相同信息时,每个人的理解都是有所区别的,这也将影响沟通的效果。

(三) 心理和情绪

沟通主体双方的心理和情绪因素也会影响沟通过程和效果。稳定的心理状态、良好的情绪会使沟通更为顺畅。发送者既可以表达出他所想表达的内容,接收者也可以全面接收、准确理解信息。而当一方或双方处于一种情绪激动、紧张或焦虑的状态时,可能会自动滤掉输出或吸收部分信息,沟通过程会变得低效或者无效。

(四) 语言和理解

沟通双方使用的语言和理解沟通双方的年龄、生活、知识水平、经验等也将直接影响沟通效果。沟通者相关的背景会影响着一个人所使用的语言及他对词汇的界定。这些差异将产生人们在语言表达、信息传递、接收理解上存在一定的差异的不同。例如,组织中部门的划分使得专业人员发展了各自的专业和技术用语,当部门间进行交流涉及专业问题时沟通可能会产生一定的问题。

(五) 信息过量

个体处理信息的能力是有限的。在信息技术飞速发展的当代,获取信息的渠道多元,传播信息的速度迅猛,要在自己领域跟上时代的脚步,管理者和专业技术人员极有可能要承受信息超载(information overload)的苦恼。

当需要处理的信息超过我们的加工能力时,就出现了信息超载的状况,可能会筛选、忽略或忘记信息,或者会推迟做进一步的信息处理,直到超载的状况过去。无论如何,最后都会造成信息丢失,降低沟通的有效性。

有效沟通策略

	自知	不自知
人知	公开区	盲目区
人不知	隐秘区	未知区

图 8-6 "约哈里窗口"模型

20 世纪 50 年代,乔瑟夫·勒夫和哈里·英格拉姆提出关于沟通的理论模型框架——"约哈里窗口",又称为"自我意识的发现——反馈模型""信息交流过程管理工具"。该模型描述了沟通的本质,被用来管理沟通和增强信息交流。依沟通双方所掌握信息的情况,"约哈里窗口"将沟通背景分为 4 个区域,如图 8-6 所示,分别为:①公开区(the open area):双方都知道的信息;②隐秘区(the hidden area):发送者知道,接收者不知道的信息;③盲目区(the blind spot):发送者不知道,但接收者知道的信息;④未知区(the unknown area):双方均不了解的信息对其他区域有潜在的影响。

只有在公开区内进行的沟通才是真正有效沟通,沟通主体接触初期,彼此了解较少,可通过采取相关措施,如主动表达、认真倾听、积极反馈等,缩小隐蔽区、盲目区和未知区,扩大公共区,增强信息的真实度、透明度,以获得理想的沟通效果。选择沟通策略的原则如表 8-3 所示。

表 8-3 选择沟通策略的原则

区域	方案	策略
公开区	事先了解对方所掌握的信息,进行信息收集(自我定位、认知对方)	主体、客体
隐秘区	沟通过程中有效地表达出信息	编码、信息、渠道
盲目区	挖掘对方的信息(语言、非语言)	解码
未知区	综合分析、对沟通的发展进行预测、避免冲突	

(引自:杜慕群.管理沟通.北京:清华大学出版社,2009.)

(一) 沟通主体

沟通主体的可信度表示沟通客体对沟通主体的信任、信心及信赖的程度，对沟通具有重要影响。可信度受到身份地位、良好意愿、专业知识、外表形象、共同价值5方面因素影响，可借此增强沟通者在受众心中目中的可信度。

从沟通主体角度，为实现有效沟通，需明确沟通目标、采取适宜的沟通方式。具体而言，沟通主体在沟通交流前需明确沟通想要达到的效果，也就是期望得到受众的反应。当然沟通的目标要符合社会伦理、现存环境背景、资源情况等。此后，沟通主体应根据沟通内容和对象的特点，采取适宜的沟通方式，包括指导性策略如告知、说服，咨询性策略如征询和参与。若沟通者处于相对权威或信息完全控制地位，可采取告知形式，但在叙述或解释信息、要求时，也要确保受众接受并理解；若沟通对象掌握有决定权时，沟通者可给对方提供建议供参考；若希望某一项目或活动计划得到受众认可、争取合作时，可采取征询式或参与式沟通的方式。

(二) 沟通客体

为保证沟通主体发送的信息可以被沟通对象接收理解，沟通主体需对沟通对象有所认识和了解，需考虑对方的社会背景、教育背景、态度、期望和价值取向等。在进行特定沟通时，需了解他们对沟通主题的了解程度、专业术语的熟悉程度、偏向于哪种类型的沟通形式。

了解沟通对象的需求，根据其自身和沟通内容的特点，以适当的形式传递信息，如确立"共同的价值观"、传递良好意愿与"互惠"技巧、合理安排信息结构等激发对方兴趣，达到较好的沟通效果。

(三) 编码和解码

信息的编码与解码受沟通双方知识水平、文化背景、技巧、态度等多种因素影响。信息发送者在编码时，要充分考虑对方的特点，选择适应对方理解的语言，以恰当的方式进行表述。解码是传导的信息被转化、精简、阐述、储存、发现和使用的过程。

对于上述障碍因素，在沟通中可通过3种方法减少障碍：利用反馈、简化语言、主动倾听。反馈可以让沟通的参与者知道思想和情感是否按照他们计划的方式分享，有助于提高沟通的准确性、减少出现误差的概率，检验信息沟通效果；在沟通过程中，说话要有重点，善用比喻，将复杂的问题简单化；与对方沟通的时候，要不断地提出问题去澄清你的想法，通过不断的提出问题，问题的答案就自然而然浮现出来，在听话和问话的时候，很快就会找到问题的答案。

(四) 信息策略

德国学者尤·弗莱克指出沟通信息包含4个维度，分别为内容（中性信息）、情感（感性情感）、行动（理性思想）和双方关系。其中"内容"就是中性的成分；"情感"是指信息里面感性的成分；"关系"则指沟通信息，暗含了沟通双方的关系状态；"行动"是希望接受者对这个信息处理的理性思考后而采取的行动。

发送者可运用四维度模型安排信息内容,优化信息结构。结合对沟通客体特点,确定中心信息;运用有效的论据,如事实、数据、权威观点、案例等,增强说服力;合理安排信息结构,使其有利于对方理解和操作。

信息接收者也可运用四维度模型,获得沟通主体发出的所有信息。准确倾听传送的核心内容,注意接收语言和非语言的感情信息,辨别发送者的感受,并及时给予反馈,让传送者知道接受者的理解和感受。

(五) 渠道策略

各种传递渠道所承载的信息有较大差异,一些渠道所包含的信息较为丰富,而另一些渠道则相对贫乏。研究者从处理线索数量、反馈速度、个性化程度3方面分析不同信息渠道的丰富程度(图8-7),面对面交谈可传递信息量最大,非私人化书面、媒体最低。

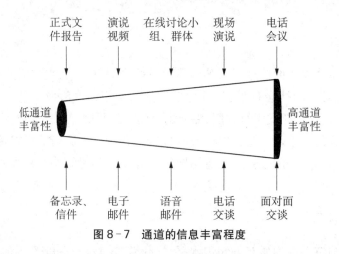

图 8-7 通道的信息丰富程度

在进行沟通时,依据沟通目的、内容结合对象特点,选择适宜的沟通渠道有助于提高沟通效率。另外在进行常规信息沟通时,可采取丰富程度低的渠道,因为常规信息通畅是简单明确的;而非常规信息沟通时,则应选取丰富程度高的渠道,因为其一般相对复杂且易产生误解。

三、沟通技巧

沟通的过程和影响因素是复杂多样的,除从沟通的要素入手提升沟通效果外,同时也可以通过沟通技巧来改善提升效果。常见的沟通技巧包括倾听、演讲、书面及非语言沟通技巧。

在倾听技巧方面,积极倾听,完整准确地接受对方传递的信息。掌握说话者信息中的要点,并注意结合非语言行为,共同捕捉和解读对方所传达的信息,避免接收信息的偏颇和遗漏;正确理解信息,避免个人思维定势的影响,考虑对方的背景、经历,掌握真正意思。有效的倾听需要恰当、积极地给予反馈,如通过目光、面部表情等显示出兴趣,以鼓励对方来获取大量信息。

在演讲技巧方面,主要是指沟通者说的技巧——如何能使欲表达的思想和意思很好地被传递、接收和理解。"说"的场合不同,所使用的技巧也不尽相同。例如,公众演讲时,充分准备主题资料,表达时应通俗易懂、个性化和形象化,演讲过程中注意音长、音量、音调、重音和停顿等有声语言的合理运用,并结合面部表情、姿态语言和站姿等体态语言,使演讲更具感染力。在面对面的谈话时,沟通者可在面谈准备、自我形象、语言和非语言信息的表达方面使用适当的技巧。面谈之前明确交谈的目的、收集相关背景信息,准备开场白和提问方式等;交谈时营造轻松的氛围,建立融洽的关系,根据对方的反馈,选择恰当的提问方式给对方更多的发挥空间;多从对方的角度思考和表达,对于存在的困难问题,给予充分的支持、鼓励和安慰;交谈结束时,表达谢意及进一步沟通的愿望,为以后更深层次的交往埋下伏笔。

书面沟通是沟通的一种高级形式,无论在人际层面或是组织角度,书面沟通的内容较为正式,一般要在组织内部、外部或群体中持续的、无限制的传播。书面沟通在条理性、逻辑性、系统性方面有较高要求。按沟通内容的属性,书面沟通可归纳为请示类、报告类、总结类和意见类。各种类型文稿的撰写都有相应的特点和注意事项,如请示沟通的内容需要合理,注重工作的意义并要事前沟通;报告类文件需要简洁但并非简略,信息具体,分析深入;总结并不是罗列事项,而需要提炼思想、思路和经验教训,对未来工作进行预见性分析,提出必要建议;意见类沟通与日常意见不同,多要有所创新的想法和建议,并可以落到具体工作措施上。

非语言沟通在人们沟通中起着重要作用。沟通专家研究证实,人们交谈时所传递的信息中语言传递的信息小于1/3,大部分信息通过非语言沟通获得,包括辅助语言,如语速、音调、语气;形体语言又称肢体语言,分为象征性动作、说明性动作、情感流露性动作、调整性动作、适应性动作;体触,如拥挤时的体触、握手时的体触等;面部表情,如眼神、微笑、仪容仪表;空间距离;时间信息等。因此在沟通中,要善于利用非语言形式传递信息,同时也要善于捕获非语言信息。但值得注意的是,非语言沟通带有明显的亚文化特征,根植于各地区、民族的历史文化传统,有很强的地区和时代烙印,因此沟通中需了解对方文化特点,以免影响沟通。

第三节 沟通理论在卫生领域的应用

沟通,无所不在,在卫生领域中也是如此。医疗卫生服务是人们健康和生存所必需的一项特殊的、具有极强专业性的服务。因此,在卫生领域中,沟通更为重要。在个体层面,存在如医患沟通、工作人员之间的沟通等;在群体与组织层面,存在如组织与员工、供方群体与需方群体等的沟通。

一 沟通在卫生领域中的重要性

卫生领域的特殊性突出了沟通在该领域的重要性。在个体层面,卫生领域中存在着卫生服务提供者与需求者、提供者之间的沟通。提供者与需求者的沟通中,由于双方具有明显的信息不对称,如在医疗服务中,医方具备专业的医学知识,了解各种治疗技术的特点、治疗效果和可能出现的问题等,但其对患方的情况了解较少,仅能通过对方提供相关信息;相对而言,患方一般缺乏医学背景知识,对自己需要的诊疗服务种类、数量、时间等难以判断,对卫生服务的利用往往带有一定的盲目性。因此,只有医患双方的积极有效沟通,相互协作配合才能取得满意的诊疗效果。

在组织层面,良好的沟通是组织有效运行的基本保证。医疗卫生服务关系人民群众身体健康,是人们生存和发展所离不开的一项特殊服务,具有极强的专业性、技术性。在医疗卫生组织中,服务的直接提供者、组织的决策层、相关保障人员等相互依存,保持良好的沟通有利于组织目标的顺利实现。

二 人际沟通案例与分析

(一) 案例简介

七旬老人吕某在家中突然晕倒,家中子女赶忙拨打急救电话,将其送往附近某市级医院救治。医院接到患者,立即推入手术室抢救,子女在手术室外焦急地等候。半小时后,一位医生急匆匆地走出手术室,严肃地告知吕某家属:患者脑部发现肿瘤,情况危急,需立刻手术,但手术存在风险,可能导致视觉神经受到破坏。医生要求他们立即做出决定:是否要在手术同意书上签字。吕某家属听闻其情况危急需要手术,即签字同意,并未听清手术的风险性及后遗症。

医生拿到已签字的手术同意书,转身进入病房,未多作交代。经过几个小时的焦急等待后,吕某家属被告知:吕某脱离危险,却已视神经受损,双目基本失明。吕某家属得闻吕某转危为安略感欣慰,但知道其双目失明,顿感难以接受,立即与医生交涉。医生认为在要求他们签字前已告知了手术的危险性。家属一口咬定他们并不知情,同时这一项手术风险未在手术同意书上明确列出,家属认为这是医院为医疗事故所作的托辞,随即在医院大吵大闹起来。

(二) 案例分析

运用前面所学的基本理论,从沟通过程和障碍因素角度,对此案例进行分析。

1. **沟通过程模型** 在手术室外,医生与患者家属交流病情的沟通过程如图 8-8 所示:在这个沟通过程中,信息发送者为医生;与沟通的信息即信息源为"患者脑部发现肿瘤,需立即手术,手术可能导致视觉神经破坏";在沟通时,信息编码为"脑部肿瘤,需立即手术,视觉神经破坏的风险";选择的沟通渠道为面对面的口头交流及签署手术通知单;信息接收者为患者家属;通过与医生的交流,信息解码为"脑部发现肿瘤、情况危险、手术存在视觉神经破坏的风险";收到信息为"肿瘤、需决定是否手术";可能影响沟通的噪声有"患者家属心里着急、情况危险、对医学知识的不了解";整个沟通的环境背景是"手术室门口、情况紧急"。

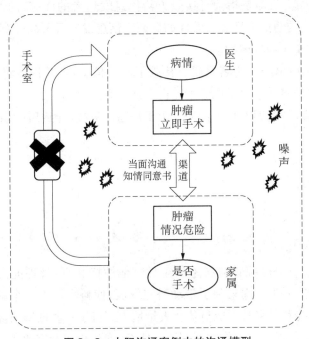

图 8-8 人际沟通案例中的沟通模型

2. **障碍因素** 通过对沟通过程、沟通常见障碍因素的分析,可以发现影响此次医患沟通效果的因素主要有:信息发送者(即医生)的信息编码、患者家属的选择性知觉、患者家属所处的状态、沟通环境背景和无效反馈 5 方面。

在信息编码中,医生交代病情后,只是陈述"手术可能导致视神经破坏",并未对这一术语进行解释和说明;患者家属在手术室门口焦急等待,听到"脑部肿瘤、情况危险"后,更为紧张,选择性地接收了医生发出的部分信息,未对"可能导致视神经破坏"进行分析和询问;医生信息发出后,要求患者尽快作出决定,虽然在"手术同意书"上签字,但双方没有进行反馈以确认信息被准确、全面接收并理解;整个沟通氛围紧张,双方知识背景有区别。

(三) 建议

1. **有效编码和解码** 根据"约哈里窗口"模型,沟通过程中,沟通双方"公开区"越大,沟通越为顺畅有效,沟通主体可积极表达自己的观点、提出疑问、有效倾听等来扩大"公开区"。沟通过程中涉及晦涩难懂的专业知识、双方知识背景存在严重差异时,信息发送者需考虑对方背景特点,采用通俗、易懂的方式和词汇进行编码,确保表达的信息可以被对方接收和理解。

在此例中,医生在紧急的环境下,告知患者家属"患者脑部发现肿瘤,情况危急,需立刻手术,但手术存在风险,可能导致视觉神经受到破坏"并要求"立即做出是否手术的决定,并签署同意书"。在这个过程中,并未进一步解释"视觉神经破坏"的后果,也没有强调说明。而患者家属在紧急的状态下,选择性接收熟知的脑部肿瘤和需立即手术的信息,忽略了手术风险,导致了难以接受患者术后双目失明的后果引发系列事件。

2. 加强信息反馈　反馈是指信息接收方给信息发送者的回应,沟通过程中,双方在连续不断的相互反馈是沟通准确性和有效性的保证。信息发送者可以根据接收者的回应围绕既定的沟通目标,调整沟通具体内容。

案例中,医生交代病情后,患者家属只接收了部分信息,也并没有将所理解的内容全面的反馈给医生,仅仅是签署了手术同意书。由于缺失有效反馈,医生不清楚所传递的内容是否被完全的理解掌握,便随即终止了沟通。由于沟通的失败,导致后续患者家属在医院大吵大闹的风波。

组织沟通案例

(一) 案例简介

周某是一家公立三甲医院骨科科室的主任。他性格耿直,管理能力强,恪守岗位数十年,一心扑在科室的发展上。周某为了带动科室发展,使科室迈上一个新的台阶,他决定推行科室内部的改革,并和科室其他成员花费大量精力制订了一些改革方案和相关制度,最后将改革方案汇报给了负责相关工作的副院长。然而,副院长在看完改革方案之后,认为方案中的一些内容值得商榷,由于其他事务繁多,他暂时将此事放到了一边。

日子一天天过去,周某每天都在期盼着上级可以批准改革方案,但却始终没有动静。面对改革方案"没了下文",周某心中有了些小情绪,他觉得副院长不重视骨科方面的工作,于是直接将方案汇报给了院长,并反映了副院长的"不作为"。不久之后,副院长知道了周某的做法,虽然表面没说什么,但心里很不痛快。很长一段时间内双方都是剑拔弩张的状态。

(二) 案例分析

运用前面所学基本理论,从沟通方向、沟通类型和障碍因素角度,对此案例进行分析。

1. 沟通方向　该案例存在向上沟通和向下沟通。周某作为科室主任,与副院长及院长之间的沟通,属于向上沟通;副院长未对周某的方案给予及时的反馈,这是向下沟通。

2. 沟通类型　这属于组织沟通中的链式。对于周某而言,当直接领导(副院长)未给予及时反馈时,选择的是越过直接领导向更上一级领导(院长)汇报,并且还反映直接领导不作为的行为。可见,沟通类型的选择不当可能带来冲突的发生。

3. 障碍因素　①情绪化:周某未得到副院长回复,心中有了些小情绪,自认为副院长不重视骨科方面的工作;②信息过量:副院长由于事务繁多可能导致了信息过量,而个人处理信息的能力是有限的,所以会倾向于选择性忽视或忘记信息,推迟处理信息的时间。

(三) 建议

1. **营造沟通环境** 在科学的组织沟通中,通常倡导民主建议与集中决策的结合。在较为民主的沟通环境中,医院会对各岗位的员工有较大程度上的授权,并积极提倡医院组织中的成员之间相互交流并商讨医院事务与决策。此外,在这种沟通环境中,还要求医院员工互相尊重,鼓励组织成员提出新意见。最终达成良好的沟通氛围,以求在最大程度上调动医院员工的积极性,促进员工间良好关系的发展及决策的达成。

2. **关注沟通信息** 信息是发起者与接收者沟通的载体,也是沟通的实质内容。沟通的内容除了信息的传递之外,通常隐藏着沟通发起者的某种意图。对沟通发起者意图的领会和理解,有时甚至比信息本身更重要。在案例中,如果副院长能够深刻领会周某及同事们为改革方案付出的心血,以及对方案通过的热切期待,那么就可能不会出现这种毫无解释的搁浅,以及周某对其产生误解。

3. **建立沟通渠道** 沟通渠道的建立和规范,是实现高效沟通的必要条件。渠道的建立要与沟通内容的界定同时明确,也就是明确不同信息的不同渠道,避免信息在不当的渠道中进行传递,减少"越级"沟通现象的发生。另外,沟通渠道的建立,也意味着沟通方式的转换。随着办公自动化和信息化普及,沟通方式和渠道也变得更为丰富。适当选择沟通途径和渠道,也会提高沟通效率,减少沟通中间环节,为实现通畅的沟通扫除障碍。

4. **完善沟通反馈** 许多沟通问题主要是由于误解和信息不准确造成的,如果管理者确保反馈环节在沟通过程中使用,这些问题将较少发生。在反馈环节,医院应当进一步明确和规范反馈的主体和反馈时限。一方面强化反馈主体的责任,另一方面避免下级"跨级"反馈上级现象的产生。

第四节 沟通的发展趋势

全球经济的迅猛发展,新兴技术的不断涌现,人们处于一个信息瞬息万变、纷繁复杂的环境之中,这些因素必将引发新的沟通问题,对组织和个人的沟通技能提出新的挑战。

一、跨文化沟通

随着经济全球化的不断发展,个体层面和组织层面的跨文化沟通日益增多,不同文化背景人们的信息、知识和情感的相互交流日趋频繁,跨文化沟通已成为沟通的一大发展趋势。

长期的历史和文化积淀形成了不同的表达习惯,不同文化背景下人们的语言、非语言、情境文化等差异均会对沟通效果产生影响。历史文化对同一词汇或非语言符号赋予了不同的含义,如一些地区避免使用数字"4",认为"4"不吉利,而某些地区视偶数为吉祥数字,送礼时选送 4 件东西;再如,中国人和英美人习惯点头表示赞许、肯定,而在印度、希腊等点头的意思则刚好相反。文化的情境影响到个体从他人实际说或写的内容中的意义。高情境文化(high-context cultures)背景的人们善于从非言语的线索和细微的情境中传达和获取线索。相反低情境文化(low-context cultures)的人们更乐于使用词汇传达信息。

进行跨文化沟通时,首先需要识别文化差异,在此基础上,进一步合理地把握、顺应和利用这种差异。各文化背景不同,价值观念和思维方式有别,产生沟通带来障碍,沟通各方保持开放、积极采纳的心态,从对方的立场和视角换位思考。若双方能相互尊重,以开放的心态消除偏见,即可实现有效沟通,共同发展。若存在巨大不同或矛盾,短期内无法解决和适应,可考虑借助第三方,作为中间方进行沟通协调。

三、新兴媒介沟通

科学技术的迅猛发展,不仅仅改变了通信方式,也深深影响人们的生活和沟通方式。一系列综合性的"通讯平台",如 QQ、微信等即时通信工具不断涌现,可用来互发文字、语音、视频聊天、文件图片传输等,逐渐成为人们日常生活和工作中必不可少的交流手段和工具。

新兴媒介沟通具有沟通对象多样化、沟通便利、成本较低、信息直观、虚拟等特点。例如,沟通双方不必面对面,摆脱外界的干扰,以及他人目光带来的心理压力,自由的表达自己的观点和看法。但需注意,人们过多地依赖新兴媒介进行沟通,无疑会减少面对面交流的机会,减少人与人之间直接的互动,长期如此会在一定程度上削弱人们口头沟通和肢体沟通的能力,甚至导致人际交往障碍;在传统沟通中,表情、神态等非语言行为承载着许多信息,这些信息是无法通过新兴媒介传递的,如我们可以通过对方颤抖的声音感受到他处于紧张的状态,而在新兴媒介沟通中是无法体会到的。此外,网络沟通的虚拟现实性给我们的日常生活带来了新的社会问题,原有的社会道德法则已经不能约束现有的行为。这为我们的道德建设提出了新的课题,也给我国政治、法律、公共政策等带来了不少难题,从而也容易引发社会政治和舆论上的失控。

需要注意的是,沟通不仅是表达事实,更主要的是传递情感和思想。新兴媒介沟通有着快捷、发达等优势,但在非语言信号传递方面有一定局限性。新兴媒介沟通需与传统的面对面的交流结合使用,通过直接交流观察对方表情、神情等非语言信号,获取更为全面的信息。同时,由于网络沟通会产生"一石激起千层浪"的连锁反应。对与你靠得最近的一圈,也即你的直接上司、部下或同事,必须准确识别、了解并理解其沟通风格和交流方式,以减少沟通障碍。同时,作为管理者,还需考虑自己的沟通风格与交流方式对圈外成员的影响。在沟通过程中,为了使管理沟通更为顺畅、有效,应该把沟通对象视为合作伙伴,彼此尊重,为沟通的顺利进行打下良好的基础。

三、信息过量与信息安全

(一) 信息过量

随着信息爆炸式增长,信息技术、即时交流工具的发展和盛行,信息以前所未有的速度在组织间、组织与个人、不同个体之间快速流转,人们在日常生活工作中接收的信息数量超过所能掌握和处理的信息量,出现信息过量、信息超负荷状态,将对人们吸收、处理信息提出一定的挑战。

英特尔公司曾进行了一项限制过量信息的试验,将员工分为两组,其中一组员工周四有4小时不可使用交流工具,另一组与平时一样即可。结果发现,第一组的工作效率高,其中75%人员表示这一措施应该扩大实行。其他一些关于限制使用邮件的调查结果与此相似。

(二) 信息安全

随着网络和新媒介在沟通中的广泛运用,也产生了一项新的问题——信息安全。人们在体验"沟通无极限"时,也面临着信息泄露等信息安全威胁。

信息安全几乎是所有组织都面临的一大问题,包括客户和员工的个人及其财产信息。个人隐私和知识产权是网络环境下管理沟通面临的最大难题。如何有效地控制员工的行为并保护员工的个人隐私,如何激励员工的创新潜力并保护企业和个人的知识产权,是新时期沟通环境下需要慎重考虑的问题。

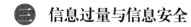

本章小结

本章系统介绍了沟通的基本理论知识、沟通理论在卫生领域中的应用,以及发展趋势。

在沟通理论部分,主要介绍沟通的作用与定义、过程与类型及影响沟通的常见障碍因素和有效沟通策略和技巧。沟通是为完成某一任务或达成特定目的,所进行的信息、思想与情感的交流、理解和反馈的过程,交流各方取得彼此的了解和信任;分析沟通过程时常运用"八因素"模型,随着认识的增加,有人提出"交流沟通模型";沟通可分为水平沟通和垂直沟通,人际沟通和组织沟通;影响沟通效果的障碍因素包括信息过滤、选择性知觉、心理和情绪、语言和理解、信息过量;针对沟通障碍因素可从沟通的各个环节采取改善措施,并可运用倾听、演讲、非语言沟通技巧。

卫生领域是人们健康和工作生活所依赖的,在医疗服务活动开展中,需要双方积极合作方可取得较好的效果,因此有效沟通更为重要。需要在加强沟通反馈、进行有效编码和解码、营造沟通环境、建立沟通渠道等方面着重努力。

随着社会经济、科学技术的不断发展,沟通不断面临着新的问题,组织和人际沟通技能面临一系列挑战,如跨文化沟通、新兴媒介沟通和信息管理。

★ 复习思考题

1. 简述沟通的过程和要素。
2. 试论述沟通的注意事项以及如何实现高效沟通。

★ 案例分析题

某市老年人免费接种疫苗项目(宣传手册)

一、政策指导

1. 什么是老年人接种肺炎疫苗项目？

答：为老年人免费接种肺炎疫苗是本市深入贯彻国家医药卫生体制改革，在实施国家重大公共卫生项目基础上，新增的三项重大公共卫生服务项目之一。

开展这项工作的意义如下。①老龄化社会的健康需求。本市是中国老龄化程度较高的城市，老年人健康问题凸显。老年人死亡率高，慢性病罹患率为全人群4.2倍；二周发病率比青壮年高3~4倍，住院率高2倍。②肺炎链球菌性疾病威胁老年人健康。肺炎链球菌引发的肺炎是威胁老年人健康的重要因素之一。工业化国家的侵袭性肺炎链球菌性疾病年报告发病率约为(8~34)/10万，老年人群年发病率约为(24~85)/10万。③我国老年人群的肺炎链球菌性疾病负担同样较高。临床研究发现，我国老年人群中肺炎链球菌为肺炎的第二位常见病原体，占所有病原的12%，占呼吸道感染病例的病原体分离株的40%。④接种肺炎疫苗是最有效的预防手段。接种23价肺炎球菌多糖疫苗是目前预防肺炎链球菌性疾病最为有效的方法，可减少老年人慢性阻塞性肺疾病、下呼吸道感染、抗生素使用和住院等情况。

2. 实施本项目的目标是什么？

答：目标是自2013年起在3年内、对符合条件的老年人群进行全面的排摸、告知、接种意愿征询和登记，并对其中愿意接种且无接种禁忌证的老年人进行接种。

3. 本项目为老年人接种肺炎疫苗的原则是什么？

答：工作原则是知情同意、自愿、免费、定点接种。

4. 接种对象的年龄范围是什么？

答：2013年预约接种对象为2013年8月31日前年满60周岁的老年人。2014年起为其他符合条件且愿意接种的对象进行预约登记，并逐步进行接种。

二、肺炎疾病与肺炎疫苗

1. 本项目中所使用的疫苗预防的疾病是什么？

答：本项目中所使用的疫苗预防的疾病是肺炎链球菌性疾病。

2. 什么是肺炎链球菌性疾病？

答：肺炎链球菌性疾病是指由肺炎链球菌感染所导致的包括肺炎、中耳炎、鼻窦炎、菌血症和脑膜炎在内的一系列疾病，是导致我国老年人死亡的重要原因。

3. 什么是肺炎链球菌？

答:肺炎链球菌是肺炎球菌的学名,是一种链球菌属的常见病原体,可以在人的口腔、鼻咽等部位中正常存在,人群普遍易感。

4. 肺炎链球菌性疾病的传染源有哪些?

答:人是肺炎链球菌的唯一宿主,主要通过呼吸道飞沫直接传播或由定植菌导致自体感染,可局部播散到鼻窦或中耳导致感染,吸入下呼吸道可导致肺炎。

5. 什么人容易得肺炎链球菌性疾病?

答:不同人群感染肺炎链球菌的风险不同,婴幼儿和老年人风险相对较高。另外,有慢性基础性疾病和免疫功能受损的人群也易得该类疾病。

6. 肺炎链球菌性疾病常见的症状包括哪些?会造成什么后果?

答:感染后会引起肺炎、脑膜炎、菌血症和菌血症性肺炎等严重疾病,出现发热、咳嗽和咯血等症状,甚至死亡。全球每年约有50万人死于肺炎链球菌感染。

7. 预防肺炎链球菌性疾病有哪些有效办法?

答:接种肺炎疫苗是预防肺炎链球菌性疾病最为有效的方法。

8. 哪些人可以接种肺炎疫苗?

答:2岁以上的人群都可以接种肺炎疫苗。推荐60岁以上的老年人、有慢性基础性疾病者和免疫力低下者接种。

9. 目前市场上肺炎疫苗有哪几种?

答:目前在用的有两种:7价肺炎球菌结合疫苗和23价肺炎球菌多糖疫苗。7价肺炎疫苗适用于2岁以下儿童;23价肺炎疫苗适用于2岁以上的儿童和老年人群。

10. 本项目所使用的肺炎疫苗是哪一种?

答:本项目使用的肺炎疫苗是由中国生物技术股份有限公司生产的23价肺炎球菌多糖疫苗。由市政府统一招标采购,并委托专业物流直接配送到接种门诊。

11. 23价肺炎多糖疫苗中的"23价"是什么意思?"多糖"是什么意思?

答:肺炎链球菌有90多种型别,其中最常见的23种致病型别成分制成疫苗,称为23价疫苗。"多糖"是肺炎球菌菌体表面的一种成分,可刺激人体产生免疫力。

12. 如何了解肺炎疫苗生产批号、生产日期、厂家信息等信息?

答:每个最小包装盒上附有说明书,注明有效期、接种剂量和禁忌证。如对禁忌证不清,接种时可咨询接种医生。

13. 如何保障疫苗的运输和存储安全?

答:肺炎疫苗要求在2~8℃的条件下避光储存和运输。项目所用肺炎疫苗均通过专业医药冷链物流公司配送至各接种门诊,各接种门诊也有冰箱、冷藏包等设备。

14. 本项目所使用的肺炎疫苗储存有多久的有效期?

答:本项目所使用的肺炎疫苗储存有2年有效期,只要在有效期内使用,该疫苗的有效性就能得到保证。

15. 肺炎疫苗的成分是什么?

答:肺炎疫苗的主要成分是肺炎球菌表面的多糖,是一种对人不致病却能引起免疫力的成分,接种时非常安全,不会因接种而导致肺炎链球菌性疾病。

三、疫苗效果和安全性

1. 肺炎疫苗的保护效果怎样？

答：免疫力正常的人群中，预防肺炎球菌导致的严重感染的效果为80%左右。接种后保护期限一般认为在5年左右，也有文献报道可以维持10年或更久。

2. 本项目使用的肺炎疫苗能够预防所有的肺炎吗？

答：任何肺炎疫苗都不能预防所有的肺炎。引起肺炎的因素有细菌、病毒等致病微生物，或是理化因素。这次接种的肺炎疫苗只针对肺炎链球菌引起的肺炎。

3. 肺炎疫苗的安全性如何？

答：(1) 既往使用经验显示该疫苗是安全的。基于1977年23价肺炎疫苗上市以来在世界范围的使用经验，评价是安全的。本市2000~2010年接种肺炎疫苗58.82万剂次，未报告严重不良反应。

(2) 此次接种项目的使用经验同样表明该疫苗是安全的。本项目使用的肺炎疫苗自2010年以来已在本市累计使用超过50万人次。截至目前，本市疫苗不良反应监测报告系统中，未发现与该疫苗有关的严重不良反应。

(3) 此次接种项目的安全性远好于其他疫苗。2013年本市48.2万名老年人已免费接种肺炎疫苗，报告疑似预防接种异常反应报告率为45.2/10万剂，为同期全市总体疑似预防接种异常反应报告率的30%。

4. 这次项目的接种后安全性如何？

答：2013年本市的48.2万名老年人已免费接种肺炎疫苗，报告疑似预防接种异常反应报告率为45.2/10万剂，为同期全市总体疑似预防接种异常反应报告率的30%，其中91%为一般反应。

★ 思考问题

本例为某市免费疫苗接种项目宣传资料，试运用本章的沟通基本理论知识，从以下方面加以分析。

1. 这份宣传资料属于沟通吗？如果是，属于哪一种类型的沟通？

2. 这份宣传资料起到了应有的宣传效果了吗？影响宣传效果的主要因素有哪些？请逐一举例说明。

3. 请运用约哈里窗口模型，结合普通大众对肺炎疫苗的认知，尝试分析这份宣传资料所传递信息的背景分区情况。

4. 如果请你重新拟定一份宣传资料，你将如何运用有效沟通策略，从哪些方面加以改进？请逐一具体说明。

第九章

领 导

学习目标

1. 理解领导含义、领导与管理的差异。
2. 了解领导效能理论的发展,熟悉领导特质理论和行为理论的主要内容。
3. 掌握费德勒模型、路径-目标模型和生命周期理论的主要观点。
4. 了解心理定格如何影响领导效能。
5. 界定领袖魅力领导者的品质,对比变革型领导与交易型领导的差异。
6. 熟悉当代领导角色,理解信任及其对领导的影响。
7. 了解领导理论在卫生系统中的应用。
8. 理解全球化和信息化对领导理论的影响,以及当前领导理论遇到的新挑战。

引例与思考

一个人能让组织的业绩发生改变吗?某三级甲等医院有着辉煌的历史,但在21世纪90年代前后却日趋没落,"房子又旧又破"一位当时生活在医院旁的居民回忆说。21世纪90年代中期,四十出头的李某被直接任命为医院院长,成为一名非常年轻的三甲医院掌门人。对于从科室主任到院长的"飞跃",李某后来曾多次解释说:因为当时医院发展遇到瓶颈,主管部门决定重组医院领导班子。领导原本让我做院办公室主任,我年轻气盛,跟当时的主管部门领导说,要当就当院长。主管部门同意了这一要求。李某上任后,采取了多项大刀阔斧的改革措施,改革效果显著:医院规模扩大,占地约4000亩,业务用房50余万平方米,病床数超过3000张;医院收入节节攀升,可以用"日进斗金"来形容。而医院的医疗质量和科研水平,也是表现出色:在国内某权威"中国最佳医院"排行榜上,综合排名名列前茅,科研得分更是高居榜首。

第一节 基本理论

优秀的领导对组织来说无疑是非常重要的,将直接影响到组织绩效和组织目标的实现。那么,什么是领导?哪些因素造就了有效的领导?领导者应该具备哪些特征或者应该关注环境中的哪些方面?本节将介绍关于领导的基本理论。

领导作为管理的一种职能,广泛地存在于我们日常生活和工作的方方面面。对领导的理解因研究和探讨的视角和方向不同而有较多的表述。许多学者分别用指挥、统帅、影响、引导、激励等词语对领导给出解释。事实上,领导作为管理的职能,它是对所负责的组织及其成员施加影响,以便使其更好地实现组织目标的过程。这里所谓的"影响"包括指令、教育、激励和协调等具体工作手段。领导是科学性和艺术性的统一体,不仅具备很强的环境针对性,而且还因个人的性格和作风不同而各具特色。

一、概述

(一) 领导的含义

什么是领导?在组织行为学领域中对领导的研究已经进行了几十年,但是对于这样一个众所周知的名词,各国的管理学家和组织行为学家至今仍是众说纷纭、意见不一。

斯托格迪尔认为,领导是对组织内的群体或个人施加影响的活动过程。孔兹认为,领导是一门促使其成员充满信心,满怀热情去完成他们任务的过程。杜平认为,领导即行使权威与决定。泰瑞认为,领导是影响人们自动为达成群体目标而努力的一种行为。坦宁鲍姆认为,领导就是在某种情况下,在意见交流的过程所表现出来的一种为达成某个目标的影响力。以上学者的表达,大体上可归纳为两大类:①把领导看作是组织赋予领导人的职位和权力。它是一种统治形式,一种决策或一种艺术,以带领所属成员完成组织的目标,如孔兹、杜平的看法是一种行为与影响力,领导人借此组织与激励下属成员去完成组织的目标。②把领导看作是一种实现组织目标的行为过程,如泰瑞、坦宁鲍姆等的看法就属于这一类。

综上我们认为,领导(lead)是一种通过影响个体和群体行为来实现组织愿景或目标的过程。致力于实现这个过程的人是领导者(leader),而能够影响个体和群体的能力就是领导力(leadership)。

(二) 领导的要素

领导的要素是指领导绩效的取得所必须具备的主要因素。关于领导要素的描述主要包括以下 3 种。

1. **领导活动说** 领导要素包括:领导者、被领导者和组织环境。领导效能(E)是领导者

(L)、被领导者(F)与组织环境(S)的函数：E＝f(L，F，S)。领导活动是领导者、被领导者和组织环境相互作用的过程。领导者的重要性表现为可以根据组织目标的需要，结合组织环境及被领导者的特点，采取适宜的领导方式，激发被领导者的潜能与激情，依靠和信赖被领导者，通过适应、改善或创造一个具体的组织环境来实现组织的目标。

2. **领导实质说** 领导要素包括：权力、责任、利益。这里的权力是指领导者拥有的职权，职权来自于职位，职位不同，权力就各异，职权不受个人素质的影响。责任是指领导者行使职权的同时需要履行的义务。责任是权力行使的目的，而权力是履行责任的手段。利益是行使权力、履行义务后取得的报酬，是衡量权力和责任充分与否的尺度。行使权力是否恰当、履行义务是否全面是利益的重要标准。权力、责任和利益是相互对应的，权力越大，责任就越重，相应的利益也越高。正确处理权力、责任、利益三者关系有利于提高领导效能，从而有效地实现领导目标。

3. **领导系统说** 领导要素包括：领导者、被领导者、双方权利和义务、组织环境。按系统的观点来说，只有领导者和被领导者双方都清楚各自的权力和义务，相互尊重，相互协调，利用好组织内外环境，合理配合，发挥双方的特长，去实现组织目标，才能达到最大的领导效能。

(三) 领导者的概念和内涵

1. **领导者概念** 领导者一词在英语中最早使用是在 14 世纪，领导一词开始使用是在 19 世纪之后。在前文中我们表述过，领导者是通过影响被领导者以实现组织目标的人。领导者通过计划、组织、控制、沟通、委派任务和承担责任等方式来实现组织目标，在这个过程中，领导者把别人吸引到自己的周围，得到别人的信任，从而实现有效的领导。

领导者是任何一个群体或组织的最重要而又难得的资源。很多组织的失败都是由于领导无方，大多数组织也都面临着有效领导的短缺问题。研究表明，职工积极性的发挥 40% 是由领导者的才能激发出来的，60% 是由其他因素如社会压力、获取高报酬等激发出来的。

2. **领导者内涵** 关于领导者的内涵，彼得·德鲁克在其《未来的领导》一书序言中写道，所有的领导者都知道下面 4 个简单事情：①领导者的唯一定义就是后面有追随者。②一个成功的领导者不仅是受人爱戴的人，而且是使追随者做正确事情的人。③领导者都是受人瞩目的，因此必须以身作则。④领导地位并不意味着头衔、特权、级别或金钱，而是责任。这种描述准确地揭示了领导者的内涵。

那么，领导者的责任又包含哪些方面呢？2002 年，《哈佛商业评论》邀请了美国 6 位卓越的企业界、非营利组织和学术界的领导人和专家来讨论领导者的责任问题，请他们分别列出各自认为最重要的 3 项任务，从而得出了以下 3 个主题：①构想并传递组织的远景，该远景应该建立在对未来的正确把握和对环境的深入分析的基础上，能够传递企业的使命和目标，并能得到组织成员的认同；②领导人要能为组织增加价值，不仅仅是利润，还包括共有的价值观和企业文化；③要有一套足以激励追随者乐于为实现组织远景而努力工作的组织制度保障。

由此可见，领导的责任可以归纳为两类：①领导要制订组织目标和进行战略安排；②领导要建立协作体系，通过各种方式激励组织成员为实现组织目标而努力工作。

领导与管理的区别

领导是一种管理职能,是管理的高级形式。管理是包含领导在内的更为广泛的一种社会活动。从管理活动的角度来看,领导与管理的区别主要体现在:①在活动范围上,管理是全面的周而复始的过程,而领导则是管理活动最富现实性的活动,具有阶段性;②在活动主体上,管理是组织所有成员应当参与的活动,而领导则是组织中高层次成员的活动,是单向性的;③在活动内容上,管理的对象包括人、财、物、时间、信息、技术等,而领导的侧重点主要是人;④在活动方式上,管理的方式侧重于程序化和规范化,而领导的方式则表现出更大的灵活性和技艺性,具有较强的个人风格和灵活特色。

约翰·科特通过对1 000多位世界知名企业高层管理人员的访谈,系统分析了领导与管理的区别。在他的著作《变革的力量》(A Force for Change)中,科特对领导行为与管理行为进行了区分(表9-1)。

表9-1 领导与管理的区别

	管 理	领 导
确定目标进程	编制计划与预算 为达成目标,制订详细的步骤和计划进度 为达成预期目标,进行资源分配	指明方向、给出战略 展现未来的远景和目标 指出达成远景和目标的战略
实现目标所需的人力和组织结构	组织和配备人员 组建所需组织结构及配备人员 规定权责关系 制定具体政策和规范指导行为 建立系统和方法监督完工情况	指导人们 同协助者沟通,指明方向、路线 让人们更好地理解目标、战略及实现目标后的收益 指引人们根据需要组建工作组,建立合作伙伴关系
执行	控制和解决问题 通过具体详细的计划监督进程和结果	鼓动和激励 动员克服改革中的障碍 鼓动在初具条件的情况下,努力克服人力与资源的不足,实现改革
结果	具有一定程度的预见性并建立良好的秩序 得出各种利益所有者如用户、股东所期望的关键效果	取得较大进展的改革 具备进一步挖掘如开发用户期望的新产品等的潜力

引自:[美]约翰·科特著.方云军,张小强译.变革的力量:领导与管理的差异.北京:华夏出版社,1998.

领导有效性理论

(一) 概述

20世纪初以来,许多心理学家、社会学家和管理心理学家从不同的角度对领导问题进行了大量研究,试图解决领导者的选拔标准和怎样进行有效领导的问题。

对领导有效性理论的研究一般可分为3个阶段。

1. **领导特质理论阶段** 从20世纪初到20世纪40年代,对领导问题的研究主要集中在领导者个人特质的研究上。心理学家试图通过分析领导的成败,找出造成领导者成功或失败的因素。这种方法看起来非常简单,只要测定成功的领导者和失败的领导者的品质,然后进行比较,看看这两类领导者有哪些不同,就可以找到答案。遵循这种研究方法的理论叫做特征理论或品质理论。

2. **领导行为理论阶段** 从20世纪40年代起,领导问题的研究方向发生了转变。由于没有在特性理论的矿山中找到"金子",研究者转向了对领导行为的研究。研究优秀领导者与差的领导者的行为差异?怎样进行领导才能获得成功?优秀的领导者在工作中做了些什么就使他们获得了成功?

3. **领导情境理论阶段** 20世纪70年代以来,不少研究者认识到,领导的效率如何,既不取决于领导者个人的品质,也不取决于某种固定不变的领导行为方式,而是取决于领导者所处的具体情境,如被领导者的条件、工作性质、组织氛围等。把领导看作是具体情境中的功能。在一系列成果的基础上,提出了情境理论或称权变理论。

(二) 领导特质理论

自20世纪初到20世纪40年代,对领导效能问题相关的研究主要集中在领导者个人特质的研究上。心理学家为了确定领导者应该拥有的品质,通过对成功领导者与失败领导者、领导者与非领导者的分析,找出造成出色的领导者和失败的领导者的因素。这种研究方法叫品质法,遵循这种研究方法的理论叫做特征理论或品质理论。根据对领导者特性的来源所作的不同解释,可以把特质理论分为传统特质理论和现代特质理论。

1. **传统特质理论** 传统特质理论认为,领导者的特性是与生俱来的。生而不具有领导特性的人就不能成为领导者。为了找到天生的领导者,许多心理学家对社会上成功的和不成功的领导者进行了大量调查,并列举了领导者所具有的个人特性。

特质理论的创始人奥尔波特及其同事曾分析了17 953个用来描写个人特点的形容词,虽然每一种特点的名称并不等于一种特性,但他认为,在这些大量的名称背后肯定存在组成个性的特质。美国心理学家吉伯在1954~1969年的研究中指出,天才的领导者应该具有7项先天特性:①善言辞;②外表英俊潇洒;③智力过人;④具有自信心;⑤心理健康;⑥有支配他人的倾向;⑦外向而敏感。斯托格迪尔认为领导者的先天特性应具有:①才智;②强烈的责任心和完成任务的内驱力;③执著追求目标的性格;④大胆主动的独创精神;⑤自信心;⑥合作性;⑦乐意承担决策和行为的后果;⑧能忍受挫折;⑨社交能力和影响他人的能力;⑩处理问题的能力。

但是,通过几十年的研究和实践,许多人对传统特质理论提出了种种非议:①在1904~1947年40多年中,有关部门领导特性理论的124项研究中,提出的天才领导者个人特性的范围很广,但这些特性之间没有很大的相关关系,并且常常相互矛盾。如有的认为领导者的气质类型属于黏液质,具有冷静理智的头脑;有的认为领导者应属于多血质,热情活泼。

②在研究领导者与被领导者、成功的领导者与失败的领导者的差别时发现,他们的特性只存在着量的差别,没有质的差别。③生活中许多具有领导特性的人并没有成为领导者。

2. 现代特质理论　现代许多心理学的研究表明,领导是一个动态的过程,是一种发展变化的行为过程。领导者的特性和品质并不是与生俱来的,而是在实践中逐步形成的,可以通过训练加以培养。

各国心理学家根据本国的具体条件,研究了领导者应该具备的个人特性。如吉赛利在《管理才能探索》一书中提出了有效领导者的8种个性品质和5种激励品质。8种个性品质:①才智;②主动;③督察能力;④自信心;⑤能与员工亲近;⑥决断能力;⑦男性-女性化;⑧成熟度。5种激励品质:①对工作稳定的要求;②对金钱和奖励的要求;③对指挥别人权力的要求;④自我实现的要求;⑤对职业成就的要求。吉赛利按照个性品质和激励品质对管理成功的重要性,把这些品质分为3类:非常重要、次等重要、最不重要(表9-2)。

表9-2　个人特征对管理成功的重要性

	非常重要	次等重要	最不重要
个人特征	督察能力、职业成就、才智、自我实现、自信、决断能力	对工作稳定的要求、亲近员工、对金钱和奖励的要求、处理事物的成熟度	性别

现代特质理论的研究在一定程度上揭示了某些特性与领导成功之间的关系,对于选拔和培养领导人才具有重要的意义。当然,由于领导效能是由领导者、被领导者和环境所组成的复合函数,领导者的特性和素养只是其中的一个因素,因此,不能单纯地用它来考察和衡量一个领导者的水平。

(三) 领导行为理论

从20世纪40年代起,领导问题的研究者转向了对领导行为的研究。优秀的领导者应该采用何种行为?怎样的行为使得领导获得了成功?下面将介绍两个最具代表性的领导行为研究。

1. 领导行为四分图　俄亥俄州立大学工商企业研究所从1945年起以斯多蒂尔和沙特尔教授为首开始研究领导者的行为。斯托格迪尔(Stogdill)等在1956年提出了领导行为四分图。在研究初期,他们把鉴别领导行为的1 000多个项目,经过实地调查,逐步淘汰、筛选、概括,最后把领导者有效的行为归纳为两类:抓组织和关心人。

(1) 抓组织:就是以工作为中心。领导者为实现工作目标,既规定自己的任务,也规定下级的任务。这主要包括组织设计、计划和程序制订、职责和关系的明确、信息途径的建立,以及工作目标的确定等。

(2) 关心人:就是以人际关系为中心。它包括建立相互信任的氛围,尊重下级意见,注意下属情感和感受等等。

经过进一步的调查发现,两类领导行为在同一个领导者身上有时一致,有时不一致。因此,研究者认为领导行为是这两类行为的具体结合。于是,研究者以对组织、对工作的态度为横坐标,以对职工的态度为纵坐标,提出了领导行为四分图。四分图的贡献在于从两个层面上来考察领导行为,这为人们研究领导行为提供了一种途径。在四分图中,有4种领导行为模式:一是"低关心、高工作"的领导者,他们最关心的是工作;二是"高关心、低工作"的领导者最关心的是领导者与下属的合作、互尊互信的气氛;三是"高工作、高关心"的领导者,他们对工作和员工都比较关心;四是"低工作、低关心"的领导者,则对组织和员工都不关心。研究者认为,在4种模式中,第3种模式最好。

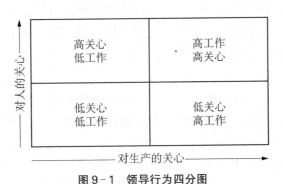

图9-1　领导行为四分图

2. 管理方格理论　布莱克和莫顿于1964年提出的一种行为理论,已经成为领导培训的一种方法,被广泛运用到组织的发展和计划中。

(1) 管理方格图的概念:管理方格图是一种采用图示和量表方式来衡量一个领导者的管理方式是否是高效率的方法或手段。管理方格图的理论根据是:最有效的领导者应该是一个既关心工作,又关心职工的人。

在这两个维度的基础上,将每一个维度细分为9等,横坐标表示关心生产的程度,纵坐标表示领导者对职工的关心程度。用坐标线画出,这样就得出81种组合。评价领导行为,就是根据领导者这两方面的行为,在图上寻找交叉点。这个交叉点就是领导者的领导行为类型。例如,一个经理关心人的程度很低,只有1,而关心生产特别强,达到了9。两者的交叉点在9.1,他就是9.1型的经理。布莱克和莫顿认为,所有领导者的行为都可以投射到这个坐标上。

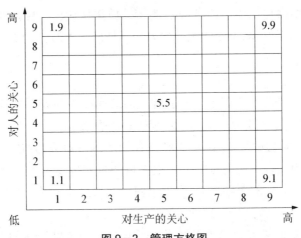

图9-2　管理方格图

(2) 管理行为的种类：

1) 1.1型领导者——虚弱管理型：1.1型领导者最大的特征是身在其位，不谋其事。在沟通上，他们只做一个信息传递者，决不在上级指示中"添枝加叶"，不以决策者身份出现。对于冲突，采取中立态度——不介入。

2) 9.1型领导——任务管理型：9.1型领导最大的特征是好强和有能力，控制并影响他人的欲望特别强烈。把高效率地完成任务看得比什么都重要。这种领导者喜欢监督他人，独断专行，使用各种手段使下属服从自己。不喜欢组织中的冲突。

3) 9.1型领导——乡村俱乐部管理型：1.9型的最大特征是重视下级的态度和情感，对下级关怀备至。他们乐于营造轻松愉快氛围，与所有职工打成一片，很少表示不同意见。能容忍下级的各种行为，鼓励下属进行交往。

4) 5.5型领导——中间型：他们与非正式群体或个人保持良好关系，其目的在于寻找信息，摸清情况。管理上反对命令和指导，喜欢激励与沟通，喜欢用说服取代使用权力。重视人的优点，鼓励下属找出自己的缺点。不喜欢冲突。

5) 9.9型——团队管理型：追求那些既是个人需求，又是组织需求的目标。对于表面看来没有激励的目标进行深入分析，找出其中有激励的力量，能对下属清晰解释目标，不掩饰目标的困难程度，同时对达到目标的方法也能做具体的分析和研究。喜欢冲突，认为这是有益的，关键在于如何去处理冲突。

团队管理型被认为是发育最完整的管理方式，这种方式可以在竞争中获得成功，激发职工的创造性，发挥个人的能力。关于哪一种领导行为最佳，相关研究也有争论。多数人认为高工作高关心的领导行为最佳，但也有不少人认为高关心低工作的行为最好。布莱克和莫顿认为，哪一种领导行为最好，要看实际工作效果，根据环境、对象的不同而有所不同。在卫生领域，由于被管理者的特征不同，统一采用高工作高关心的领导风格并不是在任何情况下都是有效的。特别是针对卫生领域中的医疗专家们，领导者采用高工作、高关心就不会收到良好的效果。因为在卫生领域中，大多数被领导者，尤其是医疗专家们，是有学识、有经验的医务工作者。而高工作高关心的领导者十分关心生产，对做什么，怎么做，什么时候做都要严格管理。医疗服务工作具有其特殊性，况且医务人员有一定的经验和责任感。对他们实行工作上的严格管理，会挫伤他们的自尊心，影响他们的积极性，将导致工作效率不高。所以，在卫生领域实行高工作、高关心的领导行为并不是最有效的。

(四) 领导权变理论

20世纪70年代以来，研究者们认识到，领导的效率和领导者所处的具体情境是密切相关的。在一系列成果的基础上，提出了权变理论或称情境理论。

1. 费德勒模型　费德勒从1951年起经过长期的调查研究，提出了有效领导的权变模式，通常称为费德勒模式。费德勒是第一个把人格测量和情境分类联系起来研究领导效率的心理学家。他认为，有效的领导行为，取决于领导者和被领导者相互作用的方式以及情境给予领导者的控制和影响程度的一致性。

(1) 情境因素：费德勒经过调查研究指出，影响领导效果好坏的3个环境变量如下。

①领导者与成员的关系:主要包括下属对领导者的信任、喜爱以及愿意追随的程度,领导者对下属的吸引力。②任务结构:指下属担任工作任务的程序化、明确化的程度。有些工作任务有明确的目标,有确定的解决方案,有步骤或程序可以进行检验。有些工作目标不明确,完成途径很多,而且不能靠"数字"来完成,如市场调查员,这些任务很难管理。③领导者的职权:指领导者拥有奖励、强制和执行合法权力的程度。如领导者有没有给下属晋升或降级的权力,或能否就任务目标给下属发出指示。研究发现,领导者与成员关系越好,任务结构越明确,职权越高,领导者的控制力越高,环境对领导越有利。

(2) 领导风格与LPC分数:费德勒认为影响领导成功的关键因素之一,是个体的基本领导风格。因此,他试图发现这种领导风格是什么。为此,他设计了LPC问卷(least preferred co-worker questionnaire)。问卷由16组对照形容词组成,如快乐-不快乐,高效-低效,开放-保守等。它要求回答者回想所有过去和现在的共事者,描述最难与其工作的人,也就是最不受欢迎的共事者。在16组形容词中按1~8等级对他进行评估。费德勒相信,在LPC问卷的基础上,可以判断出一个人的领导风格。他的前提是不论你怎样描述他人,这只能更多的说明你自己。如果以相对积极的词汇描述最难共事者(LPC得分高),则回答者很容易与同事形成友好的人际关系。也就是说,如果你把最难共事者描述的比较积极,费德勒称回答者为关系取向型。这样的人用一种比较赞许的态度来接纳他们的领导。相反,如果你对最难共事者描述的比较消极(LPC得分低),你感兴趣的是任务,因而被称作任务取向型。只要能完成任务,这样的领导者也能同下属保持友好愉快的关系;当完成任务受到威胁或存在困难时,与完成任务相比,人际关系就处于次等的地位。用LPC问卷对个人的领导风格进行评估之后,需要再对情境进行评估。领导者与成员关系好或差,任务结构明确不明确,职位权力强或弱。这样共分为8个不同的类型。每个领导者可以从中找到自己的位置(表9-3)。

表9-3 费德勒模型的情境分类

分类	1	2	3	4	5	6	7	8
领导者成员关系	好	好	好	好	差	差	差	差
任务结构	明确		不明确		明确		不明确	
领导者职权	强	弱	强	弱	强	弱	强	弱

在第一种情况下,领导者与成员关系越好,任务结构越明确,职位权力越大,领导者拥有的控制和影响也越高。在第8种情况,领导者与成员关系差,任务结构不明确,领导者的职权小,那么领导者的控制力和影响力就越小。

(3) 权变模式:费德勒通过研究1200个工作群体,对8种情景类型均比较了关系取向型和任务取向型两种风格。他发现:在情景非常有利或非常不利(情景1、2、3、7、8)的情况下,任务取向型比关系取向型领导者干得好;在中等情景(情景4、5、6)下,关系取向型领导者更加有效(图9-3)。

费德勒的观点提示我们,在实践中要寻求领导者与具体情景的匹配。个人的LPC分数

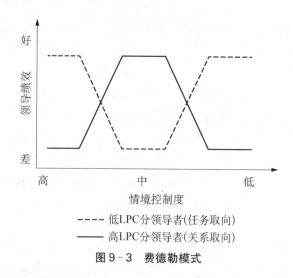

图 9-3 费德勒模式

决定了他最适合何种情景类型。但是,费德勒认为,个人的领导风格是稳定不变的,因此,提高领导者的有效性有两种途径。①替换领导者以适应情景。在棒球比赛中,教练可以根据投球手的情境特点而决定起用左手投球手还是右手投球手,从而使比赛获胜。如果组织所处的情境非常不利,而目前是一个任务取向型的领导者进行领导,那么替换一个关系取向型的领导者可能提高工作绩效。②可以改变情境以适应领导者。通过重新构建或者提高、降低领导者控制的权力因素(如加薪、升职、惩罚),实现情境改变。假设一个任务取向型的领导者处于第 4 种类型的情境中工作,如果这个人能显著增加自己的职权,即转化为在第 3 种情境下,那么这个领导者与情境十分匹配,会提高工作绩效。

2. 途径-目标理论

(1) 理论概述:目标-途径模型(goal path Theory)是加拿大教授马丁·G·伊万斯于 1968 年首先提出来的,后由他的同事罗伯特·豪斯(Robert House)等加以发展,在 1974 年最终完善、成型。该模型以弗鲁姆的期望理论(努力-成绩,成绩-目标)和俄亥俄州立大学领导行为四分图为依据,其理论核心在于:领导者的工作是帮助下属达到他们的目标,并提供必要的指导和支持,确保他们个人的目标和组织的目标一致。目标-途径的概念来自这样一种信念:有效的领导者通过明确指示实现工作目标的途径,来帮助下属,并为下属清除"旅程"中的各种障碍和危险,从而使下属的旅程顺利。对下属的激励有助于领导者实现上述功能。领导者的激励作用在于:①激励使下属的需要满足与有效的工作绩效结合在一起;②激励提供了有效的工作绩效所必需的辅助、指导和支持。

豪斯提出了以下 4 种领导行为。①支持型领导行为:能照顾下属的需要,在工作中创造出一种友好的气氛,这和俄亥俄州立大学研究的关怀维度相似。②指导型领导行为:让下属知道期望他们做什么,对如何完成任务给予具体指导,这和俄亥俄州立大学研究的结构性维度相似。③参与型领导行为:在决策时与下属磋商,询问下属并评价下属的意见和建议。④成就取向型领导行为:设置挑战性的目标,并期望下属表现出自己的最佳水平。

与费德勒相反,豪斯认为领导者是灵活的,同一个领导者可以根据不同的情景,表现出不同的领导风格。如图 9-4 所示,途径-目标理论提出了两类情境或权变变量作为领导行为与结果之间关系的中介变量:领导控制范围之外的环境(如任务结构、正式权力体系和工作群体)以及下属个性的某些特征(如经验、控制点和感知能力)。实际上,这种理论指出领导者行为应与情境变量相互匹配,当领导者行为与情境不相匹配时,或领导者行为与下属个性特征不一致的时候,领导效果欠佳。

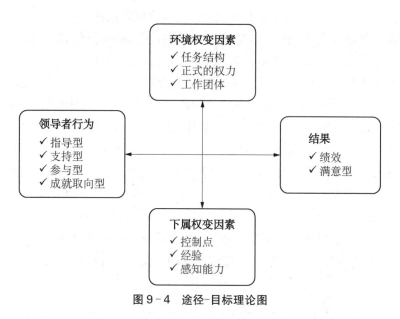

图9-4 途径-目标理论图

(2) 相关假设:以下是途径-目标理论引申出的一些假设:与具有高度结构化(结构清晰)和安排完好的任务相比,当任务不明晰或压力过大时,指导型领导会带来更高的满意度。当下属执行结构化任务时,支持型领导会带来员工的高绩效和高满意度;对于能力强和经验丰富的下属,指导型的领导可能会成为累赘。组织中的正式权力体系越明确、越官僚化,领导者越应表现出支持型行为,降低指导型行为;当工作群体的内部出现激烈冲突时,指导型领导往往会带来更高的员工满意度。对内控型下属(即相信自己可以掌控命运)来说,参与型领导更让其满意;而外控型下属则对指导型领导更为满意。当任务结构不清晰且下属积极程度较高时,成就取向型领导将会提高下属的期望值,帮助下属坚信努力必然会带来更高的工作绩效。

对这些假设的验证结果往往是十分积极的,这些证据支持了理论背后的逻辑。当领导者弥补了员工或工作环境方面的不足时,则会对员工的绩效和满意度起到积极的影响。然而,当任务本身十分明确,员工又有能力和经验处理它们时,如果领导者还是花费时间来解释和干预工作任务,则下属会把这种指导性行为视为累赘甚至是侵犯和不信任。

3. 生命周期理论

(1) 理论概述:生命周期理论由保罗·赫塞(Paul Hersey)和肯·布兰查德(Ken Blanchard)所开发。该理论以俄亥俄州立大学的领导行为四分图为依据,并吸收了阿吉里斯的"不成熟-成熟"的思想而形成。主要观点是:领导者的领导方式应同下属的成熟程度相适应。当被领导者逐渐成熟,领导者的领导行为必须加以调整才能实现有效的领导。生命周期理论认为,有效的领导行为,要把工作行为、关系行为和被领导者的成熟程度结合起来考虑,应该根据下属的年龄、成熟感、责任心和能力等,采取不同的领导行为。

(2) 权变维度:领导生命周期理论是一个三维结构的理论。3个维度分别是工作行为、关系行为和下属的成熟程度。这3个维度间的关系是一种曲线关系(有效的领导行为曲线)。工作行为是领导者用单项沟通的方式向下属说明应该做什么以及怎么做;关系行为是指领导者用双向沟通方式,指导下属,并照顾职工的福利。横坐标代表以抓工作为主的工作行为,纵坐标代表关心人为主的关系行为,第3个坐标代表下属的成熟度。

成熟度有两个部分:①工作的熟练程度,是指完成工作的能力,它受下属的成就动机水平和与工作相关的教育背景以及拥有的经验的影响;②心理的成熟程度,是指下属是否乐于做好自己的工作,反映了一个人对工作的某些方面的自信心和责任感。下属人员的成熟度可以分为4个等级,由低到高记作M1~M4。M1:没有能力也不热心完成某件工作;M2:没有能力但热心完成某件工作;M3:有能力但不热心完成某件工作;M4:有能力并热心完成某件工作。这4个等级表示了下属完成一件具体工作的能力和热心程度。

(3) 权变模式:每一个人都有一个从不成熟到逐步成熟的发展过程。在一个组织中,职工成熟度的平均水平也同样有一个发展过程:不成熟→初步成熟→比较成熟→成熟。在这个过程中,领导方式不能一成不变,而是随成熟度的变化而改变(图9-5)。

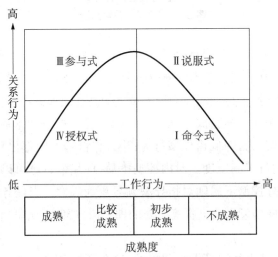

图9-5 生命周期理论模式图

可见,有效的领导方式就是能适应既定的环境,针对各种情况做出正确的领导。当职工的平均成熟度处于不成熟度时,应该采取高任务低关系的领导方式,即命令式领导。领导者向下属规定任务,应该做什么以及怎么做。这就是图中第一象限中表示的命令型的领导方式。当成熟度进入初步成熟阶段时,采取任务和关系都略高的方式,领导与下属双向沟通,相互交流,相互支持,这就是第二象限所表示的高任务高关系的说服型的领导方式。当职工进入比较成熟阶段时,领导者的任务行为要较少、放松,加强关系行为,相互交流信息,相互支持,这就是第三象限表示的高关系低工作的参与式的领导方式。但职工发展到成熟阶段时,领导者应采取低任务低关系的方式,领导者给下属权力,让下属自行其是,领导者只起监督作用,这就是第四象限表示的授权型的领导方式。

途径-目标理论和生命周期理论告诉我们,领导者应该采用的适宜领导风格是:能够弥补员工或工作设置中的不足。当一名职工刚进入医院时,在性格和工作经验上都比较幼稚,对医院也很生疏。这时,领导者应为他安排具体,加强指导,严格要求。这时的领导行为是高工作低关系。过了一段时间,他的工作知识和经验逐渐增加,对工作环境也熟悉了,对工作也从不能控制到自我控制。这时,领导者要逐步放手,适当放权,在一定程度上让他独立自主,自己组织安排自己的工作,领导行为就变成了低工作-高关系。随着这名职工性格与技能更加成熟,可以让他独立自主地开展工作,这时领导行为就成为低工作低关系。如果对一名老职工,用指导新职工的办法去吩咐"这个怎么做,那个怎么做",就会导致效果不佳。例如,对于一个有20年工作经验的护士来说,护士长不需要也不应该对其进行如何完成采集患者病史和体检的具体的指导;如果这个拥有20年工作经验的护士之前并没有使用过电子病案信息系统,那么在其第一次使用电子病案信息系统的时候,护士长应该为其提供必要的指导和培训。

第二节 领导理论的当代发展

对领导理论的研究始终是组织行为学关注的热点之一,近年来又涌现出了诸多关于领导的新观点。相对于以往领导的基本理论来说,这些新观点或新理论对基本理论进行了深化和丰富。本节将主要介绍几种代表性的理论。

一、心理定格

马丁·路德·金的演讲"我有一个梦想(I have a dream)"在很大程度上影响了美国的民权运动。他的话给人们描述了一种"消除种族偏见的国家将会是什么样"的生动形象。马丁·路德·金所做的正是"心理定格"活动,使别人能像自己一样看到它。心理定格(framing)是一种使用语言来管理意义的方式。领导者可以利用它来影响人们看待事件的方式。它指的是通过选择和强调客体的一个或几个方面而忽略其他方面的活动。心理定格的过程可以形象的类比为摄影师所做的工作。在视觉世界中存在的事物具有"模棱两可"的特点。当摄影师用镜头拍照时,他会对照片进行取景或者说"心理定格"。然后,其他人看到了他想让他们看到的东西,看到了他关注的焦点。这一点和领导者在心理定格一个事件时如出一辙。领导者选择那些自己想让人们关注的方面或部分,而忽略那些自己不想让人们看到的方面。

为什么心理定格对今天的领导很重要呢?因为领导者的工作日益处于这种复杂而且混乱的环境中,通常对"事实"有着相当的解释。所谓"真实的事情",不过是领导者所说的真实事情;所谓"重要的事情",也不过是那些经他选择认为重要的事情。领导者可以使用语言来影响下属对于世界的认知、对于事件的了解、对于因果关系的信念以及对于未来的愿景。通过心理定格,领导者可以控制人们注意到的问题、他们理解和记忆问题以及采取措施的方式。因此,"心理定格"是一种很有力的工具,领导者通过它来影响别人对于现实的认知和解释。

当代领导理论

本章之前介绍的大多数领导理论均侧重于事务型领导,这些领导者通过明确角色和任务来指导或激励下属向着既定的目标努力。还有另外一种领导模式,鼓励下属为了组织的利益而超越个体利益,并能对下属产生深远的影响。而这些都是变革型领导的特点,温斯顿·丘吉尔、道格拉斯·麦克阿瑟以及富兰克林·D·罗斯福都属于这一类领导者。他们通过个人的人格魅力去影响、去塑造他们的下属,让下属感觉到他们肩负任务的价值和重要性。"即使是火坑,老板让我跳,我也会跳"是最典型的魅力型领导的反映。

(一) 领袖魅力型领导

1. 概念与特点 马克斯·韦伯(Max Weber)将魅力定义为"个体人格的一种特质,这种特质令此人与众不同,并被认为超自然、超人性的,或者至少可以说是具有特别杰出的权力或者素质。普通人并不具有这些素质,因此此人被看成是具有神性或者成为人们的典范,此人正是由于这种特质才被视为领导者"。韦伯认为,魅力型领导是一种理想型的权力。

罗伯特·豪斯(Robert House)是第一位从组织行为学的视角来思考魅力型领导的研究者,根据其魅力型领导理论的观点,当下属观察到领导者具有某些性格并表现出相应行为时,他们会将其归结为英雄的或者杰出的领导能力,而这些领导者就是领袖魅力型领导。领袖魅力型领导理论通过观察分析确定了卓越的领导能力。有很多研究都试图去确定魅力型领导的个人特质,其中最广为人知的5种性格特征为:拥有一个愿景;乐于为愿景的实现而承担风险;对环境限制和下属需求的敏感性;行为表现超乎常规。具体如表9-4所示。

表9-4 领袖魅力型领导的性格特征

特 征	描 述
愿景	有理想的目标,认为未来一定会比现状要更加美好;理论目标与现状的差距越大,下属越有可能认为领导者具有远见卓识
个人风险	被认为具有强烈奉献精神,愿意从事高冒险性的工作,付出高代价,为实现目标能够自我牺牲
对环境的敏感性	能够对外部环境的限制和变革所需资源进行现实的分析
对下属需求的敏感性	能够很好地理解其他人的能力,并对他们的需求和感受做出反应
不循规蹈矩	新奇的和超乎常规的行为

2. **领袖魅力的习得** 人们是否可以通过学习,从而成为一名领袖魅力的领导者呢？抑或领袖魅力的领导者是否天生具有这些气质？对此,大多数的学者专家认为个体是可以经过训练而展现出领袖魅力的,并能够达到"领袖魅力领导者"所达到的效果。

有研究指出一个人可以通过以下3个阶段的学习变成领袖魅力的领导者。首先,个体要保持乐观的态度,用激情去感染和激发他人的热情,要运用整个身体而不仅仅是语言进行沟通,通过这些方面可以营造领袖魅力的氛围。其次,个体通过与他人建立联系并激发他人跟随自己。再次,个体通过调动跟随者的情绪和需要去开发他们的潜能。研究者在实践中利用这种方法使商业专业的大学生成功地"扮演"了魅力领袖的角色。他们指导学生清晰地表达一个极高的目标,向下属传达高绩效的期望,对下属达到这些目标所具备的能力展现出充分的信任,重视下属的各种需要。学生们通过练习表现出自信、动态和有力的形象,并使用富有魅力的语调；同时,为了能够展现出魅力领袖的生动特征,研究者还训练学生们使用魅力领袖的非语言特点。如：坐在办公桌或在桌边漫步,身体向前微微倾向下属,保持目光接触,呈现放松的姿态和生动的面部表情。研究者发现,当这些大学生们学会如何展示领袖魅力时,这些"领导者"的下属表现出更高的绩效,以及更好地对工作任务、对领导和群体的适应性。

3. **领袖魅力型领导影响下属的方式** 魅力型领导如何影响下属的行为呢？事实证明通常可以通过以下4个步骤：①领导者向下属解释清楚一个有吸引力的愿景(vision),这个愿景可以使下属认识到公司的现状与未来之间具有连续性；②领导者清楚表达对下属的高期望,并传达其对下属能够实现目标的信心,这样可以提高下属的自尊与自信；③领导者通过语言和行为传达一些价值观,并以身作则树立好个人形象；④魅力型领导勇于做出自我牺牲,他们对自己的愿景有不同寻常的勇气和信念。

4. **对魅力型领导的不同观点** 很多研究都表明魅力型领导和高绩效及员工高满意度之间存在正相关关系。那些跟随魅力型领导工作的人更愿意积极努力地工作,因为他们喜欢并尊敬自己的领导,因此才会具有较高的满意度。然而,也有一些研究表明魅力型领导不一定能起到好效果,它的效果似乎更多取决于情境。最近也有一些由于魅力型领导而造成损失的现实,证据表明其确实会潜在地对组织绩效产生不利的影响。

魅力型领导并不是总能够使员工产生高绩效。魅力型领导在以下情况中似乎是最合适的：工作任务包含意识形态的成分；环境中具有高度的压力感和不确定性。这可以解释为什么魅力型领导通常出现在如下情境中：政坛、宗教或战争时期以及当公司处于创业初期或者面临破产危机时。20世纪30年代,富兰克林·D·罗斯福为美国人民提出了帮助其摆脱大萧条的愿景。20世纪70年代早期,当克莱斯勒公司面临破产危机时,它就更加需要一个像李·艾科卡那样不循规蹈矩的魅力型领导来重整公司。1997年,当苹果电脑公司在困难中挣扎时,董事会要求富有魅力型领导特色的合伙人史蒂夫·乔布斯出任CEO,从而使公司重新恢复创造性和活力。除了意识形态和环境中的不确定性外,组织中的级别也是限制魅力型领导的一个情境因素。愿景的建立是魅力型领导的关键组成部分,它通常都关乎整个组织或其主要部门,所以它通常是由高层领导者建立的。因此,魅力型领导的成败是关乎高层领导的而不是基层员工的。即使一个人的性格富于鼓动性,在一个较低的职位上他也很难发挥他的魅力型领导特质。较低职位上的领导者也可以借助愿景来领导他们的小工作单元。但是,这种情况下是很难确定出与整个公司目标相一致的愿景。

魅力型领导也不一定总是能为整个公司谋福利。许多魅力型领导都凭借其影响力来按照个人的意愿来塑造公司形象。他们中有一些人会完全混淆个人利益与组织利益的界限。更为糟糕的情况是,自我中心主义导向的领导者甚至会将个人利益凌驾于公司利益之上。他们无视批评,被溜须拍马者所包围,这将导致即使是他们在犯错的情况下,也无人敢于挑战其权威。安然、世界通信等之所以会破产,就是由于其领导者无节制地将公司资源挪为己用,甚至违反法律、越过道德准线去捏造公司财务数据以使公司股票短期上涨,以便他们能够从中拿到价值数百万美元的股票期权。

当然,不同的观点并不能说明领袖魅力领导者是无效的。总体来说,它的有效性获得了良好的支持。一个由具有领袖魅力的领导者掌舵的组织,其成功的可能性更大。需要注意的是,这种成功一定程度上取决于情境和领导者的愿景。像希特勒那样具有领袖魅力的领导者,说服他的下属追求一个具有灾难性的愿景显然是不可取的。

(二) 变革型领导

1. **基本概念** 1978 年,美国政治社会学家伯恩斯(Burns)在对政治领域中的领导者进行定性研究的基础上提出了领导过程应包含交易型和变革型两种领导行为。1985 年之后,巴斯(Bass)在自己大量研究的基础上,进一步深化和发展了交易型领导理论和变革型领导理论的内容。我们不应把交易型领导与变革型领导作为截然对立的两种类型来看待。变革型领导与交易型领导是互为补充的,变革型领导是在交易型领导的基础上形成的。与仅仅采用交易型领导相比,变革型领导可以使下属产生更高的努力水平和绩效水平。但反过来并不成立。因此,如果你是一位优秀的交易型领导者,但并不具备变革型领导者的素质,那么你可能只是平庸的领导者。最好的领导者既是交易型领导者,同时也是变革型领导者。

交易型领导(transactional leadership)理论的基本假设是:领导者和下属的关系是以两者之间一系列的交换和隐含契约为基础的。在交换中,领导者给下属提供实务、晋升机会或荣誉等物质或精神奖励,以满足下属的需要与愿望,而下属则以服从领导者的命令指挥,完成其所交给的工作任务作为回报,整个过程某种程度上就像是一系列交易。

变革型领导(transformational leadership),又称为转换型领导或转化型领导。与交易型领导的不同是,变革型领导是一种领导者向下属灌输思想和价值观,并以此激励员工的过程。在这个过程中,领导者除了引导和协助下属完成工作任务以外,常常运用其个人的领导魅力,通过对下属的鼓励来激发下属的思维,通过对下属的关心来改变下属的工作态度和价值观,引导下属将组织利益置于个人利益之上,从而全身心的、自发地投入到工作中。表 9-5 总结了交易型领导者和变革型领导者的特征和方法。巴斯在大量研究的基础上推论到:通过选拔、培训、晋升和发展政策培育的变革型领导,将会使组织健康、运转良好与有效。

表 9-5　交易型领导者与变革型领导者的特征和方法

交易型领导者

不确定奖励：为努力提供奖励作为交换,承诺奖赏好的绩效,赏识成就
差错管理(积极型)：观察和寻找对于规则和标准的背离,采取纠正行动
差错管理(消极型)：仅在标准没有满足的时候进行干预
放任：放弃责任,避免做出决策

变革型领导者

魅力：提出愿景和使命,培养自豪感,获得尊重和信任
激励：表达对员工的高期望,激励员工加入团队,用简单方式传递重要意图
智力刺激：提升智慧,理性和谨慎地解决问题
个性化关怀：给予个体关注,个性化地看待每位员工并给予针对性的培训和建议

引自：Bass, Bernard M. From Transactional to Transformational Leadership: Leading to Share the Vision. Organizational Dynamics, Winter 1990, 18: 19-31.

图 9-6 为全范围领导模型。放任型是最被动也是有效性最差的领导行为,这种风格的领导者极少被认为是有效的。例外管理无论是主动还是被动比放任型稍好一些,但是依然被看做是无效的领导。例外管理型的领导者似乎仅仅当有问题出现,且这个问题来得太快、让人措手不及的时候才有效。权变式奖励的领导是一种有效的领导风格,但是,这种风格的领导并不能让员工更上一层楼,也不能帮助员工超越职责所在。而具有剩下 4 种领导风格(都是变革型领导)的领导者是能够激励下属产生超出期望之外的表现,激励他们为了组织超越自我利益。个性化关怀、智慧刺激、感染力和领袖魅力都会让员工做出额外的努力,并具有更高的生产效率、士气、满意度和组织绩效、更低的流动率和缺勤率以及更强的组织适应性。基于这个模型,当领导者经常使用这 4 种变革型的领导行为模式时,他们的领导一般会是最有效的。

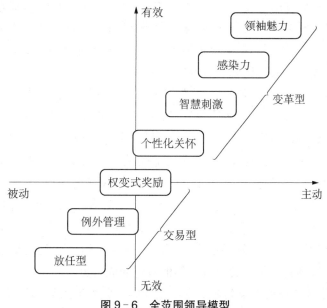

图 9-6　全范围领导模型

2. 变革型领导的作用发挥　近几年出现了很多解释变革型领导如何发挥作用的研究。变革型领导通过鼓励下属不断创新，从而提高创造性。例如，陆军上校雷纳德发现，在伊拉克战争中，部队提倡的是"被动思考而非主动思考、服从命令而非创新、坚持而非鲁莽行事。"作为回应，他指示初级军官要创新，要敢于冒险。变革型领导者的有效性一方面来自其自身的创造力，另一方面则来自他们能够鼓励下属勇于创新。

目标是变革型领导发挥作用的另一个关键因素。下属和变革型领导者更有可能追求远大的目标，这些目标是他们很熟悉的并且与组织战略目标是相一致的，他们认为自己追求的目标对他们个人同样很重要。VerSign 的首席执行官斯特拉顿·斯卡拉沃斯（Stratton Sclavos）说："接下来就是描绘我们的行程——也就是要具有向你的员工清晰阐明你们的目的地以及如何到达目的地的能力。更重要的是，选择那些与你有同样激情、忠诚和竞争力的人一起朝着共同的目标努力。"目标能够产生愿景，而愿景在解释领袖魅力领导如何发挥作用时非常重要。研究表明，愿景可以部分地解释变革型领导的有效性。研究还发现，愿景比领袖魅力的沟通风格（热情洋溢、生动活泼等）更能解释创业型企业的成功。最后，变革型领导也会让下属产生承诺，逐步增加他们对领导的信任感。

有研究显示，未来数年，卫生服务组织将要在多个方面进行变革与转型。同时，全球化已经对卫生领域产生了影响，卫生领域需要面对各种类型的组织环境的变化。因此，卫生服务领导者还必须具备理解有效领导过程和应对预期环境变化所必需的知识、技巧和能力。变革型领导风格能够更好地适应于服务这个新的环境，促使卫生服务更好地融入全球化、技术和授权的环境中。国际一流的卫生服务组织，往往由变革型领导风格和创新所创造；支持护理患者管理项目的实施和新技术的应用，从而提高所提供服务的质量并受到欢迎；成功的卫生服务组织会采取一种新的模式去"应对来自外部市场的需求和来自内部员工的需要"（Trofino，2000）。同时，变革型领导往往具有灵活的、同时处理多个任务进程的能力，从而更加有效地应对卫生服务管理需要面对的竞争、紧急的情形。一些关于护士与变革型和交易型领导风格的研究也倾向于变革型领导风格的应用。Thyler（2003）报告说："卫生服务领导者不断用一种交易型领导方式来管理，这种风格会使护士们不再希望留在这个职业，从而离职。"Thyler 认为变革型领导风格更加适应卫生服务的专业性，因为卫生服务行业在以团队为基础并使用高效沟通的情形下功能实现的最好。

3. 评估变革型领导　有很多证据支持变革型领导显著优于交易型领导。变革型领导在不同的国家和地区（韩国、以色列、印度、挪威等）、不同的职业（校长、海军司令、部长、MBA 协会主席、学生、服务员等）和不同的工作层次中都获得了支持。当然，变革型领导理论也并不是完美无缺。有人也在思考，权变式奖励是否严格属于变革型领导者的特征。与全范围领导模型相反，有时权变式奖励领导会比变革型领导更加有效。

总体来说，与交易型领导相比，变革型领导与低流动率、高生产率和员工高满意度的关系更强。与魅力型领导一样，似乎也可以通过学习成为变革型领导。一项针对银行管理者的研究发现，那些接受过变革型领导培训的管理者所领导的分行绩效要远远好于那些没有接受过这一培训的管理者所领导的分行。其他研究的成果也与此相似。

4. 变革型领导与领袖魅力型领导　变革型领导与领袖魅力型领导是否相同，目前还存在一些争论。把魅力型领导引入组织行为学做出最大贡献的罗伯特·豪斯认为它们是同义的,差别不大或者说微小。但是,最先研究变革型领导的伯纳德·巴斯认为,魅力型领导是变革型领导的一部分,变革型领导的概念和内涵比魅力型领导更加宽泛,魅力型领导本身不足以解释变革型过程。另一名研究者认为:"纯粹的魅力型领导者可能只是想让下属采纳领袖魅力者的世界观,仅此而已。而变革型领导者不仅努力培养下属质疑已有观念的能力,还培养下属质疑那些最终由领导者建立的价值观的能力。"虽然很多研究者均认为变革型领导比魅力型领导的内涵更加丰富和宽泛,然而也有研究表明,现实生活中变革型领导得分高的领导者往往魅力得分也很高,因此,魅力和变革型领导的测量实际上是大体一致的。

三 当代领导角色

工作团队对它的领导者有没有什么特殊的要求?很多有效的领导者为何同时也是积极的良师?领导者如何开发员工的自我领导技能?接下来我们将就相关领导角色进行简要介绍。

(一) 团队领导

1. 团队领导者面临的挑战　领导活动越来越多地发生于工作团队的情境中。随着工作团队的数量增多,带领团队工作的领导者角色显得越来越重要。在强调个人主义的时期,领导者并没有接受过培训以应对当前工作团队的变化。正如一名咨询顾问所说的那样:"即使是最有能力的管理者也会在转变过程中遇到一些麻烦。因为过去鼓励他们从事的是命令与控制类型的工作,而这些工作在如今却不再适用。这些技能或理论的拥有已经变得陈旧过时且失去了意义"。这位顾问同时估计说:"大约15%的管理者天生是团队管理者,而另外有15%永远也不可能领导团队,因为这与他们的人格特点相悖(也即是他们无法为了团队利益而调整自己主导的领导风格);大部分人处于中间地带,对他们来说,团队领导力不是与生俱来的,但是他们可以后天习得。"

大多数管理者需要应对的挑战是学会如何成为有效的团队领导者。因此,他们必须学习一些技能,如:耐心地分享信息,信任他人并放弃自己的职权,明白对员工进行干预的时间。有效的团队领导者精通的是一门艰难的平衡之道:他们要了解什么时候应该让团队自力更生,什么时候参与进来和团队一起干。一名领导团队的新手,很可能会在团队需要更多自主权的时候,却试图给予过多的控制,或者在团队需要支持和帮助的时候却把团队扔在一边。

2. 团队领导者的责任和角色　一项研究考察了20家实施结构调整、并重组为团队模式的组织。结果发现,所有的团队领导者都需要承担一些共同的责任,如辅导、推动、处理问题、评估团队和个体绩效、培训和沟通。当然,这些责任中的大部分适用于所有管理者。下面我们将用一种更加富有意义的方式来描述团队领导者的工作,主要包括两个方面:对团队外部事物的管理;对团队内部进程的推动。这两个方面的工作又可以分解为以下4种具体角色。

(1) 团队领导者是对外联络官。这些外在机构包括上级管理层、组织中的其他团队以及客户和供应商。领导者对外代表着工作团队,他们保护必要的资源,澄清其他人对团队的期望,从外界收集信息并与团队成员分享信息。

(2) 团队领导者是困难处理专家。当团队遇到困难并渴望寻求帮助时,领导者会及时出现并帮助他们解决问题。团队领导者处理的难题一般并不是针对技术或操作层面,因为团队成员可能比领导者更加了解如何从事具体的工作。领导者更可能是通过提出深入透彻的问题、帮助员工讨论问题并从外部获得帮助解决问题的资源的方式来发挥自己的作用。

(3) 团队管理者是冲突管理者。当团队中出现冲突时,他们出面帮助解决冲突,帮助团队成员明确问题的根源。如,冲突的来源是什么?哪些人卷入了冲突?冲突问题的本质是什么?可能的冲突解决方案有哪些?每种方案的优势和劣势是什么?通过这些方式使得团队成员针对问题本身进行处理,从而把团队内部冲突的破坏性降到最低。

(4) 团队领导者是教练。他们明确阐明对成员的期望,提供教育及支持,为成员的成功喝彩。他们尽一切努力帮助团队成员维持高绩效水平。

(二) 自我领导

人们是否可以自我领导?越来越多的研究表明,对大部分人来说这个问题的答案是肯定的。自我领导(self-leadership)的支持者指出,个体在很多情况下可以控制自己的行为。有效的领导者可以通过以下方式去帮助下属进行自我领导,如开发下属的领导潜能,不断培养下属以使他们不再依赖正式领导者进行的指示和激励。

以下是对领导者如何创造自我领导者的几点建议:①使自我领导模式化。练习自我观察,设置挑战性的个人目标,进行自我指导和自我强化,并在实际生活中表现出这些行为,鼓励员工不断练习直至取得成效。②鼓励员工设立自我目标。拥有一个可测量的具体目标是自我领导中的最重要部分。③鼓励使用自我奖励,从而巩固和提高理想行为。自我惩罚限制使用,仅在员工不诚实或具有破坏性时才使用。④形成积极的思维范式。鼓励员工树立心理形象并进行自我对话,以进一步激发自我动机。⑤形成自我领导氛围。增加工作自身的内在奖励机制,并着重于这些内在奖励特点来激发员工的动机。⑥鼓励自我批评。鼓励员工精益求精,对自己的绩效水平感到不满并提出更高要求。自我领导的假设是:员工是负责、能干和主动的,无须老板和规章制度的外在约束。只要提供恰当的支持,个体可以监督并控制自己的行为。

当前,随着工作团队数量的不断增加,自我领导的重要性也在提高。得到授权的自我管理团队需要的是可以自我领导的成员。管理层不应期望那些在工作中一直以老板为核心、习惯于接受领导的员工,可以在一夜之间适应自我管理的工作团队。因此,在组织中进行自我领导的培训,是帮助这些员工从依赖转为自治的有效手段。

四 领导与信任

信任是与领导紧密相连的一个基本要素。如果下属信任一位领导者,他们就愿意服从领导,而且相信他们的权益不会被滥用。没有人愿意去相信、服从一个他们认为不诚实或者可能是在利用自己的人。因此,诚实被大多数人认为是他们所敬佩的领导者的最重要品质之一。"诚实对领导者而言无疑至关重要。无论何时何地,如果人们自愿服从某人,他们第一个念头就是那个人是否值得信赖。"下面阐述信任的定义,并就如何获得信任提供一些建议。

(一) 概念

信任就是对他人的一种肯定的预期,认为他人不会通过语言、行动或决定而任意行事。这个定义有两个主要元素——熟悉和危险。定义中的"肯定的预期"一词是假定认识并熟悉另一方的。信任是一个依据有限的相关经验、受过去事实影响的过程,它需要时间来积累从而形成信任。大家都有这种体会,在我们一点儿都不了解他人的时候,让我们立即信任他们是很难甚至是不可能的。如果完全不了解情况,我们宁愿赌一把,也不愿信任别人。但是当我们认识了他人,双方关系成熟稳定以后,我们也有信心对其做出评价了。另一方面,信任会导致自身的脆弱,比如当你泄露秘密或依赖他人的承诺时,信任本质上就有可能造成你的失望或被利用。可以说,信任本身就是风险,而且代表愿意承担风险。我信任别人,就认为别人不会利用我,承担风险的意愿是所有信任的共同之处。

那么信任的概念中有哪些关键因素呢?近期的一些调查证据表明信任包括 5 个维度:诚实、能力、一致、忠诚和坦诚。诚实指真诚与正直。当一人评定另一个人的可信度时,这是 5 个维度中最重要的一个。"如果不考虑一个人的道德观念和诚实品质,则信任的其他因素都是毫无意义的。"能力包括个体的技巧、人际沟通能力。如果一个人的能力为你所不齿,那么你肯定不会听他的话或依赖他。你必须能够看见这个人的能力和技能足以使他/她承诺的事能得到实现。一致与个体的可靠性、预见性和把握局势的良好判断力有关。"言行不一必然会降低信任。"这一维度与管理者息息相关,"没有什么比管理者所说的同他们实际做的之间的差异更快地被人们注意到的事了。"忠诚指愿意保护他人或照顾他人名誉。信任要求你所依靠的是一个行事坚定而非朝秦暮楚之人。信任的最后一个维度是坦诚,你会不信任一个告诉你全部真相的人吗?坦诚会促使彼此信任。

(二) 信任的类型

组织关系中存在 3 种类型的信任:威慑性信任、相知性信任和辨别性信任。以下将分析假设双方形成全新的关系,无任何经验可供借鉴,双方对于对方均不能完全肯定,因而认为若向对方暴露太快则容易为对方所控制,双方均不确定此种关系持久与否。

1. **基于威慑的信任** 在威慑基础上的双方关系是最为脆弱的一种关系,一点分歧或不和谐就会导致关系破裂。这种信任的基础是对于信任破坏后报复的害怕,处于此种状态的个体的言行是因为害怕不遵守其义务而产生的后果。威慑基础上的信任能够形成的前提条件是惩罚是可行的、后果是清楚的,一旦信任破裂则惩罚立竿见影。其维系的基础在于如果双方合作破裂,那么其潜在的损失大于潜在利益。而且,有可能受损的一方能够将其损失转嫁到背叛信任的人身上。如果你背叛了我对你的信任,我会毫不犹豫地指责和攻击你,而且你还需要承担因背叛信任而给我造成的损失。

大部分的新关系是建立在威慑基础上的,如,新来的管理者与雇员间的关系。作为一名员工,你非常信任这个新老板,尽管这种信任没有任何缘由。在这里,之所以能够产生信任,是因为老板具有权力,他可以用这种权力在你没有完全履行工作职责时惩罚你。

2. 基于相知的信任　　这种信任来自以往双方交流的历史,而使双方对对方的行为有一定的预见性。其存在的基础是有足够的信息,从而充分了解对方,因此能精确地判断其可能的行为。相知性的信任依赖于信息而非威慑。对于对方的了解以及对其行为的预期取代了合同、处罚和法律约束等这些典型的威慑性信任的方法和手段。这种相知需要时间,因为它很大程度上来自于以往经验所带来的对于其可信度的认同和对其行为的可预见性。你越了解对方,就越能够预见对方将要做什么。你和对方的交流及相互影响越多,相知性信任就越能够得到发展和值得依靠。有趣的是,这个层次上的信任不一定随着不一致的行为而被破坏。如果你认为能够充分解释和理解对方表面上的背道而驰,那么你就能够接受这种行为,原谅这个人并继续这种关系。如果是在威慑性信任的基础上,这种不一致则很可能导致信任中无法弥合的分歧。

从组织层面上看,大部分管理者和雇员的关系是相知性的。双方都有与对方合作的充分经验,因此也知道什么是可以预期得到的。比如,长期的精诚合作和坦诚相待就不会轻易地被一次意外分歧而毁灭。

3. 基于认同的信任　　如果双方有情感上的联系,那么则是信任的最高层次。它允许一方代表另一方,从个体人际交流的角度来说,可以替代一个人,就是认同基础上的信任。信任存在的基础是因为彼此理解对方的意图,而且同意或赞赏对方的想法和愿望。这种共同的理解能够发展到双方中的一方可以有效代替另一方的程度。这一阶段,控制是最少的。你不必监督另一方,因为双方都会对对方毫无疑问的忠诚。认同性信任最好的例子是一对夫妇,夫妇间朝夕相处、相互信任。丈夫知道对于妻子来说什么是最重要的,也能预见到其行为;妻子也相信丈夫知道自己的想法而不必多管多问。这样一个辨别的过程使得双方的思想、感受和反应逐渐地向对方靠拢。

在那些长期合作、共经风雨、相知甚深的人之间,我们也可以找到组织中的辨别性信任,这即是管理者在团队中试图寻求到的信任。团队成员间气氛融洽、彼此信任,从而能够想对方之所想,并在对方不在时,主动承担责任,完全替代对方。在大多数情况下,许多大的集团公司破坏了这种可能是经过长期积累、建立起来的这种辨别性信任的纽带。不遵守承诺使曾经毫无疑问的忠诚不复存在,可能这种信任已被相知性的信任所替代。

(三) 信任的基本法则

相关研究提供的一些法则能够帮助我们更好地理解信任和不信任的产生。

1. 不信任驱逐信任　　信任他人的人通过增加对别人的坦率、对相关信息的披露和对真实意图的表达证明自己的信任。而不信任的人不会互换,他们隐藏信息,抓住机会利用他人。因此,为了保护自己不被反复利用,信任的人被迫不能信任那些不信任的人。少数几个不信任的成员会毒害整个组织。

2. 信任产生信任　表现出对他人的信任会鼓励互惠互利。有效的领导者会采取逐步少量增加对他们的信任，并让他们做出回应。通过逐步少量增加信任的方式，领导者可以限制因他们的信任被利用所可能产生的惩罚或损失。

3. 衰退和精简测验信任的最高水平　衰退和精简会破坏甚至是最信任的环境。裁员毫无疑问是有风险的，即使裁员滞后，留下来的员工对工作的安全感也会减少。当雇主裁员破坏了员工的忠诚纽带，员工们就不太愿意相信管理层的话。

4. 信任增加凝聚力　信任把人们团结在一起，信任意味着人们相信他们可以互相依赖。如果一个人需要帮助，他知道其他人会伸出援助之手。当面对困难的时候，相互信任的群体成员会团结一致、同心协力达到群体目标。

5. 不信任的群体自我毁灭　当群体成员之间互不信任时，他们是分散且相互排斥的，他们追求的是自己而非群体的利益。缺乏信任的群体成员互相猜疑，限制自己与群体其他成员的沟通。这些行为会破坏并最终毁掉整个群体。

6. 不信任一般会降低生产率　信任常常会提高生产率，不信任几乎总是降低生产率。不信任让成员关注相互的不同利益，人们很难看到他们的共同目标。成员之间会隐藏信息，并在私下里追求自己的利益。当员工遇到问题的时候，他们不会要求别人的帮助，因为他们担心别人会利用他们，从而阻止了员工间的合作。

(四) 如何建立信任

下面的一些总结能够帮助管理者学习如何建立信任关系。

1. 学会坦诚　来自于"知道"的信任和来自于"不知道"的猜疑同样多。坦诚才会获得信任和信心。所以应让人们清晰事件的由来，明确决策制订的标准，并将其合理性展示给别人，坦然面对问题，充分提示相关信息。

2. 公平　进行决策和采取行动之前，应想一想别人是否认为它是客观的和公正的。该公正的就要公正，客观公正的评价大家的成绩，奖惩分明。

3. 说出你的感受　只传达严峻事实的管理者常常使人感到冷漠和疏远，与别人分享你的感受会让人觉得你是一个真实的人，他们才会更加了解你并尊重你。

4. 说真话　真诚是信任的关键，你要做一个让别人认可的说真话的人。人们往往能够容忍并理解一些他们"不想听到的事情"，而不愿看到管理者欺骗他们。

5. 展示一致性　人们想预测到别人的行为以及对未来的茫然会导致猜疑。要认真考虑并明晰自己的价值观和信仰，并让这些指引你制订决策。只有知道自己的目的与期望，并且为之行动，才能使人有一个可信的连贯性。

6. 履行诺言　信任要求要向人们展示你是可靠的，因此要保证遵守承诺，言出必行。

7. 保密　别人告诉你一些秘密就可能使自己更易受到伤害，所以，他们想得到你的保证而不会同别人谈论这些事或泄露这些秘密。如果人们认为你会泄密或是不可依赖的，那么你就不会被认为是可以信赖的。

8. 展示能力　想要获取别人对你的尊敬和钦佩就要适当展示你的技能和专长。特别要注意培养和展示沟通、谈判和其他一些人际交往的能力。

第三节　领导理论在卫生领域中的应用

卫生服务组织作为多种组织形式的一种，和其他组织一样，其目标的顺利实现同样与领导的有效性密不可分。本节介绍领导理论在卫生领域中的重要性与价值，并通过案例加深大家对相关理论的认识。

一、领导理论在卫生领域中的重要性与价值

（一）有助于提高卫生领域领导工作的科学化水平和领导效能

卫生领域领导者和其他领域的领导者一样，面临着日益复杂的管理对象和不断变化的领导环境。掌握必备的领导理论、理解领导内涵，有助于指导卫生领域领导者的领导实践，促使其采用科学的领导方法和手段，从而提高卫生领域领导工作的科学化水平，促进卫生领域领导效能，实现对卫生领域工作的科学领导。

（二）有助于推进卫生领域领导者的专业化发展和职业化进程

推进领导者专业化建设是国际卫生领域公认且行之有效的措施，中国政府同样高度重视。《国务院办公厅关于城市公立医院综合改革试点的指导意见》（国办发〔2015〕38号）中强调，公立医院院长要"突出专业化管理能力，推进职业化建设"；中共中央、国务院《"健康中国2030"规划纲要》中明确提出"推进卫生管理人员专业化、职业化"的要求。加强领导理论的学习与实践、掌握领导的方法与艺术，才能有效推进卫生领域领导者的专业化发展和职业化进程。

（三）有助于促进卫生领域发展与改革目标的实现

随着社会的发展和卫生领域改革的不断深化，卫生领域领导者更加需要研究卫生领域各个层面领导活动的特殊规律、研究卫生领导活动中各个领导要素之间的关系、研究影响卫生领导效能的主客观因素等，在掌握领导理论的基础上提高对医药卫生体制改革工作的有效驾驭能力，从而促进卫生领域预期发展与改革目标的实现。

二、卫生领域的领导案例

（一）领导风格案例

1. **案例简介**　一小群受聘在一家大型社区医院的护士们对她们的工作环境感到不满，

并经常在午餐时间出现抱怨的情况。由于目前行业内护士短缺,护士们普遍感到她们在过度工作。在过去两年里,她们的工资和福利待遇处于停滞状态,并没有随市场的工资水平增加而进行调整。护士们把这种情况认为是管理层只关注医院目标的实现,让她们在护士资源较少的情况下去做更多的工作,并且对她们的付出和辛劳没有一点感激或认可。每当护士们跟管理层接触,让他们考虑护士们的感受时,管理层就装聋作哑而且不做任何改变。由于护士们感到别无选择,她们联系到一家工会,工会很快就正式以组织的身份和医院进行了一场持续6周的激烈交涉。接下来几周的时间,护士们惊喜地看到工会取得的胜利。

试用管理方格理论,阐述案例中医院领导者对护士采用了什么样的领导风格?

2. 案例分析　管理方格理论从关心工作和关心人两个维度将领导者的行为分成了81种组合,其中典型的行为风格有以下5种:"1.1"虚弱管理型、"9.1"任务管理型、"1.9"乡村俱乐部管理型、"5.5"中间型和"9.9"团队管理型。本案例中的医院领导者不顾护士人手短缺的现实情况,为了实现目标而让护士们过度工作;同时,对护士们的辛勤付出没有一点感激和认可,丝毫没有考虑市场工资水平的上调对护士们造成的影响,对护士们的感受装聋作哑。可见,案例中医院领导者表现出的是"9.1"任务管理型领导风格:非常严苛的关注工作,把高效率地完成任务看得比什么都重要,而对员工的关心程度则为最低。医院领导者们在狠抓工作的同时还应关注员工们的需要以及组织内外部环境的变化,并适时调整自己的领导风格,使之能够和具体的管理情境相匹配,从而取得更好的领导效果。

(二) 领导情境理论案例

1. 案例简介　A医疗集团是一家拥有超过4 000名员工的企业,业务网络涵盖非营利性综合医院、诊所和家庭医疗等领域,你是这家单位的人力资源总监。你想开发一个新的员工日程安排软件系统。你估算,如果更换掉原有陈旧的组织系统,使得劳动密集型、耗时长的工作任务自动化,每年医疗系统将会节省数千美元。弗兰克是技术部的一名员工,有能力开发这套系统,但弗兰克并不听命于你。你了解到技术部人员人手不足且最近工作繁忙,但你得到弗兰克老板简的许可,仅在不影响弗兰克日常工作的情况下,可以调用他一段时间。

(1) 方案一:根据弗兰克的老板简的许可,你给弗兰克发一封邮件告知他,他需要来到你的部门开发新的员工日程安排软件系统,且要在2周内完成。你的助手明天会联系他商讨项目的具体细节内容,所以他可以立即开始筹备。

(2) 方案二:你明天单独与弗兰克开会,和他聊聊你现在的困境。"弗兰克,我想和你聊聊我手头上的项目,我觉得你是最适合这个项目的人,你在数据库开发转换方面特别有经验,简也向我推荐过你。弗兰克,这个项目对我们非常重要!你知道的,对于大多数医疗保健企业,都面临着劳动力成本控制和维持必要的员工福利水平这一困境。这些年来,公司一直用过时的员工日程安排系统,难以满足公司发展的需要。我们需要一个新的灵活的员工日程安排系统,以适应公司的发展"

"弗兰克,我跟你说,这是将来一个月内的计划。我们所要开发的系统需要融合我们现在日程信息和考勤系统信息,且信息可以共享于我们个人设备。我们也要实时对我们的数据进行处理,而不是在支付14天之后开始,且医疗组织许可联合会需要高质量的随访报告,所以公司必须找到一种方式来满足报告要求。弗兰克,你想怎么帮助我们达到我们的目标?"

请用生命周期理论相关内容讨论下对弗兰克应该采取哪种方案会取得更好的效果,并解释为什么?

2. 案例分析　　生命周期理论认为,有效的领导行为,要把工作行为、关系行为和被领导者的成熟程度结合起来考虑,应该根据下属不同的年龄、成熟感、不同的责任心和能力等,采取不同的领导行为。当职工处于最不成熟阶段时,应该采取高任务低关系的命令型领导方式;当员工的成熟度进入初步成熟阶段时,采取任务和关系都较高的说服型领导方式。当职工进入比较成熟阶段时,领导者应采取高关系低工作的参与型领导方式;当职工发展到成熟阶段时,领导者应采取低任务低关系的授权型领导方式。

本案例中的弗兰克是技术部的一名具有较强能力的员工,可以开发所需的系统;但是,弗兰克并不接受你的领导,而且"技术部人员不足且最近工作繁忙",因而可以推断弗兰克并没有较高的积极性去开发这个系统。对于这种具有较强能力而积极性不高的比较成熟阶段的员工,根据生命周期理论,应采取高关系、低任务的参与型领导方式。领导者的任务行为要较少、放松,但是要加强关系行为,相互交流信息、相互支持,从而使得有能力的员工同时具有较高的积极性。因此,本案例中采用第二种方案将会取得更好的效果。

第四节　领导理论的发展趋势

随着世界经济全球化以及互联网技术的不断发展,给领导理论带来了一定的挑战。同时,领导理论的演变也出现了一些新趋势。本节将要对这些挑战和趋势加以介绍。领导理论与时俱进,需要得到理论与实践的持续关注。

一、全球化和信息化对领导理论的影响

全球化是否对领导理论带来了影响?答案是肯定的。全球化背景下,领导者必须根据各个国家文化的差异而调整其领导风格。例如,在美国起作用的东西可能在法国或印度尼西亚就不起作用;同样,在亚洲能够奏效的领导风格不一定能够在加拿大或法国发挥同样的效力。国家文化会影响到适宜于企业的领导风格,领导者的风格也会受到下属所期望的文化变量的影响。例如,韩国的雇员期望其领导者具有家长作风;日本的员工更乐于接受谦逊、少言寡语的领导者。正如权变理论所说,领导者需要根据国家文化的不同而调整其风格。

在这个以网络互动来界定相互关系的时代,领导会发生哪些变化?首先,领导者需要调整在线书写语言的结构与风格。很多人的书写风格与他们的交往风格差异很大,这样带来的后果不仅是令员工感到困惑,也无疑会阻碍领导者总体上的有效性。领导者要确保信息的语气准确地反映出自己希望传递的情绪。因此,在线领导者必须选择一种风格,要考虑是

否使用情绪图标、缩略语和专业用语等,考虑是否调整自己的风格以适应听众。其次,领导者需要注意在线语言的编码与解码。我们知道信息的传递并不仅仅是字面上的内容,对于领导者来说,应该能够通过书面语言来传递领袖魅力。为了有效进行"在线领导",管理者必须认识编码的重要性,他们需要慎重选择数字化沟通中的语言、结构、语气和风格。他们还需要开发自己阅读在线信息中"字里行间"意义的技能,有效的在线领导者需要拥有对信息中的情绪成分进行解码的技能。此外,在线领导面临着一些独特的挑战,其中非常重要的一点就是如何建立并维持信任。如,当缺乏亲密和面对面互动时,基于认同的信任尤其难以达到。在线谈判也被发现障碍重重,因为双方的信任程度很低。在这种情况下,我们不清楚员工是否有可能识别出或信任那些仅通过电子方式进行沟通的领导者。总之,对于越来越多的管理者来说,良好的人际交往技能可能还包括在电脑屏幕前通过书面文字沟通来支持、激励和领导的能力,以及从他人信息中阅读情绪的能力。

二、对领导概念的新挑战

(一) 情商与领导

智商和技能是领导需要必备的能力,但它们仅仅是领导的必要非充分条件。使领导者卓越非凡的还包括自我认知、自我管理、自我激励、移情和生活技能在内的情商。如果没有高情商,即使一个人受过再好的培训,拥有再好的分析头脑、再长远的愿景和再出奇的想法,他也不可能成为杰出的领导者。员工在组织中的职位越高,这种现象就会越明显。研究表明:一个领导越出色,那么他的情商也就越高。特别是当我们对那些位居高职位的领导者进行对比时,导致他们领导效力不同的因素有90%都可归因于情商。

(二) 领导中的伦理问题

近年来,伦理学家和领导方面的研究人员开始考虑领导中的伦理问题。一个原因可能是整个管理领域中对伦理问题关注度的增加;另一个原因是人们从过去许多领导者的传记中发现他们都存在伦理方面的缺陷。领导并不是不受价值观影响的。在我们考虑领导是否有效力之前,我们同时需要考虑领导实现目标的手段,以及他们所设定的目标的具体内容。领导者想要为公司带来的变革能否经受住伦理的检验?如果一个领导者是通过损害使用者的健康而使公司成功,那么这种成功还算成功吗?答案显然是否定的。

(三) 作为一种归因的领导

领导的归因理论(attribution theory of leadership)指的是,领导主要是人们对其他个体进行的一种归因。归因理论的心理定格表明,被描述为领导者的人具有这样一些特质:智慧、友好、率直的人格特点,很强的语言表达能力、进取心,较好的理解力和勤奋。在组织层面上,归因理论的心理定格说明,在某些条件下人们使用领导来解释组织结果。这些条件主要是组织绩效处于极端状况的条件,当组织中的绩效极高或者极低的时候,人们都倾向于把这些绩效归因于领导。在对有关领导归因理论的文献中发现，人们通常会认为有效的领导者做出的决策是前后一致或坚定不变的。根据领导的归因理论，被人们描述为"有效领导者"的重要特点是：展示领导者的外在表现而不是关注实际成就。因此，要想成为领导者的后起之秀，可以努力塑造自己睿智、擅长言谈、进取和勤奋的认知形象，并保持这种风格的始终一致。能够做到这点，则可以加大老板和同事将其视为有效领导者的概率。

(四) 领导的替代因素和抵消因素

有一些看法认为，领导可能并不总是重要的。有一种领导理论表明，在很多情境下，领导者所表现出的活动无关紧要。某些个体、任务和组织变量可以作为领导的替代因素，或者说可以抵消领导者对下属的影响。抵消因素使领导者的行为对下属的结果产生不了影响，领导者的影响失效。替代因素不仅使领导者产生不了影响，它甚至还可以取代领导者的影响。比如，当下属具有工作经验、受过培训、"专业"取向、积极承担责任，或对组织奖励十分淡然时，则会取代或抵消领导的效果。同样，当工作具有十分明确的规范或任务本身能够满足个体的需要时，对领导变量的需要也会大大减少。最后，某些组织特点，如正式明确的目标、严格的规章制度、高内聚力的工作群体，都可以取代正式的领导活动。

总体来说，本书里介绍了众多变量——态度、人格、能力以及群体规范等等，均被证明会对员工的工作绩效和满意度产生影响。而领导概念的支持者们在解释和预测行为时，却不恰当地贬低了这些变量的作用。在思考下属实现目标时的动机和受到的引导方面，如果仅仅只看到领导者的活动，那么这种看法显然过于简单化。可见，认清领导只是组织行为总体模型中的自变量之一很重要。在某些情境下，它有利于解释员工的生产率、缺勤率、流动率和员工满意度，但在另一些情境下，它的作用确实非常小。

本章小结

在理解群体行为方面，领导发挥着核心作用，因为通常是领导者带领我们去实现目标。因此，熟悉领导的基本理论及其发展，了解如何成为一个优秀的领导者，对改善群体绩效具有重要价值。

对领导有效性的研究经历了特质理论、行为理论和情境理论的发展的过程。最初的努力是寻求一套普遍使用的领导特质，虽然这些努力失败了，但对特质理论的研究中也获得了一些振奋人心的结果：如外倾性、责任心以及经验开放性与领导之间存在始终一致的显著相关性。行为方法的主要贡献在于，它把领导压缩为两种风格：任务导向和员工导向。通过综合考虑领导者所处的环境，情境理论被认为是对行为理论的改进。

对魅力型和变革型领导的研究为我们理解领导效果做出了新的贡献。组织越来越重视寻求具备变革型领导品质的管理者。它们希望拥有愿景和超凡魅力的领导者能够把愿景变为现实。今天，有效的管理者还必须是诚信的，并且与自己的下属建立起信任关系，因为随着组织变得越来越不稳定和不可预测，强有力的信任纽带正在取代科层制的规章制度以界定期望和关系。不被信任的管理者不可能成为有效的领导者。

卫生服务组织目标的顺利实现,同样与领导的有效性密不可分。领导理论有助于提高卫生领域领导工作的科学化水平和领导效能、有助于推进卫生领域领导者的专业化发展和职业化进程,从而促进卫生领域发展与改革目标的实现。

当前,全球化和信息化无疑对领导理论产生了一定的影响。同时,情商、伦理、归因以及替代和抵消因素等给领导理论带来了新的挑战。领导理论与时俱进,需要得到理论与实践的持续关注。

★ 复习思考题

1. 领导的含义是什么?领导与管理有何区别?
2. 特质理论与行为理论的差异是什么?
3. 费德勒权变模型是什么?它是否经过研究的证实?
4. 比较魅力型领导和变革型领导。它们的有效性如何?
5. 信任有哪些类型?为什么信任对领导很重要?
6. 当前,全球化和信息化对领导理论带来了什么样的影响?

★ 案例分析题

胜任特征指的是能够辨别较高绩效的技巧、知识、能力和行为。Spencer(1993)把特征描述为"在多数情况下,杰出的执行者经常实施和展现出来的、和一般的执行者相比能够产生更优结果的特点"。21世纪以来,领导胜任特征的研究在卫生服务教育和专业发展中的应用快速增长,很多咨询组织、专业协会、卫生服务组织和教育项目都开发了领导胜任特征清单。在美国,卫生服务领导者需要接受美国卫生服务管理学院(American College of Healthcare Executives,ACHE)的指导,这是一个为全世界超过 30 000 名医院领导或其他卫生服务组织管理者服务的一个国际专业组织。ACHE 提供了一个卫生服务管理胜任特征的评估模型,通过工作分析与研究,300 个胜任特征被分为 5 个主要领域:①领导力;②沟通和关系管理的能力;③专业能力;④商业知识和技巧;⑤卫生服务环境相关知识。ACHE 评估模型被用来协助卫生服务管理者,帮助其识别自己的优势区域及有待提高的弱势区域。

胜任特征不仅仅是习得的,而且它是"更精确地被描述为随着时间的推移,作为有意识地训练、反馈、再训练从而得到缓慢的提高"。当然,将胜任特征转化为成功还需要动机和机遇。作为一个当代的例证,个体特征并不是存在于真空中,它们也不是自己成功的缘由。领导胜任特征被认为是一个无疑会影响到绩效的变量。

★ 思考问题

1. 具有领导胜任特征,是否有助于成为一个成功的领导?为什么?
2. 具有领导胜任特征,是否一定会成为一个成功的领导?为什么?
3. 简要分析领导胜任特征在卫生领导的选拔和培训中的作用。

第十章

冲突与谈判

学习目标

1. 掌握冲突的概念和特点。
2. 理解冲突的形成过程。
3. 掌握冲突管理方法。
4. 掌握谈判的策略。
5. 正确看待和有效管理医患冲突。

引例与思考

小明和小强是同住一间宿舍的室友。两人虽然性格相似,却有着截然不同的生活习惯。小明勤奋好学,腼腆内向,作息规律。小强爱好电脑游戏,晚睡晚起。进校不久,由于作息时间不一致导致的矛盾很快就显现出来。但在矛盾显现伊始,他们并没有坦诚布公地沟通自己的想法。就这样,一次次的夜不能寐引发了不满和抱怨,一次次的抱怨转化成了怒吼和威胁,最终,两人爆发了肢体冲突。事后,辅导员进行了调解,小明、小强围坐在辅导员身边,讲述了自己的需求和冲突爆发的原因。在辅导员的协调下,小强决定调整自己的作息时间,双方开始了新一阶段的宿舍生活。

不论我们身处什么样的环境,不论我们处于哪个年龄阶段,冲突与谈判总是不可避免地围绕在我们身边。这个章节,我们将用更系统的视角学习冲突与谈判的理论与实践。从微观到宏观,从历史到展望,冲突与谈判随着社会发展和新思潮的涌现而不断变化。让我们从身边熟悉的事例开始,了解冲突与谈判的基本知识与发展历程,熟悉它们在卫生领域的表现和特点,尝试从系统和思辨的视角审视原有的概念。

第一节 冲突的基本概念与观念变迁

冲突是自然存在的现象。每一个深层的关系都有冲突，不管多么亲近、多么了解，多么相容，当彼此的想法、行动、需求不匹配时，都有可能发生冲突。冲突对群体或组织单元的作用可以是建设性的，也可以是破坏性的。一定水平的冲突可以激发创造力、促进变革；但过高或过低水平的冲突，都可能削弱工作绩效。

一、冲突的基本概念

(一) 不同学科对冲突的定义

冲突是多个学科共同关注的主题，基于不同视野、角度和立场，以及不同的研究侧重点和对象，多个学科定义了冲突的概念。

社会学研究者认为，"冲突是两个或两个以上的人或团体之间直接的或公开的斗争，彼此表示敌对的态度和行为"。政治学研究者提出"冲突是人类为了达到不同的目标和满足各自相对利益而发生的某种形式的斗争"。管理学研究者认为"冲突是两个或两个以上的行为主体，由于在管理问题上的目标、看法、处理办法或意见的不一致，存在的分歧，所产生的相互矛盾、排斥、对抗的一种态势"。心理学研究者提出"冲突是指两个人或两个群体的目标互不相容或互相排斥，从而产生了人们心理上的矛盾"。在组织行为学领域，斯蒂芬·P·罗宾斯(Stephen P. Robbins)把冲突定义为"一种过程，这种过程起始于一方感觉到另一方对自己关心的事情产生消极影响或将要产生消极影响"。

(二) 冲突的基本要素和内涵

虽然各学科对冲突的定义各有侧重，但冲突所包含的基本要素和内涵无外乎以下几个方面：①冲突是不同主体因对特定客体处置方式的分歧，而产生的行为、心理的对立和矛盾的相互作用状态。②冲突主体可以是组织、群体或个人。冲突客体可以是利益、权力、资源、目标、方法、意见、价值观、感情、程序、信息、关系等。③冲突是否存在不仅是一个客观问题，也是一个主观的知觉问题。客观存在的冲突必须经由人们去感知，内心去体验。④冲突是一个过程，它是从人与人、人与群体、人与组织、群体与群体、组织与组织之间的相互关系和相互作用过程中发展而来，它反映了冲突主体之间交往的状况、背景和历史。⑤冲突各方既存在相互对立的关系，又存在相互依赖的关系，任何冲突是这两种关系的对立统一状态。

(三) 冲突的层次

根据冲突层次可将冲突分为人际冲突(interpersonal conflict)、群体冲突(inter-group conflict)和组织冲突(inter-organizational conflict)。每一层次又有内部冲突和彼此之间的

图 10-1 组织冲突的层次结构

冲突。图 10-1 向我们展示了冲突的层次结构。其中,个体层次的冲突是组织中最低层次的冲突,它将会间接影响到群体和组织冲突。

冲突观念的变迁

随着现代社会的发展,人们对冲突的认识经历了很大的改变,其对冲突的处理方式也由简单压制转变为建议接纳,再到加强管理、善用冲突。

(一) 传统冲突观

传统冲突观(traditional view of conflict)形成发展于 20 世纪 30~40 年代。这一阶段,人们普遍认为所有冲突都是不良的,应该避免。冲突被认为是消极因素,常常与暴乱、破坏和非理性等词语同时使用。人们认为导致冲突的主要原因如下:沟通不良、人与人之间缺乏基本的坦诚与信任;管理者漠视员工的需求和抱负。

对冲突"有害无益"的认知影响了人们对冲突的处理方式。人们对冲突行为的理解和处理都较为简单,认为为了提高群体和组织的绩效,只需要直截了当地找出冲突的原因并纠正,即可避免冲突。

(二) 人际关系的观点

随着组织结构越来越丰富,研究者逐渐认识到,冲突是不可避免的,传统的冲突观逐渐退出历史舞台。20 世纪 40 年代末至 70 年代中期,人际关系的观点(interpersonal view of conflict)在冲突理论中占据主要地位。这一时期,人们意识到:对于所有组织和群体来说,冲突都是与生俱来的;由于无法避免,"接纳冲突,并使冲突合理化"成为人们处理冲突的目标。

(三) 相互作用的观点

随着全球化进程的加快,人们逐渐意识到创新和变革的积极作用,对冲突的认识进入到相互作用的观点(interactionist view of conflict)阶段。相互作用的观点鼓励冲突,认为融洽、和平、安宁、合作的群体容易变得静止和冷漠,并且无法对变革和创新的必要性做出迅速的应对。这一观点的主要贡献在于它认识到某种最低程度的冲突有助于一个群体保持旺盛的生命力、善于自我批评和不断推陈出新。

相互作用的冲突观并不是认为所有的冲突都是好的。冲突的不同类型对应不同的功能。具体来说，功能正常的冲突具有建设性，功能失调的冲突具有破坏性；低水平的过程冲突、低到中等水平的任务冲突具有建设性，绝大多数的关系冲突具有破坏性。

(四) 冲突管理的观点

最新研究显示，组织成员常常不能正确辨识冲突的类型，如将任务型冲突理解为关系型冲突（详见本节"冲突的功能与类型"），继而引发愤怒情绪，导致工作效率降低。长期研究也显示，如果不对冲突进行有效管理和引导，低水平的过程冲突和中、低水平的任务冲突也有可能转变成关系型冲突，从而减少群体内的信任、尊重与和谐，降低工作的效率。

受到这些研究结果的启发，学者们开始更多的关注对冲突发生的完整情境进行管理，形成冲突管理的观点(resolution-focused view of conflict)，这一阶段，人们不仅关注冲突发生时的行为，也关注引发冲突的原因和解决冲突的策略、激发冲突的技巧，力求进行有效的冲突管理。越来越多的研究指出，人们可以通过聚焦于为解决冲突做准备，开发解决战略和促成开放式讨论，而使冲突的负面效应最小化。

三、冲突的功能与类型

伴随着冲突观念的变迁，人们逐渐认识到，冲突可能带来不同的结果，这与冲突的功能与类型息息相关。

(一) 冲突的功能

从冲突对群体目标的实现程度，我们将冲突功能分为两类：①支持群体目标和提高群体绩效的冲突，即"功能正常的冲突"(functional conflict)，这些冲突具有建设性；②妨碍群体绩效、具有破坏性的冲突，即"功能失调的冲突"(dysfunctional conflict)。

(二) 冲突的类型

按涉及内容的不同，冲突可分成任务冲突、关系冲突和过程冲突。任务冲突(task conflict)与工作的内容和目标有关。关系冲突(relationship conflict)侧重于人际关系。过程冲突(process conflict)与完成工作的方式有关。

例如，患者家属与医生对是否要对患者实施截肢手术产生了分歧，这属于任务冲突。两名医生对手术的方案产生了分歧，这属于过程冲突。而患者家属因为医疗纠纷打击报复医生，则属于关系冲突。

研究表明，绝大多数关系冲突是功能失调的。这一研究结果比较容易被理解，因为关系冲突总是会表现出人与人之间的敌意、不和与摩擦，这会加剧彼此之间的性格差异并削弱相互之间的理解，从而妨碍最终任务的完成。值得注意的是，协调关系冲突是极具挑战性的。

调查显示,化解关系冲突花费了管理者18%的工作时间。

一定条件下,低水平的过程冲突和中低水平的任务冲突能够带来积极的结果,因为这两类冲突可以激发成员分享观点,积极讨论。有文献指出,任务冲突往往与关系冲突一样,具有破坏性。团队中,如果要对谁应该做什么事情产生激烈争论往往会变成恶性冲突,因为他们会使人们在任务中的角色变得不清晰,延长完成任务所需的时间,并导致人们追求不同的目标。总之,使过程冲突和(或)任务冲突具有建设性,必须使它保持较低水平。另外,如果群体已经以非对抗形式对各种观点进行了积极、活跃的讨论,那么增加冲突将无助于产生更多观点。值得注意的是,只有当所有成员具有相同的目标和很高的信任程度时,任务冲突才会有助于实现这些积极的结果。

任务冲突、过程冲突会随着任务的完成而消失,冲突存在时间较短;人际冲突持续时间较长。

第二节 冲突过程与冲突管理

冲突到底是如何产生的?这个问题在我们认识冲突、管理冲突的过程中非常重要,只有认识冲突产生的过程,我们才能了解为何不同的冲突类型会产生不同的功能,在此基础上,才能做到对冲突进行有效的管理。冲突的产生是一个动态的过程,环境因素、个人因素、个体对情景的反应都会影响冲突的产生和发展。接下来,让我们从冲突的基本过程开始,进一步加深对冲突的理解。

一、冲突的基本过程

冲突的过程可以划分为5个阶段:潜在的对立或失调;认知和人格化;行为意向;行为;结果。

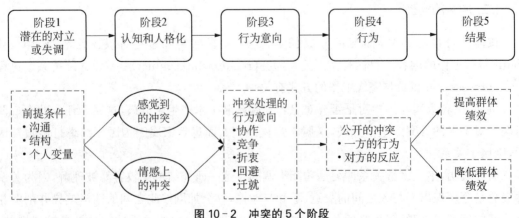

图10-2 冲突的5个阶段

(一) 潜在的对立或失调

沟通、结构以及个人等方面的因素,均可能带来对立或失调,成为形成冲突的前提条件。

1. **沟通变量**　沟通变量,指的是沟通过程中涉及的各方面因素,包括沟通双方的背景、沟通频率、沟通渠道等。语义理解的困难,信息交流不充分以及沟通渠道中的"噪声",这些因素都可能构成沟通障碍,即冲突的潜在条件。大量证据表明,不同的教育培训经历、选择性知觉以及缺乏其他的信息等,均可能造成语义理解方面的困难。沟通过多或过少都有增加冲突的可能性。另外,沟通渠道也可能影响冲突的产生。人们之间传递信息时会进行过滤,来自于正式的或已有渠道中的沟通偏差,都具有冲突产生的潜在可能性。

2. **结构变量**　结构变量指组织结构本身的设计造成整合的困难,具体包括:规模、任务的专门化程度、管辖范围的清晰度、员工与目标之间的匹配性、领导风格、薪酬体系、群体间相互依赖程度等。

规模和专业化程度可能激发冲突。群体的规模越大,任务越专业化,越可能出现冲突。研究发现,任职时间与冲突呈负相关关系;如果群体成员更年轻,而且离职率很高,那么出现冲突的可能性越大。

职责划分越模糊,出现冲突的潜在可能性就越大,管辖范围的模糊性会加剧不同群体为掌控资源和领域而产生的冲突。不同群体的目标差异也是产生冲突的主要原因之一。当一个组织中的各个群体追求的目标不同时,其中的一些目标必然会针锋相对,从而增加了冲突出现的可能性。当一个成员的所得以另一个成员的损失为代价时,这种薪酬体系也会导致冲突。如果一个群体依赖于另一个群体,两个群体之间不是相互独立,或者这种依赖关系允许一方的获益来自于另一方的损失,那么也可能会导致冲突。

3. **个人变量**　冲突源中的个人变量,包括性格、情绪和价值观。性格在冲突过程中扮演着重要角色,有些人就是容易卷入冲突。具体而言,有不合群、神经质或低自我监控等特质的人更容易、更经常和他人产生冲突,并且不善于应对冲突。较高权威、武断、缺乏自尊的人,容易导致冲突。情绪也会引起冲突,例如,因为堵车而迟到的员工,尽管极力克制,但也多少会将愤怒的情绪带到工作中,这种愤怒很可能引发冲突,进而导致工作环境中充满紧张的气氛。而价值观,往往是最重要却最容易被忽略的变量,对自由、幸福、勤奋工作、自尊、诚实、服从、平等的看法不同,会导致很多冲突。如某员工认为他的工资应该得1万元,而老板却认为他每月只给公司创造了5 000元的价值。医生认为自己的薪水应该更多地体现在医疗服务的价格上,而不是药品的回扣上,并且他们多年的专业学习和提供的专业服务应该得到更好的回报。价值观的不同,是产生冲突的重要原因。

(二) 认知和人格化

认知和人格化在冲突产生的过程中非常重要,是因为冲突事项在这个阶段被明确界定。在这个阶段,双方会确定冲突的主要内容是什么。冲突是必须损害一方的利益(如一方薪水的提高意味着另一方薪水的减少),还是存在一种潜在的双赢情境(双方都可能会加薪),决定了主体会采取竞争还是妥协的方案。可见,对冲突的界定非常重要,因为它通常会勾勒出各种潜在的解决方案。

同时,情绪能够显著影响认知。消极情绪可能导致我们过于简单化地处理问题,失去信任,从消极的方面来解读对方的行为;相反,积极情绪往往会促使我们更愿意发现各组成要素之间的潜在关系,采用更广阔的眼光和视野来看待整个情景,开发出更加创新的解决方案。

(三) 行为意向

行为意向介于个体的认知、情感及外显行为之间。我们把行为意向划分为一个独立的阶段,主要有两个原因:①在处理冲突时,我们必须推断对方的行为意向,来确定自己应该如何应对对方的行为。很多冲突之所以不断升级,主要原因在于一方错误地推断了另一方的行为意向。②行为意向与行为之间还有一段明显的距离,人的行为并不总能准确地反映出他的行为意向。

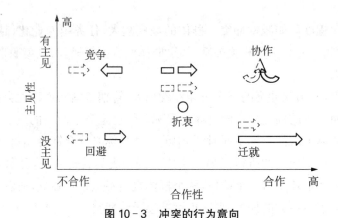

图 10-3 冲突的行为意向

在图 10-3 中,展示了确定处理冲突时的主要行为意向。横轴表示合作性,即一方愿意满足对方愿望的程度;纵轴提示主见性,即一方愿意满足自己愿望的程度。在此基础上,确定了 5 种行为意向:竞争-有主见但不合作;协作-有主见且合作;回避-没主见且不合作;迁就-没主见但合作;折衷-合作性与主见性均处于中等程度。

1. 竞争(competing) 一方在冲突中寻求自我利益的满足,而不考虑冲突对另一方的影响。

2. 协作(collaborating) 当冲突双方均希望充分满足双方的利益时,他们就会开展合作,并寻求共同受益的结果。在协作中,双方通过澄清差异与分歧来设法解决问题,使双方的目标得以充分实现,而不是迁就对方。

3. 回避(avoiding) 一个人意识到冲突的存在,但希望退出或抑制该冲突。

4. 迁就(accommodating) 为了维持相互关系,一方愿意做出自我牺牲,把对方的利益放在自己的利益之上。如:你愿意支持某个人的观点,尽管你对该观点持保留意见,这就是迁就。

5. 折衷(compromising) 在折衷做法里,没有明显的输家或者赢家。冲突双方愿意共同面对冲突,并接受一种双方都无法彻底满足的解决方案。因此,折衷的明显特点就是,双方都打算放弃一些东西。

行为意向为各方提供了指导原则。行为意向并不是固定不变的,但是人们在采取何种方式处理冲突上总有一种基本的倾向。

(四) 行为

这一阶段冲突变得显而易见,冲突各方实施行为意向的公开尝试,冲突公开化。具体包括双方的声明、行动和应对。与行为意向不同,本阶段的行为带有刺激性。

图10-4形象地表现了冲突行为。所有的冲突都处于这个连续体的某一位置上。在该连续体的低端,冲突以微弱、间接、高度控制紧张状况为特点。如:患者对治疗方案向医生提出问题。在连续体的最高端,冲突具有极大的破坏性。如近期新闻不断报出的对医生、护士的暴力袭击的事件。总之,功能失调的冲突处于高端位置,功能正常的冲突处于连续体的较低位置。

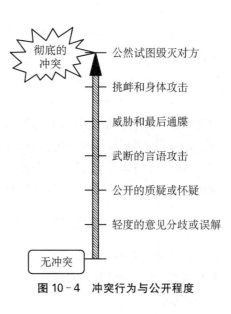

图10-4 冲突行为与公开程度

(五) 结果

就冲突的影响和结果而言,冲突对于组织、群体或个人既可能具有建设性、有益性等积极影响,又可能具有破坏性、有害性等消极影响,具备两重属性。社会学家刘易斯·科塞(Lewis A. Coser)在《社会冲突的功能》一书中,将冲突的积极影响属性总结概括为:冲突是一个社会中重要的平衡机制,对社会和群体具有内部整合功能和稳定功能,对新群体与社会的形成具有促进功能,对新规范和制度的建立具有激发功能等。在实践中冲突的积极效用主要体现在,能够充分暴露出常被人们忽视的问题和矛盾;可以使冲突各方发泄内在的不满情绪,促进各方的了解与沟通,降低各方由于长期压抑和怨气积蓄而酿成极端反应状态的概率;能促使组织内各部分相互约束、相互制衡;促进人们的新思想、新视野、新建议的产生等。

冲突的结果也有可能是破坏性的,主要体现在:冲突会在人们情绪和心理上产生巨大的压力,阻碍或扭曲个人对事物、矛盾的认知和判断,导致行为失常和不稳定;高水平或处理不当的冲突还可能会冲击组织制度和规范,扰乱组织秩序,影响组织绩效。上述冲突的各种特性反映其本身矛盾的对立统一性,冲突既可能给冲突主体带来正面价值,提高组织的工作绩效,促进组织发展,也可能给冲突主体带来负面价值,降低组织工作绩效,阻碍甚至破坏组织的生存与发展。

冲突管理

(一) 冲突管理的概念

冲突是当今世界日益凸显的管理问题。冲突管理是任何组织都无法避免或忽视的重要管理工作。广义的冲突管理,包括冲突主体对于冲突问题的发现、认识、分析、处理、解决的全过程和所有相关工作。狭义的冲突管理,则着重把冲突的行为意向、冲突中的实际行为以及反应行为作为管理对象,研究在这两个阶段有效管理冲突的内在规律、应对策略和方法技巧。

迄今所见的冲突管理的文献多数立足于后者,常常把研究对象圈定在行为冲突和结果冲突两种冲突存在形态的研究与管理上,自然局限于冲突的事中和事后管理。现代冲突管理理论立足于前者,认为冲突管理的研究对象应当包括上述 5 种存在形态的冲突问题及其演变规律,应当实行全过程、全系统、全要素的全面冲突管理,唯有如此才能把较低层级的冲突现况处理提升到冲突的事前、事中和事后管理相统一的科学管理层面。

(二) 冲突管理观念的变迁

传统冲突管理理念重视破坏性冲突的研究与管理;忽视建设性冲突的激发与保持的研究与管理,在研究对象上有明显的局限,把冲突管理往往等同于"消除冲突""解决冲突"或"处理危机"。

现代冲突管理理念力求弥补这些缺陷,把研究的触角伸展到特点各异、变化多端的冲突现象及其相互影响、相互转化的复杂内在关系之中,极大地丰富了冲突管理的研究对象和研究基础。现代冲突管理理论健全了激发冲突、预防冲突、转化冲突、解决冲突等功能,其研究对象涵盖了避免不必要冲突,减少破坏性冲突的影响,有效识别冲突,控制或转化冲突的方向、水平或属性等领域。现代冲突管理则突出了系统、整合、连续不断的思维轨迹,着眼于预防潜在冲突,把真正的冲突导入建设性管理轨道的基本目标。

在实践中,冲突管理技术有助于管理者将组织内的冲突维持在适当的水平和程度,确保组织运行的有效与平稳。在化解冲突的层面,具体的技术有:冲突各方面对面会晤,通过坦诚的讨论解决;各方提出一个共同的目标,拓宽资源找到双赢或多赢的解决办法;通过工作重新设计、工作调动、建立合作等方式改变正式的组织结构和冲突各方的相互作用模式。在激发冲突的层面,主要的技术有:引入组织外人员、重组组织、任命吹毛求疵者等。

第三节 谈判的认识与策略

人们无时无刻不在谈判。朋友通过谈判决定去哪里吃饭;孩子们通过谈判决定看哪个电视节目;商人通过谈判决定采购哪种原料、销售哪种产品;律师通过谈判争取是法律诉讼还是庭外解决;国家通过谈判决定是否开放边境的自由贸易口岸。谈判不仅是技术高超的外交官、优秀的销售员和工会组织者的工作,它几乎是每人每天都要经历的事情。

谈判的基本概念

在组织和群体中,谈判几乎渗透到每个成员的互动中。有些谈判是很明显的,如劳资双方进行的谈判;另一些谈判则不那么明显,如管理者与上司、同事、下属之间的谈判,销售人员与客户之家的谈判,采购人员与供应商之间的谈判等。

我们把谈判(negotiation)定义为双方或多方决定如何分配稀缺资源的过程。虽然我们通常只是从经济角度来考虑谈判结果,比如对汽车价格进行谈判,但是组织中的每一次谈判还会影响到谈判者之间的关系以及谈判者对他们自己的看法。对于谈判双方来说,考虑到双方未来发生互动的频繁程度,维系双方的社交关系并按照道德规范行事与谈判达成的直接结果同样重要。在本书中,谈判和洽谈(bargaining)两个术语可以相互使用。

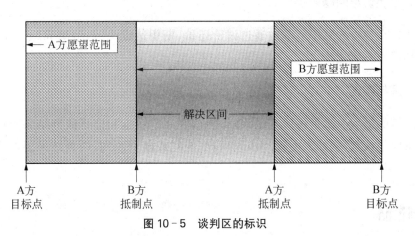

图 10-5 谈判区的标识

二、谈判过程

(一) 准备与计划

为制订有效的计划,谈判者需要在以下几个方面做好工作:确定议题、收集所有议题并确定议题的焦点,明确自己的利益所在,认清自身的局限与选择,确定目标与选项,分析判断对方的现有资源、利益和需求,分析对方的目标、谈判风格。

值得注意的是,作为谈判战略的一部分,需要判断双方在本次谈判中的最低接受方案(best alternative to a negotiated agreement, BATNA)。最低接受方案决定了谈判时你可接受的底线。只要你的报价高于该方案,你就不会终止谈判。反过来说,如果你的报价不能让对方感到高于它的最低方案,你也不能获得成功。如果在开始谈判时能够比较清楚地了解对方的最低接受方案,那么即使你不能满足该方案,也可以对其加以有效利用。仔细考虑对方愿意放弃什么。如果你在谈判前就低估对方在关键问题上让步的意愿,这将会影响最终获得的谈判结果。

(二) 界定基本规则

谈判双方界定谈判的基本规则和流程。具体思考问题包括:谁会参与谈判过程中?谈判将会在哪里举行?是否有时间的限制?如果谈判陷入僵局,是否有特别的流程来应对?

在这一阶段,谈判双方还将交换他们最初的计划方案和需求。

(三) 阐述与辩论

当谈判双方交换了各自最基本的计划方案,双方就会进一步解释、扩大、澄清、支持、证明各自的需求。这一阶段不是对抗性的,但是这一阶段是向对方充分表明自身的利益诉求的好机会,应当充分抓住机会向对方表明自身诉求的合理性和重要性。

(四) 讨论还价与问题解决

谈判双方在各自的愿望范围内通过讨价还价,期望达成一致,解决问题。在这一环节,双方可能都需要有所让步。

(五) 结束与实施

谈判环节的最后一步是将谈判结果形式化,并制定实施和监督谈判结果履行的必要步骤。很多重要的谈判,例如人力管理谈判、购房谈判或薪资谈判,谈判结果要形成一份正式的合同。

三 谈判策略

谈判有两种基本策略——分配谈判和综合谈判。两者在目标、动机、焦点、利益、信息共享以及关系持续时间方面是不同的。接下来,我们将分别定义分配谈判和综合谈判,并说明两者之间的差异。

(一) 分配谈判

医院采购医疗设备时,往往会与经销商就价格、服务、维护等因素进行谈判,这时,所运用的谈判策略即为分配谈判。分配谈判的特点就是在零和条件下运作。也就是说,医疗器械厂家所获得的收益恰恰是医院所付出的代价,反之亦然。最常引用的分配谈判的例子可能是劳资双方的薪资谈判。通常来讲,劳方代表在谈判桌前总想从资方那里得到尽可能多的利益。在谈判中,劳方每一分钱的增加都提高了资方的成本,因而谈判双方都表现出攻击性,并把对方视为必须击败的对手。

图10-5描绘了分配谈判的实质。A、B代表谈判双方。每一方均有自己希望实现的目标点,也有自己的抵制点,抵制点代表本方可接受的最差结果。如果在抵制点以下,本方宁愿终止谈判也不会接受这种不利方案。目标点与抵制点之间的区域为本方的愿望范围。如果双方的愿望范围存在一定的重叠,就会有一个解决区间使得双方的愿望能够实现。

(二) 综合谈判

与分配谈判相比,综合谈判是基于这样的假设解决问题的:至少有一种办法能得到双赢的结果。

对于发生在组织内部的行为,当其他条件既定时,综合谈判比分配谈判更为可取,因为前者能够建构长期的合作关系,综合谈判可以使双方团结起来,并使每一方离开谈判桌时都感到本方圆满实现了目标(表10-1)。

表10-1 分配谈判与综合谈判

谈判特性	分配谈判	综合谈判
可利用的资源	数量固定	数量变动
主要动机	我赢你输	我赢你赢
主要兴趣	相互对立	相互融合或相互一致
关系的焦点	短期	长期

(引自:斯蒂芬·P·罗宾斯.组织行为学精要:第8版.北京:电子工业出版社,2006.)

综合谈判比分配谈判更为可取。在当今社会中,应当注重营造综合谈判的氛围。从普遍伦理的角度看,人类不仅是多样的,而且有其相似性并相互依存,人类具有共同的命运且休戚相关。综合谈判中的"双赢"正是体现了这种人类共性。在双赢、双利、互惠互利的基础上求取共存,促进组织的双赢共生、协调发展。

知识链接

竞争性谈判采购方式在现代医院医疗器械采购中的应用

竞争性谈判就是采购人或代理机构通过与不少于3家的供应商进行谈判,最后确定供应商的一种采购方式,这种方式是除公开招标之外最能体现采购竞争性原则、经济效益原则和公平性原则的一种方式,同时也是政府采购的国际规则所确认的、各国普遍采用的方式。

竞争性谈判采购方式在医疗器械采购中应用有重要的意义。首先,在医疗器械的采购过程中采用竞争性谈判采购方式可以直接与产品的生产厂家或者供应商进行直接地协商或者谈判,不仅有助于去除大量的程序化的工作、缩短医疗器械的采购周期,而且有助于降低医疗器械的采购成本,提升医疗器械采购的效率与质量。其次,竞争性谈判采购方式中的二次报价可以给予产品生产厂家与供应商修改报价的机会。给予双方回旋协商的余地。在这种激烈的竞争性谈判情境下很多竞标者为了中标,会在二次中标的时候提出更加优惠的条件与服务承诺,为采购方提供更多的选择机会,最后,有些县镇级的医疗机构由于缺乏专业人员,对所需医疗设备的要求表述不清晰,在进行购买的时候极易吃亏。利用竞争性谈判采购方式,器械采购方与供应商议价谈判小组经过多次的沟通之后,产品供应商会明确采购方的真实需求并提出更加准确的产品数据,同时双方也可以就产品的规格、技术构成、资金交付期限、质量以及售后服务等多个方面进行谈判,最终达到双方共赢的目的。

(引自:鞠宝华,王存放.竞争性谈判采购方式在现代医院医疗器械采购中的应用.中国当代医药,2013,2:169-170.)

> **知识拓展**
>
> **阻碍有效谈判的决策偏见**
>
> 1. 非理性地增加投入 人们倾向于按照过去所选项的活动程序继续工作,而不是采用理性分析的方式,这种不当的坚持,浪费了大量的时间、精力和金钱。
>
> 2. 虚构的固定效益观念 谈判双方常常以为他们获得非效益必定来自于另一方付出的代价,而在综合谈判中我们看到情况并非如此,经常可以找到双赢的解决方法。
>
> 3. 固定与调整 人们常有一种倾向,即把他们的谈判停留在无关信息上,如最初的报价。事实上,很多因素影响着人们开始谈判时最初只有的看法,这些因素常常是毫无意义的。有效的谈判者不会受到固定看法的限制,而使自己的信息量减少及用于评估环境的分析深度降低,而在谈判中也不会过多考虑对手最初较高的报价。
>
> 4. 信息的可获得性 谈判者常常过于依赖可获得的信息,却忽视了更为相关的资料。有效的谈判者要学会区分哪些是他们在情绪情感上熟悉的信息,哪些是可靠地、相关的信息。
>
> (引自:斯蒂芬·P·罗宾斯,蒂莫西 A·贾奇.组织行为学.第 14 版.北京:清华大学出版社,2012.)

四 谈判技巧

基于不同的谈判风格、谈判主题,能采用的谈判技巧有很多,在这里,我们着重阐述两点,分别是:与谈判策略相适应的谈判技巧、第三方谈判。

(一) 与谈判策略相适应的谈判技巧

我们可以通过提高谈判技巧来增加谈判的有效性,在复杂多变的谈判场合中,我们发现,不同的谈判情形要采用不同的技巧,才能确保期望的谈判结果。

在分配谈判中,资源是固定而有限的,一方的目标通常是基本且直接地与另一方目标相冲突,谈判双方往往具有明显的竞争性,双方都需谨慎暴露自己的真实底价。在这种情形中,可采用的技巧有:小心谨慎对待信息,一方只有在享有某种战略优势时才试图提供信息给另外一方,同时这也是高度渴望从另外一方得到消息来借以提高谈判力的表现。此外,在分配谈判中,控制给对方留下的印象也是非常重要的,具体任务就是隐藏真实信息,透露给对方一些想让他们知道的信息。

在综合谈判中,各方的目标并不是对立的。因此,在综合谈判情形下,双方都尝试维护全局的利益并试图找寻双赢的解决办法。通常可采用的技巧包括建立自由信息流,即谈判双方能创造自由、开放地讨论所有相关问题的条件,促进各方了解并分享各自的信息。此外,强调共性并减少差异也是一种颇具效果的技巧,这时,各方目标应被重新定义为最有可能通过合作而实现的集体目标,只有不断强调这一更大的目标,才能使双方关注问题的共同点,从而最终取得解决方法。另外,缩小选择方案的范围、利用时间偏好的差异、在最终提议没有全面讨论前,保持决策的暂时性及可调节性也是有效的技巧。

(二) 第三方谈判

谈判中的个体或群体代表常常会陷入僵局,并且无法通过直接谈判解决分歧。在这种情况下,可以通过寻求第三方的帮助找到解决办法。谈判的第三方主要担当4种基本的角色。

1. 调停人(mediator) 是使用推理、说服、提出其他方案等措施来帮助谈判双方达成解决方案的中立第三方。在劳资谈判和民事纠纷中,调停人获得了广泛应用。他们的总体效果相当显著,通过调停人,谈判和解率达到60%左右,谈判双方的满意度为75%左右。但是调停人能否成功的关键因素是情境;也就是说,冲突双方必须愿意通过谈判来解决他们的冲突。另外,冲突强度不能太高;当冲突处于中等程度时,调停最有效。最后,对调停人的印象也很重要;想要变得有效,调停人必须被谈判双方认为是中立的,非强制的。

2. 仲裁人(arbitrator) 是运用自身权威来达成协议的第三方。仲裁可以是自愿的(谈判双方主动要求的),也可以是强制的(法律或合同迫使谈判双方付诸仲裁)。相比调停来说,仲裁最大的优点在于它总是会达成一项解决方案。这种做法是否存在副作用,取决于仲裁人的强硬程度。如果使得其中一方感到彻底失败,显然该方肯定不会满意,并且不会心甘情愿地接受仲裁者的决定。于是,之后冲突有可能再度发生。

3. 和解人(conciliator) 是受到谈判双方信任的第三方,为谈判双方之间提供非正式的沟通渠道。比较和解与调停的有效性确实是件难事,因为两者在很多地方是相互重叠的。在实践中,和解人通常不只是充当沟通渠道。他们往往还进行事情调查、解读信息并说服争论双方达成协议。

4. 顾问(consultant) 是专业技术纯熟且公正无偏的第三方,试图通过沟通与分析,并借助自己在冲突管理方面的知识来帮助解决问题。与前面各角色相比,顾问并不需要努力解决争端事项,而是设法改进冲突双方之间的关系,帮助双方学会理解对方,并能与对方合作,从而使双方最终能自己达成解决方案。可见,这种方法在冲突双方之间建构起新的、积极的认知与态度,注重长期效果。

第四节 冲突与谈判理论在卫生领域的应用

卫生系统有其特殊性和复杂性。冲突与谈判在卫生领域也有独特的表现和形式。在这一节中,我们结合相关案例,探讨冲突、谈判理论在卫生领域中的表现和特点,总结卫生领域冲突管理、谈判的策略和技巧。

一 冲突理论在卫生领域中的重要性

(一) 冲突在卫生领域中的表现

冲突在卫生领域的各个层次中,都有形式多样的表现。在个体层次,例如医生与患者间出现的医患冲突,医生对于劳动付出与薪酬回报不成比例而产生的内心冲突;在群体层次,例如卫生专业人士与大众媒体间就医学知识解读、传播产生的冲突;在组织层次,例如医疗机构与公共卫生机构之间的冲突,前者注重疾病的治疗,后者注重疾病的预防、健康行为的塑造;又如医疗机构之间的冲突,医疗资源在城乡之间、不同级别的医疗机构之间分布不均匀,导致三级医院人满为患,社区医院门可罗雀。

此外,在冲突的连续体上,卫生领域中的冲突也有不同的表现形式。以医患关系为例,当患者对医生的态度不满意时,会产生抱怨或直接投诉医生,而当患者认为医生的不当治疗导致健康或生命受到威胁时,有时则会产生极端行为,对医护人员进行人身威胁。

了解冲突理论在卫生领域中的表现及特点,能帮助管理者更好地依据情境识别冲突、管理冲突。

(二) 冲突在卫生领域中的特点

冲突的形成过程告诉我们,沟通、结构、情绪等变量是引发冲突的导火索。接下来,我们以医患冲突为例,分析冲突的形成过程。在此之前,我们先来看一下,什么是医患冲突。

医患冲突是指发生在医患双方之间的,在治疗或缓解患者疾病过程中发生的对抗性互动。包括医患双方在诊疗过程中的简单的语词争执、抱怨、牢骚等,也包括医患之间的严重对抗。在医患冲突中,"医"不仅指医师,还包括护理人员、医疗技术人员、管理人员以及这些人员所在的医疗机构或医疗单位。"患"不仅包括患者本人,还包括与患者有关联的亲属、监护人、单位组织等。医患冲突是世界上各个国家普遍存在的现象,其发生基于患者寻求医治,而医生并不能保证治愈每位患者的病痛,这是一种既定的内在的结构性的紧张关系。并且,这种内在的结构性的紧张可能会因为一些客观的制度、文化、经济环境的变化,而愈发表现出高度的紧张。

医患冲突在冲突形成过程的结构、沟通维度等方面具有鲜明的特征。

1. 结构变量

(1) 生命健康受损后的不可逆性:社会上的多数冲突是由于其归属发生了变化,或者一方为了改变其归属或形态而发起的争夺,比如征地引发的冲突,尽管冲突会发生或升级,但土地本身是客观存在,是可以复原的;其他生活领域中的冲突大多也具有可逆性,尤其是针对经济利益的冲突。但由于生命健康的不可逆性,医疗冲突中的争议事项多数具有不可逆性,尤其表现为,人一旦死亡便无法重生,一旦导致残疾或生理机能障碍,恢复的可能性极小。只能采取其他途径进行一定程度的补偿。同时由于生命健康的损失难以衡量,补偿的方式和范围也难以确定。

(2) 疾病治疗结果的不确定性:在其他领域的冲突中,一般会有较为客观的彼此都承认的争议事项,比如在交通冲突中,谁受伤、如何受的伤都基本上可以通过技术手段客观分析出来;在劳资冲突中,劳工付出多少时间,得到多少回报,公司的利润多少等都是客观的。但医疗领域涉及的技术性因素,由于患者个体差异的存在,使得同一疾病的外在表现各不相同,而医生对疾病的判断往往基于自身医学知识的积累以及临床经验的总结。疾病治疗及结果的不确定性决定了很难对医患冲突发生的原因,是否构成医疗事故以及如何划清医疗事故的责任等进行明确的认定。对于医疗鉴定专家而言,能够通过一定的技术手段获得相对客观的一些关联分析,但是患者及其家属一方却未必会相信这种分析,而且他们自己有自己的一套归因逻辑和事实依据。损害责任归属的模糊性为医患之间的讨价还价乃至其他炒作行为留下了巨大的空间,这个空间使得患者的"闹大"的行为成为威胁对方并迫使对方让步的砝码。医患双方对于事件及其责任归属认识的差异,成为冲突双方各自坚持己见、不做让步的基础和理由。

2. **沟通变量** 医患沟通,是对医学理解的一种信息传递过程。医务人员在与患者的接触中,医务人员的语言、表情、动作姿势,甚至医院的环境,都在向患者及其家人传达着某种信息,传达着医务人员的情感和态度。医患沟通的量和质,影响医患关系。医务人员同患者交往时能否预防和化解相互之间的冲突,从而建立互相平等、互相信任、互相尊重、互相理解、互相合作的和谐关系,医患沟通起到至关重要的作用。

医患双方在健康观念、医学知识、痛苦感知等方面存在差异,这些差异会导致沟通不畅,增加冲突的可能性。同时,生理上病痛和紧张的环境都会引发情绪上的波动变化,从而引发冲突。从患者角度而言,生病后情绪不佳,患者家属也承受着情绪和经济的双重压力;从医生角度来说,工作压力大、任务繁重等因素也会引发不良情绪。这些情绪都可能会影响到医患沟通,从而引起冲突。

促进高质量的医患沟通,医生与患者双方都必须做出努力。医方需要认识到加强医患沟通的重要性,尊重患方的信息知情权,在诊疗过程中,学会换位思考,增强同理心。另一方面,患者也需要加强基本医疗常识的学习,客观对待医方的医疗过程,为和谐医患关系的创造做出自己的努力。

(三) 医患冲突案例与分析

案例详见本章末。

1. **冲突类型分析** 本案例涉及任务冲突,如医患双方对手术时间的分歧;关系冲突,如家属来医院打砸、被打护士对医院不作为的不解和怨恨;过程冲突,如医护人员对院方赔偿闹事者损失的处理结果表示不满,与医院管理者之间发生的冲突等。各类冲突的类型与功能一一对应。关系型冲突导致了功能失调,如家属认为医生故意拖延手术时间,对医生的医德产生质疑,继而对医院打砸;被打护士认为医院没有坚持原则,严惩凶手,反倒对误解治疗方案的患者进行赔偿,最终与医院解除劳动合同。

同时，案例中也体现了低水平的过程冲突和中低水平的任务会产生积极的作用，如医生就医院管理方式和医院管理人员产生冲突，促使医院处理医疗纠纷工作得到了改善。

2. 冲突过程分析　本案例中，医生使用的专业术语让没有任何医学知识的患者及其家属难以理解，充满困惑。同时，由于时间宝贵，医生难以坐下来用通俗易懂的语言告知患者家属疾病的原理和治疗措施的依据。医院忙碌的环境也难以提供医患充分沟通的环境和场所，这些因素造成了潜在的对立和失调。面对病痛，患者及其家属充满了身体的痛苦和心灵的煎熬，他们忍受着焦虑心痛和茫然无措，负性情绪加剧了潜在的对立和失调，促使冲突过程推进到认知和人格化的阶段。当患者经过其他医院的医治缓解了病痛，之前积累的猜测和怀疑似乎得到了印证，早已积聚于胸口的愤怒情绪似乎找到了宣泄的理由，他们再次来到云山医院，质疑和不满没有得到充分的解释，最终产生暴力行为、公开的冲突行为。

3. 冲突管理分析　再次回顾案例中冲突产生的过程，我们不难发现，在不同的阶段可以采用不同的策略，对冲突进行预防和化解。针对潜在的对立和失调，医务工作者可以借由不同的形式进行医学知识的普及，对媒体的不专业报道进行及时回应。在移动传媒普及的当下，我们看到越来越多的医务工作者通过微博、微信等各种形式对突发性的医疗事件进行及时、迅速的回应，帮助大众了解事件的真相。有些医生也开设了专栏或者自媒体平台，向大众传播医学常识，促进了健康知识的传播。针对认知和个性化，可以从设立投诉，并对投诉积极反馈开始，面对患者的质疑和抱怨，从一句"谢谢"开始，建立良好的医患沟通方式，改变过去医务人员冷漠匆忙的基本形象，吸取现代服务机构的良好经验，营造友好、舒适的就医环境和浓厚的人文关怀氛围。

与此同时，要使医患纠纷得到制度化、结构化的有效化解，要注重建立第三方协调机制。这里必须指出的是，第三方的介入并不意味着纠纷的必然解决，在很多时候，第三方的介入反而会加剧冲突，如在案例中，患者家属请医闹介入事件的处理中，加剧了医患双方的矛盾。所以，问题的关键在于，通过对现实情况的客观全面的分析，寻找合适的主体来充当第三方，确保第三方的中立性、专业性、权威性、非营利性和持续性。

另一个有效预防冲突的方式是建立冲突数据库，整合医生、律师等专业人士的意见，将组织内产生的冲突进行结构化整理，定期对数据进行整理更新，分析出组织内产生冲突较多的科室、医务人员，进行培训、干预、重点预防，对冲突产生比例较高的患者群体进行重点预防，以提高冲突管理的水平。

综上所述，在卫生领域，冲突的发生往往不仅是一个原因所导致，而是众多因素混杂一起。冲突的产生既有医源性因素，也有非医源性因素。医源性因素包括技术因素、态度因素、收费因素和医院管理等因素。非医源性纠纷主要表现为患方缺乏医学知识或对医疗制度不理解、病员或家属的不良动机、工伤交通及事故责任转移、社会变革时期某些制度的不适应以及经济价值观念的转变等社会因素。另外，冲突的发生除了医方因素、患方因素之外，还包括政策环境、社会舆论等。管理者可以在冲突过程的不同阶段采取不同策略进行冲突管理。

第十章 冲突与谈判

谈判理论在卫生系统中的应用

(一) 谈判案例

某县居民燕女士右手长了个小瘤，来到县医院手术。术后几个月，她发觉手部仍不能正常活动，便到上海华山医院检查，结论令她大吃一惊——手部的筋被切掉了4厘米左右。她又去上海第二军医大学附属医院复查，结论一样。

燕女士和家人找到县医院。但院方对此不认可，要她去市卫生行政部门申请鉴定。这下燕女士不干了，"卫生行政部门和医院，是一家人。这个鉴定结论，谁信呀。"一时谈不拢，燕女士一家想个狠招——组织几位老人扯起横幅去医院闹。这样一折腾，不但问题没解决，双方都精疲力竭。就在这时，她看到了一则新闻：7月31日，县成立了医患纠纷调解委员会，"这个委员会目前有5名专业调解员，他们不隶属于卫生行政部门和医疗卫生单位，经费由财政保障，与医患双方均无利害关系。"

8月11日早上，燕女士一家来到调委会咨询，接待他们的是调解员老周。此前老周一直在基层从事司法调解工作，具备丰富的法律知识和调解经验。第一次调解是在8月13日下午。当时患方还有亲属在医院闹事，老周要求患方必须先将闹事者撤走再调解。开始，医院就对医疗鉴定表示怀疑。"上海两家医院不可能串通的。你们有法律顾问，可以问问。"老周说。最终，院方承认存在过失，不过双方在赔偿金上产生很大分歧。老周让他们回去后列出赔偿清单和赔偿的依据。尽管第一次调解没有成功，不过调委会给燕女士留下很好印象，"他们的确不曾帮医院说话。"

8月17日下午，第二次调解开始。老周要求双方把赔偿清单当众读一下。院方提出，患者去上海看病费用是由医院垫付的，这笔钱须从赔偿总额中扣除。患方亲属嗓音立马高了起来，"你把人家手弄残了，难道看病的钱不该你出？"看他情绪激动，老周赶紧把他喊到隔壁，"第三方调解也不是万能的。实在谈不拢，也可上法院起诉。"没想到，对方一口回绝了，"到法院诉讼手续多，时间长，我们就愿意在你这调解。"院方也不愿意上法院，"那样，对于我们医院的声誉会有影响。"

8月19日，第三次调解。这次患方作出了不小的让步，索赔数额从30万元降到了12万元，但医院仍认为数额偏高。在调解员的劝说下，燕女士又把索赔数额降到10万元，并且不再让步。老周又去做院方的工作。遗憾的是，医患双方最终仍未能谈妥。

3次调解，全部失败，按规定需要重新一轮调解。让老周没想到的是，21日一大早，双方当事人再次登门，"不找你这'老娘舅'，我们还能找谁呀"。之后，经过医患纠纷调解委员会的两次耐心调解，双方达成协议：医院赔偿燕女士总金额8.8万元（包含医院垫付的2.2万元）。(改编自：http://jsnews.jschina.com.cn/tz/200908/t157150.shtml)

(二) 谈判案例分析

本案例中，事件最终得到了圆满解决，但处理过程颇费周折，尤其是在事件发生伊始，当患者试图与院方直接协商时，双方发生了严重的分歧。我们可以窥探出，在卫生领域中，医患双方直接谈判往往会遇到较大的困难，这些困境主要体现在信任建立、情绪控制、处置能力等方面。

1. 医患双方直接进行谈判的困境

（1）信任建立的困境：为解决医患冲突而进行的谈判往往是零和的，医院一方或患者一方在经济上的所得即为另一方所失，所以，二者很难建立一种信任关系。这种困境由于医方和患方在医学知识上的高度不对称性而更加恶化。彼此的不信任使得双方容易坚持一种刚性的立场而不作出妥协和让步，也容易怀疑对方的诚意而使谈判陷入僵局，甚至可能会在谈判不成的情况下，引起彼此暴力相向，从而使冲突升级。本案例中，燕女士拒绝了县医院提出的到市卫生行政部门进行鉴定的提议，她认为"卫生行政部门和医院是一家人"可见，从谈判伊始，燕女士就对医院及卫生行政部门抱有不信任的态度。

（2）情绪控制的困境：一般而言，医患冲突发生在患方受到较严重的伤害甚至是死亡之后。此时，患者往往会具有明显的悲伤、抱怨、愤慨等情绪，在本案例中，燕女士发现自己手部的筋被切掉了4厘米之后，同样经历了惊讶→怀疑→愤怒等一系列强烈的情绪变化，这些情绪会使得患者很难在医生面前保持理智和平静，难以控制的负性情绪体验往往导致两种行为倾向：①漫天要价。由于生命或健康无法用金钱衡量，这可能导致患者对自己的损失有所放大。②行为失控。在谈判过程中，如果出现不符合患者意愿的情况，很容易引起患者情感的波动，继而导致行为上失去控制，表现为对医务人员人身或医院财物实施破坏行为。在本案例中，由于初步谈判无果，燕女士一家组织几位了老人扯起横幅去医院大闹，虽没有对医务人员的人身安全造成危害，也未对医院的财务实施破坏，但的确影响了医院正常的秩序，扰乱了患者正常就医的环境。

（3）规则一致的困境：医患之间的协商与谈判往往具有较大的弹性空间，双方在赔偿额度上往往取决于具体的情境。这就导致了相似的损伤，却因为人的不同，而出现较大差异的赔偿额。这也增加了建立并维持一贯规则的困难。这种规则一致困境还会加入一些难以控制的"场外因素"。比如，医院可能会迫于来自上级领导、同事、亲戚等方面的人情压力，而在赔偿额度上作出让步。在本章节的"案例分析题"中，我们看到，暴力袭医事件发生后，上级卫生局要求云山医院以大局为重，尽量减少不和谐的音符，发挥大医院大科室的精神，将医疗费退还给患者及其家属以息事宁人。同时，院方也认为，再闹下去不但影响正常工作，还会引发媒体关注，对医院更加不利。最终，医院对闹事患者家属妥协，对患者进行了赔偿。然而，在冲突中受伤的护士却提起了诉讼，并且坚决抵抗医院要求其撤诉的压力，最终辞职。

（4）处置能力困境：如果医患双方直接进行谈判，则需要医院对每起冲突必须具有足够的耐心，分配足够的精力。但如果医患冲突数量庞大，超出了医院能够合理处置的能力高限，则势必会影响医院正常的诊疗秩序。这时，必须要有合法强制力的主体才能进行现场控制，而医院本身作为医疗机构，在强制力的强度、合法性上都存在严重不足，这也使得冲突无法得到及时的控制，从而使得冲突的化解也成为无本之木。

2. 第三方谈判的功能

本案例中，第三方的介入在事件顺利解决的过程中发挥了重要作用，结合冲突的相关理论,不难发现,第三方(县医患纠纷调解委员会)除了在谈判过程中承担调停人、和解人、顾问的角色之外,还起到了控制冲突、化解冲突的作用。

(1) 冲突控制功能:冲突控制功能体现在第三方要通过合法的手段,使医患之间的针对对方人身、财产安全的客观伤害性互动立刻停止。在医患冲突中,不少患者采取了较为极端的对医院秩序产生严重干扰的行为来表达自己的不满和诉求,比如停尸、打骂医护人员等,这些行为具有即时的伤害性。在这些情景中,如果医院出面来强制患者撤离,有可能会加剧二者之间的对抗性,从而对日后的医患冲突的化解不利。在本案例中,第三方谈判一开始,经验丰富的老周就要求患方必须先将闹事者撤走再进行谈判,制止了干扰医院秩序的行为。

(2) 冲突化解功能:化解冲突是第三方谈判的最终目标,指的是通过第三方劝说、引导下的协商、法律法规的解释、纠纷责任的厘定、赔偿额度的计算等手段使医患双方对冲突的化解自愿达成协议。这是第三方谈判中最核心、最细致、最关键的部分,一般需要常设的机构或组织来完成。

要达到化解冲突的功能,第三方一定要让医患双方,尤其是患方,看到自己的中立性和权威性,不能有丝毫的偏袒。同时,也要让患者看到自己处理相关事务的专业性。在本案例中,老周的表现赢得了医患双方的信任。一方面,他所在的县医患纠纷调解委员会,不隶属于卫生行政部门和医疗卫生单位,经费由财政保障,与医患双方均无利害关系,这一职能属性,保证了老周处理事务的中立性。另一方面,老周一直在基层从事司法调解工作,具备丰富的法律知识和调解经验,他建议双方列出赔偿清单和赔偿的依据并当众宣读,给予双方充分陈述自己观点的机会,在看到患者情绪激动时,他提出了另外的解决方案,虽然经历重重困难,但最终,老周凭借丰富的专业知识和谈判技巧,帮助医患双方达成协议,促进事件圆满解决。

第五节　冲突与谈判理论的发展

随着世界经济一体化的形成以及现代信息与通信技术的突飞猛进,麦克卢汉的"地球村"隐喻在21世纪全球化背景下被再次激活。全球化直接推动了国际贸易、国际金融等的迅猛发展及高新技术的广泛传播,使各国经济活动逐渐具备跨国、跨民族、跨地域特性。全球化与信息化密切相关,两者相互促进,相互依赖。全球化与信息化的发展趋势也促使冲突与谈判产生新的形式与挑战。

一、冲突理论的发展

(一) 全球化对冲突的影响

全球化进程中,经济的蓬勃发展与冲突的多样化并存,对包括卫生领域在内的各行各业提供了机遇与挑战。

从宏观角度来讲,全球化背景下的冲突具有如下特征:①跨国界、跨地区冲突与国内、地区内冲突的交错;②影响更广泛、隐蔽性更强、矛盾更尖锐。从微观角度来讲,全球化为不同文化背景的员工在一起工作,不同文化下发展起来的组织间进行合作创造了机会。一方面,促进了全球业务的规范、统一和迅速发展;另一方面,全球化促发了不同文化背景下共事的员工间冲突的产生。从冲突产生过程的角度来讲,在潜在的对立和失调阶段,不同语言的使用对有效沟通提出了更多的挑战,不同文化影响下组织的机制体制也不尽相同,增加了冲突产生的结构变量。在个人变量中,文化的差异也更容易引发消极情绪的产生。

(二) 信息化对冲突的影响

信息化的发展促进了信息的海量和多元、传播的便捷与互动。尤其是微博、微信、网络媒体、移动端媒体等"新媒体"的出现,更是引发了一个"所有人对所有人传播"的新局面。在此背景下,信息化为冲突带来了新的表现形式,新的促发因素以及新的影响。从冲突类型的角度,信息化带来了新的冲突表现形式。冲突不再仅仅是面对面的争执,表达不满和公开冲突的途径转移到了虚拟的网络空间和新媒体平台。从冲突产生过程角度,信息化引发了冲突产生发展的新因素。信息化,尤其是新媒体的技术设置,自由关注、自由评论、自由转发的"广场效应",决定其围观的氛围和传播特性。一方面,围观氛围影响到一个人的独立判断;另一方面,一旦冲突发生,围观的情形让冲突双方产生"好胜"、"不能丢脸"的心态,促进冲突进一步升级。

此外,在新媒体平台中,存在大量由情绪主导的发言与互动,形成了一些新媒体平台的"反智化"基调。情绪化不但是促发冲突产生的因素,也是思想者的敌人,真正的思想者所推崇的逻辑、理性、事实、原则、智慧、规则在信息化的浪潮中并没有得到很好的推崇或保持。

二、谈判理论的发展

(一) 全球化对谈判的影响

全球经济的迅速发展带来了谈判方式的创新。①经济全球化推动了谈判方式的多边化及其与双边、复边谈判方式的紧密结合。②经济一体化使得谈判方式趋于多样化,即从原来单一、逐项谈判法走向"特定期限,汇集议题,整合谈判"的局面。

此外,全球化促发了多领域、多地区的交流合作,也使得跨文化、跨地域的谈判越来越普遍。在谈判中,必须考虑对方的文化、价值观、心理等因素,而不仅只是注重谈判的技巧和策略。同时,在谈判中涉及的伦理与价值也逐渐引起人们的关注。

(二) 信息化对谈判的影响

全球化促进了全球范围内行业标准的规范性,信息化促使信息广泛传播,这些趋势促进了谈判中成本等关键信息的透明性。此外,信息化促进谈判方式和步骤的改变,如谈判时要求对手一个一个分开报价,可以规避供应商联盟串标。向社会公开供应商产品参数,让供应商互评,最广泛地借用了社会智慧,既满足了采购方对真实价格摸底的需求,也解决了质量问题采购方难以把握的困惑。信息化进程的加快,尤其是互联网的发展,促进信息公开透明的方式会越来越多,这就促发谈判双方越来越趋向于协作共赢的综合谈判,综合谈判有助于谈判双方长久、稳定的合作关系的建立,让双方都有合适的利润空间,维护行业的稳定发展。

本章小结

本章从基础理论、发展趋势等视角系统了解了冲突与谈判的概念,通过示例更形象地展示了冲突、谈判在现实生活中的表现形式。

在理论部分,"冲突是一种过程,这种过程起始于一方感觉到另一方对自己关心的事情产生消极影响或将要产生消极影响"。人们对冲突概念的理解经历了传统观念、人际关系观点、相互作用观点、以解决办法为中心的冲突观4个阶段。冲突的基本过程包括潜在的对立与失调、认知和人格化、行为意向、行为、结果5个部分。冲突管理是任何组织都无法避免或忽视的重要管理工作。谈判是"双方或多方决定如何分配稀缺资源的过程。"谈判的过程包括:准备与计划、界定基本规则、阐述与辩论、讨价还价与问题解决、结束与实施5个步骤。谈判策略包括分配谈判与综合谈判,当前,我们更应该营造实现双赢的、综合谈判的氛围。

在卫生领域中,冲突在各个层次都有形式多样的表现。在结构变量中,冲突在卫生领域中的特点表现为:生命健康受损后的不可逆性、医疗损害责任归属的模糊性。在卫生领域,冲突的发生往往不仅是一个原因所导致,而是众多因素混杂一起。冲突的产生既有医源性因素,也有非医源性因素。

在发展趋势部分,从宏观、微观两个维度分别了解了全球化、信息化对冲突与谈判的影响。全球化背景下,跨国界、跨地区冲突与国内、地区内冲突相互交错。信息化带来了新的冲突表现形式。冲突不再仅仅是面对面的争执,表达不满和公开冲突的途径转移到了虚拟的网络空间和新媒体平台。全球化促发了多领域、多地区的交流合作,也使得跨文化、跨地域的谈判越来越普遍。

复习思考题

1. 结合我国传统文化中追求的"仁心、妙术",提出解决当前医患冲突的策略。
2. 请撰写一份面向家长普及新生儿疾病筛查项目的宣传材料。

案例分析题

一、案例描述

(一)事件开端

某患者因头疼至云山医院神经外科就医,经CT拍片检查,诊断为上脑皮细胞出血,留院观察半个月后，头痛症状仍未得到缓解。由于患者脑部淤血尚未化净，主治医生认为此时手术会有危险，需再观察两周，患者及其家属认为医生是为了拖延时间骗钱才只为患者检查身体而不采取治疗措施，此前已经留院观察了两周，花去大量费用，给患者家庭经济造成严重影响，使患者及其家属产生不满情绪。针对患者的抱怨，主治医师建议其转到云山医院下属的康复医院，可以节省大量费用。

（二）案情发展

患者及其家属转入下属康复医院之后，接受了各项检查和长时间的留院观察，医生却迟迟不肯为其开刀，后来患者家属将其转至另一家医院，该医院很快对其进行了手术，取出了血块，患者的病情得到迅速缓解。患者家属认为云山医院的医生为了多挣钱而故意推迟手术，于是去法院申诉要求退回在云山医院留院观察所产生的费用时，法院却认为云山医院处理正确，家属由此认定法院袒护云山医院，自己无处申冤，索性带人来到医院闹事，损毁医院部分设施并打伤一名护士。

（三）事件结局

上级卫生局要求云山医院以大局为重，尽量减少不和谐的音符，发挥大医院大科室的精神，将医疗费退还给患者及其家属以息事宁人。院方也认为，再闹下去不但影响正常工作，还会引发媒体关注，对医院更加不利。这一决定引发了院内医生及护士的不满，但最终也只能无奈妥协。然而在纠纷中受伤的护士却提起了诉讼，并且坚决抵抗医院要求其撤诉的压力，最终辞职。后来案情出现了戏剧性的转变，在其他医院动了手术的患者二次出血，情况十分危急，而收诊医院束手无策，只能再次转回云山医院，经过救治患者最终康复出院，其家属送来匾额，承认其先前在医院闹事的过错。

（引自：六六. 心术. 上海：上海人民出版社，2012.）

★ 思考问题

1. 结合本章内容，分析本案例中存在哪几种冲突，分析每种冲突的类型与冲突双方。
2. 分析每种冲突的潜在对立或失调，并请重点分析本案例中主治医生与病人家属的沟通过程，分析冲突的形成过程。
3. 借助本案例思考：医疗纠纷谈判中第三方的资质与条件如何设定？

第十一章

权力与政治

学习目标

1. 定义权力并比较领导和权力的差异。
2. 掌握权力的来源。
3. 掌握权术的种类及使用条件。
4. 辨析正当的和不正当的政治行为。
5. 明确政治行为的原因和结果。
6. 理解印象管理内涵及应用技巧。
7. 分析某种政治行为的伦理道德。
8. 评判全球化大潮中对政治行为的影响。

引例与思考

1. 看到"权力""政治"等词语，第一感觉是什么？

当人们看到"权力""政治"等词语，我们会立刻想到什么？比如经常看到有人指责某组织或者某人：舍不得放下权力、不敢放下权力、不敢交出权力。通常在人们的心中，"权力""政治"到底意味着什么？在政治生活中，到底什么样的人才应该被授予权力？政治生活中"权力"真的那么无忧无虑、高枕无忧、能安享各种遁欲之福？《老子》说：受国之垢，是为社稷主，受国不祥，是为天下王。老子认为，勇于为国家承担责任、洗雪耻辱、承受灾难的人，才是称职的"社稷之主""天下之王"。无疑，政治生活中围绕权力展开的论述，指向了这些原则：①以责任控制授权，以责任衡量、评价授权；②在职责之内，则要勇于赋予被授权者更大的自主权，以保障行使权力的效果。权力与责任是一体两面，在其位谋其政，否则"秦失其鹿，天下共逐之"、"天下，惟有德者居之"。但西方信奉"赢者通吃"的弱肉强食逻辑，因此政治生活中对"权力"的背书，只有绝对的支配,没有责任。也因此,在西方的历史上,对于政治活动的"权力"永远只有一个话题:限权。

2. 权力="肮脏"? 如何理解权力意味着腐败、绝对的权力意味着绝对的腐败?

权力与"肮脏"是画等号的吗? 这是一个很难回答的问题,显然这个命题暗示权力的负面效应。"权力导致腐败,绝对权力导致绝对腐败"此言出自阿克顿(1834~1902)之口,阿克顿认为,不管是信仰者的权力,王公贵族的权力,人民的权力,代表人民的、代表金钱的权力,还是自称代表自然法、代表"进步力量"、代表正义与和平、代表"最大多数人的最大幸福"的权力……总之,不管是什么权力,代表也好,不代表的也好,只要它是以暴力为后盾(这是必然的)的,只要它失去了制衡,必然要成为"绝对的权力",而成为"绝对的权力"后,就必然会倾向于残暴、腐败和不义。在他看来,政治生活中最可怕的局面,莫过于"道德与宗教不分,政治与道德不分;在宗教、道德、政治诸方面,只有一个立法者和一个权威"。

3. 在卫生领域,"权力"和"政治"又体现出哪些特别的涵义呢?

上述两点所谓的"权力"和"政治"主要从政治学视角进行分析,而在管理学中,"权力"展示了一种依赖关系。这在卫生领域中,专家性权力、信息性权力等表现得尤为突出。"政治"则意味了一种群体中的权力运用。同样,在卫生领域,"政治"所体现出来的种种权力运用也表现得淋漓尽致,这些内容都将在本章中一一介绍。

第一节 权 力

一、权力的定义与辨析

(一) 权力的定义

个体 A 对于个体 B 的行为发生影响的能力。在这种影响下,B 的行为举止符合 A 的希望。权力是潜在的,可以拥有但不运用,是一种依赖关系。

在组织行为学领域,斯蒂芬·P·罗宾斯(Stephen P. Robbins)把权力定义为:"权力(power)是指 A 对 B 的行为产生影响从而使 B 按照 A 的意愿行事的能力。"

(二) 权力是依赖性的函数

B 对 A 的依赖性(dependency)越大,则在他们的关系中 A 的权力越大。依赖性取决于 B 认为总共有多少备选方案以及 A 控制的备选方案的重要性。只有当一个人控制了你期望拥有的事物时,他才拥有对你的权力。

某个人是依靠父母资助上大学,那么他很可能会意识到父母对他拥有权力,因为他需要依靠他父母的经济资助。而一旦他毕业走向了社会,有了自己的工作和收入,他的父母对他的权力就会明显减弱。同样的,一个人在大学学习时候,他必须通过必修课的考试。此时,他的授课老师就对他拥有了权力。他必须认真学习,完成授课老师的作业,通过授课老师的考试。

推而广之,权力的影响无所不在。小至社区规范,大到法律法规,权力事先规范好了行为准则和行事模式,人们必须遵循。而此时权力的影响到了极致,人们没有选择的余地。不遵守权力制定的规范,就会受到相应的处分、处罚及制裁等不利后果。

(三) 权力与职权、威信、领导的比较

1. **权力和职权**　职权是一种法定权,是组织正式授予管理者并受法律保护的权力,与职务相联系。与职权相对照,权力是指一个人影响决策的能力。个人的职权大小取决于他的职务职能范围和他在组织中所处的纵向职位层次。

2. **权力和威信**　威信是指由管理者的品德、知识、才能、感情等个人因素所产生的影响力。威信与在组织中的职位没有必然的联系。权力则是同时由他的纵向职位和他与组织权力核心或中心的距离所决定的。

3. **权力与领导的比较**　领导是指影响一个群体实现目标的能力。权力是影响他人行为的能力。在组织中,领导和权力密切相关,群体目标的实现需要权力,领导者把权力当作促成目标达到的一种手段。权力与领导的一个主要区别,就是领导始终以目标为基础,领导需要领导者与被领导者双方对目标有一致的看法。而权力可以在没有目标的情况下存在,只要有依赖性存在即可。

二、权力的分类

权力来源于什么?权力如何影响他人?针对于此,对各种权力进行分类,逐一分析。

(一) 正式权力

以个体在组织中所处的位置为基础,可分为强制性权力、奖赏性权力及法定性权力。

1. **强制性权力**　强制性权力(coercive power)主要是指通过使用或威胁使用惩罚手段来影响他人的能力。该种权力建立在他人惧怕的基础上,他人如果不服从或表现出不服从的意愿就可能产生不利后果。基于对不利后果的恐惧而对强制性权力做出顺从的反应。例如使用或威胁使用身体的惩罚(体罚)、限制活动范围或对基本的人身及安全需求的进行控制等等。在组织架构中,如果 A 对 B 有人事决定权,且 B 极为珍惜自己的工作,那么 A 对 B 就有了强制性权力。强制性权力还表现在对于某些关键信息的控制。换言之,拥有他人需要的信息资料和专业知识的人对该所需特定人群具有强制性权力。

2. **奖赏性权力**　奖赏性权力(reward power)是指通过使用奖赏的能力来影响他人。这正好与强制性权力相对应。当人们服从于他人的愿望或者指示是因为该项服从可以给他们

带来物质或非物质利益时,奖赏性权力便产生了。显而易见,如果一个人能够给其他人带来被认为有价值的奖赏,那么此人便对其他人拥有了奖赏性权力。奖赏可以是物质性或者非物质性的。物质性奖赏如加薪、发放奖金、提高工资档次。非物质性奖赏如通报嘉奖、晋升、有利的工作调整等。

强制性权力与奖赏性权力相互对应。如果一个人能剥夺他人认为有价值的东西或者对他人予以强制性影响,那么他就拥有了对他人的强制性权力;如果一个人能带给他人物质或者非物质利益,那么他就拥有了对他人的奖赏性权力。

3. 法定性权力　通过组织结构中的职位所拥有的权力即为法定性权力(legitimate power),或被称为"制度型的权力"。在正式的群体或者组织结构中,某人拥有一定职位便奠定了其权力基础,由此获得的权力就是法定性权力。

法定性权力比强制性权力或奖赏性权力范围宽泛。法定性权力包括组织成员对职位权威的接受和认可。在群体或者组织的结构中,不同的职位具有不同内涵的法定性权力,不同的职位对特定的人群具有法定性权力。比如在职权范围内,医院院长对于各科室负责人、大学校长对于教师等,都拥有法定性权力。

(二) 个人权力

在群体或者组织结构中获得权力并非总要通过正式的职位。例如在医院或高校中,某一领域的专家、学者。专家、学者并不是管理者,也没有正式的权力。专家、学者拥有个人的权力,该种权力源于其个体独有的某些特点。以下对这些个人权力进行专门分析。

1. 专家性权力　专家性权力(expert power)来源于专业技术、特殊技能和知识的影响力。当某人拥有专门的技能或知识,足以处理某些专业领域的事件,而使他人信服时,此人就具有专家性权力。常言道,隔行如隔山。随着社会分工越来越细,专业分化越来越强,我们也越来越依赖于各个行业的专家,即服从于专家性权力。例如,在医院,我们会向专科医师详细叙述病情,遵照医嘱,以期获得最佳治疗。以此类推,IT 专家、大学教授、律师、会计师等,都在各自专业领域拥有专家性权力。

2. 参照性权力　参照性权力(referent power)的基础是对于拥有仰慕的资源或个人特质的人的认同。如果我喜欢你、尊重你并且羡慕你,那么,你就可以对我拥有权力,因为我想取悦于你。参照性权力来自对他人的崇拜以及渴望自己成为那样的人。了解了参照性权力的定义,就不难理解名人的广告效应,追星及明星粉丝团活动等等。

3. 魅力性权力　魅力性权力(charismatic power)是参照性权力的一种延伸,但又不完全等同于参照性权力,它根植于个体的人格特点与人际交往风格,领袖魅力的领导者之所以能使他人追随自己,是因为他们能够清晰地表达引人入胜的愿景,敢冒风险,对环境与下属具有敏感性,愿意从事大多数人认为违反传统的行为。在很多组织中,拥有领袖魅力的人并没有正式的领导职务,但这些人依然他人产生影响。

4. 信息性权力　信息性权力(information power)来自对信息的获得与控制,在组织中那些拥有别人需要的资料或者知识的人,就会使得别人依赖他们。由于管理者能够优先享有销售、成本、薪酬、利润等类似资料或者数据,他们可以使用这些信息来控制和塑造下属的行为。在某些非常态情况下,一些部门拥有对公司业绩十分关键的信息资源,他们就会在组织架构中获得更多的话语权,拥有更大的权力,直到恢复常态情形。

(三) 其他分类

马克思·韦伯根据合法权力的主要来源将权力分为3种类型。

1. **传统型权力** 传统型权力是由习俗和已接受的行为所授予的,此所谓"君权神授",即传统型权力(traditional authority)。事实上,这一类型权力的核心在于习俗和传统的影响,把习俗和传统理解为包含了从过去传到现在的所有东西即存在已久的习惯、习俗、制度、社会或政治体系、价值、信仰等。这些由前人已接受并被历史神圣化的"一直就存在"作为固定且不容置疑的规则被公众普遍接受,既反映了社会的连续性传承,也反映了传统型权力是社会向来如此的方式并无需证明的事实。最明显的例子是在中国社会长期存在的家长制、父权制以及在一些农村还存在的老人政治。传统型权力的另一个特征是与权力和特权的世袭制度紧密联系,例如在中东地区沙特、摩洛哥等国仍然存在王朝统治正是此种表现。传统型权力在现代发达工业化社会中的影响已经微不足道,但在英国、西班牙、荷兰等君主立宪制国家中仍然有尊重王室、服从传统、履行义务等价值不断传承,可见传统型权力仍然不断地影响着政治文化的发展。

2. **魅力型权力** 魅力型权力是指由领袖人物所具有的与其追随者建立特殊关系的能力而导致的权力,一定程度上来自于精英人士的个人魅力,又称为克里斯马型权力(charismatic authority)。这种权力的基础是个体的人格力量,也就是人的超凡魅力。克里斯马(charisma)最早是一个神学术语,专指神赐予之物,是天主教教义中门徒的权力的来源。韦伯把这一神学概念用于解释社会现象,指个人力量或魅力通过对其他人的心理控制而确立领导地位。因此,克里斯马型权力有着近乎神秘的特质,包含了激发忠诚、情感依赖甚至献身的精神。韦伯指出这种权力与个人地位、社会位置或职务无关,而纯粹是领导人作为某种英雄或者圣人有能力向追随者进行直接和个人的倾诉来发挥影响。在当代政治界不乏这样的人物,如希特勒、墨索里尼、卡扎非等都无一例外地利用了其自身的人格特质和魅力来激发忠诚,从而扩大权威和稳定政权。这样的统治合法性完全是基于公众对于领袖人格崇拜的背后支撑。

3. **法理型权力** 法理型权力即以合法性原则建立起来的理性权力(legal-rational authority)。他将权力与界定清晰的一套法律规则联系起来,权力最终决定于正式的宪法规则,这些规则制约或限制着公共权力和公职人员的权力行为就,是为大多数现代国家典型运用的权力运作形态。与前两种合法性类型相比这种类型的优点在于权力附属于职位而非个人,而被滥用或者造成不公正的可能性更小。因此,他能够维系有限政府的存在,还能够通过劳动分工提高效率。这一类型是韦伯官僚组织理论的核心,也是被韦伯认为在现代社会中占主导地位的权力制度。韦伯也用"官僚制"来称呼这一类型。

(四) 权力基础分析

上述分类中的正式权力和个人权力基础上,个人权力来源最有效。专家性权力和参照性权力都跟员工对上司的满意度、组织承诺以及绩效正相关,而奖赏性权力和法定性权力则与那些变量没有关系。正式权力来源之一——强制性权力与之相反,其跟员工满意度和承诺呈现负相关关系。

三 权力的关键

正如上述权力概述中的介绍,权力是依赖的函数。进而言之,权力的核心是依赖。

(一) 依赖性的基本假设

权力关系产生于相互依赖,也就是说,权力最重要之处在于它的依赖性。B越依赖A,则A对B的控制力越大,也就是A对B的影响力越大。这种依赖关系是基于知晓到自己有多少其他的选择机会,以及对于受控于别人的选择机会重视的程度。假如B对于A没有依赖关系,或B有自己另外的意愿时,B可以不受A的控制或影响,而自由选择或决定自己的行为。依赖性与个体还有其他可替代性资源(即摆脱依赖的可能性)成反比。

如果你能通过控制信息来源、尊严体现或者其他别人渴望的东西而形成垄断,那么,对此有需求的人将依赖于你。反之,你手中的资源越多,别人手中的权力就越小。基于整个理由,我们就能理解大多数组织要与多家供应商而不是一家供应商保持业务关系的原因。同时也可以说明人们都渴望在经济上保持独立,因为经济自主能减少对他人的依赖,排斥他人支配我们的权力。

(二) 影响依赖性的因素

当你控制的资源是重要的、稀少且不可替代时,别人对你的依赖就产生了。

1. 重要性 要想创造依赖性,必须使人们感觉你所控制的事物或资源是相当重要的。如果没有人想要你掌握的资源,就不会产生依赖性。组织结构中,总是需要保持运作的确定性,力图避免不确定性的发生。由此看来,那些掌握了组织不确定性的个人或群体就是掌握了重要资源。例如对于工程师群体来说,在工程公司要比在医院更有权力。在工程公司这一高度技术导向的组织中,为了保持其产品或者服务在质量和技术上的领先优势,就不得不依赖于工程师们。也就是说,在工程类公司,工程师是很有权力的。而在医院里,工程师只是医院后勤保障的组成人员,他们并不能直接影响到医院的临床及相关专业的发展,其重要性远远低于医院的临床医务人员。同样,即便都是医院的医务人员,外科医师与检验师的重要性不同也是毋庸讳言的。外科医师是主要的临床专业,而检验师则是辅助医技专业,两者掌握的资源的重要性也说明了两者的权力地位的差异。

2. 稀缺性 从上面的分析可以看出,如果某种资源充足,那么拥有这种资源并不能增加你的权力。一种资源被认为稀缺的才能使他人依赖于你。

这就可以说明,在某些组织中,一些拥有高层人员所不具备的重要知识的低层员工,能对高层员工拥有权力,因为他们拥有稀缺资源,拥有高层员工不具备的重要知识。这种情形下,高层员工不得不依赖于低层员工。这也就可以理解为什么会有些低层员工出现一些出格的不符合正常行事逻辑的行为。如拒绝培训本职位新员工、拒绝编写工作程序手册等,或故意设置特别的程序或术语以防止其他人了解他们的工作。通过这样的行为,保持其掌握资源的稀缺性。

同样,我们还能从不同职业类别的权力中进一步看到稀缺性与依赖性的关系。例如在人才市场中,一种职业的人才若供不应求,从事这种职业的人在就业时就可以要求更好的工作环境和更高的工资福利待遇。反之,人才供给充足的职业就没有这种优势。例如在北上广深等一线城市,对于紧缺型人才在落户上给予加分等优惠政策,以吸引更多的人才流入。

3. 不可替代性   一种资源越是没有替代品,那么由于实现对它的控制而带来的权力就越大。这可以用权力弹性(elasticity of power)概念来表述。在经济学中,人们主要关注的是需求弹性,即当价格变化时,需求量的相对变化。这个概念也可以援引用来解释权力弹性。对于可供选择的资源变化,权力也发生相应的变化。一个人影响他人的能力取决于其他人对于他们自己可选择范围的判断。

不可替代性在企业中可以得到很好的佐证。如果企业中某一部门的功能中可以由其他部门、个人,或者企业外部某些部门来完成的可能性越大,那么该部门潜在的权力就越小。

总之,如果在组织中,某个部门越能够解决重要问题,而它所具有的专业知识技能越独特且不可替代,组织内其他部门对它的依赖程度越高,则拥有该知识技能的个人或部门就会获得更大的权力,且对组织决策也会具有较大的影响。人们不禁要问,如何判断哪个部门更有实权?或者说怎样判断一个组织的实权分布?那我们可以对部门的水平及部门负责人的水平来进行观察。在部门水平上通过观察几个现象:该组织高层中有多大比例从这个部门提拔上去的?这个部门在组织的跨部门综合协调机制中有代表吗?这个部门负责人的报酬与其他同级别人员相比较如何?甚至还可以观察这个部门办公室在大楼中位置如何?与其他部门相比较,这个部门的办公室面积及人员配置如何?这个办公室人员晋升机会如何?这个办公室分配得到的预算资金与其他部门相比较如何等等不易关注的诸多细节问题。

我们也可以从部门负责人角度来观察:这个负责人在组织中的话语权?超预算的支出能否获得批准?在重要的组织会议中是否安排其发言?是否能够便利地接触到组织的最高层?

四 权术

(一) 权力基础与权术的比较

权力基础与权术不同,人们可以使用权术(power tactics)。权力基础是固定不变的,比如一个人拥有专业技能至少短期内是明确的,而对于权术,任何人都可以在任何情境下使用。换言之,人们会选择什么样的权术把权力基础转化为具体的行为,即个人会选择具体的方法影响上司、同事和员工。

(二) 权术的七种维度

据研究,通常有以下比较明确的影响策略:

(1) 合理化即采用事实或数据,在阐述自己的想法时符合逻辑或合理性。

(2) 友情在提出请求之前,先进行吹捧,表现得亲切而谦卑,对人友好。

(3) 结盟表现为争取组织中其他人对自己的拥护,使他们支持自己的要求。

(4) 谈判也就是说通过谈判使双方互惠互利。

(5) 硬性指标使用直接或强硬的做法,如要求个体服从,反复提醒,要求个体遵照指令去做,并指出服从是规则的要求。

(6) 高层权威从组织的更上级处获得支持以强化要求。

(7) 规范的约束力一般指运用组织制定的奖惩规定,如是否给予加薪,威胁将压低绩效评估分数,或不予晋升等。

	管理者 影响到自己的上级时	管理者 影响到自己的下属时
高常用 ↑	合理化	合理化
	结盟	硬性指标
	友情	友情
	谈判	结盟
	硬性指标	谈判
	高层权威	高层权威
↓ 低常用	没有规范的约束力	规范的约束力

图 11-1 权术的选择(按照使用频率排列)

(三) 影响权术的因素

(1) 管理者的相对权力通过两种方式影响权术的选择首选,那些被视为掌握了有价值资源的管理者和被认为占据支配地位的管理者,运用的权术多于那些权力相对较小的管理者。其次,有权力的管理者比权力较小的管理者更频繁地使用硬性指标。故此推断,大多数管理者都试图采用简单的要求和合理化。硬性的指示是备用策略,只是当影响对象拒绝或看起来不太愿意服从的时候使用这种策略。对权力的抗拒导致管理者使用更直接的策略。比如直接坚持必须满足要求。但权力较小的管理者遇到了抵制,更容易停止行动,因为强硬指示让他们觉得得不偿失。

(2) 管理者试图影响他人还会根据目的的不同选用不同的权术当管理者想从上级获取利益,他们更多依赖友情。而当管理者想说服上级接受新的建议时,通常使用合理化的策略。同样适用于对下属的影响。管理者运用合理化的方法给下级传递自己的想法,同时运用情感的手段赢得下级的好感。

(3) 管理者预期到被影响者愿意服从的可能性也影响他对权术的选择可能性大时,他一般运用简单的要求获得服从。当可能性不能确定时。管理者更容易运用硬性的指标和法规的力量来达到他的目的。

（4）组织文化影响权术的选择每个组织文化各异。例如，在一些组织中，大家和谐相处，氛围轻松。而在另外一些组织相对严肃、保守。所以，组织文化对管理者权术的选择有极大的影响。有些组织的文化鼓励管理者使用友情策略，而有些组织鼓励合理化，还有些组织依赖于规范的约束力和硬性的指示。

（5）跨文化差异，即不同国家的文化影响着管理者的权术选择有研究对比了美国和中国的管理者，发现美国人认为合理化最有效，而中国管理者喜欢结盟。这些差异就源自两国文化的不同。美国人喜欢使用直接的对质和理性的说服来影响他人解决分歧，也就与合理化一脉相承。同样，中国人面对困难和争议时，更喜欢间接做法，也就是和结盟策略一致。

(四) 中国式权术

中国是一个泱泱大国，传承着不同的文化和传统。有一项研究针对中国内地、香港和台湾的管理者为研究对象，根据他们偏爱使用的权术，对这3种文化群体的差异进行考察。

尽管3个地区的管理者都认为理性说服和交换是最有效的权术，但是中国台湾的管理者比其他两个地区的同行更多使用鼓舞式诉求和逢迎。与中国台湾和内地的管理者相比，中国香港的管理者认为施压能够更有效地影响他人。这些差异对商业关系具有重要意义。中国台湾和内地的管理者会被中国香港管理者的施压吓到。同样，倾向于使用逢迎权术的中国台湾管理者或许无法说服中国香港的管理者。这些权术方面的差异会使得商业交易变得困难。组织应该提出这些问题，让管理人员认识到文化的差异。这样，他们就可以更好地与他人沟通。

五 群体中的权术：结盟

(一) 结盟产生的原因

（1）个人权力无法胜任对于那些处于"权力圈之外"而又想"进入"权力圈的人，由于个人权力无法胜任，就要设法致力提高自己的个人权力，那就要与他人共享"战利品"，即结盟（coalition）。针对某一事件而建立一个非正式的群体联系，以获得积极的效果。结盟背后的逻辑基础是人多力量大，通过非正式的联合机制，影响一致的意思联络及相对一致的协调行动，从而获得个人权力。

（2）获得影响力的最自然方式是成为掌权者，但这不是通过努力就可以建立起来的那些想得到权力的人当然会努力建立权力基础，由于其间风险很大，成本很高，而且成功的变数很大，这样，结盟就应运而生了。人们通过两人或多人的联盟，即针对某一件事而建立一个非正式的群体联系，以获得预期目标。通过结盟整合资源，提高各自收益。成功的结盟包括的往往是流动的组织成员，他们可以迅速组合起来实现目标，之后又可以迅速消失。

(二) 对结盟的预测

(1) 结盟的规模因事而异组织中的结盟往往追求规模最大化,但是在政治上则努力使规模最小化,只要规模达到足以实施必要的权力来实现自己的目的即可当然在专制和层级控制的组织中,也会较少寻求规模最大化的联盟。具体而言,组织中的决策并不因为从多种备选方案中做出抉择而结束,选出的方案还必须付诸实施。在组织中,对决策的实施和对决策的承诺的重要性不亚于决策方案本身。因此,对组织中的联盟来说,针对结盟目标寻求广泛民意基础的继续支持尤为重要。也就是说,有必要尽可能扩大联盟的范围,从而把感兴趣的人都包括进来。

(2) 结盟的可能性关乎组织内部相互依赖的程度如果组织中的工作任务和资源彼此依赖,相互交织,那么组织中联盟的数量就会更多。反之,如果组织中资源充足,或下级部门在很大程度上是自我独立的。那么,各部办之间的相互依赖程度就比较弱,而结盟的可能性就小。

(3) 群体中工作任务的常规化越强,结盟的可能性越大。这是因为工作的常规化越高,人们之间的可替换性就越强。为削弱这种依赖性,他们往往求助于结盟。这可以解释工会长期以来一直具有吸引力的原因,尤其是低技能员工对工会的依赖性强。这些员工以结盟的方式要比单独行动更容易对加薪、改善福利及工作条件等向资方提出要求。单个员工的罢工与集体罢工的影响力差异也可以从结盟来分析。单个员工的罢工对管理层不是问题,管理者往往不屑一顾,但结盟的集体罢工就会给管理层施加极大的压力。

第二节　权力的运用：政治行为

这里讨论的政治行为并非一般意义的政治,而是上述介绍的权力的运用。当人们集结成群体时候,权力就会发挥其作用。人们总希望找到一个适当的位置来发挥影响、获取报酬,进而获得事业的进步。当组织中的员工把他们的权力付诸行动时,即产生了本节讨论的政治行为的活动,当然,那些具有高超政治手腕的人能够有效运用他们的权力基础实施政治行为。

一　政治行为

(一) 政治行为的定义

关于组织政治行为(political behavior)的定义可谓五花八门。但是,它们的核心都集中在使用权力来影响组织决策,或者是组织成员不受规范约束的、自我服务的行为。

马基雅维里称：政治是夺取权力、掌握权力的必要方法的总和。政治的目的是获取和保持权力,政治的手段是玩弄权术。而马克思·韦伯定义为政治就是对权力的获得和运用,

"政治意指力求分享权力或力求影响权力的分配"。罗宾斯归纳为政治行为是那些不是由组织正式角色所要求的,但又影响或试图影响组织中利害分配的活动。

(二) 政治行为的普遍性

(1) 政治行为是组织生活中的一个事实我们无法忽视或者回避这一现实人们不禁要问,为什么现实中一定需要有政治行为呢？难道作为组织就不能完全避免政治行为吗？虽然这存在一定可能性,但大多数情况下,政治生活就是普遍存在的。

(2) 组织内部存在潜在冲突直至激烈竞争组织是由不同价值观、目标和兴趣的个体和群体组成,这就形成了对于资源的潜在冲突部门预算、工作空间分配、项目的责任、薪资的调整等等,可能引发组织成员在资源分配上的冲突。组织中的资源是有限的,因此潜在的冲突就转化为现实的冲突。如果资源充足,那么组织中各个组成部分都可以实现他们的目标；而当资源有限时,不可能满足所有人的利益。而且,不管正确与否,人们常常觉得一个个体或群体所获得的利益是以牺牲其他人的利益作为代价的。这种压力导致了群体成员为了争取组织中有限的资源而展开激烈的竞争。

(3) 用于分配有限资源的依据具有多元性和不确定性大多数用来分配有限资源的"事实"可以有不同的解释：如"优良的成绩""恰当的改进""工作不满意的原因"等有不同说法。"为了组织的利益而进行的积极尝试"与"为了进一步获得个人利益而进行的积极尝试"难以区分。由于上述的模糊性,加之事实不清晰,导致政治行为盛行。

由此来看,基于绝大多数决策是在充满不确定的环境中做出,而决策依赖的事实很少是完全客观的,这就留下了对它进行不同解释的余地。因此,组成内部成员会充分运用他们的影响来渲染这些事实,以支持自己的目标和利益,自然而然产生了所谓的"出于个人利益的政治活动"。难道组织不可能完全避免政治化吗？毫无疑问,如果组织中所有成员的目标和利益都一致,组织的资源充足,绩效评估明确而客观的话,当然可以避免。但是,这些都是"如果",这种"理想状态"并不存在,因而组织中的政治行为是普遍存在的。

(三) 政治行为的分类

1. **正当的政治行为** 符合规范的、日程的政治行为如通过正常程序抱怨上级、避开命令链、结盟、消极怠工等,通过个人的专业活动与组织外部建立关系。

2. **不正当的政治行为** 存在着违背隐含的游戏规则的行为如暗中破坏、告密、有目的的抗议行为等。追逐这种极端活动的人常常被描述为玩弄手腕的人。

各个组织中的绝大多数政治行为都属于正当的政治行为。原因简单而现实：使用极端的不正当的政治行为的人会承受失去组织成员身份的严峻风险,或者受到严厉的制度惩罚,从而使其目的难以实现。

(四) 一般人眼中的政治行为

同样一种行为,不同的人有不同的看法,有的人可能会认为是"政治行为",有的人则可能认为是"有效的管理"。事实上,虽然有时候两者是一致的,但有效的管理行为并不一定就是政治性的。一个人的出发点决定了他对组织中的政治行为的划分。

我们可以看看描述同一种现象使用的不同标签。这些例子表明，政治如同美丽，它是"情人眼里出西施"(表 11-1)。

表 11-1 同一现象两种标签的比较

序号	"政治行为"标签	"有效的管理"标签	序号	"政治行为"标签	"有效的管理"标签
1	责备他人	富有责任感	9	早有预谋	提早计划安排
2	套近乎	建立工作关系	10	出风头	有才干，有魄力
3	溜须拍马	表现忠诚	11	有野心	事业心强
4	推卸责任	授权	12	投机	精明敏锐
5	不露马脚	为决策寻找充分证据	13	奸诈狡猾	老练稳健
6	制造冲突	鼓励变革和革新	14	妄自尊大	十分自信
7	拉帮结派	促进团队工作	15	完美主义者	细心周到
8	泄露机密	提高效率			

二、引发政治行为的因素

并非所有群体或者组织都具有完全相同的政治行为。例如，在某些组织中，政治活动是公开的、普遍的；而在另一些组织中，它们对结果的影响相当有限。为什么会存在这样的差异性？研究表明，一些因素似乎会鼓励政治行为。其中一些因素属于个人特征，来自组织成员的独特品质；另外一些因素是组织文化或组织内部环境的结果。

(一) 个人因素

引发政治行为的个人因素主要包括：①高自我监控；②内控型；③高马基亚维里主义；④对组织的投资；⑤感到的其他工作机会；⑥对成功的期望。

研究表明，高自我监控、内控型、权力需求多的员工更可能参与政治行为。与低自我监控者相比，高自我监控者对社交倾向更加敏感，表现出更高的社会从众程度，而且更有可能擅长政治行为。内控型个体相信自己能够掌控所处的环境，因此更容易采取积极主动的立场，并尝试按照自己的愿望来操控局面。所以说，具有马基雅维里主义人格特点的个体（即具有操纵欲和权力欲）能够心安理得地把政治行为作为进一步获得个人利益的手段，这一点是不奇怪的。

此外，个体对于组织的投资、其他工作机会，以及对成功的期望，都会影响到人们愿意采取不当政治行为的程度。一个人期望从组织获得的为了利益越多，那么如果他被迫离开组织，造成的损失就会越大，因而他采取不当政治行为的可能性就低。一个人可以选择的机会越多（因为就业有利，或者其拥有稀缺的技能或知识、很高的声望，或者在组织外拥有重要关系），那么改个体冒险采用不当政治行为的可能性就越高。如果一个人预计使用不当手段获得成功的可能性很低，那么该个体就不会贸然行事。对使用不当手段获得成功有着较高期望的往往是两类人：一类是经验丰富、政治技巧娴熟而且拥有权力的人；另一类是那些天真的、缺乏经验的人，他们错误地判断了自己成功的可能性。

(二) 组织因素

引发政治行为的组织因素主要有：①资源的重新分配；②晋升机会；③缺乏信任；④角色模糊；⑤绩效评估体系不明确；⑥零和的报酬分配体系；⑦民主化决策；⑧高度的绩效压力；⑨自私自利的高层管理者。

与其说政治行为是一个关于个体差异变量的函数，不如说它是一个关于组织特征的函数。因为许多组织的员工都具有上述列出的个体特征，但是在这些组织中，政治行为的范围和程度却截然不同。

虽然我们承认个体差异能够促进政治行为，但研究证据更有力支持了这个观点：特定的情境和文化促进政治行为。具体而言，当组织的资源不断减少时，当现有的资源分配模式发生变化时，当存在晋升机会时，更有可能出现政治行为。如有以下特征的组织文化——缺乏信任、角色模糊、绩效评估体系不明确、零和报酬分配体系、民主决策、高绩效压力、自私自利的高层管理者——往往成为滋生政治活动的温床。

当组织为了提高效率而精简规模时，其资源也在相应缩减。由于受到失去资源的威胁，组织成员可能会采取政治行为来保护自己的利益。任何变革，尤其是那些能够显著改变组织内部资源分配的改革，都可能引发冲突并导致更多的政治活动。

人们发现，晋升决策一直是组织中最能导致政治行为的因素之一。晋升或者发展机会能够刺激组织成员竞争有限的资源并设法对决策结果产生有利于自己的影响。

组织中的信任程度越低，政治行为的程度就越高，出现不当政治行为的可能性也就越高。因此，从总体上说，高信任度可以抑制政治行为，尤其是不当政治行为。

角色模糊意味着对员工行为的规定并不明确。因此，对员工政治活动的范围和功能也几乎没有什么限制。根据定义，政治行为是出于员工正式角色之外的活动，因此，角色越模糊，员工就越容易采取政治行为而不会被他人察觉。

绩效评估还远远算不上完善。组织在绩效评估中采用的主观标准越多，或者仅仅强调一项测量标准，或者在行动发生之后很久才予以评估，那么员工采取的政治行为并且蒙混过关的可能性就会越高。主观的绩效评估标准会导致模糊性。仅仅使用一种标准会鼓励员工绞尽脑汁在这项标准上显得"成绩斐然"，但常常因此牺牲了工作中其他那些重要的、没有获得评估的部分。行动与评估的时间间隔也是一个相关因素。时间间隔越长，员工为自己的政治行为承担的可能性就越低。

组织文化越是强调采用零和方法来分配报酬，就会激励越多的员工参与政治活动。零和方法把报酬当作一块大小固定的"蛋糕"，因而某个成员或群体的任何所得必定来自另一个成员或者群体的损失。如果我获得了，你就必然失去了。这种做法激励人们设法使自己显得劳苦功高并使其他人显得无关紧要。

要求员工表现出色的压力越大，员工采取政治行为的可能性就越高。当组织严格要求员工对工作结果负责时，就迫使员工必须交出一份"看起来不错"的绩效报告。

当员工看到高层管理者采取政治行为时,尤其是看到这些人成功地实施了政治行为并因此获得奖赏时,组织中就会形成一种支持政治行为的氛围。从某种意义上说,高层管理者的政治行为意味着这种行为是可接受的,因而为低层员工的政治行为提供了许可。

三、人们对组织中政治行为的反应

(一) 对消极程度的解释

"政治行为-绩效水平"之间的关系跟个体对组织中"如何进行"及"为什么进行"的认识程度有关,认知程度高可能会促进绩效,认知程度低则会出现防卫行为。对于政治上动荡不安的国家来说,对组织中的政治行为表现出来更大的容忍度。

(二) 防卫行为

个体常常从事反击与保护性质的防卫行为,以避免行动或避免受责。防卫行为依其目标可以分为两类即:"避免行动"和"避免受责"。

1. 避免行动 最佳的行动就是不行动避免行动主要有下述6种表现形式。①过度顺从——按规定办。采用"规章制度明确表明",或者"这是我们常用的办法"等方式,来严格解释和定义工作责任。②推卸责任——踢皮球。把任务或决策的执行责任转移给别人。③装聋作哑——装傻。以疏忽大意或者缺乏能力为借口,回避哪些自己不愿意做的工作。④轻描淡写——减少人际影响。⑤耍花招——表面漂亮,实际没有。这种故意拖延步伐的技巧要求你在公开场合表现得多少富有支持性,但私下什么也不做。⑥拖延和掩饰——用表面掩盖实质。通过延长完成工作需要的时间,让人觉得你忙得脱不开身。

2. 避免受责 想好退路避免受责主要有下述6种表现形式。①建立缓冲。为行为准备条件,"不留后患"。这是一种显示而不露马脚的好方法。它所描述的行为是严格地为活动寻找证据,以反映你有能力和考虑周到全面的形象。例如,"我不能给你提供这个信息,除非我得到你正式的书面申请"。②安全行事。选择成功,回避不利,"明哲保身"。这种方式包含回避可能对你不利的情境。包括只承担那些成功可能性很高的项目,把冒风险的决策交给上级来决定,定性地表达判断结果,在冲突中保持中立立场。③辩解。通过解释,减轻后果。这个技巧包括为了减轻对消极后果承担。④找替罪羊。另找原因,推卸责任。将不利结果归因于外部因素,而外部因素常常不是主要原因。⑤歪曲。有选择地控制信息。⑥增加承诺。继续投入,回避责备。

四、印象管理

(一) 印象管理

通常来说,人们对于别人怎么看待自己非常感兴趣。人们健身、塑形、美容等等,为了在社会交往中给别人留下好的印象而具有吸引力。在组织中,在他人心目中留下积极的印象会对自己大有裨益。个体试图控制他人对自己形成印象的过程称为印象管理(impression management)。印象管理又称"印象整饰",指有意识地控制别人对自己印象的形成过程,简称 IM。美国社会学家戈夫曼把这种互动的方式,称之为"戏剧模型",他认为社会交往就像戏剧舞台,每个人都在扮演某个角色,演出一定的节目,当个人在别人面前需要时,他总是企图控制别人对自己形成的印象及交往的性质。

社会赞许的需要以及控制交往结果的愿望促进人们进行印象管理。是否每个人都重视印象管理? 答案是否定的。高自我监控者会运用印象管理。他们善于观察情境,并能及时调整自己的行为和形象以适应不同的情境。而低自我监控者往往表现出与自己的人格特征相一致的真实自我形象。无论这种形象会对自己产生有利或者不利的结果。

研究表明印象管理有助于求职面试时获得成功。例如,一项研究表明,求职者申请一个客户服务代表的职位,考官发现了使用印象管理技巧的申请者在面试中表现更好,他们往往更倾向于录用这些人。当研究者们考察这些申请者的可信度时,他们得出结论,印象管理技术在很大程度影响了面试考官。也就是说,申请者是否合格并不太重要了,重要的是印象管理技巧运用得后,在面试中可以获得更好的评价。

(二) 印象管理技术

在个体求职面试中发展中两种技巧即:"控制型"和"顺从型"。

1. 控制型　印象管理技术针对本身的谈吐来发展(称为控制型),谈话的焦点集中在求职者自身。

2. 顺从型　印象管理技术针对面试者来发展(称为顺从型),谈话焦点集中在面试者身上。

(三) 印象管理应用:面试

在面试的过程中控制型的评价优于顺从型。如果求职者在面谈时使用自我强化、自我推销和其他积极的控制型技巧,这样可以反映出求职者的自信心和创新精神,那么面试者往往对运用控制型的求职者的动机、热忱,甚至专业技术等方面给予较高的评价,从而使求职者更容易得到工作。

(四) 印象管理技术的种类

印象管理技术的种类包括以下 7 种:①从众赞同别人的观点以获得他的认可;②借口解释造成困境的原因,以最小化事态的明显严重性;③道歉主动承担不良事件的责任,与此同时请求谅解;④拉关系通过管理与自己有关的人或事的信息,加强或保护自己的形象;⑤自我推销突出自己最有利的品质,忽略自己的不足,引起人们对自己成就的注意;⑥吹捧赞扬别人的优点,使别人觉得自己有眼力,讨人喜欢;⑦施惠为别人做些好事情以获得他人的认可与好感。

五 政治行为的道德问题

(一) 卷入政治行为的目的

针对政治行为的讨论,还应有道德指引。尽管没有清晰的评判标准来划分道德的政治行为和不道德的政治行为,但是在决定采取一个政治行为前,我们应该明白卷入这个政治行为的目的是什么？有时候我们参与政治行为并没有什么好的理由。所以你这样做之前,你要考虑清楚你的行为目的,是否值得你去冒险。

(二) 政治行为的利弊分析

也就是说,这个行为给自己的好处是否能够抵消带给他人的危害(或者潜在的危害)？比如,恭维上司的外表与拍他马屁所产生的危害,远远小于抢走属于他人的某个项目所产生的危害。

(三) 政治活动是否具有正当性

有时候很难权衡一个政治活动的成本和收益,但是它的伦理标准却很清晰。比如有的部门领导给自己喜欢的员工较高的绩效评价,同时贬低不喜欢的员工的绩效评价,并根据这样的评价给予奖励、加薪或者处分、减薪。

第三节 权力与政治理论在卫生领域的应用

学习了权力与政治理论,对其中的基本概念和理论有了一定的认识,这一节通过对3个卫生领域案例的介绍与分析,巩固本节的基本理论知识。案例分别涉及卫生领域常见的专家性权力、政治行为及印象管理理论。

一 权力理论在卫生领域的应用

(一) 案例简介

由中宣部、全国总工会和中央电视台联合采制的8集新闻专题片《大国工匠》(第4季)在央视新闻频道播出。该专题片作为2016年国家重点对外宣传项目,共在全国各行各业选出24位最具代表性的人物,介绍他们用灵巧双手匠心筑梦的故事,其中就有一位卫生领域的杰出代表——复旦大学附属中山医院内镜中心主任周平红,其"周式"绝活：0.4厘米食管壁上打隧道。

第十一章
权力与政治

在人们通常的理解中,胃镜或肠镜无非是一种检查手段,通过内镜检查,能够提高早期癌病的发现诊断率。但对于上海复旦大学附属中山医院内镜中心主任、普外科主任医师周平红而言,它却可以成为一把无比灵活的手术刀,通过娴熟的操作,让镜线由人的自然通道进入人体,内镜把组织的小血管放大三五十倍呈现在屏幕上,判断病灶是不是肿瘤,继而直接切除可疑病灶,也就免去了患者开胸破腹之痛。贲门失弛缓症虽说不是常见疾病,但近年来有逐渐增多的趋势,它对患者来说是极为痛苦的。随着病情的发展,进食后会呕吐的症状会愈发严重,有时食物会从鼻孔中喷出,最终滴食难进,使机体营养状况每况愈下,被医学界称为"不是癌症的癌症"。对于贲门失弛缓症的治疗,手术是根除此病的最有效途径,不过传统手术需要开胸,切口长达20～30厘米,对患者的创伤非常大。

而"内镜下食管下层肌切开术"(英文简称"POEM"),是目前全世界治疗贲门失弛缓症的最佳方法。和外科手术不同,POEM手术需要在食管壁的表浅黏膜层和较深的肌肉层之间进行,人的食管壁最厚的地方只有0.4厘米,在如此狭小的空间进行手术,患者食管受损的概率比较大。周平红独辟蹊径,在患者的食道管壁的夹层中,建造一条隐形隧道,在食道壁里打隧道是周平红的独创绝活。周平红手术一般耗时只需30分钟,创面不见一滴血。患者第二天可以照常饮食,第三天就可以出院回家了。

锲而不舍,周平红成为国内内镜微创切除领域第一人,在该领域拥有首屈一指的专业话语权。现在,周平红所在的中山医院内镜中心成为全国各地贲门失弛缓症患者的会聚之地,远至俄罗斯、埃及的患者也前来就诊。患者年龄最大的103岁,最小只有11个月。中山医院内镜中心团队,在每个手术日都要完成3～5台POEM手术。全世界5 000例POEM手术,周平红团队做了一半,由于技术在国际上领先,该术式甚至被提议命名为"POEM ZHOU"。

2016年7月8～10日,两年一度的第三届雅典国际消化道肿瘤会议在希腊雅典召开。此次会议大牌云集,聚集了当今欧洲消化内镜界最著名专家以及来自美国、中国、日本、印度的顶级专家,来自25个国家的400余人参加会议,周平红受邀参加会议,现场演示手术的同时,还用流利的英文介绍手术步骤,并解答来自观众的问题,因技术娴熟,周平红仅花了25分钟的时间便完美地完成了一台POEM手术,获得了国外专家的高度评价。在此次会议中,周平红所在的中山医院内镜中心也因在世界上一年内完成消化内镜诊疗例数101 856例,成为诊疗例数最多的医疗科室,荣获"大世界基尼斯之最"。

(二) 案例分析

专家性权力是指来源于专长、技能和知识的一种权力。由于世界的发展日益取决于技术的发展,专门的知识技能也由此成为权力的重要来源之一。今天的各行各业发展越来越依赖技术因素,随着工作的细分,专业化越来越强,组织的目标越来越靠不同部门和岗位的专家。

正如人们所知,医师在他的行业和领域中有权威性,为什么呢?因为他有很强的专家性权力,医师所说的话不能不听。所以大多数的人都愿意遵从于医嘱。

这种权力能为医师所运用的原因在于其专业知识为医院以及其管理者看重。举例来说，权威的专业医师绝对引导医院特别是专科医院的发展方向，并为医院的年轻医师提供专家培训，促进医院的可持续发展。这是一种有效的权力形式。医院如果不倚仗这种专家性权力，发展就会受限。当然医院内同专业的专家越多，该专业的专家性权力就会相对削弱。

二、政治活动理论在卫生领域的应用

(一) 案例简介

Y医院是一所位于某中型城市的三级医院，承担了该座城市里50%以上的门急诊量，并且吸引了周边城市的病患前来就诊。然而随着医院规模的不断扩大，管理问题也逐渐浮现，院领导极其关注这些问题，但近几年来的改革却不见成效。

医院里有心血管科和骨科两个科室，在现行的管理制度下，医院对其实行着完全相同的管理制度。医院管理层实施高精度管理模式，要求这两个科室手术的成功率达到95%以上，并且要求患者在最短的时间内达到最好的恢复水平。同时，医院给这两个科室所负责的病区配备了固定数量的床位，如若需要添置或者从其他科室借入床位时，必须统一前往医院行政办公室填写表格，且需要科室负责人的签字认可，待管理层开会讨论后再统一调整。另外，两个科室的人员配置也由医院管理层统一安排，每年分配定额的晋升比例，招收新进医生，调整工资及奖金等等。

在现行的管理体制下，医生的抱怨越来越多，工作热情也没有以前高涨，科室成员纷纷"独善其身"，确保个人的利益不受损害，心血管科的专家级医生们也不敢妄下手术建议，对高风险手术持保守态度。另外，心血管科的病区每逢气温骤变以及极寒极热时期总是人满为患，而向骨科借用的床位却迟迟无法调配到，使得患者的满意度有所下降，流失了一部分前来就诊的患者。此外，科室负责人不再将管理内部成员作为自己的职责，大家都对奖金分配问题非常不满，表示未做到多劳多得，却被一些爱出风头的人占尽便宜，名利双收。

(二) 案例分析

从这个案例中可以看到，医生与医院管理层间的依赖性是相互的，即管理层对医生也具有权力。具体而言：

1. **权力来源** 医院管理层具有强制性权力和法定性权力，但忽视了专家性权力①强制性权力：在医院组织水平上具有的以下一些权力：医疗服务质量高精度管理，严格控制医疗事故率，患者的医疗效果，科研的投入程度等指标。②法定性权力：其基础来自于组织结构中的职位。包括医院中的人员配置，培训机会配置，病区床位配置。

2. **权力的运用** 政治行为表现为管理层将以上指标与科室成员的晋升、奖金以及薪酬挂钩并对医院实行集中管理。

3. **引发的问题** 包括以下3点：①对医疗服务实施高精度管理理念上是对的，但是高风险性是医疗服务的本质属性之一，特别是对于案例中的心血管科来说，由于每一个患者的病症都有所不同，且需要结合患者自身的身体状况来看治疗效果，因此，做到高精度几乎是不可能的。建立高精度的管理制度,实行医疗差错事故一票否决,往往导致医疗差错和缺陷层层隐瞒,医疗事故责任的推卸,一些问题不能及时纠正。有了教训不能充分吸取,同类错误反复出现,直至小错酿成大错,一错再错。②医院的床位利用不均衡,有的科室"人满为患",有的科室"门可罗雀",浪费了有限的床位资源。由于管理层的介入,对床位管理缺乏机动灵活的制度,就比如案例中的心血管科室在心血管疾病高发期急需床位,而骨科由于患者数量基本维持稳定,存在一定量的空余床位,由于借床及核算手续烦琐,缺床的科室迟迟无法等来急缺的床位,直接影响了患者的正常治疗。鉴于医疗卫生行业的不可存储、不可累积性,有限的床位资源被浪费将直接造成医院的经济损失。③人员配置问题:科室主任应该负责本科室人员的晋升以及必要的进出调配,管理层对于各科室内医生的表现情况并不了解,而仅仅从一些表面现象来判断,这样的制度便诱发了医生的工作趋于表象化,科室主任失去话语权甚至应得的尊重,严重情况下会造成科室人心涣散和恶性竞争。

4. **改进措施** 包括以下4点:①医院针对医生的需要制定相关的激励政策,有效地运用奖赏性权力例如增加年长医生的基本工资,调节工资结构,或是给予奖金评优等等。②要明确细化医院的规章制度,同时要加大医生谋取私利方面的审查力度。当然这个前提是有良好的激励措施使得医生能主动为医院和病人着想。③管理层的合理定位。院领导与医生间的纽带作用,管理层要加强与医生间的沟通,适时适度地听取医生的意见,不过多干预医生的决策,并且尊重医生的人格。④建立合理、客观且操作性强的绩效考评制度。在绩效评估中采用的主观标准越多,或者仅仅强调一项测量标准,或者在行动发生之后很久才予以评估,那么员工采取的政治行为并且蒙混过关的可能性就会越高。

三 印象管理理论在卫生领域的应用

(一) 案例简介

魏某某,西安某高校学生,因患有滑膜肉瘤晚期休学,后在家中去世,终年22岁。魏某某去世之后,一篇微信文章刷爆朋友圈。文中称,大学生魏某某在2年前体检出滑膜肉瘤晚期,通过某搜索引擎找到一部队医院,花费将近20万元医药费后,仍不治身亡。随后相关行政部门进行调查,认定因某搜索引擎相关关键词竞价排名对魏某某选择就医产生影响,该搜索引擎竞价排名机制存在付费竞价权重过高、商业推广标识不清等问题,影响了搜索结果的公正性和客观性,容易误导网民。

(二) 案例分析

本案例可以从不同的视角进行讨论,我们不妨从印象管理视角进行分析。印象管理不仅存在个人中,同样也存在组织中。组织也需要通过印象管理给社会留下积极印象而促进其进行社会交往并获得相应利益。在医疗卫生领域,印象管理也是一种积极的行为,是医疗机构通过一定的方式对自我形象进行控制,促使社会公众对医疗机构形成正面、积极的印象。广告以及新涌现的搜索引擎竞价排名等是一种宣传产品的方式,也是产品联系消费者,影响消费者,从而促使消费者形成购买动机并完成购买行为的工具。广告成功完成以上任务的前提,自然是让消费者首先形成对产品的印象,并对产品做出积极的评价,最终才会购买产品。正如戈夫曼指出"一个人通过一定的方式影响别人形成的对自己的印象。它是自我调节的一个重要方面,也包括了与他人的社会互动……渴望被别人积极看待,避免被别人消极看待"。故此,适当广告的印象管理有利于成功塑造产品形象、值得广告运用并推而广之。但是夸大宣传,甚至虚假宣传就会误导消费者。医疗机构的夸大宣传,甚至虚假宣传就会耽误患者的诊治,甚至间接导致患者的不治身亡。

第四节 权力和政治理论的发展趋势

一、全球化层面的意义

今天的管理者面对很多挑战和机遇。在全球化浪潮中,组织不再受到国界的制约,表现为劳动力多元化、日益增多的海外任务、和不同文化背景的人一起工作、处理不同的经济准则、工作向低工资国家转移及恐怖主义战争期间的员工管理,由此权力和政治理论也有新的发展。

(一) 对政治行为的感知

基于大多数发生在美国的研究,可以注意到,当人们认为工作环境充满政治活动时,政治行为对他们的整体工作态度和行为往往有负面的效果。尼日利亚一项近期的研究调查了两个事务所的员工,他们都认为自己的工作环境充满了政治活动,都声称自己的工作压力大,并且都不愿意对同事施以援手。因此,显然在尼日利亚这样的发展中国家中,工作环境往往是模糊、充满政治活动的,但这样的政治活动也会导致和美国一样的负面效果。

(二) 权术偏好

有证据显示,不同国家的人往往偏好不同的权力策略。一项对比美国和中国的研究发现,美国管理者更偏好理性说服的策略,而中国管理者更偏好结盟的策略。这些差别与两国价值观有关,其原因是美国人更偏好直面冲突的社交方式,用理性说服的策略影响他人并解决分歧。与此相同的是,结盟策略更符合中国人的社交方式,即用委婉间接的方式解决难题和争议。还有研究显示,在个人主义文化氛围中的西方人比在集体主义文化氛围中的东方人更偏好采取自我宣扬的行为。

(三) 权术的效果

人们对于政治活动的反应如何呢?是否全球范围内都一样的呢?例如,我们能否判定以色列员工与美国员工会对工作中政治活动采取一样的看法呢?员工对组织政治有何反应这样的结论是基于北美的研究而做出的。有少量研究曾经研究了其他国家,结果显示不同国家和地区的确存在细微的差别。一项对美国文化和3种不同的中国文化(中国内地、香港和台湾)的研究发现,美国管理者比中国管理者更加重视"温和说服"策略,例如协商、鼓舞式诉求,等等。另一个例子是,英国人和以色列人的反应和北美人的反应类似,也就是说,他们认为组织政治会降低工作满意度并令离职率升高。但是在政治上不那么稳定的国家里,例如以色列,员工对工作场所中频繁政治活动的忍耐程度较高。这可能是因为他们已经习惯于权力纷争,也更有经验处理这些情况。这意味着来自政治不稳定的中东或拉丁美洲国家的人可能比英国或瑞士等国家的人更容易接受组织政治,并且更愿意在工作中使用激进的政治策略以达到目的。

二 印象管理理论研究发展已初具规模并自成体系

(一) 印象管理的思想溯源

印象管理的思想萌生于马基雅维利主义,反映了马基雅维利对如何控制人类行为的理解,这对印象管理研究有重要影响。而美国著名社会学家戈夫曼则是对这一领域的研究真正产生划时代作用的人,他在其《日常生活中的自我呈现》(1959)一书中提出"印象管理就像戏剧",认为人际互动中一方的兴趣在于控制别人的行为,使对方通过对自己行为的理解,做出符合自己计划中的行为反应。但是戈夫曼的研究也有其显而易见的局限,他作为一个社会学家,忽略了个体内在心理因素的重要性,只重视外部因素的作用,只关心个体在现实社会中扮演的角色。

(二) 印象管理理论的发展

20世纪60~70年代有关印象管理的研究得到了稳定的发展。但是,社会心理学家和人格心理学家一般把印象管理看成一个边缘性概念,或者看成研究过程中的污染源和人为因素,或者看成主要与广告、商业和政治等领域有关的课题。20世纪80年代以后,对印象管理的概念分析出现了明显的变化,引起了更为广泛的研究。Leary和Kowalski(1990)对此前研究者提出的印象管理定义进行简化和分析,发现各种不同定义基本上都包含两个成分或过程,即印象动机和印象构建,前者指个体试图控制他人的愿望或动机,后者指个体决定给他人产生什么印象并如何产生这种印象。近半个多世纪以来,有关印象管理的实证研究在社会学、心理学、管理学和沟通学领域中得到了迅速发展。时至今日,印象管理的相关研究已经初具规模并自成体系。

三 权力和性骚扰

(一) 性骚扰的背景

性骚扰(sexual harassment)正成为中国日益突出的社会问题。性骚扰在中国,尤其是在中国农村,还是一个很新鲜的名词,仍然不能被很好地理解。在中国目前的舆论中,往往把性骚扰的范围说得很狭窄,似乎只有在公共场所的"耍流氓"才算,有些人甚至认为只有"强暴"(强奸)才算。即使是城市里较高文化、较年轻的人们,甚至一些妇女工作者,也往往认为它主要是指那些发生在公共场所的"耍流氓"。之所以会这样,主要是因为:性骚扰这个概念是从西方传过来的,而它之所以能够在西方率先产生,又是因为那里的妇女运动经过百年的奋斗,终于把这个概念普及开来。可是在我们中国,直到现在也仍然没有达到这样一个发展阶段,所以人们的不理解很正常。2000年在深圳的一项调查表明,有32%的受访者表示曾受到过不同形式的性骚扰。女性占43%,男性占19%。

关于性骚扰的立法。《妇女权益保障法》修正案草案中,明确规定:"任何人不得对妇女进行性骚扰";"对妇女进行性骚扰,受害人提出请求的,由公安机关对违法行为人依法予以治安管理处罚"。"性骚扰"终于上升到了立法视野。这是在我国立法史上,第一次对性骚扰行为说"不"。

(二) 性骚扰的定义

从法律上说,性骚扰指不受欢迎的亲热行为、性方面的要求以及其他具有性意味的言语或身体的行为。1993年美国最高法院进行了新的修订,增加了判定性骚扰是否发生的关键标准:在工作环境中的言行举止是否会或已经认为是有敌意或性侮辱的,这有助于澄清性骚扰的定义。

(三) 性骚扰——工作场所的不平等权力

权力的概念是理解性骚扰的关键。性骚扰在组织中被定义为任何非自愿且与性本质有关的行为,而此行为会对个人的工作有所影响。无论性骚扰来自上司、同事还是下级,上司和员工的两极关系可以最好地表明不平等的权力关系。

(四) 另一种性骚扰——对男性的性骚扰

一般来看,性骚扰的受害者以女性居多,社会的关注以及立法、行政及司法保护更多地倾向于女性。但值得关注的是,在性骚扰的侵害对象上,男性受害者出现上升态势。随着人们人权意识和法律意识的增强,对男性合法权益的保护日益受到重视,女性对男性的性骚扰行为渐渐浮出水面。虽然此类性骚扰不断上升,但曝光的并不多见,此类性骚扰的沉默成了性骚扰中无奈的灰色地带。就男性受害人而言,被女性骚扰或者被同性骚扰比女性受害人更令人羞于启齿,作为男人的强悍、男人的尊严荡然无存,说出来非但得不到同情,反而会受到更多的是嘲笑与讽刺。因此如何在反性骚扰中平等地保护男女双方的合法权益成为我们必须思考的问题。

(五) 性骚扰的预防

1. 组织管理　以制度的形式保护处于弱势一方的人身权利,建立一套针对性骚扰的专门而有效的预防和惩戒措施例如Reebok的"不骚扰政策"。著名的运动用品制造商Reebok

在其企业的《生产标准》中明确规定有"不骚扰政策"："工厂不得从身体上惩罚、胁迫或激发工人,也禁止使用性别、心理或言语上的骚扰和侮辱""禁止性骚扰,工厂应有保密的程序让员工报告性骚扰,员工可以将此报告给专人而不是她或他的直接领导。"同时在《生产标准》中,Reebok 还对什么行为构成性骚扰作了详细的解释。

2. 个人应对 首先,要保持庄重、得体的穿着;其次,遇到问题要明确立场,寻求保护;最后,要改变传统观念,减少应对性骚扰的社会压力。

本章小结

在一个群体或者组织中,不同的人拥有不同的权力基础。专家性权力和参照性权力来自个体的个人素质。与之相反,强制性权力、奖赏性权力、法定性权力和信息性权力主要源自于组织方面。由于人们更愿意接受和认可那些自己敬佩的人或那些拥有自己所渴望的知识的人,因此,对于专家权、参照权、魅力权的有效使用,应该导致更高的员工绩效、员工承诺和工作满足感。有效的管理者会接受组织的政治本质。通过在政治框架中评估各种行为,由此可以更好地预测他人的活动,并根据这些信息形成自己的政治策略,一些人的"政治敏锐性"明显高于另一些人,他们了解基本的政治行为并能够管理印象。

在卫生管理活动中,基于卫生系统组织结构、人力资源、服务形式以及卫生资源的筹资、配置、运行等都具有其他专业所没有的特殊性与复杂性,卫生管理者所面临的工作情景会有所差别,权力与政治的理论的具体运用也具有的相应的专业特点。

★ 复习思考题

1. "合纵连横"是战国时期纵横家所宣扬并推行的重要外交和军事政策,请运用本章知识点予以分析。

2. 请举一个你自己经历或者观察到的事件,在该事件过程中,为达到目的或者目标(比如评先进、评优秀、晋级、拉赞助),你或者当事人进行了政治行为和印象管理。对此事作出适当评价(包括有无必要从事政治行为和印象管理,政治行为是否正当,对结果有何影响)。

★ 案例分析题

张悟本,把自己包装成"中医食疗第一人",自称中国养生食疗专家,著有畅销书《把吃出来的病吃回去》,2010 年 2 月做客湖南卫视《百科全说》节目后,张悟本知名度井喷式提高。张悟本被人称为教授、神医、京城最贵中医。他称自己的食疗方法治愈了糖尿病、高血压、心脏病甚至红斑狼疮等疑难杂症。

2010 年 5 月有媒体报道其有学历造假的嫌疑,书中宣扬的"绿豆治百病大法"引发市场绿豆涨价,其食疗理念也遭到专家质疑。2010 年 5 月 26 日,张悟本在北京召开新闻发布会回应媒体质疑,他出示了中国中医科学院中医药科技合作中心对其疗效进行的抽样调查和分析报告。但其"中华中医药学会健康分会"理事、"中国中医科学院中医药科技合作中心"研究员称号,被上述2家单位指认子虚乌有。2010年5月28日上午,卫生部首次否认了张悟本"卫生部首批高级营养专家"的身份,并邀请国内知名的中西医专家驳斥其"养生理论",有律师称其违法。

2010年5月,媒体报道张悟本有学历造假嫌疑;随后,卫生部否认张悟本为"卫生部首批高级营养专家",悟本堂停业,并深夜遭拆除。从下岗职工到"神医",张悟本"角色"的演变,并不是全靠口若悬河的口才,幕后推手的精心包装,传媒的推波助澜,再加上公众对健康养生的盲目推崇和基本知识的缺乏,这些都是将张悟本推上"神医"的重要推手。

[引自:张悟本.http://baike.baidu.com/link?url=ZlV6G5xzZMQOQRxobKJCZgqBaBYuASl5b4BuF-AS42mzPJeMJFN5n1YRZCE93gHFJrloBtwaU7omlcGv0wHbdq.(2016-10-15).]

★ 思考问题

1. 案例中涉及本章哪些知识点?
2. 如何认识专家性权力?
3. 如何正确看待本案例中印象管理问题?

第十二章

组织结构与组织设计

学习目标

1. 掌握组织、组织结构和组织设计的定义。
2. 掌握经典的组织结构及各自的特征和优缺点。
3. 掌握组织设计的关键要素。
4. 掌握组织设计决策的原则。
5. 熟悉卫生系统中常见的组织类型。
6. 熟悉组织设计因素及原则在卫生系统中的体现。
7. 了解组织结构与设计的发展趋势。

引例与思考

在热门美国电视连续剧《实习医生格雷》中出现过这群实习医生所在的医院名称从"西雅图圣恩"医院更名为"格雷·斯隆"医院的剧情。然而,这所医院的变化,不仅仅是名称的变动,而是从管理学的角度昭示了一个组织结构经历了扁平化发展的路径。在医院名称为"西雅图圣恩"医院时期,该医院外科的组织结构为董事会领导下设立外科主任,外科主任领导各个外科专家,各个外科专家再领导各自的团队。而当医院更名为"格雷·斯隆"医院后,则是由外科专家组成董事会,董事会直接领导各外科专家团队,从而弱化了外科主任在管理中的控制职能。"格雷·斯隆"医院组织结构的扁平化,不仅破除了等级性,而且打破了知识的界限,将团队的边缘模糊化、虚拟化。这不仅是医院处理复杂、疑难问题的需要,同样也保障了团队在运行时能快速选择所需要的资源并且对其进行灵活配置。正是这一改变使这家医院在美国强手如林的医疗行业确立了自己的盛名。

(引自:谭子雁."格雷·斯隆"医院——扁平化组织的经典案例.经营与管理,2016(3):34~37.)

管理对象从个体、到群体再到组织经历了一次次的飞跃,如何构建设计组织结构,使组织的各部分要素能够有效地协调,从而产生高于将所有要素合计更高的价值,是组织管理需要面临的核心工作。美国著名管理学家、1978年诺贝尔经济学奖获得者西蒙曾经说过:"有效地开发社会资源的第一个条件是有效的组织结构。"因此,本章将从组织的概念谈起,进而介绍组织结构的界定,组织结构的类型、组织设计的关键因素及相应的原则,以及这些理论是如何在卫生领域得以运用和发展。

第一节 组织结构的界定与类型

一、组织及组织结构的界定

(一) 组织的界定

在管理学领域,不同的管理学家从不同的研究视角对组织给出了不同的定义。现代管理理论"鼻祖"巴纳德将其定义为:"有意识地加以协调的两个或两个以上的人的活动或力量的协作系统"。由此可见,组织是一个群体,但又不同于一般的群体。组织与群体的根本区别在于,组织不仅是人的结合,而是为实现某一共同目标,通过分工与协作,由不同层次的权力和责任制度构成的人群综合系统。共同目标是组织存在的基础和前提,分工与协作关系是由组织目标限定的,权力和责任是达成组织目标的重要保证。

综合国内外有关学者的研究成果,我们可以给出一般意义上的组织概念。所谓组织,是指为了实现一定的共同目标而按照一定的规则、程序所构成的一种责权结构安排和人事安排,其目的在于通过有效配置组织内部的有限资源,确保以最高的效率使共同目标得以实现。

(二) 组织结构的定义

什么是组织结构呢?所谓组织结构(organizational structure)是指为了完成组织目标而设计的组织内各要素的排列顺序、空间位置、聚散状态、联系方式以及各要素之间相互关系的一种特定安排,是组织内部分工协作的基本形式或框架。组织结构的概念有广义和狭义之分:狭义的组织结构是指为了实现组织的目标,在组织理论指导下,经过组织设计形成的组织内部各个部门、各个层次之间固定的排列方式,即组织内部的构成方式。广义的组织结构除了包含狭义的组织结构内容外,还包括组织之间的相互关系类型,如专业化协作、经济联合体、组织集团等。

组织结构包含了确保跨部门沟通、协作与力量整合的制度设计。组织结构体系的主要内容包括:职能结构,即完成组织目标所需的各项业务工作及其比例和关系;层次结构,即组织的纵向结构;部门结构,即各管理部门的构成,又称组织的横向结构;职权结构,即各层次、各部门在权力和责任方面的分工及相互关系。科学合理的组织结构是组织成员为完成工作任务、实现组织目标,在职责、职权等方面的分工、协作,是确保管理效率的基础,是组织实现短期经营目标和长期战略目标的制度平台。

(三) 组织的要素

组织结构是复杂性、规范性和集权度的一种度量。它涉及管理幅度和管理层次的确定、机构的设置、管理职能的划分、管理职责和权限的认定及组织成员的相互关系等。

1. 复杂性　组织的复杂性有3种表现形式:水平分化、垂直分化、空间分化。

(1) 水平分化:是指部门横向分工的细致程度。水平分工越多,表明组织需要拥有各种专业知识与技能的人才。分化度就越高,使横向协调难度加大。

(2) 垂直分化:是指组织层级的深度或阶数。从最高管理层到最低作业层之间的层级越多,结构就越复杂。它有利于大的组织的分权,但不利于信息沟通,容易产生信息的歪曲与失真。

(3) 空间分化:是指组织的实体设施在地理上的分散程度。空间分化增大,则组织中的各部门之间沟通、协调、控制的难度越大。

2. 规范性　规范性是指组织中的工作是否标准化。组织规范性通常以文字的形式明确下来,要求所有员工都了解这些书面规范。不同组织、组织内的部门或职务不同,其规范程度可以不同。组织的规范性对职工的工作态度和工作满意度有一定影响。

3. 集权度　集权度是指组织中权力分散或集中的程度,即权力分配的方式。职权作为经由一定的正式程序赋予某一职位的一种权力,是构成组织结构的核心要素,对组织的合理构建与有效运行具有关键性作用,解决的是组织结构的权力设计问题。职权是管理职位所固有的发布命令和使命令得到执行的一种权力,而职责是担当组织某项职位而必须履行的完成某项任务的责任。职权是履行职责的必要条件和手段;职责则是行使职权所要达到的目的。

职权包括直线职权、参谋职权和职能职权等。直线职权又称决策指挥权,是某项职位或某部门所拥有的包括做出决策、发布命令及执行决策的权力。参谋职权是某项职位或某部门所拥有提出咨询与建议,或提供服务与便利,协助直线机构和直线人员进行工作的权力,它是一种辅助性职权。职能职权是某职位或某部门被授予的原属于直线管理者的那部分权力。

行使直线职权的直线主管必须保持独立的思考和决断能力,不能被行使参谋职权的参谋所左右,即参谋应多谋,直线应善断。直线部门必须做出是否采纳这项计划的决定,并对计划实施的成果负主要责任,参谋部门只提出计划或建议。

(四) 组织结构对员工行为的影响

不同的组织结构对员工行为所起的作用不同。而不同组织结构表现在组织规模、组织层级以及管理者的控制范围等。组织规模越大,职工工作满足感可能会越低。这是因为职工参与管理的可能性越小,组织目标相对于个人来说越来越难统一,目标认同越来越难,个人努力与奖酬的关系越来越模糊,个人在组织中的地位、影响力越来越微小。

组织的层级越多,层级越高的员工工作满足感越大;反之,层级越低工作满足感越小。管理者控制的范围越大,权限越大,管理者自身的工作满足感越大,但被管理者的工作绩效与满足感可能无明显变化。

不同结构因素对不同的个体影响不同。组织结构对职工的工作绩效或工作满足感的影响,主要取决于个体的心理因素,特别是知觉过程(是否知觉到结构因素以及如何知觉)的差异。

二、经典组织结构类型

组织结构是随着社会的发展而发展起来的,不同的环境、不同的组织、不同的管理者,都将会有不同的组织结构。各类组织没有优劣之分,适宜的组织结构有利于组织各项业务和管理工作的顺利开展,增强组织的凝聚力,提高组织的工作效率。反之,不适宜的组织结构会导致职责、权限分配不合理,运作效率降低,对组织发展造成不利影响。因此,在阐述如何进行科学的组织设计之前,首先应该了解经典组织结构类型。

(一) 直线型组织

1. 特征　直线型组织结构(line organizational structure)是一种最早也是最简单的组织形式。直线型组织结构具有四大特征:一条指挥的等级链;职能的专业化分工;权力和责任的一贯性政策;工作的标准化。组织中的各种职位按垂直系统直线排列,各级行政主管行使统一指挥和管理职能,不设专门职能机构。它的特点是组织各级行政单位从上到下实行垂直领导,下属部门只接受一个上级的指令,各级主管负责人对所属单位的一切问题负责。直线人员拥有全部职权,没有参谋部门或职能部门(图12-1)。

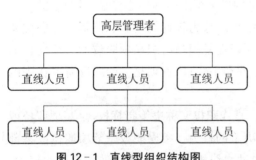

图 12-1　直线型组织结构图

需要指出的是,组织结构图只是提供了有关组织结构的基本信息,组织不是只由一组静态的工作关系所构成,现实的组织更像动态的画面,它是运动的、灵活的、新颖的,甚至是虚拟的形式,并且处在不断发展之中。

2. 直线型组织结构的优缺点

(1) 优点:结构设置比较简单,责任和权限比较明确,便于统一指挥和集中管理。在这样的组织中,指挥权集中,有利于迅速做出决定。指挥和管理工作集中在组织行政负责人手中,下属不会得到相互抵触的指令,便于全面执行纪律和进行监督。工作效率高,容易贯彻到底。

(2) 缺点:由于没有职能机构做助手,它要求行政负责人通晓多种知识和技能,亲自处理各种业务。管理者负担过重,难以胜任复杂职能,若组织规模较大,业务复杂,所有管理职能仍然要由一人承担是比较困难的,且当这位全能的管理者离任时,很难找到一个具有全面知识与技能的接班人去接替他;在管理任务繁重的情况下,主管人员容易陷入日常行政事务中,无力研究组织中的重大问题;各个部门基本上只关心本部门的工作,横向协调差。所以,这种结构往往比较脆弱,经不起打击,当组织规模扩大、管理任务繁重复杂时,就容易出现混乱状态。

因此,直线制组织结构只有在组织规模较小、员工人数较少、生产和管理工作相对简单的情况下才适用。多数组织在初创时期可能在短期内选择直线制结构。随着组织的成长壮大,员工人数的不断增多,组织在未来通常会采取更为复杂的结构形式。从管理实践看,直线制结构在所有者与经营者合一的小组织中应用最广。而且还需要管理者具备生产经营所需要的全部知识和经验。这就要求管理者应当是"全能式"的人物,特别是组织的最高管理者。

(二) 职能型组织

1. 特征　职能型组织结构(functional organization structure)是一种传统的组织形式,是在"科学管理之父"泰勒提出的"职能工长制"基础上演化而来。职能型组织结构是指在各级行政主管之下,根据业务活动的相似性来设立管理职能部门。各职能部门拥有相应的管理职责和权力,在其职能范围内有权直接指挥下级单位。职能型结构的特点是采用按职能实行专业分工的管理办法,取代直线结构的全能式管理。职能式组织结构有时候也被称作为职能部门化组织结构,因为其组织结构设计的基本依据就是组织内部业务活动的相似性。

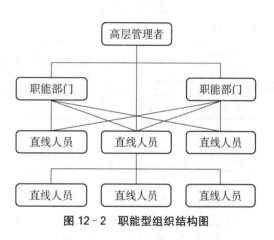

图 12-2　职能型组织结构图

采用按职能分工实行专业化的管理办法,即在总负责人下设立职能机构和人员,把相应的管理职责和权力交给这些职能机构,各职能机构在自己业务范围内可以向下级单位下达命令和指示,直接指挥下级单位(图 12-2)。

2. 职能型结构的优缺点

(1) 主要优点:①职能部门任务专业化,将专业技能紧密联系的业务活动归类组合到一个单位内部,提高了管理的专业化程度和工作效率,便于组织成员发挥职能专长,提高业务水平,具有适应现代社会管理分工较细的特点。②由于吸收专家参加管理,减轻了直线主管人员的工作负担,使他们有可能集中精力实现自己的职责,充分发挥职能机构的专业管理作用,也可以弥补各级行政领导人员管理能力的不足。

(2) 缺点:各职能部门长期只从事某项专门业务,缺乏整体观念,不利于培养全面的高级管理人才。各职能部门只注意依据本部门的准则行动,可能导致部门之间的活动缺乏协调性,影响组织目标的实现。各职能部门都拥有指挥权,致使每一个下级机构和人员都有多个上司并接受多头领导,不利于统一领导和统一指挥。

当组织组织的外部环境相对稳定,而且组织内部不需要进行太多的跨越职能部门的协调时,这种组织结构模式对组织而言是最为有效的。对于只生产一种或少数几种产品的中小组织组织而言,职能式组织结构不失为一种最佳的选择。但在实际工作中,这种纯粹的职能型组织结构形式一般不被采用。

(三) 直线职能型组织

1. 特征　直线职能型结构(line and function organizational Structure)是在直线型结构和职能型结构的基础上取长补短,吸取这两种形式的优点而建立起来的。这种组织的特点是以直线为基础,在各级行政负责人之下设置相应的职能部门,分别从事专业管理,作为该级领导者的参谋,实行主管统一指挥与职能部门参谋、指导相结合的组织结构形式。

与职能型组织结构不同,在直线职能型组织结构中,职能部门无权直接下达命令或进行指挥,只起业务指导作用,各级行政领导人实行逐级负责,实行高度集权。这种管理组织形式,是在综合了直线制和职能制的优点,摒弃其缺点的基础上形成的。因此,它既保持了直线制的集中统一指挥的优点,又吸取了职能制发挥专业管理的长处,从而提高了管理工作的效率(图12-3)。

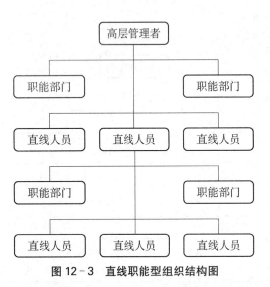

图12-3　直线职能型组织结构图

直线职能型的产生使组织管理大大前进了一步。所以,各国的组织中采用这种组织形式较为普遍,而且采用的时间也较长。我国目前大多数组织,甚至机关、学校、医院等都采用直线职能制的结构。

2. 直线职能制的优缺点

(1) 优点:既保持了直线制集中统一指挥的长处,又吸取了职能制发挥专业管理的长处;既摒弃了直线制管理粗放的缺陷,又避免了职能制造成多头指挥的弊端。这种组织结构在直线制基础上增加了职能管理人员,他们作为管理方面的参谋,没有对下级行使直接指挥和决策的权力。这种结构有利于将复杂的工作简化,可在规模较大、生产技术复杂的组织中推行这种组织形式。增加横向联系的信息渠道,有利于提高工作的计划性、预见性和准确性,有利于从各方面强化专业化管理职能,提高科学管理的效能。

(2) 缺点:权力集中于最高管理层,下级缺乏必要的自主权;参谋部门与指挥部门之间目标不统一,造成决策迟缓;各职能部门之间横向联系较差,容易产生矛盾。职能部门的许多工作要直接向上层领导报告请示才能处理,这一方面加重了上层领导的工作负担,另一方面也造成办事效率低。

从组织的管理形态来看,直线职能型组织是最为理想的管理架构,因此被广泛采用。目前,我们绝大多数组织都采用这种组织结构形式。但它只能在组织规模不太大、经营单一、外部环境相当稳定的情况下,才能发挥其优势。随着组织规模的不断扩大、经营领域的拓展和日趋复杂,这种集权式组织结构的缺点就逐渐暴露出来,并将越来越突出。为了克服这些缺点,可以设立各种综合委员会,或建立各种会议制度,以协调各方面的工作,起到沟通作用,帮助高层领导出谋划策。

(四) 事业部型组织

1. **特征** 事业部型组织结构是西方经济从自由资本主义过渡到垄断资本主义以后,在组织规模大型化、组织经营多样化、市场竞争激烈化的条件下,出现的一种分权式的组织结构形式。这种组织结构形式最初是由美国通用汽车组织总裁斯隆于1924年提出的,因而又被称为"斯隆模型",它是目前国内外大型组织普遍采用的一种组织形式。钱德勒称之为"多分支组织结构"。

它是指组织面对不确定的环境,按照产品或类别、市场用户、地域以及流程等不同的业务单位分别成立若干事业部,并由这些事业部进行独立业务经营和分权管理的一种分权式结构类型。其主要特点是"集中决策,分散经营",即在集权领导下实行分权管理。每个事业部都是独立核算单位,在经营管理上拥有很大自主权,组织总部致力于重大方针、政策的制定以及组织总体战略的制定和实施,对各事业部的活动进行协调和控制,同时提供财务、法律等支援服务。

在这种结构中,各事业部(或分支组织)通常是半自主的利润中心,按产品、区域来设立。组织的战略决策和日常运营决策两项职能分离,分别由总部办事处和利润中心(分支组织)承担。分支组织作为利润中心,其利润的计算并非完全依赖市场,而是部分依赖组织总办事处的决策,各分支组织在总部战略的框架内谋求发展(图12-4)。

事业部型组织结构的基本特征可概括为以下几个方面。

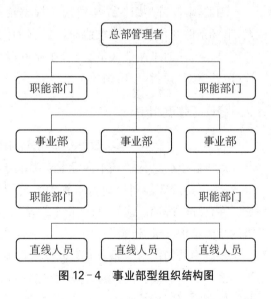

图12-4 事业部型组织结构图

(1) 事业部型组织结构包含了直线职能型结构:从示意图可以看出,事业部型结构内的每一个分支组织(事业部)本身又是按直线职能型结构组织的。

(2) 事业部型组织结构是集权与分权相结合的结构:它修正了直线职能型结构的过度集权和职能型结构的过度分权。在事业部型结构中,决策分为两层:组织总部掌握重大决策权,进行战略决策,如组织的长期发展规划、组织的财务管理、各分部管理者及其他重要人员的安排等;分部在总部的决策框架内,负责各分部范围内的运营决策,包括人、事、产、供、销等方面决策。

（3）事业部型组织结构实现了层级制与市场机制的有机结合：在事业部型结构中，各分部都是相对独立的利益主体，在利润分配和投资决策等方面有较大的自主权。与各分部利益上的相对独立相适应，组织内部各分部之间存在着"准市场交易"或"内部转移定价"。在事业部型结构的组织中，高层管理者能够把时间和精力用于整个组织（而不是组织的某一部分）的重大事项，而且也具备了这样做所需的信息。对分支组织的具体经营不加干涉，让处于较低层次、掌握有关信息的人来负责局部性决策，同时通过适当的激励机制，对他们进行有效的指导和协调。

（4）事业部型组织结构有利于加强协调和控制：在事业部型结构的组织里既有分散的事业部，又有负责协调、监督、战略性决策的组织总部，从而保证了必要的协调与控制，事业部的决策往往要在组织的总体规划框架下做出，组织内部管理成本大大下降。

2. 事业部型组织结构的优缺点

（1）优点：①各事业部单独核算、自成体系，在生产经营上具有较大自主权，增强了管理的灵活性和适应性；②最高管理层能够摆脱日常行政事务，集中精力进行长远的战略规划；③事业部管理者对经营结果负完全责任，能够拓展事业部管理者的多方面才能和全局视野，有利于培养能够独当一面的高级管理人才。

（2）缺点：①职能部门重复设置，造成管理机构重叠，管理成本上升，管理效率降低；②由于各事业部独立经营，容易滋长本位主义倾向，不利于事业部之间的相互支持。这势必导致组织整体利益受损，并影响到组织长期目标的实现。

因此，事业部型组织结构适用于规模较大，产品种类较多，各种产品之间的工艺差别较大，市场条件变化较快，要求适应性较强的大型联合组织或跨国组织。但是，各事业部管理者需要多与其他事业部人员交流，在充分运用自有资源的前提下，尊重组织整体经营策略、政策，并定期与组织上层沟通。

(五) 矩阵型组织

1. 特征　"矩阵"是从数学中移植过来的概念，用以形象直观地说明该组织结构的特点。矩阵制组织结构的基本内涵是：类似于数学中的矩阵，组织结构由纵横两套管理系统组成，一套是按职能划分的纵向领导系统；另一套是为完成某一任务而组成的横向项目系统。在传统的按照职能划分的部门基础上，添加按照任务划分的项目小组，就形成了纵横交错的矩阵结构(matrix structure)。

矩阵型结构的特点是：组织本身具有中央职能系统，在组织结构上，按职能划分的垂直领导系统是相对固定的机构，按项目划分的横向领导系统是灵活机动的机构；项目小组成员既同原职能部门保持组织与业务上的联系，又参加项目小组工作，接受项目小组负责人和原属职能部门负责人的双重领导；组织结构具有管理目标和组成人员临时性的特点，又有组织形式固定性的特点（图12-5）。

2. 矩阵型组织结构的优缺点

（1）优点：将组织的纵向联系和横向联系很好地结合起来，有利于加强各职能部门之间的协作配合与及时沟通；具有较强的灵活性和适应性，能根据特定需要和外部环境的变化迅

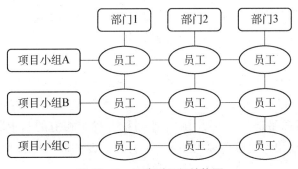

图12-5 矩阵型组织结构图

速应变;把不同部门、不同专长的专业人员组织在一起,有利于相互启发、集思广益,攻克各种复杂的技术难题,进行新技术的开发和新产品的研制。

（2）缺点：①稳定性差。由于小组成员是由各部门临时抽调的,任务一经完成,就会返回原部门工作,因此容易使小组成员产生临时观点,影响工作效率。②权责不清。由于每个成员都要接受两个或两个以上的上级领导,这种双重指挥链容易造成管理秩序混乱,权责划分不清。

因此,矩阵型组织结构形式适用于设计、研制等创新性工作较多的组织,也可用于完成突击性、临时性任务的组织。当组织面临较高的环境不确定性,组织目标需要同时反映技术和产品双重要求时,矩阵型结构应该是一种理想的组织形式。此外,提供咨询服务的组织被认为是最适合采用矩阵式结构的组织之一。例如,中型规模的咨询组织,组织规模在几十人至上百人,咨询顾问可以根据业务专业划分为不同的职能团队,例如财务咨询,生产、工程咨询,管理咨询小组。主管若处在这种组织中应注意：①加强沟通、协调能力；②加强事前做好妥善计划的能力；③每项工作要有明确的责任者、完成期限及明确的目标。

第二节 组织设计及决策

一 组织设计的界定

海瑞格尔、斯洛克姆和伍德曼指出："组织设计是管理当局为实现组织目标而建立信息沟通、权力和责任的正式系统"。所设计出的"组织结构是为了实现预期目标而用来联结组织中的技术、任务和人员的分工和协作的手段"。西拉季和华莱士认为："组织设计是通过把任务、权力和工作流组合成结构以实现协调努力的过程"。J·C·杰勃逊认为组织设计是"设计一套适应内外环境,并在达成目标过程中具有效益和效能的组织的学问"。A·C·费列认为组织设计是制订一个组织结构的关系模式,其中成员都要完成各自的任务,以实现既定目标。加尔布雷斯论述得更为详细,他认为"组织设计是一种决策过程",是"工作目的和目标同劳动分工、协作形式以及人员之间的协调过程"。其中包括对多种目标和目的的选择、个人结合成组织的过程的选择,以及目标、组织、个人的不同结合以适应环境的选择。组织设计就是"这些互相交叉的选择之间的协调"。

从上述定义中可以概括,所谓组织设计(organization design),就是对组织活动的组织结构的设计过程,是把任务、责任、权力和利益进行有效组合和协调的活动。其基本功能是协调组织中人员与任务之间的关系,使组织保持灵活性和适应性,从而有效地实现组织目标。

组织设计的基本思路是:①必须明确组织目标并确定相应的基本职能;②再以职能细分和归类为依据,设置相应的机构和相关职务;③以必要的职位与各种职务相对应,并按职位配置人员。

二、组织设计关键因素

恰当地设计组织结构,对于实现组织目标、提高组织效率是十分重要的。通过组织结构既可以完成组织目标所需要的人和事编排成便于管理的单位,又可以把组织各个部门、各个岗位连接成为一个有机整体,从而大大提高组织的运行效率,降低组织的管理成本,实现组织目标。管理者在进行组织结构设计时,必须考虑6个关键因素:工作专门化、部门化、指挥链、管理幅度、集权与分权和正规化。

(一) 工作专门化

工作专门化(work specialization),是指组织任务被分解成独立工作的程度,个体专门从事某一部分的活动,而不是整个活动。就像18世纪70年代的亚当·斯密在他的《国富论》中论述的那样:当人们在组织中将工作任务划分成若干步骤并由特定的人来完成时,他们的生产效率就会提高。工作专门化的实质:一个人不是完成一项工作的全部,而是把工作分解成若干步骤,每一步骤由一个人独立去做。

组织中的专业化和劳动分工的程度表明了培训的需求量是多少、工作范围有多大、从业人员需要什么样的个人性格等。专业化也导致了专业词汇及其他行为规范的发展。如果专业化程度高,那么每个成员只需从事组织工作的很小一部分;如果专业化程度低,成员从事的工作范围就很广。专门化特点规定了组织结构中管理层次的分工(即分级管理)、部门的分工(即部门划分)和职权的分工。管理层次分工包括上、中、下层,每一层对应着相应的责、权,以及相应能力的人。部门分工是使整体任务分散化。职权分工有直线职权、参谋职权、职能职权。

(二) 部门化

一旦通过工作专门化完成任务细分之后,就需要按照类别对它们进行分组以便使共同的工作可以进行协调。工作分类的基础是部门化(departmentalization)。部门是指组织中管理人员为完成规定的任务有权管辖的一个特定领域。部门化是将组织中的活动按照一定的逻辑安排,划分为若干个管理单位。部门划分的结果是划清主管人员的各项职责和对业务活动进行归类分组,解决的是组织结构的横向设计问题。

部门划分的标准主要有：职能、产品、顾客、地区、人数、时间、过程、设备，以及销售渠道、工艺、字母或数字等。

但在实际工作中，任何组织很少根据唯一的标准来划分部门，而是经常同时利用两个或两个以上的部门化方式，形成组合式的组织结构。究竟采用何种部门化或若干种部门化的组合往往取决于各种部门化方式优劣的权衡。一般在较大型的组织中，人们划分部门会将以上各种方法综合应用，以求取得更理想的效果。

(三) 指挥链

命令链(chain of command)指不间断的权力路线，从组织最高层扩展到最基层。传递命令，能够界定谁向谁报告工作、遇到问题时找谁、对谁负责等一类问题。

在讨论命令链时，不得不涉及两个概念：权威和命令统一性。权威是指管理职位所固有的发布命令并期望命令被执行的权力。为了促进协作，每个管理职位在命令链中都有自己的位置，每位管理者为完成自己的职责任务，都要被赋予一定的权威。命令统一性原则有助于保持权威链条的连续性。它意味着，一个人应该且只能对某一位主管直接负责。如果命令链的统一性遭到破坏，一个下属可能就不得不穷于对付多个主管不同命令之间的冲突或优先次序选择。

(四) 管理幅度

管理幅度(span of control)是主管人员直接领导、指挥并监督其工作的下属数量。管理幅度是一个组织水平结构扩展的表现。从最高的直接主管到最低的基层具体工作人员之间就形成了一定的层次，这种层次便称为管理层次。管理层次是一个组织纵向结构扩展的表现。当一名主管人员的下属数量超过了他能够有效管辖的限度时，为了保证组织的正常运转与协调有序，他就会委托一些人来分担其工作，从而增加一个新的管理层次。可以说管理幅度是决定管理层次的一个基本因素。

决定管理幅度设计的因素有：①管理工作的性质、复杂性、变化性，以及下级工作的相似性；②人员素质和能力，特别是上级与下级的素质；③下级人员职权合理与明确的程度；④计划与控制的明确性及其难易程度；⑤信息沟通的效率与效果；⑥组织变革的速度；⑦空间分布的相似性。另外，还有管理层次、工作条件与组织环境、组织凝聚力的强弱等因素的影响。因此，在确定管理幅度时，必须对以上几个因素加以考虑。管理幅度的多少对组织工作有非常重要的影响作用，因为在很大程度上，它决定着组织要设置多少层次以及配备多少管理人员。

在其他条件相同时，控制跨度越宽，组织效率越高。但是，在某些方面宽跨度可能会降低组织的有效性，也就是说，如果控制跨度过宽，由于主管人员没有足够的时间为下属提供必要的领导和支持，员工的绩效会受到不良影响。

(五) 集权与分权

集权化(centralization)是指组织中的决策权集中于一点的程度。这个概念只包括正式权威。也就是说,某个位置固有的权力。一般来讲,如果组织的高层管理者不考虑或很少考虑基层人员的意见就决定组织的主要事宜,则这个组织的集权化程度较高。相反,基层人员参与程度越高,或他们能够自主地做出决策,组织的分权化(decentralization)程度就越高。集权式与分权式组织在本质上是不同的。在分权式组织中,采取行动、解决问题的速度较快,更多的人为决策提供建议,所以,员工与那些能够影响他们的工作生活的决策者隔膜较少,或几乎没有。近年来,分权式决策的趋势比较突出,这与使组织更加灵活和主动地做出反应的管理思想是一致的。

集权和分权是一个相对的概念。绝对的集权和过分的分权都不利于组织的发展。影响集权与分权程度主要因素是:经营环境条件和业务活动性质,环境稳定,采用集权比较好;反之,采用分权好。当组织的规模和空间分布广度,组织规模较小时,实行集权化管理可以使组织的运行取得高效率;决策的重要性和管理者的素质;方针政策一致性的要求和现代控制手段的使用情况;组织的历史和领导者个性的影响。

(六) 正规化

正规化(formalization)是指组织中工作实行标准化的程度。标准化行为在科学管理理论流行时期就已经是非常普遍的组织行为了。标准化行为与员工的职业化是密切相关的。职业化指员工培训与正规化程度。当员工需要较长时间的训练才能掌握工作时,该组织被认为具有较高的职业化特征。

由于个人权限与组织对员工行为的规定成反比,工作标准化程度越高,员工决定自己工作方式的权力就越小。工作标准化不仅减少了员工选择工作行为的可能性,而且使员工无需考虑其他行为选择。组织之间或组织内部不同工作之间正规化程度差别很大。

三、组织设计原则及决策

(一) 组织设计的原则

组织结构的产生是组织设计的结果,合理、有效的组织设计是组织结构优化的先决条件。因此,在设计组织结构的过程中,必须把握一些最基本的原则,从而保证组织结构的合理性。组织设计原则是按照最有效的分配和协调各种活动的要求进行的,这些原则有以下几类。

1. 专门化分工原则　专门化工作分工和标准化工作带来的高效率最早是由泰勒研究发现并确定为组织设计的基本原则。指按照分工与合作要求,对构成个人职位和群体任务的业务工作划分部门和层次,将相近或相关联的任务、职位归到一个部门,实行因事设职,因职择人。

2. 精简高效原则　这是衡量组织结构合理与否的主要标准。在满足组织目标所要求的业务活动需要的前提下,力求减少管理层次,精简机构和人员,提高管理效率。

3. 统一指挥原则　该原则最早是由法约尔提出来的。他认为无论什么工作,一个下级只能接受一个上级的指挥。如果两个或两个以上领导人同时对一个下级或一件工作行使权力，就会出现混乱的局面。实行统一指挥的原则要求：①上下级之间要形成一条纵向连续的等级链；②一个下级只由一个上级领导；③一个项目只能由一个人负责；④一般上级不能越级指挥，当然，遇突发事件、紧急状况、负责人不在、部门事先已作好协调时可以例外。

4. 控制幅度原则　通常，管理层次与组织规模成正比。在组织规模已定的情况下，管理层次与管理幅度成反比。当一个管理者的下属数量以算术级数增加时，其与下属之间的潜在的人际关系的数量会呈几何级数增加。在决定管理者的管理幅度时，不仅要考虑关系数量，而且要考虑实际关系发生的频率和强度。

5. 权责对等原则　如果组织中一定人员担任某个职务，或负责某项任务，就应赋予相应的职权。即在授以责任的同时，必须授以自主完成任务所必需的权力。权力不可太大也不可太小，必须与职责相适应。有责无权不仅束缚管理人员的积极性和主动性，而且使责任制度形同虚设，最后无法完成任务；有权无责必然助长瞎指挥和官僚主义。因此，在进行组织设计时，必须遵循权责对等的原则。

6. 因事设岗原则　组织设计的根本目的是保证组织目标的实现，使目标活动的每项内容都落实到具体的岗位和部门，"事事有人做"，这就要求因事设职，保证工作的完成。另一方面，在组织设计的过程中要保证"有能力的人有机会去做他们真正胜任的工作"，因此必须考虑到人与事的有机结合。

(二) 组织设计决策

1. 直式组织结构与扁平式组织结构　依据纵向层次设置多寡的不同，可以将各种形式的组织形象直观地划分为两种形态，即直式组织结构和扁平式组织结构。

(1) 直式组织结构：是指在组织最高层与作业层之间具有多级管理层次，每个层次的管理幅度均较窄小。这就使得在作业人员数量一定的情况下，需要增加许多基层管理人员和中间层次管理人员。

1) 优点：组织结构严谨周密，便于主管人员对下属实施严密控制；组织成员分工明确，职责分明；上下级之间等级森严，垂直纵向关系清晰，有利于统一指挥；组织的稳定性程度高。即管理严密，分工明确，上下级容易协调。

2) 弊端：管理层次和管理人员过多，致使层次间和部门间的协调困难；管理费用升高，降低了管理工作的经济性；信息的传递要经过各级管理人员的逐层过滤，致使信息交流不畅且易失真；决策民主化程度不够，不利于发挥基层人员的工作积极性；管理层次过多，造成决策迟缓，上下级缺乏沟通，管理工作效率降低。即管理层次多、费用高，信息沟通速度慢，下级人员满意感较低等。

(2) 扁平式组织结构：是指组织的管理幅度大，管理层次少，与直式组织相反，其结构特征是"扁平"。

1) 优点：高层领导比较容易了解基层情况；节省管理费用开支；加快信息传递速度，减少信息失真；有利于促进基层管理人员的成长；有利于提高决策的民主化程度。即管理费用低，信息交流速度快，下级成员满意感较高。

2) 弊端：由于管理幅度加大，各级管理人员工作负荷加重，同时会导致同级间的沟通联络产生新的困难；对管理人员的素质要求较高；下属人员需要自觉、自律，否则容易出现失控；不能严密监督下级的工作，上下级协调较差。

直式组织结构与扁平式组织结构各有优劣，不能说扁平结构一定优于直式结构。同时，直式与扁平的划分也是相对的。在适宜的条件下，两者都可能成为有效的结构形态。近年来，随着环境不确定性的增强，组织结构趋向扁平化方向发展。

（3）考虑因素：在实际管理工作中，采用直式结构还是扁平结构，应考虑如下因素：

1) 工作任务的相似程度：工作任务越相似，管理幅度可能就越大，可采用较扁平的结构减少管理层次；工作任务差异大，则应缩小管理幅度。

2) 工作岗位的接近程度：员工工作岗位较接近的情况下，可以加大管理幅度，采用较扁平的结构；反之，应采用较直式的结构。

3) 员工的经验和思想水平：员工缺乏经验，应减小管理幅度，加强对员工的指导；员工工作自觉性高，责任感强又有工作能力，则应提高工作的自主性，让员工自己管理自己，发挥创造性，采用扁平结构。

4) 工作任务所需协调的程度：如果工作任务要求各部门之间或一个部门内部高度的协调，则应减少管理幅度，以较为直式的结构为宜。

2. 机械式组织与有机式组织　依据组织结构特点的不同，可以将各种形式的组织简单地归纳为两大类，即机械式组织和有机式组织。

（1）机械式组织：机械式组织（mechanistic organization）也称为官僚行政组织，是综合运用传统组织设计原则的产物，是一种严密的、僵硬的、具有一定刚性的结构形式，它追求的主要目标是稳定运行中的效率。机械式组织注重对任务进行高度的劳动分工和职能分工，以客观的、不受个人情感影响的方式挑选符合职务规范要求的合格的任职人员，并对分工以后的专业化工作进行严密的层次控制，同时制定出许多程序、规则和标准。机械式组织有以下特点。

1) 机械式组织适用于稳定性较高的情况。机械式组织主要面临包含常规信息的任务，也就是那种重复性高，变化较少，符合已有可识别类型、较易理解、不需要太多的技巧和创新性、重复性和同一性高的任务。

2) 机械化组织对任务进行专业化区分，职能人员倾向于提高任务技术含量，并对其工作表现负责。员工倾向于按照特定的职位说明来工作，并接受规范化的层级控制、职权和交流。大部分的交流属于垂直交流形式，即由上级下传指示和决定。

3) 机械式组织多为成熟型组织。这一成熟型组织有足够强大的生产运营能力，进行重复的、标准化的生产活动；同时，它足够成熟，有能力设置、应付各种它所期望、需要的运营标准。规范化的技术系统也是机械式组织构型的一个重要特征，因为正是这些技术系统使得例行式工作成为可能，并实现规范化。

4) 位于机械式组织战略顶点的高级管理人员的角色和作用主要是保证这架官僚机器顺畅运作。它是"完成任务型"组织，而不是"解决问题型"组织。所以它的高级管理人员会着重于寻找如何提高标准化程度、更加高效完成给定生产任务的方法，而不会把精力过多地放在组织创新功能上。

(2) 有机式组织：有机式组织(organic organization)又称适应性组织，是一种松散的、灵活的、具有高度适应性的结构形式，它追求的主要目标是动态适应中的创新。有机式组织也进行劳动分工，但员工所做的工作并不是高度标准化的，而是往往需要完成许多非常规的任务。同时，员工受过良好的训练，被授权开展多种工作和处理多样问题，主要依靠职业标准和员工团队来指导自己的行为，并不需要过多的正式规则和直接监督。有机式组织有以下特点。

1) 非标准化：有机式组织也进行劳动分工，但人们所做的工作并不是标准化的。员工多是职业化的，具有熟练的技巧，并经过训练能处理多种多样的问题。他们所受的教育已经使他们把职业行为的标准作为习惯，所以不需要多少正式的规则和直接监督。

2) 低集权化：有机式组织保持低程度的集权化，就是为了使职业人员能对问题做出迅速的反应；另一方面也因为人们并不能期望高层管理者拥有做出必要决策所需的各种技能。

3) 选择设计方案：有机式设计方案的选择，包括简单型、矩阵型、网络型和任务小组及委员会结构等。大多数组织都是小型的，并不需要高度复杂的正规结构设计。它们需要的是一种简单结构，即尽量降低复杂性的结构。

在现实生活中，纯粹的机械式组织和有机式组织都不存在。它们分别代表着两个极端，两者之间存在着多种中间过渡状态。比较而言，大型组织和政府机构在一定程度上具有机械式结构的特点。

在选择组织类型时，应依据组织的发展目标和内外条件，视具体情形而定。当前，组织面临的环境日益充满不确定性，组织结构的发展趋势由机械式向有机式转变。但这并不意味着有机式结构一定优于机械式结构，对于有些组织，如军队，可能机械式结构更为适合，只不过为了更好地适应环境变化，在选用机械式结构时，应注意使其保持适度的灵活性和弹性。

(三) 组织设计决策的权变因素

组织是一个开放系统，与其所处环境发生着持续作用。由于经济、社会、技术的变革，组织所处的环境不断改变，因此，无论是在组织的结构安排上，还是在组织的实际运作中，都更具动态性和灵活性。

权变理论强调，组织结构必须配合情景因素。若配合得宜，组织可以发挥优势，提高效能。而影响组织设计决策的因素有很多，一般地认为有外部环境、组织目标与策略、规模、技术及组织文化等。

1. 目标与战略　组织战略是制约组织结构的重要前提。组织目标是由组织战略决定的，而组织结构是实现组织目标的手段，因此组织结构应当服从组织战略。组织在发展过程中需要不断地对其战略的形式和内容做出调整，组织战略的变化必然带来组织结构的更新。

组织战略在两个层次上影响着组织结构：①不同的组织战略要求开展不同的业务和管理活动，由此影响到部门和管理职务的设计；②组织战略重点的改变会引起组织业务活动中心的转移和核心职能的改变，从而使各部门、各职务在组织中的相对位置发生变化，相应地要求对各部门及各管理职务之间的关系做出调整。

战略指明组织经营的方向，战略的制定决定了组织以何种形式来发展，如果组织结构与组织战略不协调,组织的发展就会受到抑制,如果组织战略不发生本质的变化,组织结构也不可能有重大的改变。组织结构必须服从战略需要。战略不同,要求业务不同,从而影响组织结构的设计。战略重点的改变,会引起部门重要程度的改变。

2. 组织规模　所谓组织规模是指一个组织所拥有的人员数量以及这些人员之间的相互作用的关系。在组织理论的领域中,组织规模被视为影响组织结构设计和控制方法的一个重要变量。大规模组织和小规模组织拥有不同的特征,各有其生存环境。一般而言,组织规模越大,工作就越专业化,条例制度就越多,组织的复杂性和正规化程度也就越高,或者说组织结构越呈现为机械式。伴随着组织的发展,组织活动的内容日趋复杂,组织活动的规模和范围日趋扩大,组织成员日益增多,组织结构也必须随之调整,才能适应成长后组织的新情况。

在组织的不同成长阶段,要求不同的组织结构模式与之相适应。在组织成长的早期,组织结构通常是简单、灵活而集权的;随着组织规模的扩大和员工人数的增多,组织结构将由松散转为正规、集权。需要注意的是:组织规模与组织结构之间的这种关系并不是线性的,随着组织进一步扩大,规模对结构的影响强度在逐渐减弱。

3. 组织技术　组织的技术类型与组织结构具有一定的相关性。任何组织都需要利用某种技术,将投入转化为产出。为实现这一目标,组织要使用设备、材料、知识和富有经验的员工,并将这些因素组合到一定类型和形式的活动之中。技术以及技术设备的水平,不仅影响组织活动的效果和效率,而且会对组织的部门划分、职务设置、部门间关系、组织结构总体特征等产生相当程度的影响。

现代组织的一个显著特点是在生产和管理过程中广泛使用了先进的技术和机器设备。技术的迅速变革和信息革命大有改变传统的生产、经销、订货和使产品和服务适应顾客需求的准则之势。现代组织因技术的飞速发展,产品生产周期、产品生命周期大大缩短,市场变化更为迅速,顾客需求更加多样化、个性化,如何及时、迅速地对市场和顾客的变化做出反应,势必要求现代组织有不同于传统的组织组织的结构。组织结构只是手段,而不是目的,它是使组织更好地适应外部环境、做好沟通的桥梁。组织结构设计要能根据技术发展的需要设计出具有弹性的智能型组织。

4. 组织环境　组织环境指存在于组织的边界之外,可能对组织的总体或局部产生影响的所有要素。环境是有若干方面组成的,每个部分又包含着有相似因素的外部环境子系统。对大多数组织来说,环境领域可进一步细分为任务环境和一般环境两个层次。任务环境指组织与之发生直接的相互作用,并且对实现目标的能力有直接影响的那些环境要素。任务环境一般包括行业、原材料、市场等方面,还可能包括人力资源和国际状况。一般环境是指那些对组织的日常经营可能没有直接影响,但会有间接影响的各种环境要素。一般环境包括政府、社会文化、经济形势、技术以及金属资源等要素。

组织面临环境的不确定性程度会在很大程度上制约组织结构和管理体制。环境的不确定性主要包含复杂性和动态性等两大维度。在环境因素简单和相对静态时,环境的不确定性程度较低,这时有条件加强组织结构的正规化和集中化程度,实施规范化体制;反之,当环境因素复杂和变化急剧时,环境的不确定性程度高,这时需要具有较大灵活性的组织结构和参与授权(empowerment)的管理体制。常见的不确定环境因素包括行业竞争、产品更新、购销状况、市场需要和社会变革,以及整个社会文化背景的影响等。

借助图 12-6 所示的框架,有助于我们判断组织所处环境的不确定性,并依此进行组织设计以适应环境。

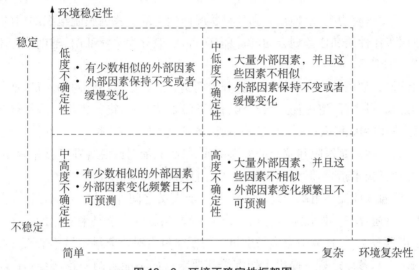

图 12-6 环境不确定性框架图

5. 组织文化 组织文化是指组织内各成员所共同分享及认同的价值观、规范与信念,用以维系及凝聚众人。例如强调组织对外应变的"适应文化",组织便需要一个宽松而且弹性的结构,减低形式化、标准化及集权程度。相反,若组织采用一个重视内部稳定的"贯彻文化",则组织结构倾向紧密,以较高的形式化,标准化及中央权集去加强内部控制,保持内部的稳定状态。关于组织文化的内涵,在后续"组织文化"章节还会进行详细阐述。

第三节 卫生领域中的组织结构与设计

一、组织结构类型在卫生领域中的体现

组织的结构和设计的原理及原则具有普适性,前述理论在卫生领域都可见其具体的体现。然而,卫生领域因其高技术含量、信息高度不对称以及高风险等的行业特征,组织结构和设计的基本原理在卫生领域中既有经典的传承,也有变革和发展。

(一) 卫生领域中常见的组织结构类型

1. 直线型组织结构 直线型组织结构只有在组织规模较小、员工人数较少、生产和管理工作相对单一的情况下才适用。在卫生领域中,这种组织结构在村卫生室、社区卫生服务站,以及规模较小的科室和乡镇卫生院或专科医院比较常见,而在大部分分科较细、医疗任

务繁重、管理较复杂的综合医院和较大的专科医院则很少见这种类型。

2. **直线职能型组织结构**　由于直线职能型组织结构有利于建立严格的责任制,发挥职能机构的作用。目前各级医院都广泛采用这种结构。当前我国医院的组织结构模式大都以原卫生部1987年发布的《综合医院组织编制原则试行草案》中关于组织机构设置的有关原则为依据,并根据医院规模、承担任务和学科状况而确定的。我国医院组织部门的划分方法基本上是按照工作性质和任务划分的,就目前而言,一般分为诊疗部门、辅助诊疗部门、护理部门和行政后勤部门。

这种组织形式把医院管理机构和人员分为两类:①直接指挥机构和人员,如院、科、室、组及相关的院长、科主任、室主任、组长,他们对下级下达命令,进行指挥,并对该组织负全部责任;②职能机构和职能人员,如院办公室、医务科、护理部、财务科、人事科及履行各职能的主任、科长等。他们是医院和院长的参谋部或参谋,只能对医院各业务技术科室的工作提出建议,进行业务技术指导,但没有决策权,也不能直接下达命令进行指挥。

然而,一般直线职能型组织中直线人员与职能人员之间存在的协调不当问题在卫生系统的机构中也普遍存在。如临床医生在工作第一线,接触到的全是最实际的工作,因而其工作态度比较谨慎务实,工作成绩也容易度量。而职能科室对业务科室虽不能直接指挥,但在专业范围内可以对各诊疗科室提出工作部署和要求。如不能协调一致,会使直线人员无所适从,导致直线人员对职能科室人员产生反感和不信任心理,导致医院内部的矛盾,并进而影响医院的正常运转和发展。

3. **事业部型组织结构**　原本我国的各级各类医疗卫生机构之间的运营和管理是相互独立。随着社会的不断发展和医疗技术的不断进步,各自独立的医疗卫生机构在为人群提供健康服务时的弊端日益凸显,如医疗与公共卫生的割裂,基层卫生服务机构与大型综合医疗机构之间竞争性的争夺病源等。这些弊端既不利于各级各类卫生机构合理的定位自身的功能,也不利于为人群提供连续的健康服务。

因此,近年来在卫生领域出现了一种较为庞大的组织,称为医联体。所谓医联体,是指一定地域内,不同类型、层级的公立医疗机构组合起来,组建医疗集团,实现医疗资源共享、医疗信息互联等,从而达到医疗资源最大化利用和患者就诊的合理分流,实现分级诊疗的目的。通常是将同一个区域内的医疗资源整合在一起,由一个区域内的三级医院与二级医院、社区卫生服务机构、村卫生室组成一个医疗联合体。

这种医联体从实质上看就是一种事业制型的组织结构类型。医联体所属医疗机构均为独立法人单位,以章程为共同规范,以管理为联结纽带。医联体采取理事会治理结构,理事会作为联合体的最高决策机构,主要负责联合体所属医疗机构的总体发展规划,资源统筹调配,机构、人员绩效考核,效益、薪酬分配等重大事项的决策。

4. **矩阵型组织结构**　矩阵型组织结构在卫生机构内部或者机构之间都非常常见。如开展一个新的科研课题或一项新的医疗技术,都不能只靠某一部门或一个科室的力量,而需要集中各方面的技术人员和设备共同协作完成。因此通常会从有关部门或科室抽调相关的专业人员,组成临时的或长期的专门团队。这类团队通常还会同有关部门或科室进行平行的联系,协调各有关部门的活动,并指挥参与工作的人员。参与矩阵型结构组织的成员既接受某项课题团队的领导(平行联系),又不脱离原来的职能部门(垂直联系)。而目前我国的各级医改领导小组在实质上就是存在于卫生机构之间的矩阵型组织结构。

但是,矩阵型组织的形式对其成员的心理影响是多方面的。①矩阵组织的成员往往能够独当一面。成员通过参与不同的项目组,培养了自信心、参与意识和责任感,使其社会交往能力得到锻炼。②矩阵组织的项目组具有临时性的特征,一旦任务完成,项目组自行解散,而且项目组本身的组织结构松散,成员离开原来的部门后,容易降低自我约束的标准。因此,项目组一般要选用自我约束力较强、有责任心的人参加。③成员由于工作变化频繁,对组织的归属感不强,在成员心理上容易造成工作不稳定的感觉。特别是当成员经常被派遣到临时的、无关紧要的项目组时,会产生被原属团体所遗弃的感觉,进而产生厌倦情绪。

(二) 卫生领域中的组织设计决策

1. **直式结构与扁平式结构** 通常在卫生领域的组织中,组织结构主要是以直式结构为主,但是不同层级卫生组织的组织设计略有差异。医疗机构规模越庞大、组织层级越多、组织越呈现锥形;反之,医疗机构组织规模越小、组织层级就越少、组织就越呈现扁平化。如大型综合医院从最高管理者院长到最基层的普通心血管内科医生,由于临床科室分工日益细化,中间通常有大内科主任、心血管内科主任、治疗团队主管医生等几个层级。而在普通县级医院,在院长和普通心血管内科医生之间通常只有内科主任一个层级。

由于医疗机构的服务受到法律和道德的约束,每个管理层级中的每个人都通过法律、规章制度等确定了其明确的职责范围。因此,在卫生领域的组织中自由松散型的扁平式结构并不多见。

2. **机械式组织与有机式组织** 同样的道理,在卫生领域各项工作及分工协作等通常都有明确的规范和流程,因此卫生领域的组织通常是以机械模式为主体的。然而,为了克服机械模式组织结构的僵化和反应迟缓的缺点,卫生领域针对临时性的突发状况也设计了快速反应的应对机制及相应变革的组织结构,即在特定情况下卫生领域也存在有机模式的组织结构,例如应对突发公共卫生事件的组织结构。

依照《中华人民共和国传染病防治法》的规定,国务院于2003年5月9日发布执行了我国《突发公共卫生事件应急条例》,指出当突然发生,造成或者可能造成社会公众健康严重损害的重大传染病疫情、群体性不明原因疾病、重大食物和职业中毒以及其他严重影响公众健康的事件,要依托包括急救机构、传染病救治机构和化学中毒与核辐射救治基地在内的医疗救治体系中的突发公共卫生事件应急救治队伍,按照"统一领导,分级负责"的原则做好突发公共卫生事件应急处理的有关工作。

组织设计因素及原则在卫生领域中的体现

(一) 工作专门化及专门化分工原则

随着医学技术的不断进步,卫生领域的工作专门化表现得尤为明显。以往医院科室大致分为内、外、妇、儿等几大科室,但目前已经极大细分,仅外科就有心胸外科、脑外科、肝、胆、胰、脾外科等。以骨科为例,已经细分为创伤骨科、脊柱骨科、关节骨科、骨肿瘤以及手外科等。临床医疗的工作专门化已经可以精细到了一个系统、甚至一个器官。公共卫生服务也同样如此。根据疾病预防控制中心(CDC)的工作规范,公共卫生监测可分为传染病监测和慢性病监测等16类,每类又分为多种具体的监测项目,如传染病监测包括流感、病毒性肝炎、结核病、艾滋病、性传播疾病监测等;慢性病监测又分为死因、发病、行为危险因素监测等。

精细化专门分工在提供针对性更高的卫生服务的同时,也带来了一定的弊端。例如,由于临床分科的不断细化,医生的整体观念在不断淡化,医生只知道自己学科的专门知识,只探求人体某一个局部的生理现象和病理变化。因此,前来就诊的患者在医生的眼里往往就变成了一个生了病的器官,医生只针对这一个器官进行治疗。但是有些局部病变往往是全身疾病的局部表现,如果忽视了整体观念的话,就容易导致一些患者的治疗效果并不明显。此外,大部分患者不具备医学基础知识,很多时候生病了根本不清楚到底要去哪个科室就诊。尽管大医院的技术水平越来越高,但挂错号、看错医生的现象加剧了患者的看病难现状。

目前,人们逐渐意识到专门化分工原则也有一定的适用范围及程度。当患者患常见病时,更加需要的是具有整体健康观的全科医生,而当患者罹患疑难杂症时,通过全科医生首诊之后,有针对性地转诊到经过精细化分工的专科医生,这样才能真正体现专门化分工原则的实际价值。

(二) 部门化及因事设岗原则

在卫生领域,除了工作在临床一线、直接面向患者和为公众分别提供临床医疗和公共卫生服务的直线人员外,还有为这些直线人员提供辅助服务的职能部门,这些职能部门均是按照因事设岗的原则设立的。例如,综合性医疗机构通常有管理患者就诊信息的病案科,有专职人员引进和配置的人事科,还有负责对医疗服务质量进行监督和管理的医务科等。

然而在基层卫生服务机构,通常组织规模有限,无法完全实行职能的部门化,但是依然会根据工作的性质或任务来设立相应的岗位,由专职或者兼职人员承担该岗位的相关工作。因此,因事设岗不论在何种规模或者层级的组织中都是组织设计需要遵循的原则之一。

(三) 指挥链及统一指挥原则

在卫生领域中,各级医院、疾控预防控制中心以及妇幼保健机构分别归谁负责,与上一级同等类型机构之间关系又是如何,这是由卫生领域各级各类机构的性质及其功能定位决定的。整个卫生领域的组织是由卫生行政组织和卫生服务组织构成的,从卫生行政组织中指挥链的最高层级是国家卫生和计划生育委员会(简称卫计委),然后依次是省(自治区、直辖市)级卫计委、市级卫计委和县级卫计委,并且各级卫生行政组织又分别管理卫生服务组织机构。由同级卫生行政组织管理的卫生服务组织机构是相互独立或相互协作的关系,而由不同层级的卫生行政组织管理的卫生服务组织机构是相互独立但又通常是业务指导关系。如省级疾病预防控制中心归省级卫计委管理,市级疾病预防控制中心归市级卫计委管理,但是省级疾病预防控制中心对市级疾病预防控制中心是业务指导的关系。

确立明确清晰的指挥链才有助于组织实行统一指挥,特别是遇到突发情况时,根据指挥链才能够明确分工、合理布局、临危不乱。如当发生突发性公共卫生事件时,县级、地市级、省级人民政府和国务院卫生主管部门和有关部门在本级人民政府统一领导下分级负责突发公共卫生事件的确认、响应和总结。在相应范围内形成一个政府负责、分级管理、部门协调、统筹运行的组织体系,并对跨部门组织进行协调管理。

(四) 管理幅度及控制幅度原则

任何一个组织都应该有与其发展战略、任务目标相对应的组织规模。在层级一定的前提下,应该确定合理的管理幅度,过宽或者过窄的管理幅度都会出现相对应的问题。在卫生领域,卫生组织强调功能定位及区域卫生规划,尤其应该注意将管理幅度控制在合理的范围。

例如,在卫生服务需求恒定的前提下,一家医院单体规模的扩大,势必会导致资源配置方面的不合理投入,并进而引发与区域内其他医疗机构的不良竞争。一些医疗机构单体规模过大,不仅造成了资源配置的浪费,也容易产生不合理的服务提供,甚至造成服务的垄断,并且不利于发挥各级各类医疗卫生机构分工协作的合理功能。

国务院于2015年出台了《全国医疗卫生服务体系规划纲要(2015~2020年)》,明确指出严格控制公立医院单体(单个执业点)床位规模的不合理增长,县办综合性医院床位数一般以500张左右为宜,50万人口以上的县可适当增加,100万人口以上的县原则上不超过1000张;市办综合性医院床位数一般以800张左右为宜,500万人口以上的地市可适当增加,原则上不超过1200张;省办及以上综合性医院床位数一般以1000张左右为宜,原则上不超过1500张。专科医院的床位规模要根据实际需要合理设置。

(五) 集权与分权度及权责对等原则

组织的指挥链及组织层级,以及决策权在哪一个层级决定了组织的集权与分权的程度。在卫生领域中,权力集中程度的不同,不仅会对组织内部带来不同的影响,还会对组织的服务对象带来不同的影响。以医保为例,权力集中在哪一个层级即决定了医疗保险(医保)的统筹层级。在制定医保政策的时候,以县级为统筹层级时可以更加地切合本地居民的实际需求。但是,统筹层级较低导致统筹基金总量较小,抵抗居民疾病经济风险的能力较弱。如果以市级或者省级为层次进行统筹,统筹基金的总量更大,抵抗居民疾病经济风险的能力更强,但是制定医保政策的时候由于需要通盘考虑,最终的医保补偿方案可能是兼顾各种可能性的结果。因此,在部分区域医保方案与居民的实际需求可能会产生较大差距。

但不论是集权还是分权,各级机构的资源配置应与其功能定位相一致,工作岗位也应该体现出权力和责任的对等,因此需要对各级机构进行卫生监督工作。卫生监督是指国家授权卫生部门对所辖区内的企业、事业单位贯彻执行国家的卫生法令、条例和标准的情况进行监督和管理,对违反卫生法规并造成危害人体健康的情况,进行严肃处理。卫生监督又分为医疗卫生监督、公共卫生监督、环境卫生监督、计划生育监督、传染病与学校卫生监督、职业卫生监督。由于卫生监督职责范围宽，容易与卫生行政部门、质量监督部门、安全监督部门等存在分工不明、责任不清、互相推诿的现象。我国现阶段卫生监督工作中存在的一些困境与组织权责不对等有一定联系。因此，需要认真梳理执法依据，科学和合理地分解不同执法岗位的职权和具体执法责任，以确保将卫生监督的职责落实到岗。

(六) 正规化及精简高效原则

虽然我国传统医学强调辨证施治、一人一方，但是目前我国卫生服务体系是以西医为主，特别强调临床治疗的规范化和标准化。为了控制不合理的用药和治疗，我国许多医疗机构开始实施临床路径。

临床路径是指针对某一疾病建立一套标准化治疗模式与治疗程序，是一个有关临床治疗的综合模式，它是一种以循证医学证据和指南为指导来促进治疗组织和疾病管理的方法，最终起到规范医疗行为、降低成本同时提高医疗服务质量的作用。临床路径的使用，不仅确保患者得到正规化的治疗，还避免服务不足或者服务过度。由于临床路径是在确保治疗效果前提下设计的最规范的优化治疗方案，因此，也避免了医疗资源的浪费，体现了精简高效的原则。

第四节 组织结构与设计的发展趋势

一、组织结构的发展趋势

(一) 学习型组织

20 世纪 90 年代初期，西方出现了一场声势浩大的"组织再造"运动，核心思想是把原来的金字塔形的组织结构扁平化。传统的组织组织结构多为金字塔形的，其优点是结构严谨、等级森严、分工明确、便于监控等。随着社会的发展和时代的变迁，特别是经济全球化进程的加快和市场竞争的加剧，这种组织结构的弊端已日益显露。而所谓扁平化，就是压缩组织的纵向结构，减少中间层次，增大管理幅度，促进信息的传递与沟通。

1965 年美国麻省理工学院佛瑞斯特提出了"学习型组织"的最初构想。1990 年佛瑞斯特的学生彼得·圣吉博士将他们的辅导与研究成果写成《第五项修炼——学习型组织的艺术与实务》一书，介绍如何通过一套修炼办法提供组织整体运作的"群体智力"，提高组织的竞争力。1994 年圣吉又推出了《第五项修炼》的续集，从而形成了理论与实践相结合的较为系统的学习型组织理论。

所谓学习型组织，是指通过培养弥漫于整个组织的学习气氛、充分发挥员工的创造性思维能力而建立起来的一种有机的、高度柔性的、扁平的、符合人性的、能持续发展的组织。这种组织具有持续学习的能力,具有高于个人绩效总和的综合绩效。

彼得·圣吉用"五项修炼"高度概括了学习型组织的核心要素,即建立共同愿景、团队学习、改变心智模式、自我超越、系统思考。建立共同愿景,透过组织共识,保证大家努力的方向一致,为组织目标奋斗。组织团队学习,通过集体思考和分析,找出个人弱点,强化团队向心力。改变心智模式,组织的障碍,多来自于个人的旧思维,例如,固执己见、本位主义,唯有通过团队学习,以及标杆学习,才能改变心智模式,有所创新。鼓励队员自我超越,个人有意愿投入工作,专精于具有工作技巧的专业。个人与组织愿景之间有种"创造性的张力",正是自我超越的来源。系统思考通过资讯搜集,掌握事件的全貌,以避免见树不见林,培养综观全局的思考能力,看清楚问题的本质,有助于清楚了解因果关系。

尽管学习型组织的前景十分迷人,但如果把它视为一贴万灵药,则是危险的。事实上,学习型组织的缔造不应是最终目的,重要的是通过迈向学习型组织的种种努力,引导出一种不断创新、不断进步的新观念,从而使组织日新月异,不断创造未来。

(二) 虚拟组织

20世纪90年代以来,随着科技进步和社会发展,世界经济发生了重大变化。人们根据自己生产、工作和生活的需要,对产品的品种与规格、花色式样等提出了多样化和个性化的要求,组织面对不断变化的市场,为求得生存与发展必须具有高度的柔性和快速反应能力。为此,现代组织向组织结构简单化、扁平化方向发展,于是就产生了能将知识、技术、资金、原材料、市场和管理等资源联合起来的虚拟组织。

虚拟组织的概念是肯尼斯·普瑞斯和斯蒂文·I·戈德曼在共同完成的题为《21世纪制造组织研究:一个工业主导的观点》的研究报告中首次提出的。这份报告总结出:在全球竞争越来越激烈、市场环境日益变化的情况下,单个组织靠自身内部存量资源的组合已不能满足急速变化的市场需求。为了解决这一矛盾,此报告首次提出了虚拟组织的概念。

虚拟组织是指两个以上的独立的实体,为迅速向市场提供产品和服务,在一定时间内结成的动态联盟。虚拟组织是一种区别于传统组织的一种以信息技术为支撑的人机一体化组织。其特征以现代通信技术、信息存储技术、机器智能产品为依托,实现传统组织结构、职能及目标。它不具有法人资格,也没有固定的组织层次和内部命令系统,而是一种开放式的组织结构。在形式上,没有固定的地理空间,也没有时间限制。组织成员通过高度自律和高度的价值取向实现共同的团队目标。

虚拟组织形式的形成、发展应当归功于信息网络的发展。虚拟组织的组织结构像计算机一样,通过应用外部设备扩大自己的功能。同时,由于全球范围中无边界的商业活动的高速发展,使组织必须与其供应商、分销商,甚至竞争对手之间建立起合作的关系。因此20世纪90年代以来,出现了虚拟组织这种趋势,使一些组织决定只从事自身擅长的活动,而将其他的功能交由外部机构完成。特别是在电子行业,这种结构颇为盛行。这种关系网络使组织兼有机械结构和有机结构所具有的高效性和灵活性,被一些管理学家称为21世纪的组织模式。

虚拟组织形式有着强大的生命力和适应性,它可以使组织准确有效地把握住稍纵即逝的市场机会。在虚拟组织平台上,组织间的创新协作可以实现优势互补、风险共担。在网络环境下,组织用虚拟组织的形式组织生产与研发工作,这样可以适应全球化竞争的态势,更好地满足消费者的多变需求,使组织快速发展。

但是,虚拟组织作为一种创新型的组织形式,在理论上还很不完善,在实践中的应用还非常有限。因此,还需要从理论和实践上进行不断的探索。

三、组织设计的发展趋势

(一) 组织结构的创新

任何组织机构,经过合理的设计并实施后,都不是一成不变的。它们如同生物的机体一样,必须随着外部环境和内部条件的变化而不断地进行调整和变革,才能顺利地成长、发展,避免老化和死亡。因此,组织结构创新是组织自身发展需要产生的行为。

组织结构创新所涉及的因素覆盖了组织结构的方方面面,如管理层次和幅度、集权分权程度、专业化程度、制度化程度、信息沟通系统、指挥系统等。组织结构的创新有利于组织实现成本最小化和效益的最大化,从而提升组织的核心竞争力,保证组织能够持续地生存下去。组织结构的创新体现在组织层级的扁平化、组织规模的虚拟化和无边界化,以及组织管理的柔性化等。

(二) 组织规模的两极化

现代组织规模正呈现两极发展的趋势:大型化和小型化。随着社会生产力的发展,生产的社会化、机械化、自动化得到了极大提高,这就需要建立与之相适应的组织形式,从而获得规模经济效益、充分发挥专业化管理的作用、实行多元化管理,从而分散运行风险。

而在技术革命推动下,专业化程度的提高使社会分工越来越细化,从而为中小组织开辟了新的发展舞台。中小组织由于人员少而精、办事效率高,经营灵活且适应能力强,中小组织的生存和发展提供了社会广泛的就业岗位和经济增长的动力,成为了社会和经济的重要组成部分。

(三) 组织结构的网络化

组织结构的网络化趋势是与组织结构的信息化相一致的。随着信息技术的飞跃发展,信息的传递不必再遵循自上而下或自下而上的等级层次,就可实现部门与部门、人与人之间直接的信息交流。网络成为信息的传播渠道,网络化的趋势必然会加强。网络组织最本质的特征在于强调通过全方位的交流与合作实现创新和双赢。基于精确和精细化的信息管理,有助于提高组织的系统运行效率。

但是,网络化并不能完全取代组织中的权威原则和指挥链,而且网络组织中的层级结构需要始终保持,否则组织就会出现混乱。所以组织结构的网络化只是促使组织结构层级扁平化的手段。

本章小结

组织结构是指为了完成组织目标而设计的组织内各要素的排列顺序、空间位置、聚散状态、联系方式以及各要素之间相互关系的一种特定安排,是组织内部分工协作的基本形式或框架。经典的组织结构包括直线型、职能型和直线职能型、事业部型、矩阵型。在组织结构的设计中要注意6大关键因素,即工作专门化、部门化、指挥链、管理幅度、集权与分权和正规化。以及与这些因素相对应的6项设计原则:专门化分工原则、精简高效原则、统一指挥原则、控制幅度原则、权利对等原则和因事设岗原则。组织结构的设计还会受到目标与战略、规模、组织技术、环境和文化5大权变因素的影响。

在卫生领域中,这些经典的组织结构、设计关键因素、设计原则和权变因素都可见其具体的体现。然而,卫生领域因其技术含量高、信息高度不对称以及高风险等的行业特征,组织结构和设计的基本原理在卫生领域中既有经典的继承,也有一定的变革和发展。

此外,随着社会和科技的进步,组织结构也在不断发生变化,目前的组织结构正在朝着扁平化和无边界化发展,因此出现了学习型组织和虚拟组织等新型的组织结构。而组织设计也在不断创新,组织规模也出现两极化的发展趋势,并且由于信息化的普及,组织结构也出现了网络化的趋势。

复习思考题

1. 经典的组织结构的类型有哪些?各自有何优缺点?
2. 组织设计中的关键因素有哪些?组织设计应该遵循哪些原则?
3. 哪些权变因素对组织设计会产生影响?

案例分析题

局长的烦恼

下班时间已过很久,江城市卫生局王局长还坐在办公室里,苦苦地思索着:我自上任以来,整日为局里的事忙碌,为什么总也处理不完那些令人烦恼的纠纷事?这不,刚从办公室走出去的科研处柳处长就是来汇报工作的。柳处长的心情也不好,他一方面诉说他们处的5位副处长如何不齐心,另一方面又说他们如何地不支持他的工作,使他感到工作十分困难,甚至屡遭挫折。科研处今年的工作计划虽已讨论过几次了,但意见还是不能统一,致使该处的年度工作计划迟迟拿不出来。

回想起来,江城市卫生局为本市人民办了许多实事。在医疗、疾病预防和医学教育等方面的成绩是突出的,曾多次荣获"市先进集体"的称号。王局长在这里工作30余年,从科员升为科长,从科长升为处长,又从处长升为局长。几年前他主持局里工作后,很重视与上下级同志们的关系,很能体贴下属的甘苦。局里不少人都说王局长是位"好人",他自己也常常这样想，我能当上局长全靠老同志们的支持，只有安排好他们的工作职务，才能对得起他们，才能维护好自己的领导地位。

于是，他多方努力，说服上级，打通环节，增设机构，把许多老部下、老同事都一一做了"合理"安排。结果，使这个局原有的4个处扩展为10个处；原来每个处辖3个科，现在扩展为5~6个科；原来每个处(科)只设2~3个正副处(科)长，现在扩展为5~8个正副处(科)长。王局长原以为这是一种巧安排，既照顾了老同事、老部下，又加强了自己的领导地位，工作一定能更好地开展。谁知，却事与愿违，一干工作就互相纠纷，互相推诿，办不成事。

科研处柳处长反映的情况如何妥善解决？王局长还没有理出一个头绪来，又突然想起医政处李处长约他明早8时向他汇报工作。不用说，一定又是那件已协调过几次，至今仍未得到彻底解决的问题，唉！这样下去可怎么办呢？

(引自：毛磊,戴志澄,毛正中,等.卫生管理教学案例.北京：科学普及出版社,1990.)

★ 思考问题

1. 从案例可见，王局长在工作中违背了组织设计的哪些原则？
2. 为什么违背这些原则会导致目前的困境？
3. 怎样做可以帮助王局长摆脱现在的困境？

第十三章

组织文化

> **学习目标**
>
> 1. 掌握组织文化的基本概念。
> 2. 理解基本的组织文化建设过程。
> 3. 熟悉组织文化如何传递给组织成员。
> 4. 理解在卫生领域进行组织文化建设的基本过程。
> 5. 理解创建符合道德规范的卫生领域组织文化的基本过程。

> **引例与思考**
>
> 北大与清华是我国国内最顶尖的两所高校,能跨入北大、清华大门的学生可以说是我国中学生中的佼佼者。两所学校相邻而立,有趣的是这些具有相当智商与学习能力的同学们,在经过几年不同学校生活的洗礼后,从思想到行为均悄悄地发生着变化,这些变化深刻地影响着同学们对相关问题的理解、思考与感受。正如人们所形容的:北大学生大多思想自由、热情奔放、个性张扬、喜欢交际、善于交流沟通;清华学生则多数含蓄稳重、勤奋严谨,团结协作精神强,不达目标不罢休。为何短短的几年时间,在不同学校文化与学校精神的熏陶下,同学们自身的个性会产生如此显著的差异呢?学校文化又是如何传递并影响着莘莘学子?

组织文化是促进组织成员遵守承诺并承担义务的主要动力之一,众多研究显示,组织文化对组织成员的向心力及工作满意度、组织的工作绩效及决策等方面均能产生不可忽视的影响。本章首先介绍组织文化的内涵,并对它的结构、内容及其影响组织及组织成员的工作态度与行为的方式进行讨论。紧接着探讨组织文化的建设路径,组织成员如何从正式的社会化实践与非正式场合了解组织的文化,管理者如何进行组织文化的评价并着手组织变革。

然后着重介绍组织文化在卫生领域中的应用。本章最后探讨组织文化的发展趋势。

第一节　组织文化概述

组织文化(organization culture)又称为企业文化或管理文化。组织文化以价值观为核心,是组织的灵魂,是现代组织管理中不可或缺的重要组成部分。优良的组织文化能创造出和谐、上进的组织氛围,产生源源不断的动力,对组织正向发展起巨大的推动作用。

一　组织文化的内涵

(一) 组织文化定义

1970年,美国波士顿大学的戴维斯(Keith Davis)教授在其所著的《比较管理——组织文化的展望》一书中率先提出"组织文化"的概念。虽然国内外学者对组织文化在组织运作中所扮演重要角色已达成共识,然而学者对组织文化的定义,目前仍存在一定的分歧。沙恩(E. H. Schein, 1985)指出组织文化是一个具体群体在学习应付外部适应和内部承认的问题中已创造、已发现、或已发展的一个基本假设模型。丹尼森(Denison, 1990)认为组织文化是扎根于组织成员所特有的价值观、信仰与假设的组织深层价值结构。默赫特和格列芬(G. Moorhead 和 K. Griffin, 1995)提出组织文化是一套帮助组织内的员工理解什么行为是可被接受的、什么行为是不可被接受的价值观。罗宾斯(S. P. Robbins, 2004)认为组织文化是组织成员共享的一套能够将本组织与其他组织区分开来的共同价值观体系。

综上,可见组织文化是某一特定组织内部共享的一套由价值观、信念、仪式、符号、处事方式等组成的文化形象。其中,价值观(value)是组织成员用来决定某一类型的行为、事件及处理结果是否可取的总体标准及指导原则。组织文化起始于价值观与信念,而落脚于组织中各成员的行为表现。

简而言之,①由于组织的某项价值观与信念,在组织内部协调成员彼此的行动及分析解决问题的过程中运行效果良好而得到认可;②组织成员在彼此身上学会如何按照组织认可的价值观来应对各种情形,且这些内容被逐步传授给新成员以作为理解、思考和感受相关问题的正确方法;③借由组织文化的传承,组织成员间共同形成一套心悦诚服、共同接受的行事法则,即形成群体的自觉行为,或者说是群体的共有行为习惯。这就是所谓的"一人的习惯叫性格,十人的习惯叫风气,百人的习惯便可称为文化"。价值观与信念从细微处着手,通过组织文化对组织成员行为产生强有力的影响。

(二) 相关概念辨析

1. **组织文化与制度化**　制度化(institutionalization)是组织文化的前奏,是指组织内部具有个性化特征的、不固定的社会生活方式,逐步向被普遍认可的固定化模式转化的过程。现实中,当某一组织开始提供有价值的产品与服务时便产生了组织的价值。但只有当组织开始了制度化才能使得组织价值自身具有长久的生命力,即使面临组织缔造者或任何重要的组织成员离开,抑或是当组织最初设定的目标不再适用时,制度化后的组织仍能独立存在并重新设定其新的目标。组织的制度化运行使得组织成员对于"何为有意义的行为"这一问题,有了共同认可的答案。因此,只有通过组织制度化才有可能形成固定的组织文化。

2. 组织文化与亚文化　一般而言,组织文化指的是大多数成员所认可的核心价值观,即主文化。与此同时,组织内部在不同部门、不同地理区域组织、不同职业人群中还存在着极具个性的组织亚文化。组织亚文化中分为两个部分：①亚文化拥护组织的主流价值观与信念,从而强化了主文化；②亚文化与组织主流价值观相对立,称为反正统文化。这些亚文化同样影响其成员的行为。

亚文化具有两大功能：①可以作为监督与批评主文化的重要来源,促进组织保持合理的绩效与符合道德的行为标准；②随着社会的变迁,当组织主文化不再适应不断变化的社会环境时,亚文化便成为可替代价值观产生的摇篮,促进组织在较短时间内形成与组织成员、客户、供应商及其他社会团体的利益相匹配的新型组织文化。

3. 组织文化与民族文化　民族文化指某一民族在历史发展过程中创造和发展起来的具有本民族特点的物质与精神文化。组织文化是在组织建立与发展过程中树立形成的,组织文化与组织所在的环境息息相关。

组织文化根植于民族文化,民族文化是组织文化创新的原动力和推动者。民族的文化受到不同民族的历史传统和社会经济、政治背景等因素影响,相应的根植于民族内部的组织文化的核心思想必然会打上深深的民族印记。同时,民族文化是跨文化管理的基础。在当前经济全球化的背景下,跨文化管理的组织文化只有和当地的民族文化相吻合,才能有效发挥作用。

4. 组织文化与工作满意度　工作满意度,关注组织成员对组织工作环境、薪酬体系等相关方面的期望及期望满足程度。组织文化则关注的是员工如何看待组织文化特征,而不是他们是否喜欢这些特征。换而言之,两者最大的区别是：组织文化是一个描述性概念,而工作满意度是一个测量性概念。

组织文化的认识

(一) 组织文化的结构

一般认为,组织文化由精神、制度、行为和物质文化 4 个层次结构构成。

1. 精神文化层　是组织文化的核心层,由组织的核心价值观与信念组成,是广大组织成员共享并共同遵循的意识形态,例如：管理哲学、思想道德观念、敬业精神、人本主义价值观念等等。

2. 制度文化层　属于组织文化的中间层,是由精神文化向物质文化转化的中介,是人们最易感知的部分。制度文化必须适应精神文化的要求,与此同时它又是精神文化的基础和载体,对精神文化起反作用。制度文化主要是指对组织和组织成员的行为产生规范性、约束性影响的部分,例如体现组织特色的各种规章制度、道德规范和员工行为准则等。其中制度是对员工的强制性要求,即要求员工"必须如此";而规范则是指导性要求,希望员工"应当如此"。

3. 行为文化层 是指组织成员在生产经营、教育宣传、人际关系中产生的活动文化。它是组织经营作风、精神风貌、人际关系的动态体现,涵盖组织经营活动、公共关系活动、人际关系活动、文娱体育活动中产生的文化现象。

4. 物质文化层 是组织文化的表层部分,它是组织创造的物质文化,是形成精神文化层与制度文化层的物质基础,涵盖组织标识、组织建筑、产品式样及外观、文化体育生活设施、组织文化传播网络等文化现象。

(二) 组织文化的内容

从组织文化的形式看,其内容可以分为显性与隐性两大类。

显性组织文化是指那些人们通过视听器官能直观感受到的、符合组织文化实质的物化产品及精神行为表现内容。包括组织的标志(组织文化特色的外化标志,如厂牌、厂徽、商标、厂旗、厂歌、厂服、标志性建筑等)、工作环境(包括办公楼、厂房、俱乐部、图书馆等)、规章制度和经营管理行为等内容。它们是组织文化的重要组成部分,但它们还不是组织文化的根本内容。

隐性组织文化是组织文化的核心与灵魂,直接影响组织成员的精神活动,在组织文化中起根本性的决定作用。包括组织哲学、价值观念、道德规范、组织精神等内容。

(三) 组织文化的影响因素

组织文化是组织外部环境与内部环境共同作用的结果,因此组织文化的影响因素同样涵盖外部环境影响因素与内部环境影响因素两方面。

1. 外部环境影响因素 主要包括经济体制、政治体制、社会文化、社会科学技术与生产力发展水平及地理位置。①国家的经济体制与政治体制均对组织文化有着普遍影响力。②组织在社会外部环境中生存,组织文化的发展也必然受到社会文化环境的影响,同时受到社会科学技术与生产力发展水平的制约。③各个组织都有其独特的空间地理位置特征,不同的地理位置承载着诸如社会环境、民族习俗、市场化程度、资源分布等特征信息,从而直接或间接地影响着组织文化。

2. 内部环境影响因素 主要包括行业特点、员工特点及组织历史传统。①各个行业尤其特殊的技术经济特点,不同行业中的组织文化也必然带有明显的行业特征,例如世界各国的铁路与航空运输业普遍较零售服务业的组织纪律要严明许多。②组织成员,尤其是组织领导者的思想素质、文化素质及技术素质等个性化特征直接影响到组织文化的营造与维系。③任何一个组织的组织文化都经历了一定时期的营造与维系发展过程,因此组织的历史传统是维系或变革组织文化时必须认真调研及严肃对待的内容。

纵观组织文化的结构、内容与影响因素可发现：①组织文化的核心问题即"价值观问题"。因此，实践中对组织文化的分析应以"价值观"为核心，用"整体"的观点，并整合组织历史文化认知和行为特征。②组织文化在短时间内相对稳定，但随着组织内外部环境的变迁，从长远看，需要以"可变"的视角进行组织文化分析。

(四) 组织文化的作用

组织文化对组织的作用可以分为内外两个方面。①组织文化直接对组织成员及组织的内部经营管理产生影响；②组织文化能直接或间接地通过组织成员影响组织与内外部环境互动的方式与结果。关注影响结果还会发现，组织文化除了能对组织及其成员产生积极正向的影响，同样还可能对组织的发展起到消极作用。

1. **积极作用**　对于相关组织而言，其组织文化具有标识、适应两项积极作用；而对于相关组织成员而言，其组织文化具有凝聚、激励、导向行为控制3项积极功能。

(1) 标识作用：组织文化具有标识并界定边界的作用。也就是说，通过比对特定的组织文化，可将某一个组织与其他组织区分开来，其本质是建立相关组织的信誉。相关组织通过构建具有鲜明个性特点的组织文化，可便于社会公众更多地了解组织，更深入的认识组织，使得组织获得更好的发展。

(2) 适应作用：任何组织均处于开放系统中，需要与其周围的环境实时互动。因此，适宜的组织文化具有促进组织适应组织环境的功能。一般而言，能促进组织适应环境的组织文化具有以下特征：它们关注组织内部成员、服务群体及其他社会团体的利益；为了满足相关利益团体的利益他们会时刻关注组织环境的变化，并为适应组织环境的变化而积极创新。

(3) 凝聚作用：文化是虚无缥缈、不可捉摸的东西，但文化同时又是极为有效的黏合剂，具有增强社会系统稳定性的功能。组织文化作为一种意识形态控制机制，它通过强化组织价值观，为组织成员提供言行举止的恰当标准，在确保价值观得到很好的执行的同时，帮助把整个组织更好地凝聚起来，并确保凝聚后的组织中，成员们行动一致，具有协同高效的活动效率。

(4) 激励作用：组织文化同样通过在组织成员中培养共同理想，强化事业心与责任心来起到强大的激励作用。激励作用还可分为组织整体激励与个体激励两部分。其中组织整体激励是在相关组织核心价值观确定的基础上，确立组织发展目标，通过各种文化行为对全体组织成员的行为产生的激励作用。个体激励是在组织整体激励的基础上，将组织的整体发展目标进一步细化，激励作用表现为通过分目标的达成体现其个体价值。

(5) 导向及行为控制：组织文化在相关组织及组织成员中起到"方向盘"的作用。组织文化，一方面倡导组织成员们服从组织的价值观体系，明确组织的努力方向与价值取向；另一方面引导和控制组织成员的态度和行为，促使他们认同并致力于比个体的自身利益更高层次的事物（组织价值观）。现实中这种导向作用可以通过指示或暗示的多种方式深入影响到组织成员的灵魂，形成组织内部的自然共识。

此外，组织文化的约束作用表现为：现实工作中，只有符合组织文化所倡导的理念与行为规范的员工才能被组织所接纳，而违背这些规则的组织成员将受到不同程度的责罚，并且唯有遵循上述规则并努力争取奖励的员工才有可能获取晋升的机会。组织文化的约束作用不仅仅通过相关组织的规章制度与管理规定来实现，更多的是通过全体组织成员形成的无形群体压力所营造的约束与规范性环境。

2. 消极作用　组织文化具有众多的积极作用，但与此同时也具有一定的消极作用，主要表现在不利于组织的变革、重组与多元化发展。

（1）不利于组织变革：如前所述，制度化后的组织会依照共享的组织价值观逐渐形成相对稳定的组织文化，该组织文化会伴随组织的发展逐渐强化。当组织发展适应组织环境时，组织文化能起到正向作用。但当组织环境发生剧烈变化、现有组织文化已不适应其发展时，组织文化会在一定程度上掩盖那些应该受到质疑与分析的行为习惯，并认为其理所当然。

（2）不利于组织重组与多元化发展：伴随着全球一体化进程的加快，越来越多的组织面临资源重组与组织多元化管理。这一时期，不同组织文化、不同民族、不同国家、不同文化背景、不同信仰的组织成员共同纳入一个具有独特组织文化个性的全新组织中。在这一过程中，强势的原组织文化要求新组织成员们接受其核心价值观，否则难以融入组织或被组织接受。因此，组织文化差异较大的组织难以顺利形成兼容的组织新文化，从而阻碍组织重组。即便组织文化差异较小的组织成功融合，当新成员全盘接纳并融入组织的核心价值观后，不同组织及成员给原组织带来的多元化优势也会随之丧失。因此，当不同组织的文化差异得不到很好的处理时，组织文化有可能成为组织多元化的束缚。

三　组织文化的主要类型

依据组织文化的特征与差异可对组织文化进行分类，具体分类方法众多，其中较有代表性的是桑南费尔德与哈里森分类方法。

（一）桑南费尔德的分类

按照组织文化的内在特征，杰弗里·桑南菲尔德提出了一套标签理论，确认了学院型、俱乐部型、棒球队型、堡垒型4种文化类型。

1. 学院型　学院型组织文化的特征是注重组织成员的学习、成长与进步。这种组织喜欢雇用年轻的大学毕业生，并为其提供大量的针对性培训，并指导他们在特定的职能领域内从事各种专业化工作，谨慎地引导他们通向各专业领域的塔尖。具备该类型组织文化的组织是员工成长的沃土，它会为每一位试图掌握各项新技能的组织成员提供足够的空间和氛围。

2. 俱乐部型　俱乐部型组织文化的特征是注重组织成员的忠诚度与承诺。该类型组织中成员的资历、年龄和工作经验是其成长及晋升的关键因素。不同于学院型组织的专才培养，俱乐部型组织更倾向于把组织成员培养成为通才。政府机构及军队组织多为俱乐部型。

3. 棒球队型　棒球队型组织文化的特征是鼓励冒险与创新。不同于俱乐部型组织对资历年资的关注，该类型组织以成员的工作绩效水平为唯一衡量标准。棒球队型组织从不同年龄与经验的人群中搜寻适宜人才,以高薪为激励,对工作出色的组织成员给予巨额奖酬和较大的自由度,因此一般组织成员工作积极性较高。在会计、法律、投资银行、咨询公司等知识密集型组织中棒球队型组织较为常见。

4. 堡垒型　堡垒型组织文化的特征是着眼于生存。该类型组织多年前可能归属于学院型、俱乐部型或棒球队型的组织文化,但目前组织处于困难衰落时期,逐步从原先的组织文化过渡到尽力来保证组织生存避免破产的堡垒型组织文化。这类组织中组织成员的工作安全保障较为不足,但对于喜欢流动性工作的组织成员,仍具有一定的吸引力。堡垒型组织在连锁零售店、林业产品公司等组织中较为常见。

(二) 哈里森的分类

按照组织中权力的集中与分散程度,罗杰·哈里森提出,将组织文化分为权利文化、角色文化、任务文化及人本文化4种类型。

1. 权利文化　又称为独裁文化,权利文化型组织,权利高度集中,组织由一个人或一小群领导掌控,组织运行过程中不看重正式的组织结构和工作程序,要求组织成员对组织管理者极度忠诚。但一般而言,伴随着组织规模的逐渐扩大,权利文化型组织的原有文化将难以适应组织的发展,从而分崩离析。

2. 角色文化　又称作用型组织文化,该类型组织文化的特征是安全与稳定,该类型组织喜欢按部就班,组织成员的个人主义与活力被看作是一种威胁,他们希望组织成员表现出迟缓、稳定的忠诚。因此,一般具有角色型组织文化的组织难以适应外部环境中的变化。

3. 任务文化　又称使命型组织文化,该类型组织文化以任务或项目为中心,以"公平竞争"为特点。该类型组织一般是围绕项目小组为中心组建起来的:组建一个团队,执行一项任务,任务完成后解散团队,然后再为完成下一个项目组建新团队。

4. 人本文化　又称个性型组织文化,该类型组织文化以个人为中心点,强调"平等"。该类型组织允许每个组织成员按照自己的兴趣和才智工作,同时保持组织内部的互惠互利的关系。该类型文化富于创造性,有利于新观点、新思想的孕育,通常为学术机构、设计公司、广告公司,或律师事务所采用。各类型组织文化的组织会相应地吸引不同个性的人才加入其中。组织成员个性与组织文化的匹配程度影响其职位晋升的高度及难易程度。

第二节　组织文化建设

组织文化并不是凭空冒出来的,它通常是在一定的组织环境中,为适应组织生存发展的需要,首先由少数人倡导和实践,再经历较长时间的传播和规范化管理而逐步稳定形成的,它一旦形成便很难消失。那么现实中任意组织的文化是如何从无到有被营造出来的呢?在组织文化建立后,组织又是如何强化并维系适应组织环境发展的组织文化呢?此外,很多时候管理者面临的问题是:伴随着组织内外部环境的变迁,当组织文化与组织环境不相适应时,如何管理并影响组织文化,如何通过组织文化变革带动组织变革。例如,IBM 前主席郭士纳通过"热烈拥抱"计划,消除员工对客户的冷漠,实现 IBM 以客户为导向的企业文化转变。通过企业文化转变,IBM 公司取得了社会与经济效益的巨大成功。可见组织文化的营造、维系与变革构成了组织文化建设的主要内容(图 13-1),它们是管理者非常重要的职责。本节将逐一介绍以上内容。

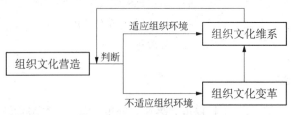

图 13-1 组织文化建设路径示意图

一、组织文化的营造

组织文化一般都要经历一个逐步完善、定型与深化的过程。其中,最初在组织文化营造或产生阶段,很大程度上受到组织创始人的影响。例如乔布斯虽已逝去,但他对苹果公司组织文化的影响将会长时间的保持下去。

新建组织在成立之初,一般规模较小,一位或数位组织的高级管理人员(创始者)依据他们各自的价值观、道德取向、个性特征、行为方式、决策风格、经营理念等构建组织发展的战略蓝图。之后,创始者制订相应的制度规定(包括生产规范、生产创新、薪酬等政策)实施组织发展战略,与此同时将相应形成的组织核心价值观与信念强加给组织成员。新观点需要接受实践检验,于是组织成员便依照组织策略进行组织经营,依照核心价值观指导自己的行为,并且在这一系列组织战略的指导下,经过很长一段时间组织经营取得成功。最终,在不断总结经验教训的基础上,完成了组织文化的最初营造过程。该过程既包含了组织创始人的创新思想,同时也整合了组织成员实施这些策略的经验体会(图 13-2)。

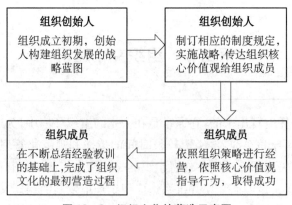

图 13-2 组织文化的营造示意图

二 组织文化的维系

组织文化的营造受创始者的影响巨大,但并不代表这一影响将亘古不变的存在。只有适应组织环境的组织文化在创立后将被保护起来,组织内部会采取一系列措施来保持其活力,这一过程称为"组织文化的维系"。

遍布世界各地的迪士尼主题公园里的员工几乎都是美丽、整洁、健康的形象,并且脸上永远挂着灿烂的笑容,这绝不是偶然的,迪士尼公司正是按照他们的组织文化要求寻找符合该形象特征的员工,并在员工入职后,借助于规章制度要求员工的形象及行为与组织文化要求相兼容。可见组织文化的维系主要包括新员工的甄选、高级管理者的文化渗透员工的组织文化学习3部分内容。

(一) 对新员工的甄选

新员工甄选过程的主要目标是筛选并雇用那些有知识、技能和能力成功开展组织工作的人。一般情况下,前来应聘且符合相关能力要求的求职者人数绝不止一人,因此就需要决策者进行人员的甄别与筛选。其中甄选的主要内容即应聘者的价值观与组织价值观的匹配程度,并且甄选行为是双向选择的过程。一方面,决策者为确保员工与组织文化的有效匹配,会有意或无意地选择与组织价值观大致相同的应聘者;另一方面,应聘者也会通过组织传达的相关信息进行自我判断,如发现自己的价值观与组织价值观存在一定程度冲突,他们一般会权衡后自动退出候选人之列。因此,新员工的甄选过程是组织文化维系的第一步,这一过程有效避免了雇主和求职者在价值观上的错误匹配,一定程度上筛检了那些可能对组织的核心价值观构成攻击或威胁的人员进入组织。

例如,应聘阿里巴巴公司的技术或销售等各类求职者都要经历一系列令人精疲力竭的申请与选拔过程,包括网申、笔试及2~3轮面试。其中面试阶段近一半的内容是应聘者与公司价值观的匹配程度。①公司职位招聘通知上便会详细描述职位要求;②面试阶段公司会通过纸质材料、讲座、录像等手段将公司的价值观传达给应聘者;③经验丰富的面试官会与应聘者进行深入面谈,着力评价应聘者的价值观,发现其是否具备公司倡导的思维方式。据此完成新员工的甄选过程。

(二) 高层管理者的文化渗透

组织文化基于共同的价值观,组织高层管理者是组织战略方向的掌舵人、行为规范的制订者,其言行举止(包括个人行为和战略行动)对组织文化的渗透有着极为重要的影响。其中,个人行为包括管理者的言行举止、着装表现等;战略行动包括薪酬、晋升等奖励政策等。

1. **文化渗透的主要方法** 实践中,高层管理者进行组织文化渗透的方法很多,其中较为有效的方法如下。

(1) 示范法:即组织管理者通过总结宣传先进模范人事迹、表扬好人好事等方法,给广大组织成员提供直观性的学习榜样。这些宣传、示范的事迹与行为,便是与组织文化核心价值观与道德行为规范相符合的样板。通过这种示范宣传工作能把组织文化很好的传达给组织成员。

(2) 激励法:即组织管理者综合运用精神、物质鼓励的方式,如开展技能竞赛、评先进、改革薪酬分配与奖励制度等,在满足组织成员合理精神、物质要求的同时,嘉奖鼓励其符合组织文化要求的行为。

(3) 灌输法:即组织管理者通过讲课、报告会、研讨会等宣传手段将组织想要建立的文化目标与文化内容直接灌输给组织成员。

(4) 引导法:即组织管理者有目的地举行各种活动(包括各种文艺、体育和读书活动),培养组织成员的自豪感与向心力,引导其树立符合组织文化的价值观念与价值氛围。

2. 可利用的心理机制　高层管理者进行组织文化渗透的过程可以遵循以下几种心理机制,以达成事半功倍的效果。

(1) 心理定势:即心理上的"定向趋势"。它是指前期的心理活动所形成的准备状态,对以后的感知、记忆、思维、情感等心理活动和行为活动会起到正向的或反向的推动作用。在"新员工甄选"阶段,针对组织文化的相关信息(例如新员工应该具备什么样的思想、感情和作风)传达,自然会形成一定的心理定势作用。而"高层管理者的文化渗透"阶段,应更为详细且系统地把组织的管理哲学、战略目标、价值观念、行为准则、道德规范等信息传达给组织成员,使之形成稳固的、与组织文化相协调的心理定势。

(2) 心理强化:又称操作条件反射理论、行为修正理论。是指综合运用奖励、惩罚手段,强化某种心理意识,使某种行为得到重复或终止的过程。心理强化运用到组织文化的文化渗透中,就是要做到及时表扬或奖励与组织文化相一致的思想与行为,反之遇到与组织文化相悖的思想和行为时需要及时进行批评或惩罚。

(3) 模仿及从众心理:模仿是个体效仿他人行为的倾向。从众是个体在群体影响下放弃个人意见而选择与群体保持行为一致的社会心理行为。模仿与从众都是社会生活常见的人际互动现象。在组织文化渗透的过程中,管理者可充分利用一切舆论工具,宣传本组织文化。一方面利用模仿心理,带头效仿模范人物事迹;另一方面利用从众心理,促成全体组织成员行动上的一致性,共同达成有效渗透组织文化的目的。

(4) 认同心理:认同是指个体将其与其他组织成员视为等同,从而产生彼此密不可分的整体感的一种心理状态。这一心理状态可产生肯定性的情感,成为实现组织客观目标的驱动力。只有当组织成员充分认同组织管理者后,才能心甘情愿地接受他所倡导的价值观念、道德行为规范,从而完成组织管理者所期望的组织文化渗透。

(三) 员工的组织文化学习

1. 员工社会化　社会化(socialization)是员工逐渐了解自己在组织中被期望的行为举止,逐步掌握组织中必要的社交知识的这样一个过程。如前文所述,新员工刚加入组织时对组织知之甚少,他们只有尽快学习并掌握组织的价值观与道德行为规范,学会按照组织文化行为处事时,才有可能成为"合格的员工"并被老员工认可接纳为组织的一员。这一帮助新员工适应组织文化的过程称为"社会化"。社会化是一个持续的过程,从新员工加入组织的第一天开始,一直贯穿于他的整个职业生涯。其中新员工的社会化过程最为重要。

案例 13-1：
　　戴尔公司采取"新兵训练营"的方法进行新员工社会化培训。类似于部队中的新兵,戴尔公司的新员工会被送入戴尔训练中心接受为期 4 周的培训。培训内容为学习戴尔产品的基本软件与主要程序语言。训练即将结束时,6~9 名员工会被纳入小组,要求共同完成一个小项目,即解决戴尔现实中可能遇到的某一个商业问题。在该项目培训过程中,新员工将被指引着学习戴尔的基本价值观与道德行为要求,并学习如何向消费者提供符合组织文化特点的优质服务。

　　"新兵训练营"结束后,新员工还会被要求从事一周的"影子"活动。他们被要求仔细观察一位经验丰富的戴尔老员工如何开展其日常工作。在观察的同时,新员工可实时询问相关问题,并得到迅速有效的答复。这一过程中新员工进一步加深了对戴尔精益、消减成本的基本价值观的认识。

　　"新兵训练营"与"影子"活动都是戴尔精心打造的员工社会化过程。(引自:珍妮弗·M. 乔治,加雷思·R. 琼斯. 组织行为学. 第 5 版[M]. 北京:北京大学出版社,2010.484~485.)

一般,员工的社会化会经历 3 个阶段,即原有状态阶段、碰撞阶段和调整阶段(图 13-3)。

图 13-3　员工社会化的阶段示意图

　　原有状态阶段包括新员工进入组织之前的所有学习生活活动。处于该阶段的员工各自带有自己特征性的价值观、态度与期望。尤其在专业性较强的医务、科技、法律等工作领域,新员工在加入组织前的学校及培训过程中已经历了相当的前期社会化过程。

　　碰撞阶段始于新员工进入组织。这一阶段新员工将逐步了解组织的真实面目,并可能出现个人期望与现实状况相脱离的问题。但这样的问题出现后,员工必须逐步从自己之前的假设中摆脱出来,接受并认识到"当前组织就是这样的"。极端情况下,如员工始终不能接受组织的现实状况可能会辞职退出组织。一般而言,有效的新员工甄选过程可以较大程度的减少这种情况的发生。

调整阶段发生在新员工成功解决了碰撞阶段发现的问题之后。在这一阶段员工逐步掌握工作所需的各项技能,理解并接受组织的价值观与行为道德规范,成功地扮演自己在组织中的应有角色。完成这一阶段后新员工的社会化过程将告一段落。

现实中,新员工在社会化过程中对组织文化的吸收程度不尽相同。一些员工可以将组织文化深深地内化成自身的价值观,另一些员工则抗拒这种改变个人价值观的企图。理想的社会化结果是:新员工不仅能接受组织价值观及行为道德规范的基本要素,还能提供其他价值观,增加组织的文化多样性。成果的社会化培训可以极大地提高员工的忠诚度,促使其取得较高的工作满意度,并能在较大程度上降低工作离职概率。

2. 学习方式　员工主要通过故事、仪式、物质象征和语言进行组织文化学习。

(1) 故事:任一组织在发展壮大的过程中会经历众多大小不一的事件,其中蕴含组织文化核心价值观的、对组织的发展产生过重大影响的事件常被作为故事或传说而流传下来。这些故事常常扮演"行事处方"的角色,在组织成员遇到相似情境时,浅显易懂得告诉他们应该如何去处理、哪些行为可以做、哪些行为不能做。

(2) 仪式:是组织内部一系列重要并重复的活动内容,它是交流表达组织价值观及行为道德规范的重要活动。举办仪式的目标是传达哪些成员对组织是重要的,而哪些对组织是无足轻重的。仪式的种类包括代表组织成员加入、离开或职位提升的传承仪式;颁奖晚会、新闻发布会等表彰仪式;办公室聚会、公司野餐等组织成员交流仪式。

(3) 物质象征:组织的各种物质象征(包括组织标志、建筑布局、办公室设置、福利待遇等)也能向组织成员乃至组织外部成员传递组织的文化价值观。例如,一个组织中不同等级的组织成员的办公室大小、楼层设置,办公室内部的家具豪华程度,都默默地传达着:组织内部谁是重要人物、组织管理者期望的平等程度以及哪些行为类型是恰当且被组织认可的等信息。例如,美国铝业公司总部的办公室设置比较有特色。那里包括高管在内都很少有单独的办公室,所有人员的办公室都主要由格子间、公共区和会议室组成。这一物质象征传达着美国铝业的组织文化价值观注重灵活、开放、平等与创新。(引自:斯蒂芬·P·罗宾斯,蒂莫西A·贾奇.组织行为学.第14版.北京:清华大学出版社,2012.)

(4) 语言:组织的语言也是交流组织文化的重要媒介。组织口头交流语言或描述业务有关的产品、设备、管理者、关键人员、供应商、顾客等相关事件的特定术语一定程度上提供组织价值观的重要信息。此外,语言不单指口头语言,还包括组织员工如何着装、员工间如何交往等无形语言。硅谷诸如微软、谷歌和Facebook等组织中休闲着装蔚然成风,而联想公司为推行组织文化的年轻化改革,也开始效仿他们允许员工穿休闲服装上班,这一组织无形语言便很好地传达了联想管理高层希望实现的组织文化信息。

三 组织文化的变革

组织文化变革(changing organization cultures)是组织变革的组成部分,是组织基于自身处境的认识,为了更好地适应生存发展,更好地达成组织战略目标,而自主对组织文化进行修正、创新的过程。一般而言,组织文化变革根源于组织生存、发展的客观环境发生了变化,现有组织文化已不适应当前组织环境的需求。例如当前全球化、技术创新、劳动力多元化等环境变化都直接或间接地驱动着各个组织的文化变革。

(一) 组织文化变革的特征

组织文化一旦形成便具有较强的稳定性,变革并非易事,只有当领导者更替、组织重组或组织遇到危机时才有可能推动组织文化变革。组织文化变革一般具有以下特征。

1. 前期常遭遇阻力　组织文化的形成经历了一个长期的过程,在此期间组织的核心价值观及道德行为规范已扎根于每位组织成员的内心深处,并且组织制订了相应的规章制度强化这些价值观。因此,组织文化变革从来都不是一件易事,需要克服原有组织文化形成的行为惯性,从组织成员到组织结构都容易产生抵触情绪。这一阶段需要强化组织成员间的沟通,为组织文化做好充分的实现准备,以确保后续工作的顺利推行。

2. 中期从无序逐步过渡到有序　在组织文化变革的过程中,需要"破旧立新"。在旧文化体系破坏后、新文化体系未健全前,容易出现一种无序状态。经过无序状态后才能逐步建立起有序的新体系。

3. 后期由量变到质变　从中期无序到有序的新文化体系的建立过程需要较长的一段时间,需要由量变过渡到质变。即使在组织环境发生突变,要求组织文化进行突发性变革的情况下,组织文化也需要经历从量变逐步过渡到质变的变革过程。

(二) 组织文化变革的步骤

一般情况下,组织文化变革需要经历诊断、分析、执行3个步骤。

1. 诊断　组织文化变革需要从诊断组织文化现状开始。诊断阶段主要测评组织的现有状况,一般采取规范-差距分析方法,分析组织成员对现有组织文化的认同程度、组织成员期望的组织文化与现有文化的差距等。

2. 分析　组织文化变革根源于组织内外部环境变化,因此分析阶段主要分析组织的内外部环境,包括评估外部的政治、经济、文化、政策法律环境以及组织内部战略、技术、财务等因素,并分析组织现有文化与这些环境的不匹配程度。再通过内外环境分析结果,初步了解组织文化变革的方向,为执行阶段做好准备。

3. 执行　经过前期的诊断与分析阶段,便进入组织文化变革实施执行阶段。该阶段又可细化为制订文化变革计划、实施文化变革计划与固化新组织文化3个步骤。通过这3个步骤,组织成员重构认知,学习新的组织文化概念与观点,掌握新的行为与工作方式,并逐步认同、内化这些新变化。

综上,组织文化变革是极为困难的尝试。①在变革之初,管理者需要能洞悉组织表现与顾客需求、环境需要与组织文化之间的差距,初步明确组织未来的前进方向;②需要组织管理者具备坚强的改革决心。上述两点对于变革的顺利推行均至关重要。

第三节　组织文化在卫生领域中的应用

组织文化在卫生领域中的应用具有鲜明的行业特征。自古以来，医学被认为是人类道德文化高地，作为千万患者"性命相托"的组织，卫生领域相关组织文化的特点主要体现在：卫生事业要求体现"悬壶济世"的社会保障性；卫生行业承担"救死扶伤"的社会职责；卫生人员不仅要求具备"精益求精"的医疗技术，还要求提供"仁爱为怀"的公共性服务等方面。本节将关注于卫生领域组织文化，在介绍其应用的重要性与相关重要概念后，结合相关案例探讨实践中富有特色的卫生领域组织文化及其创建方式。

一、组织文化在卫生领域应用的重要性

(一) 组织文化是核心竞争力

国内外组织文化的相关研究已证明了组织文化是组织的核心竞争力。在简单的奖金与物质激励已不能对组织成员形成有效的号召与凝聚力的情况下，良好的组织文化体系可以有效地将全体成员的心凝聚在一起，帮助组织形成强大的行动力量。尤其当组织面临组织环境变革的时刻，组织文化对相关组织明确改革指导思想、理顺改革主线问题及全面推进改革进程，都有极为重要的意义。

(二) 卫生领域更应关注组织文化

组织文化是维系卫生领域相关组织生存与发展的精神支柱。卫生领域中充斥着知识分子密集和高新技术应用广泛的组织，他们难以简单地借用外部控制的方式进行管理，必须注重"脑袋"和"口袋"的双重投入。而且伴随着医疗卫生改革的不断深入，我国卫生领域面临一系列热点与难点问题，如：卫生改革如何深化，医疗服务质量如何提高，如何缓解医患矛盾、提高患者就医满意度，如何端正医德医风等，这些问题的解决往往难以单单依靠科技的、物质的方法来解决。

(三) 科学管理需要组织文化

社会上下已初步形成"科学管理，文化先行"的共识，意识到只有深入挖掘卫生领域中的组织文化功能，构建与卫生发展战略相匹配的组织文化，结合组织文化建设来营造适宜环境、引导适宜行为，才能解决遏制卫生领域相关组织长远发展的诸多难题，引领他们走上可持续发展之路。

综上，组织文化在卫生领域中的应用具有重要的意义。

卫生领域组织文化的内涵及结构

(一) 内涵

卫生领域组织文化是一种社会现象,自20世纪80年代组织文化、企业文化研究兴起之后,卫生领域相关组织的组织文化也逐渐进入学者们的研究视野,其中医院文化研究得最为深入。目前虽然尚未形成针对卫生领域组织文化的权威界定,但针对医院文化的内涵界定已较为成熟。其中比较有代表性的是李泽平(2004)与黄淇敏(2009)提出的,医院文化是具有医院自身行业文化特点的,在一定的社会经济条件下,通过医院医疗工作实践所形成的并为全体医院职工遵循的共同意识、价值观念、职业道德、行为规范和准则的总和。

依据组织文化的内涵,结合学者们对医院文化的定义,对于卫生领域组织文化的内涵界定是:卫生领域的组织文化是指在一定社会经济背景下卫生领域相关组织在长期的医疗服务实践过程中逐步形成的一种行业文化,是卫生领域组织内部共享的一套由价值观、信念、仪式、符号、处事方式等组成的文化形象。

时代性是卫生领域组织文化的重要特性。革命战争年代,卫生领域组织文化主要体现为救死扶伤的革命人道主义精神;新中国成立后主要体现为全心全意为人民服务的精神;改革开放以来,开拓、创新等成为了这一时代卫生领域组织文化精神的重要体现。

(二) 结构

卫生领域组织文化的构成同样是有层次的,可将其分为核心的精神文化层、中间的制度文化层、浅层的行为文化层,与表层的物质文化层4个层次。

精神文化层是整个卫生领域组织文化体系的核心。属于思想意识形态,由组织的核心价值观与信念所组成,是以卫生领域员工的观念和行为直接表现出来的。精神文化层的核心是组织的共同价值观,包括传统意义上的医德要求,从"廉洁、仁爱、奉献""厚德尚道""仁心仁术""精诚勤慈"到希波克拉底、南丁格尔誓言与医德十二箴言,及现代卫生管理理念指导下的"以人为本""科技兴院""和谐发展"等。

制度文化层是卫生领域组织文化中的精神文化层内容的具体化,卫生领域各相关组织的精神文化必须转化为具体可操作的各种规章制度、行为规范和管理办法,才能为广大卫生领域组织员工所接受。如果卫生领域相关组织的制度与规范违背了他们的精神文化,则必然出现"知行不一"的状况。卫生领域的常见制度文化包括:卫生及医疗技术人员执业需要遵循的各项法律法规(如《中华人民共和国传染病防治法及其实施办法》《中华人民共和国母婴保健法及其实施办法》《中华人民共和国执业医师法》《中华人民共和国药品管理法》《医疗机构管理条例》及《医疗事故处理条例》等),公共卫生及医疗服务过程中要遵守的质量标准、操作流程(如首诊负责制、三级医生查房制度、危重患者抢救制度、手术分级管理制度、三查七对制度、分级护理制度等)。

行为文化层是在卫生领域相关组织的服务提供、教育宣传过程中产生的以人的行为体现的动态文化形式,包括卫生领域的组织管理者、模范人物及普通员工的服务技术、服务态度、服务风尚,人际文化、医院宣传及文娱体育活动等。现实中,医护人员应用规范问候语接待患者,注射室护士起立迎接患者,离开座位甚至走出注射室为老弱病残患者服务,开展门诊住院患者电话回访服务等都是卫生领域常见的行为文化表现。

物质文化层是形成精神、制度文化的物质基础,以卫生领域相关组织的实体的物质形式表现出来的,是卫生领域组织文化最为直观的表现。包括各种医疗技术设备、医疗机构建筑、医疗环境、机构标识、院训院歌、文化网络、文体设备、生活设施等。

卫生领域组织文化就是以精神文化为核心,由上述4个层次结构共同组成的整体。

三 卫生领域组织文化建设实践

聚焦于卫生领域相关组织的行业特点及其发展趋势,本部分将以如何建设符合道德规范的卫生领域组织文化为例展开讨论,并简要介绍以人为本的、学习型、注重安全的卫生领域组织文化。

(一) 符合道德规范的卫生领域组织文化

1. 符合道德规范的组织文化　道德规范是组织成员与组织之外的人员打交道的一种恰当方式,涵盖了道德价值观、信念与行为准则,是价值观的重要组成部分。一般而言,组织内部的道德规范由宏观、中观及微观3部分来源。分别是:组织所在国家与社会的道德规范,行业内部长期以来形成的职业道德价值观,组织成员与他人交往过程中指导自己行为的个人道德价值观。

符合道德规范的组织文化可以有效限制组织内部乃至整个社会集体利益的自利行为。通过主动遵从符合道德规范的组织文化,可以显著地缩减组织成员们选择行动方式的时间与精力,从而显著地提高组织成员的工作效率。此外,当组织及其成员始终遵从大众认可的道德规范时,它便有机会获得良好的社会声誉。良好的社会声誉是组织吸引包括消费者、供应商及组织员工的宝贵财富。可见,个人及组织有充分的理由按照组织道德规范行事,但是现实中当组织内部出现个人道德缺失、对私利贪婪追求或迫于外界压力时,便易于滋生不道德的行为,于是组织逐渐过渡成为不符合道德规范(低道德标准)的组织。这些组织虽然有可能在短时间内获得较多收益,但非常容易引起大众的敌意与不信任。因此,创建符合道德规范的组织文化现在已成为众多组织发展过程中考虑的头等大事,如放任组织成员的道德规范与行为管理,组织成员往往以牺牲集体目标为代价来追求个人目标,从而给组织带来没顶之灾。

斯蒂芬·P·罗宾斯(2012)指出一般而言对风险容忍度高、具有中低水平的侵略性,看重结果的同时也注重手段的组织,最可能构建塑造符合道德规范的组织文化。符合道德规范的组织文化支撑下的组织,多强调长期利益,注重多元利益团体的利益平衡,既鼓励组织进行创新竞争以达成组织目标,但更强调达成组织目标的手段必须符合组织成员共同认可的道德标准。符合道德规范的组织文化会对组织成员的行为产生非常显著的积极影响;反之,支持不符合道德规范的组织文化会对其组织成员产生显著的消极影响。

案例 13-2:
　　某医院在原院长的"言传身教"下,200 名医生中有 140 多人收回扣的医生集体腐败案件。该院长上任后,成了众多药商"追逐"的对象。为了讨好他,医药经销商可谓想尽办法:如其家属生病后以探视患者为由,邀请出国、赠送别墅、公寓、轿车等多种方式给予贿赂。近 6 年时间,院长利用其主管药品采购的职务之便,指使医务人员及医药采购员,在医院对外采购药品的过程中,以收取"药品返点费"的名义,先后多次收受 20 多家医药公司的回扣款,共计 1 100 多万元。他个人收受现金、汽车、房产,折合人民币近 179 万元及港币 6 万多元。
　　院长贪婪追求私利大肆收受商业贿赂的行为,不仅害了自己,更是形成了不符合道德规范的组织文化,严重影响了整个组织成员的行为,拖垮了整个队伍。在院长的"示范"作用带动下,该医院的大批医务人员,特别是手握处方权的医生共同出现道德滑坡,从医院院长、药剂科主任到有处方权的医生,逐渐形成了多开多得、利益均沾的腐败链。最终 200 名医生中的七成(140 多名医生)涉嫌大量收受药品回扣。(引自:新华视点:院长带头搞腐败,医生七成吃回扣,http://news.xinhuanet.com/politics/2006-02/17/content_4192107.htm.)

案例 13-3:
　　另一家医疗机构组织内部长期形成了稳定的组织文化,该文化始终强调医院依次对患者、员工、社会的义务,强调医务工作者救死扶伤,全心全意为人民健康服务道德情操。10 余年来,每当患者将红包交到医务人员手中时,不论身旁是否有其他人员在场,也不等行政管理部门发布通知与命令,医务人员总是主动拒绝收取,或实在婉拒不了的也主动上交到监察部门。此刻,并没有人告诉从旁或提醒医务人员道义上的正确做法,但是他们知道医院期望他们怎么做,这便是一个符合道德规范组织文化的侧面表现。
　　两个案例对比强烈,那么应如何创建一个符合道德规范的卫生领域组织文化呢?

2. 创建符合道德规范的卫生领域组织文化的方式　　卫生领域相关组织可以通过内化于心、外化于行的方式创建符合道德规范的卫生领域组织文化。

(1) 内化于心的主要任务:将组织的道德蓝图与行为期望形象、具体的传达给各组织成员。内化的方式主要有两种。

1) 树立明确的角色榜样:创建符合道德规范的卫生领域组织文化,需要将组织核心价值观传达给各组织成员。一般而言,组织成员在界定恰当行为时,会把高层管理者的行为视为标杆。卫生领域相关组织的高层管理者如能身先士卒选择符合道德的行为路径,会向所有员工传递一种积极的信息。曾有一家医院的领导,要求所有中层管理者每天至少提早一小时到医院,每天如此,从而带动了全院职工。长年以来,即使不签到,全院都鲜有人员迟到。因为领导带头、管理严格,群众对医院越加信任,在选择就诊医院的时候也愿意选这家医院。可见高层管理者的榜样作用巨大。实践中,卫生领域的角色榜样,不仅仅是高层管理者,还包括众多工作先进分子,诸如常见的有理想、守法纪、勤于工作、乐于奉献的先进分子,以及与卫生领域中的不正之风积极斗争的清正廉洁、拒绝收受红包回扣的先进分子。

2) 进行道德培训传达合理期望:卫生领域相关组织可以安排研讨会、培训班以及其他类似的培训项目(如新员工岗前培训会),通过这些培训清晰的传达并强化组织的行为标准与道德规范要求,明确组织允许和不允许什么样的行为。努力通过培训将组织成员道德方面的模糊性降到最低。

(2) 外化于行的主要目的:通过建立明确的规则与程序,进一步将组织员工内化的道德要求外化为其自主的行为表现。外化的方式主要如下。

1) 明确奖励行为与惩罚行为:在明确传达组织的道德蓝图与行为期望后,卫生领域相关组织需要进一步向全体员工明确组织会如何奖励符合道德规范的行为,反之,会如何惩戒不符合道德规范的行为。例如,某家医院的《职工医德医风规范奖惩规定》中明确标注"在坚持首诊负责制的同时,严禁以增加个人收入为目的截留或收治不属于本专业范围或本科内的病人,否则罚款 500 元;在药品、器械和其他物品采购中,严禁收受回扣,如收取,所收取的回扣要一律上缴,不得占为己有,否则一经查实,对当事人处以 1∶20 倍罚款,情节严重的按贪污论处"等内容,明确对不符合道德规范行为的惩戒力度,以进一步强化组织内部的道德规范。除此之外,卫生领域相关组织还应加强对高中层管理者的绩效评估,评估内容需涵盖道德规范评估,既评测组织目标达成的情况,还应评价管理者实现目标的手段是否符合组织道德规范。

2) 设立相关程序解决道德困境:道德困境是当个体的道德观和利益有冲突的时候进行的选择。要创建符合道德规范的卫生领域组织文化,相关组织应设定相关的程序提供正式机制,从而使组织成员可以针对道德困境进行讨论,且有正规的渠道举报不道德行为,还可保证举报时不必担心会受到报复。一般而言,卫生领域相关组织中的监察部门就起到了这样的作用,其相关职员在日常工作中履行道德纠察员的职责,即负责培训员工的道德行为,对不符合道德规范的事件进行深入调查,并依据调查结果做出相应的决断与处理。卫生领域相关组织正是通过这样的组织程序设计,进一步加强组织的道德价值观,并促进价值观的外化为具体行为。

(二) 其他主要类型的卫生领域组织文化

1. 以人为本的卫生领域组织文化　　如前所述,卫生事业是"与人沟通、为人服务"的事业,卫生领域中的一切活动始终围绕着有感情、有思想的人群展开。以人为本的卫生领域组织文化的核心特征是:一切经验与服务活动围绕着关心人、尊重人、信任人,激发人的使命感、责任心这些方面展开。而卫生领域相关组织联系的人群主要有两大类:①组织服务于的社会大众;②组织内部提供服务的所有成员。

对社会大众而言,以人为本的卫生领域组织文化需要能帮助组织形成一个完整的高效率的运行系统,并通过最佳路径、最快速度、最优服务,满足大众需求、实现客户价值。对卫生领域的组织成员而言,以人为本的卫生领域组织文化期望能实现组织成员个人目标与组织系统目标的统一,重视人力资源开发,营造适合员工发展的良好组织氛围,实现组织成员个人的全面发展和组织可持续发展的结合。以人为本的卫生领域组织文化就是通过为服务的社会大众提供就医的便利和实惠,为组织员工提供支持与帮助从而最大限度发挥员工的潜力,共同提高组织的知名度、信誉度、满意度。

例如,某家三甲医院,以信息化手段营造以人为本的医院文化。①充分理解患者的需求,建立了完善医院信息系统,自主研发的多功能自助服务、实名制预约预存、自动发药等系统为病人提供方便、快捷、实惠的服务,减少他们在挂号、缴费等非医疗事务方面的烦恼和奔波。②为方便医护人员工作,通过信息系统设计危急值报告系统自动收集检查、检验结果,自动推送危险报告等方式,最大化避免错误的发生。(引自:人民网就温州一医新院的网络信息化建设进行了采访,http://www.xqzg.com/article/882.html.)

2. 学习型的卫生领域组织文化　学习型组织文化是指以学习为抓手,共同实现组织目标的文化。在当前科技不断创新、知识日新月异的背景下,卫生领域相关组织由于其具备知识密集、技术集中的特点,不断学习、知识更新对于他们尤为重要。因此,学习型的卫生领域组织文化创建日益受到社会各界的重视。

学习型的组织文化的主要特点是:组织及其全体组织成员具有清晰明确的发展目标;组织内部拥有多层次、各种类型的学习团体;组织内部拥有持续学习的激励机制,组织成员具有不断学习的目标与动力,最终实现组织内部终身、全员、全过程的学习氛围。

创建学习型的组织文化,有利于卫生领域相关组织不断提升组织成员的素质,改善人才结构状况、提升技术实力水平、提高医疗服务质量,最终促进组织终极目标的实现。

20世纪90年代中期以来,全国各地掀起创建学习型组织的热潮,随之在卫生领域涌现了大量创建学习型组织文化的例子。如,一些机构积极开展干部与员工培训,提升全员职工的素质水平;一些机构积极推广"读书活动",通过活动提升学理论、学技术的学习氛围;还有一些机构通过创建学习型团队进行知识共享,形成新的组织成员沟通协作机制,碰撞观点、激发创新。

3. 注重安全的卫生领域组织文化　医疗服务本身具有高风险性特点,规避和防范风险是卫生领域相关组织管理与工作的重要内容。21世纪以来,伴随着医院管理理念的进步与患者自主安全意识的增强,医疗安全问题已引起世界各国的广泛关注,特别在医患关系日益紧张的背景下,卫生领域内部构建注重安全的组织文化显得尤为重要。

注重安全的卫生领域组织文化是卫生领域相关组织为了实现患者安全,将医疗服务过程中可能引起的患者伤害降至最低,所形成的价值观及道德行为的总和。其组织文化的主要构成要素包括:组织内部对患者安全重要性的共同认识;具有团队协作精神;对差错不可避免性的主动认识;主动查找医疗安全隐患、报告不良事件并积极分析原因的意识。构建注重安全的卫生领域组织文化对化解医疗风险,提升安全意识,确保卫生领域安全具有极为重要的意义。

实践中,一些医院会制定每年的安全年度工作目标;定期开展患者安全周活动,对医院每年发生的相关警讯事件、不良事件和近似失误事件进行资料收集、分析,并通过安全通报系统做外部通报，引以为戒。通过制度、机制、培训、执行到策略追踪，形成深入人心的注重安全的卫生领域组织文化。

以上，以人为本、学习型、注重安全等类型的卫生领域组织文化同样可以通过内化于心、外化于行的方式进行创建（参见"创建符合道德规范的卫生领域组织文化的方式"）。

第四节 组织文化的发展趋势

从组织文化的基本概念可以知晓，为适应组织生存发展的需要，适宜的组织文化必须与组织内外部环境相适应。因此，在创建适宜组织文化的过程中，必须首先分析组织发展相关情境的变化。

一、全球化对组织文化的影响

全球化以不可阻挡的趋势，深刻地影响着世界各国经济和文化的发展。全球化背景下，全人类已逐步联结成一个互动整体，多元化组织不断涌现，不同国家、不同民族、不同文化、不同宗教，世界观、人生观、价值观各异的员工汇聚到同一个组织中。

多元化组织的显著特点：组织内部各个成员与团体均表现出紧密关联、彼此依存的文化关系。因此，要求组织内部成员的行为方式和思维方式摆脱二元分立、非此即彼的争斗模式，而转变为合作的共赢模式。

但多元化组织中，员工的追求呈现出多元化特点，员工的观念更是复杂多样。为避免文化冲突，如何考虑不同员工、组织、团体的需要，建立包含多种特色并以一种组织文化为主的新型且复杂的多元化组织文化是亟待解决的问题。①需要在多元化组织中识别不同文化间的差异，承认差异，恰当对待差异。文化感知、文化认同、文化融合，是一个长期缓慢的过程，但其中了解文化、认同文化是跨文化沟通、交流的根本要求。②需要在文化认同的基础上，因地因人制宜，进行跨文化培训，通过组织文化建设进行共同价值观管理。现实中，即使是异质性显著的不同组织文化，只要选择适宜的合并策略（如同化、替代、整合、隔离），也可以整合形成各成员普遍接受的价值观，最终完成多元化组织文化的建设。

二、信息化技术对组织文化的影响

信息化技术的飞速发展，给世界经济及人类生活带来了翻天覆地的变化。组织的最初形态是实体组织，但在信息化技术的带动下出现了另一种新型组织，即虚拟组织。实质上，信息化网络本身就是虚拟组织的一种形式；同时，网络又推动了虚拟组织的发展。

20世纪90年代，美国《商务周刊》中把虚拟企业定义为运用技术手段把人员、资产、创意动态地联系在一起的新型开放式的组织形态。虚拟组织是通过整合各组织成员、技术、顾客市场等资源而形成的。

虚拟组织较之实体组织而言,具有更大的适应性,在内部组织结构、规章制度等方面具有更多的灵活性。现实中,虚拟组织中的成员可以遍布在世界各地,他们的工作时间与工作地点相互独立,彼此也许并不存在任何产权上的联系(这一点可以区别与一般的跨国公司)。此外,虚拟组织成员相互之间的合作关系也是动态的,他们通过电话、传真、电子邮件、互联网络来交往。成员们各自以"点状形式"分散在虚拟空间中,完全突破了以内部组织制度为基础的传统组织管理方法,因此构建统一的虚拟组织文化将是未来组织的一大挑战。①需强化组织价值观。由于虚拟组织成员工作时间及地点均呈现点状分散的特点,他们的工作自由度和独立性均相对较高。只有反复强化组织信仰与价值观,才能在相对难以监管的组织内部形成一支自觉、稳定、有干劲的员工队伍。才能保证,各组织成员在组织价值观的指引下,自我优化、自我设计、自我创造和自我组织,最终共同促进组织目标的达成。②需强调信任互助。虚拟组织的价值就在于能够整合各组织成员的核心能力与资源,从而降低时间、费用和风险,提高服务能力与服务质量。只有充分强调信任,通过互助合作才能最大限度发挥虚拟组织的效用,维系彼此间共同的组织目标。良好的虚拟组织文化可以营造组织成员之间彼此信赖、真诚合作的范围,可帮助组织成员在明确各自任务目标的基础上,积极与其他成员进行交流,实现能自身与整体组织的最优化运作。

本章小结

本章系统介绍组织文化的基本理论知识、在卫生领域中的应用及其发展趋势。

基本概念部分,介绍组织文化是某一特定组织内部共享的一套由价值观、信念、仪式、符号、处事方式等组成的文化形象。组织文化由精神、制度、行为和物质文化层四个层次结构构成,其影响因素涵盖外部环境影响因素与内部环境影响因素两方面内容。组织文化可能对组织产生积极与消极影响。

基本理论部分,从新员工的甄选、高级管理者的文化渗透与员工的组织文化学习3部分介绍如何维系组织文化。短期内,管理者可将组织文化视为相对稳定,但当组织文化与组织环境不相适应时则需要进行组织文化变革。

实践应用部分:①介绍卫生领域的组织文化是指在一定社会经济背景下的卫生领域相关组织在长期的医疗服务实践过程中逐步形成的一种行业文化,是卫生领域组织内部共享的一套由价值观、信念、仪式、符号、处事方式等组成的文化形象。②介绍在卫生领域构建组织文化的基本过程。③聚焦符合道德规范的组织文化,分析卫生领域相关组织可以通过内化于心、外化于行的方式创建符合道德规范的卫生领域组织文化。

发展趋势部分,描述适宜的组织文化必须与组织内外部环境相适应。当前组织文化面临着全球化、信息化等一系列挑战。

复习思考题

1. 组织文化包括哪些内容？
2. 如何维系卫生领域相关组织的组织文化？
3. 外界环境如何影响组织文化？
4. 卫生领域组织文化的积极作用有哪些？

案例分析题

葛兰素史克商业贿赂案件

商业贿赂是指经营者以排斥竞争对手为目的，为争取交易机会，暗中给予交易对方有关人员和能够影响交易的其他相关人员以财物或其他好处的不正当竞争行为，是贿赂的一种形式，但又不同于其他贿赂形式。商业贿赂行为中构成犯罪的，适用刑法。刑法修正案（六）草案第163条规定：公司、企业或者其他单位的工作人员利用职务上的便利，索取他人财物或者非法收受他人财物，为他人牟取利益，数额较大的，处5年以下有期徒刑或者拘役；数额巨大的，处5年以上有期徒刑，可以并处没收财产。公司、企业或者其他单位的工作人员在经济往来中，利用职务上的便利，违反国家规定，收受各种名义的回扣、手续费，归个人所有的，依照前款的规定处罚。第164条规定：为牟取不正当利益，给予公司、企业或者其他单位的工作人员以财物，数额较大的，处3年以下有期徒刑或者拘役；数额巨大的，处3年以上10年以下有期徒刑，并处罚金。

长期以来，商业贿赂已是医药行业的积弊，甚至已经发展成为行业的"潜规则"。2006年，我国曾掀起以卫生领域为重点的打击商业贿赂专项行动。至今，医药营销领域的腐败问题依然屡禁不止，贿赂行为变得更加隐秘。

2013年7月11日，公安部的一则通报成为国内外医药界的一枚重磅炸弹：因涉嫌严重商业贿赂等经济犯罪，葛兰素史克（中国）投资有限公司部分高管被依法立案侦查。

葛兰素史克（GSK）股份有限公司是全球最大的以研发为基础的制药、生物以及卫生保健公司之一，总部位于英国，分支机构遍布世界100多个国家，主要的研发中心位于英国、美国、西班牙、比利时和中国，在全球建有约70家生产基地。目前，葛兰素史克是在华规模最大的跨国制药企业之一，投资总额超过5亿美元，拥有5000多名本土员工。

根据媒体报道，葛兰素史克公司遭匿名举报，称其销售人员在华贿赂医生。随后，北京、上海和长沙警方联合突击调查葛兰素三地办公室，并将相关高管带走协助调查。6月28日，"长沙警事"新浪官方微博证实，葛兰素史克（中国）投资有限公司有关高管人员涉嫌经济犯罪，正在接受调查。7月11日，公安部网站公布，"因涉嫌严重经济犯罪，葛兰素史克（中国）投资有限公司部分高管被公安机关立案侦查"——这一公安部门首次就某家制药公司形成的立案调查声明，部分还原葛兰素史克（中国）投资有限公司扑朔迷离的案情，同时也将"直接行贿"、"赞助项目"等行业潜规则一并拎出，令其全球制药巨头的"光环"黯然失色。

根据公安部的通告，公安机关现已查明，作为大型跨国药企，近年来葛兰素史克（中国）

投资有限公司在华经营期间,为达到打开药品销售渠道、提高药品售价等目的,利用旅行社等渠道,采取直接行贿或赞助项目等形式,向个别政府部门官员、少数医药行业协会和基金会、医院、医生等大肆行贿。同时,该公司还存在采用虚开增值税专用发票、通过旅行社开具假发票或虚开普通发票套取现金等方式实施违法犯罪活动。该案涉及人员多,持续时间长,涉案数额巨大,犯罪情节恶劣。现有证据充分证明,葛兰素史克(中国)投资有限公司部分高管和相关旅行社的部分高层人员已涉嫌严重商业贿赂和涉税犯罪。此外,公安机关还查明,葛兰素史克(中国)投资有限公司部分高管涉嫌利用职务之便,通过旅行社以提取会议业务回扣、接受项目好处费等形式大肆收受贿赂。

已有警方掌握的证据显示,葛兰素史克中国举办8 000万一场的年会,一名高管涉嫌一次从旅行社获取"贿赂"200余万。警方正对旅行社和葛兰素史克中国展开调查,涉及的上游官员和下游医药代表,仍在进一步侦查。办案民警介绍,涉案高管套取现金的另外一种方式,是利用旅行社虚增会议规模和虚报会议两种模式。办案民警举例,某个会议,比如原本只组织了30个人,报账时,旅行社按药企的意思,虚增20人,按50个人报账。这些虚增套取的现金,一部分被高管非法侵占,据为己有;一部分留在旅行社账上,成为葛兰素史克用来行贿的"备用金",用以维护医院领导、医生关系,或者对政府职能部门个别官员行贿,或用于消费、旅游。行贿链条,上至工商、物价、人社等职能部门,下至中国基层医院、医生。

警方由此发现,这家跨国药企巨头在中国的问题或许远不止"某些员工及第三方机构因欺诈和不道德行为"那样简单,在其精心编织的所谓"合规"外衣之下,在全国范围内有组织、成规模大肆行贿的公司行为令人触目惊心。按照葛兰素史克高管供述,"灰色"运营费用占比约为20%,而该公司2012年在中国的销售收入约为94亿元,意味着约19亿元成为药品中间环节"硕鼠"的盘中餐。

事实上,这样的丑闻并不是第一次和这家公司牵扯上。相关资料显示,葛兰素史克曾在多个国家因商业贿赂等违法行为被处以重罚。2004年,意大利警方查出该公司曾向意大利4 700多名医生和药剂师行贿,为其新上市的药品或特效药开具处方。2006年和2007年,该公司又因虚假广告和违反公平竞争法在新西兰接连被罚。2012年7月,由于违规营销抗抑郁药物以及没有报告糖尿病药物的安全数据,美国对该公司开出高达30亿美元的罚款单。2013年,因涉嫌滥用市场支配地位,英国公平贸易办公室在该公司内部展开调查。

此外,通过梳理可以发现,葛兰素史克的事件绝非孤例,全球范围内因为商业贿赂而遭到重罚的医药公司不在少数。美国司法部数据显示,2003~2007年,西门子医疗集团向美国5家医院行贿约1 440万美元,从而获得2.95亿美元的医疗设备订单,该案以西门子支付13亿美元的罚金告终。2012年6月,美国强生公司同意支付22亿美元,了结美国政府对其精神病治疗药物和其他几款药物的非法营销调查。2012年8月,美国证券交易委员会披露,辉瑞制药在包括中国在内的8个国家向当地官员以及医生和医护人员等国有单位公职人员行贿,最终,辉瑞缴纳了包括罚金在内的6 000万美元。2012年12月,礼来被美国证交会指控,通过提供不当支付方式贿赂外国政府官员,以获得在俄罗斯、巴西、中国和波兰的业务,最终,礼来同意支付追缴款近3 000万美元了结上述指控。

(改编自:葛兰素可史商业贿赂事件的成因、影响及建议. http://www.govinfo.so/news_info.php? id

=20345;许更.葛兰素史克商业贿赂案件.http://www.beshiningip.com/html/2014/case_1107/787.html)

★ 思考问题

1. 你认为符合道德规范的医药组织的核心价值观是什么？
2. 试分析案例中葛兰素史克公司的组织文化形成的原因，它的组织文化又是如何影响其组织内部成员行为的。
3. 试分析案例中葛兰素史克公司的组织文化在影响组织内部成员的同时又是如何影响其他组织及其成员的组织文化。
4. 为构建符合道德规范的医药机构组织文化，你还有哪些建议？

第十四章

组织变革与发展

学习目标

1. 掌握推动变革的力量、有计划变革的优势。
2. 理解变革的阻力。
3. 掌握组织变革的4种管理方法。
4. 理解创建变革文化的方式。
5. 熟悉学习型组织的特点。
6. 分析组织变革面临的发展趋势。
7. 了解解释组织变革方面的全球性差异。

引例与思考

"互联网+医疗"的变革

"互联网+"热风劲吹,传统医疗行业也站到了风口上,其包括以互联网为载体和技术手段的健康教育、医疗信息查询、电子健康档案、疾病风险评估、在线疾病咨询、电子处方、远程会诊及远程治疗和康复等多种形式的健康医疗服务。借助互联网连接、智能的特性,移动互联网医院、互联网医疗软件层出不穷,并因其随时随地可使用,能够解决挂号、咨询等就医难题,受到人们的欢迎。

人们在医疗上的需求以及现实中医疗条件的不足形成冲突,使得医疗健康信息化市场已然成为一片蓝海。据IDC发布的中国医疗卫生十大IT趋势指出,移动医疗将成为医疗机构重点建设的IT系统之一。目前,美国、日本等发达国家已经在移动医疗方面先行一步,不同的商业模式如雨后春笋般涌现,例如Epocrates、WellDoc等应用。在国内,移动医疗的概念也开始讨论,一些移动医疗公司也开始了行业摸索。医生可以通过移动医疗平台针对不同疾病,为患者提供康复指导信息、药品信息、运动和膳食指导,并配合远程医疗和医生进行定期沟通;而患者则可以通过移动医疗,了解自身的健康状况并选择合适的医生与康复方法。因此,移动医疗平台将会成为疾病预防和康复、养老两个巨大产业的平台。

一方面,互联网并不能取代医生,医疗诊治针对人的疾病,医生需要和患者面对面近距离接触,通过"望、闻、问、切"并借助医学检查检测结果,才能对患者的病情做出科学的判断。另一方面,互联网信息存在不对称和不透明的现象,用户往往处于一种完全不可控状态,难以分辨服务提供方是否可靠,只能按照个人的主观去判断。2016年的"魏则西"事件是对"互联网+医疗"的一次冲击,也促使我们去思考应该如何建立安全、可靠、便捷的互联网医疗。

思考问题

1. 从传统医疗模式到"互联网+医疗"的新型医疗模式变革过程中有哪些动力和阻力?如何克服遇到的阻力?
2. 你认为应该如何稳妥实施"互联网+医疗"的变革?如何正确评估"互联网+医疗"未来的发展趋势?

本章描述的是基于组织的变革与发展。①将描述那些迫使管理者实施变革的内在动力和外在力量,讨论组织和员工为什么常常抵制变革以及管理者如何克服这些变革的阻力。②进一步讨论组织变革管理的程序和组织发展的目标以及方法。③讨论组织变革与发展理论在卫生领域中的应用以及组织变革的发展趋势。

第一节 组织变革概述

如今,越来越多的组织面临着一个动态的、变化不定的环境,没有任何一个组织处在特别稳定的环境之中,就算是占有绝对的市场份额或是拥有绝对优势的受众群体,这就要求组织不得不适应这样一个速变的环境,并且对环境的变化随时做好响应的准备。

"不变革则灭亡"是今天全球管理者们的共同呼声。为了适应工作环境的多元文化、人口结构的变化、政治经济的迅猛发展、移民以及业务外包,几乎所有的组织都不得不做出一些调整。

卫生保健组织也正面临着持续不断的大变革:技术的不断发展、消费者预期的不断改变、有限的资源以及对适应能力的迫切需要,需要卫生服务提供者随时顺应变化,作出变革。组织变革(organizational change)的原因主要在于外部环境、内部环境和成员状况的变化。

第十四章
组织变革与发展

一 组织变革的原因

(一) 组织外部环境的变化

组织变革受包括技术、经济、社会、政治、文化、竞争压力等方方面面外部环境变化的影响。

科学技术不断进步。当今社会飞速发展的时代,技术使得工作和组织不断发生着变化。多种现代科学和工业的高科技发展带动了现代医疗技术的快速进步,互联网技术也逐步渗透包括医疗在内的各个行业。从更长远的角度看,对于人类基因破译方面的技术发展会让个性化诊疗和用药成为可能。

经济冲击加剧。由于医疗也是一种经济行为,可以被当作服务来消费,随着近几十年来,世界经济的迅猛发展,消费主义被社会普遍接受,医疗也越来越被认为是一种普通消费。一般民众对医疗消费的需求日益高涨,选择性的医疗消费,比如整形美容、激光矫视等手术日益风靡;同时,消费者对医疗服务和医疗效果的期望值也越来越高。

竞争在发生变化。医疗技术的飞速发展促进了医疗支撑性产业的兴起,而这些支撑性产业的竞争和发展也进一步促进了医疗技术的二次革命。这些产业涵盖了对医疗服务、健康管理与促进、健康保险服务等基础性支撑及其衍生出来的各类产品,包括药品、医疗器械、保健用品、健康食品等研发制造和流通等相关产业,以及信息化、第三方服务等衍生服务。

社会潮流不稳定。消费者如今在聊天室、微信或博客中分享信息,新媒体成为 21 世纪初期的社会潮流。企业必须不断调整产品和市场战略以敏锐地应对不断变化的社会潮流。作为医疗机构,社会潮流的更迭导致医患双方对外部的环境问题变得更加敏感。

世界政治形势变化。近年来世界政治变化多端,而任何一个国家医疗制度的形成、演变和发展都受到当时当地特定经济、政治、社会和价值取向 4 个方面因素的影响和限制,其中政治形势的变化决定并影响了政策制定的过程:问题的发现和报告、大众和媒体的参与度、决策部门的考量、政策意见和建议的提出、政策的决定和通过、政策实施的力度和效果评价等等,因此一个国家的政治生态对其医疗制度而言是一个重要的影响因素。

(二) 组织内部环境的变化

组织的内部环境是存在于组织之内的、作为组织存在和发展的客观条件,是指处于管理系统边界之内的、直接制约管理活动的因素总和。内部环境的各个变量与外界环境各变量之间是相互关联的,其变化包括组织目标、结构、内部矛盾冲突、职能等的变化,可划分为技术、人员、管理 3 个方面。

1. 内部技术条件的变化　指组织运行策略与目标的改变以及组织规模的扩张与业务的迅速发展,如组织实行技术改造,引进新的技术要求技术服务部门的加强以及技术、生产、营销部门的调整。医疗机构内部引进新技术、新项目也就要求医疗专业技术人员相应能力的提高、科学研究的深入、技术的推广和普及,最终使患者受益。

2. 人员条件的变化 包括组织内部运行机制的优化以及组织成员对工作的期望与个人价值观念的变化。

3. 管理条件的变化 主要是管理技术条件的改变以及管理人员的调整与管理水平的提高,如实行信息化对医疗的辅助管理,实行人员管理的优化组合等。

除了以上3个方面外,当组织内部出现以下情况时,也需要进行变革:决策失灵或决策常出现错误或过于迟缓;沟通阻塞、信息渠道不畅、有效意见和建议难以沟通,造成活动失调等严重后果;机能失效,不能发挥作用和效率,无法保证组织目标的实现;缺乏创新,墨守成规,难以产生新观念、新制度;组织成员的工作态度、价值观念造成工作效率不高、士气低落等状况。

(三) 成员状况的变化

组织中成员的需求是多元的,一个成功的组织首先必须要有满意的员工。俗话说:没有满意的员工,就没有满意的客户。组织成员随着生活水平的提高和自身素质的变化,对组织采用的管理制度和管理方式也会有更高的要求,但组织领导者如果仍然习惯于应用陈旧的制度或工作方法,就无法使工作有效地推动。

根据马斯洛需求理论,组织成员通过工作获得基本的需求之后,往往希望在工作中有更多个人发展的机会,工作热情逐渐转向以工作本身所产生的内在利益、获得的尊严和责任行为,期望从工作中获得当前需要的满足、实现自我价值,并且希望在工作中相互影响,彼此公平,获得尊重、友谊、信任、真诚等情感的满足,但如果组织仍然倾向于简单化、专职化的管理方式,只靠惩罚手段推动成员工作,奖惩、晋升等有一定迟滞,并且等级分明、地位差别大,只强调任务是否完成,不注重人的情感,就会限制成员发展的机会,使组织成员产生强烈的不公平感。在美国和欧洲,政府越来越多地管制包括高管薪酬在内的商业行为,员工权利也得到更大的扩展。

总体而言,以上这些因素的变化都会引起组织目标、结构及权利系统等发生全面而深刻的调整和修正,也就是我们说的组织变革。

管理组织变革的模型

首先,来看看管理变革的4种常见模型:卢因的三步骤经典模型、科特的八步骤计划、行动研究、组织发展。

(一) 卢因的三步模型

库尔特·卢因(Kurt Lewin)(又译为库尔特·勒温)认为,成功的组织变革应该遵循以下3个步骤:解冻(unfreezing)现状、移动(movement)到新状态、重新冻结(refreezing)新变革使之持久(图14-1)。

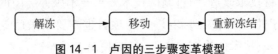

图14-1 卢因的三步骤变革模型

一家股份制医院(以下简称 A 医院)的管理层决定搬迁它的部分临床、医技科室到即将投入使用的新院区,新院区处在远离市区的偏远郊县,这一决策是由董事会确定分院的结构和功能定位时单方面制订的,受其影响的员工对于该决策并没有发言权。这次调整意味着要调动 200 多名医护人员和行政人员的工作,建立起一套新的运行模式。

现状是一种均衡状态,要打破这种均衡——克服个体阻力和群体从众压力——必须先"解冻"。解冻可以通过以下 3 种方式中的一种来实现。①增加推动力(driving forces),引导行为脱离现状的力量;②减少抑制力(restraining forces),阻止脱离现有均衡的力量;③将上述两种方法结合使用(图 14-2)。过去一直成功的组织有可能遇到抑制力,因为人们会质疑变革是否必要。同样,研究表明,拥有较强文化的组织在渐进的变革中表现良好,但在激进的变革中却会遇到抑制力的巨大阻碍,这与组织文化惯性有一定的关联。

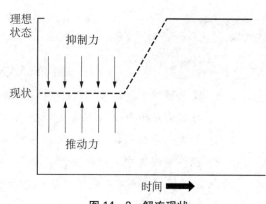

图 14-2 解冻现状

A 医院的管理层预见员工会抵制这项调整决定。如果阻力非常大,那么要想成功地"解冻",医院管理层可以同时借助这两种方法:①减少阻力;②增加变革方案的吸引力。大多数员工可能并不想调整工作地点、让自己的孩子转学、适应新的环境或接受重新分配的职责。为了克服这种阻力,A 医院可以运用积极的激励措施鼓励员工接受变革。例如加薪,数量可观的搬家费,提供低成本的抵押贷款让员工购买新住房或是提供一笔可观的科研启动经费等。当然,医院也可以使用消除抑制力的办法来解冻现状。例如,可以分别向员工提供咨询,听取和澄清每一个员工的关注和担忧,并且提供有力的证据向他们表明,他们其实并没有什么可以担忧的,阻碍变革是毫无道理的。

一旦变革付诸实施,想要获得成功,还需要重新冻结新形势,以使它长久保持下来。如果不采取最后这个步骤,变革就可能是短命的,而员工也会设法回到以前的均衡状态。因此,重新冻结的目的就是通过对推动力和抑制力两者进行平衡,使新状况更为稳定。

A 医院的管理层如何冻结这项变革呢?他们需要通过用永久的力量系统地取代临时的力量。例如,管理层可以将上调的工资永久固定下来,用来对受影响员工的行为进行管理的正式规章制度也应该加以调整,用以巩固新形势。当然,随着时间的推移,工作群体自身的规范也会逐渐形成以维持这种新的均衡。不过,在达到这种状态之前,管理层不得不依赖更为正式的机制。

(二) 科特的八步骤计划

哈佛商学院的约翰科特(John Kotter)在卢因三步骤模型的基础上,创建了一种更为详细的变革实施方法。科特首先罗列了管理者在发起变革时常犯的错误,他们可能没有形成一种需要变革的紧迫感,没有创建一个联盟来管理变革过程,没有形成一种变革愿景和对愿景的有效宣传,没有扫除组织愿景实现的障碍,没有提供可实现的短期目标,或者没有将变革融入组织文化中,并且还可能过早地宣布胜利。于是,科特创建了 8 个连续的步骤来解决这个问题。前 4 个步骤对应"解冻"阶段,第 5~7 个步骤体现"移动",最后一个步骤对应"重新冻结"。因此,科特为组织管理者和变革推动者提供了更具体的指导。

> **知识拓展**
>
> **科特的八步骤计划模型**
> 1. 提出组织需要迫切变革的有效说服力,建立需要变革的紧迫感。
> 2. 与拥有足够权利的人形成联盟来领导这次变革。
> 3. 创建一个新的组织愿景来指导变革,并制订相关战略来实现该愿景。
> 4. 在整个组织中宣传该愿景。
> 5. 扫除变革的障碍,鼓励冒险和创新性的问题解决方式,向员工授权,以使他们投身于愿景的实现。
> 6. 规划、实现和奖励短期"胜利",这些胜利会推动组织不断迈向新的愿景。
> 7. 巩固成果,重新评估变革,在新的计划中作出必要的调整。
> 8. 通过证明新行为与组织成功之间的关系来强化变革。
>
> (引自:Kotter JP. Leading Change. Boston:Harvard Business School Press, 1996.)

(三) 行动研究

行动研究(action research)指的是这样一种变革过程:它首先系统地收集信息,然后在信息分析的基础上选择变革行为。它的价值在于为有计划地推行变革提供了科学的方法论。行动研究包括了诊断、分析、反馈、行动和评估 5 个阶段,这些步骤与科学的研究方法十分类似。

在行动研究中,变革推动者通常是外部顾问。他们首先从组织成员那里收集一些关于组织存在问题、员工担忧和所需要变革的信息。这就类似于医生诊断病人患了什么病。在行动研究中,变革推动者提出问题,与员工面谈,翻阅各种记录,并倾听员工所关注的问题。

诊断之后接下来是分析。人们认为哪些问题最关键?这些问题以什么形式出现?组织变革者把有关信息综合成这几个方面:人们关心的主要问题、问题的范围以及可能采取的行动。

行动研究还要求参与变革方案各个环节的人员都帮助查找问题和确定解决办法。所以,反馈是与员工共同分享通过诊断和分析所获得的信息。在变革推动者的帮助下,员工制订行动计划来实施任何必要的改革。

然后就是行动阶段了,员工和变革推动者采取具体行动来解决他们发现的问题。最后一个阶段是把最初收集到的原始资料作为标杆,对行动计划的有效性进行评估。这与行动研究的科学基础相一致。

行动研究对组织有两种好处。①它侧重于问题导向。变革者客观地查找问题,而问题的类型又决定了变革行为的类型。虽然直观来说这是显而易见的,实际上,许多变革行为并不是遵循这样的顺序,它们侧重于解决方案,即变革推动者先有一个中意的解决方案,例如实行弹性工作制、工作团队或流程再造计划,然后寻找与该解决方案相匹配的问题。②由于行动研究让员工充分参与这个过程,所以减少了变革阻力。实际上,只要员工在反馈阶段积极参与,他们就会为变革提供源源不断的推动力,于是变革过程就具有了自身的动力。

(四) 组织发展模型

组织发展模型将在第三节中详述。

三、组织变革的方法

根据改革的程度和方式,组织变革的方法可以分为改良式变革、爆破式变革和计划式变革。

(一) 改良式的变革

这种变革方式主要是在原有的组织结构基础上修修补补,变动较小。

(二) 爆破式的变革

这种变革方式往往涉及公司组织结构重大的调整,以致根本性质的改变,且变革期限较短。

(三) 计划式的变革

这种变革方式是通过对企业组织结构的系统研究,制订理想的改革方案,然后结合各个时期的工作重点,有步骤、有计划地加以实施。

第二节 组织变革的动力与阻力

一、变革的动力

在本章第一节中详述了组织变革的原因,也即组织变革的动力,总结起来,可以将激发组织变革的力量归纳为劳动力的性质、技术、经济冲击、竞争、社会趋势以及世界政治等方面(表14-1)。

表 14-1 变革的动力

动力	举例	动力	举例
劳动力的性质	文化多元化 专业技术能力提高,人员数量增加 自主研发创新能力	技术	快速发展的医疗科学技术 更快、更便捷、性能更好的互联网信息技术 人类基因密码的破解 医疗支撑性产业技术、制造水平不断发展
经济冲击	国际性市场 经济发展水平的地区差异 医疗费用上涨趋势	社会趋势	互联网、自媒体兴起 社会老龄化趋势 中国二胎政策放开
竞争	全球竞争加剧 组织兼并与联合 资源分配与竞争	世界政治	政治多元,冲突加剧 中国市场的开放 政治制度和政策惯性

二、推行有计划的变革

韩国医疗体制改革采取的是一种剧变式改革,韩国医保筹资体系改革将所有的医疗保险机构合并为一家,药品改革将开药权和配药权分离,保留医师的开药权,将医院的门诊配药部门关闭,这一系列的措施缺乏一个循序渐进的过程,导致利益集团和医疗从业人员的强烈反对。

相较而言,日本医疗体制改革采取的是一种渐进式的变革。日本医疗卫生体制参考了德国的社保模型,在不同的历史时期和体制背景下,经历了漫长的改革进程,逐步实现了社会保障的公平性。从 20 世纪 90 年代早期,日本的医疗卫生系统一直保持平衡,而且改变相对较少,仅有交叉补贴、调整共付额等措施,所以从政策角度看,日本在没有重建传统医疗卫生分配体系的前提下有效控制了成本。

以上是两个国家医疗体制变革(change)的例子,但是只有第二个场景描述的是有计划的变革(planned change)。许多变革他们只是被动地发生了变革而已。有些组织把所有变革都视为意外出现的状况,而我们强调变革应该是一种有意而为之的、以目标为导向的活动。

有计划的变革要达到什么目标呢?主要有两个目标:①致力于提高组织适应外部环境变化的能力,通过变革使组织发展;②致力于改变员工的行为。

(一) 变革倡导者

在组织中谁负责实施变革活动?答案是变革推动者(change agents)。他们比其他人更能看到组织的未来,而且他们能够激励、创建和实施这种愿景。变革推动者可以是管理者,也可是非管理者;可以是组织内的员工,也可以是组织外的顾问。

对于组织发生的重大变革,组织内部管理者常聘用外部的顾问提供相关建议和帮助。由于这些顾问来自组织之外,他们往往能够客观地提供意见,而这些客观性往往是从组织内部人员那里无从获得的。但是我们也应意识到,外部咨询者对组织的历史、人员、程序等缺乏充分的了解,且倾向于推行更为激进的变革,因为他们不必去承受变革实施所带来的后果。相反,组织内部的专业人士或管理者,当他们作为变革倡导者时,他们对组织的历史、发展和现状更了解,实施变革时可能会考虑得更周到或更为谨慎,因为他们毫无疑问会受到变革结果的影响。

(二) 关于变革的两种观点

关于组织变革存在两种观点:①认为管理变革是一种阶段性的活动,也就是说,从某一点开始,经过一系列步骤之后,达到某种结果,实施变革可以看作对现状被打破的回应,并且只是偶尔发生,我们把它比喻为"平静水面";②认为对现状的打破不再是偶然的、暂时的,也不可能会紧接着返回到一种新的平衡状态,组织变革应是一种持续的过程,我们把它比喻为"白色激流"。

1. "平静水面"的比喻 这种状态下的组织就好比是一艘巨大的轮船,在平静的海面上航行,驶向既定的港口。船长和他的水手们在每次都完全相同的这条航线上,已经航行了不下百次。每当暴风雨就要来临的时候,水手都会做出几乎同样的反应,由船长对航向作适当的调整,也就是对组织实施变革,使船躲过暴风雨的袭击,重新回到平静的水面。在这种状况下的组织变革,可以视为对组织现状的暂时打破,是一种偶然性的情况。

"平静水面"的比喻一直在管理实务界和学术界人们的思想中占有主导地位,上一节所述的卢因三步骤模型就是对这种变革过程的最好描述。"解冻——移动——重新冻结"这3个变化步骤将组织变革视为对组织平衡状态的打破、变革和重建。这在20世纪50~70年代初期,社会经济环境相对平稳的情况下,这种观点还是可以站得住脚的。但是,在当今瞬息万变的社会背景下,"平静水面"的比喻已不再能客观反映当前的组织管理者们所面对的状况。

2. "白色激流"的比喻 "白色激流"的说法常常用来比喻不确定的、活跃的社会、经济、政治和文化环境,这种说法也适合于形容那些推动了工业社会向信息时代转化的力量。

应付或实施组织的变革,就好比是你不得不在波涛汹涌的激流中驾舟向着一个未知的目的地航行,这两者带给你的感觉是一样的。要想在这样的环境中乘风破浪,你必须有不可思议的灵活性,能够非常迅速地对随时变化的情况作出反应,而那些头脑中条条框框太多、思想僵化、反应迟钝的人最终将被淘汰出局。

越来越多的管理者们正清醒地接受这样一个事实:他们的工作就像是航行在这样不确定环境中的帆船,不存在所谓的稳定性和可预见性,也不要指望这只是偶然或暂时的,期待终究会享受那"平静的水面"。他们面对的将是连续不断的变革,而这些管理者们正被迫玩一个他们从未玩过的游戏,局面可能会让他们手足无措,而这其中的规则是由正在进行的游戏本身所制订的。

三、变革的阻力

自我是很脆弱的,并且我们常常将变革视为威胁。一项调查发现,即使向员工提供相关数据来表明他们需要变革,他们也会设法寻找各种数据来证明他们一切顺利,不需要进行变革。对变革持消极态度的员工通过不考虑变革、多请假以及离职应对变革。这些反应会大量消耗组织最需要的关键能量。

如果对变革的抵制可以展开开诚布公的讨论和辩论,那么这种阻力很可能是积极的,它使行为具有了一定程度的稳定性和可预见性。这种反应通常比反感和沉默更好,能够说明组织成员参与变革过程,从而为变革推动者提供一个对变革努力作出解释的机会。变革推动者也可以利用变革阻力去调整变革,从而使其符合组织中其他成员的偏好,减少变革阻力。例如,对组织变革方案的抵制,会激发变革推动者和员工对这些变革优缺点的有益讨论,从而产生更为完美的决策。如果变革推动者把阻力仅仅视为威胁,而不是一种值得讨论的观点,那么他们更可能会导致恶性冲突,阻碍适应和进步。

(一) 抵制变革的阻力

变革阻力不一定以标准化的形式表现出来。阻力可以是公开的或含蓄的,即时的或延后的。公开的、直接的阻力最容易处理,例如抱怨、消极怠工或罢工威胁。处理含蓄的或延后的变革阻力会更加困难。①含蓄的阻力更难识别,它可能是忠诚度的丧失、工作积极性的下降、错误率或缺勤率的上升;②延后的抵制行动可能会在几周、几个月甚至几年之后才出现,因而会模糊变革与员工对变革的反应之间的关联。有时某项单独的变革本身只具有很小的影响,但却可能成为压垮骆驼的最后一根稻草,这是因为对先前变革的抵制被延迟和储存了起来。

表14-2概括了主要的变革阻力,并根据它们的来源对其进行了分类。个体阻力来自基本的人类特征,如认知、个性和需要;组织阻力来自组织自身的结构。

表14-2 变革阻力的来源

来自个体的阻力	
习惯	为了应付生活的复杂性,我们依赖于习惯或程序化的反应。面临变革时,这种以惯常方式作出反应的倾向就会成为一种阻力来源
安全感	有较高安全需求的人很可能抵制变革,因为变革会威胁到他们的安全感
经济因素	如果员工们担心自己从事新的工作任务或工作流程时不能达到先前的水平,尤其当报酬和生产率紧密挂钩时,那么工作任务或工作流程的变革就可能会引发他们对经济方面的担忧
对未知的恐惧	变革是用未知的模糊性和不确定性代替已知
选择性的信息加工	为了保持知觉的完整性,个体会对信息进行选择性的加工,他们只听取自己想听的,而忽视那些对自己已构建的世界形成挑战的信息

续 表

来自组织的阻力	
结构惯性	又称组织惰性、组织自稳性,能维持组织的稳定,却也是变革的天然阻力。组织拥有产生稳定性的内在机制(如甄选程序和正式的规章制度),当组织面临变革时,这种结构惰性就会充当反作用力,以维持原有的稳定状态
有限的变革关注	组织由一系列相互依赖的子系统组成,不可能只对一个子系统实施变革而不影响其他子系统。在子系统中进行的有限变革很可能会被更大的系统抵消。因此,变革需要多部门配合,一个部门不配合,变革就很困难
群体惯性	又称群体惰性,即使个体想改变自己的行为,群体规范也会充当约束力量。企业想引进优秀人才,但"外来的和尚难念经"
对专业知识的威胁	组织模式的变革可能会对特殊群体的专业知识构成威胁
对已有权利的威胁	无一例外,决策权力的重新分配会威胁到组织内已经形成的权力关系。组织改革的最大阻力在于管理层明拖暗抗

需要指出,并不是所有的变革都是有益的。追求速度往往会产生很糟糕的决策。有时,发起变革的人无法充分、全面地认识变革所导致的影响或变革的真正成本。快速、彻底的变革有很大的风险,有的组织正是由于这个原因而垮掉的。变革推动者需要仔细、全面地思考变革可能会带来的影响。

(二) 克服变革的阻力

有以下几种策略可以帮助变革推动者克服变革阻力。

1. **教育和沟通** 通过与员工进行沟通,帮助他们了解变革的逻辑缘由,会使变革的阻力得以减少。沟通可以从两个层面来减少变革的阻力。①它可以减少信息失真和沟通不良的影响。如果员工了解全部事实并消除误解,阻力就会减弱;②沟通有助于利用适当的包装来说明变革的必要性。如果组织向员工传达一种能够平衡各种利益相关者(股东、员工、社区、客户)的利益而不是只关注改革推动者自身利益的改革逻辑,变革就会取得最大成效。

2. **参与** 个体很难抵制他们参与制订的变革决策。如果通过公开讨论,参与者能够为决策做出有意义的贡献,那么通过他们的参与可以减少变革阻力,使员工获得认同并提高变革决策的质量。但是,这个过程也有可能会产生糟糕的决策,并且很耗费时间。

3. **促进支持和作出承诺** 当员工感到恐惧和忧虑时,给员工提供咨询和心理辅导、新技术培训、短期带薪休假都有利于他们进行调整。当管理者和员工对变革的情感承诺很低时,他们会维持现状、抵制变革。因此,可以通过减少员工恐惧和忧虑,增强员工参与改革的信心,提高适应性。

4. **发展积极的关系** 如果人们信赖实施变革的管理者,他们就更愿意接受变革。研究发现,那些与主管保持一种更积极关系的员工,以及那些认为工作环境为自己的事业发展提供了支持的员工,对变革所持的态度要积极得多。

5. **公正地实施变革** 组织可以将负面影响最小化的一种方式就是确保变革实施过程是公正的。当员工将一种结果视为消极结果时,程序公平尤其重要。因此最重要的事情就是使员工了解变革的理由,并觉得变革的实施过程是公正的。

6. **操纵和收买** 操纵指的是暗地里施加影响力。这方面的例子有:歪曲事实以使它们显得更有吸引力;封锁不受欢迎的消息;制造谣言以使员工接受变革。如果工厂的管理者威胁说员工不接受降薪,工厂就会关闭,员工将面临失业,而实际上如果管理层并无关闭工厂的打算,他们使用的就是操纵手段。收买则融合了操纵和参与。它通过让抵制变革的群体领导者在变革决策中承担重要角色或者征求他们的意见,这么做并不是为了寻求更完善的决策,而是为了谋求他们的支持。操纵和收买的成本都相对较低,并且易于获得反对派的支持,但如果对方意识到自己被欺骗或被利用,变革推动者就会因此而信誉扫地,适得其反。

7. **选择接受变革的人** 研究表明,接受和适应变革的能力与人格有关。有些人会比其他人更加积极地对待变革。这样的个体能广泛吸取经验,对变化持有积极的态度,愿意冒险,行为灵活。对美国、欧洲和亚洲的管理者进行的一项研究发现,那些具有积极的自我概念和高风险承受力的人能够更好地应对组织的变革。心理素质更强、具有强烈的成长需求和内在工作动力的内控型个体能够更好地学习和适应工作场所中的变革,并且对组织变革的态度更加积极。另一项研究发现,通过变革阻力量表来选拔员工,可以很好地区分出哪些人会抵制变革或者产生显著的情绪。因此,组织可以通过选择接受变革的人来促进变革的顺利实施。

8. **强制** 最后一项策略是强制,即直接对抵制者给予威胁或压力。如果员工不同意削减工资,而企业管理者真的下定决心要关闭工厂,那么这种变革策略就带有强制色彩。其他例子还有威胁调职、不予提拔、消极的绩效评估、不好的推荐信等。强制方式的优缺点与操纵和收买策略相似。

四 变革的政治行为

在变革阻力中如果不包括有关的变革政治就是不全面的。变革无疑会威胁到现状,因此,它必定意味着政治行为。

这种政治因素意味着变革的推动力更可能来自组织外部的变革推动者、新加入组织的员工,他们对组织的现状贡献较少,或是那些尚未处于关键权利结构的管理者。那些把毕生精力都投入一个组织中并最终在管理层获得高级职务的管理者,常常是变革的主要障碍。变革对他们的地位和职务构成了真正的威胁。

不过,他们也可能希望通过实施变革以证明自己并不是虚有其表。通过扮演变革推动者的角色,他们可以向各方人士传递这样的信息:他们正在解决问题,并逐渐适应动态的环境。当然,当被迫实施变革时,那些长期掌权的人士往往会实行逐步的变革,激进的变革过于危险。这一点可以解释当董事会认识到需要迅速实施激进的变革时为什么会常选择组织外部人士来领导变革。

第三节 组织发展

组织发展是将行为科学知识广泛应用在根据计划,发展、改进和加强那些促进组织有效性的战略、结构和过程上。罗宾斯认为,在讨论组织变革管理时,不包括组织发展(organizational development)就不够完善。吉布森等认为,实施和完成变革最好是运用组织发展程序和干预措施。

一、组织发展的历史与内涵

(一) 组织发展的历史

组织发展起源于20世纪50年代初期的调查反馈方法和"实验室培训运动",在这两方面起先锋作用的是卢因。1947年美国成立"全国训练实验室"。它根据卢因的理论和方法,从事T-团体训练。20世纪50年代开始,实验室的工作开始面向社会,当时的任务是如何将行为科学技术用于解决企业的实际问题。如处理团体间的矛盾和班组建设等,后来的半个多世纪中,由于企业规模的迅速扩大,科学技术尤其是计算机技术的突飞猛进,竞争的越发激烈,劳资关系的变化,迫使企业必须做出相应的调整和变革才能求得企业的生存和发展。美国"全国训练实验室"在1964年建立了组织发展的联络网,美国训练与开发学会和管理学会分别于1968年和1971年设立了组织发展的分支机构,并在大多数管理院校设置了组织发展的课程,有的学校授予专业学位。

(二) 组织发展的内涵

组织发展是指根据组织内外环境的变化,运用管理科学和行为科学的知识,有计划地改善和更新组织的过程,是各种致力于增进组织效力和员工主观幸福感的变革方法的集合。它是在组织理论指导下,着重改善和更新人的行为方式、人际关系、组织结构及组织管理方式,从而达到提高组织生命力和效率的目的。

二、组织发展的目标与特点

(一) 组织发展的目标

组织发展目标的实现,要运用行为科学的理论、研究成果和技术,并通过组织成员和外来咨询人员的共同努力。组织发展是一个系统的变革的过程,也是实现组织变革的手段。组织发展的目标:①促使企业组织结构、活动过程、战略、人员及组织作风、制度更好地相互配合;②提出新的和创造性地解决问题的方法,不断解决管理中的问题;③提高企业组织创新能力和自我更新的能力。

(二) 组织发展的特点

任何一个组织都处于不停的内外变化环境之中,为了生存,组织必须不断自我更新,以适应内外环境的变化。组织发展坚信人们有能力加强自我了解和改进的行为,经过实际练习还可以改进自己的工作方法和人际关系。组织发展取得成功需要有一定的条件,其技法有很大的通用性。它本身并不是解决企业单位的问题和方法,而是帮助组织怎样发现、提出、认识问题,帮助人们怎样解决问题,组织发展人员也只是促进组织发现问题、解决问题的过程专家。

组织发展是提高全体员工积极性和自觉性的手段,也是提高组织效率的有效途径。组织发展显著的基本特征如下。

(1) 深层次的变革,高度的价值导向。组织发展意味着需要深层次和长期性的组织变革。

(2) 组织发展是一个诊断-改进周期。组织发展的思路是对组织进行"多层诊断""全面配方""行动干预"和"监控评价",从而形成积极健康的诊断-改进周期。

(3) 组织发展是一个渐进过程。组织发展活动既有一定的目标,又是一个连贯的不断变化的动态过程。组织发展的重要基础与特点,是强调各部分的相互联系和相互依存。

三 组织发展的内容与方法

组织发展是组织行为学的分支学科,是一门研究提高组织自我更新能力的学科,在几十年的理论研究和实践中,组织发展已经创造了许多适应环境变化、提高组织战斗力、效率和士气的方法。

(一) 组织发展的内容

1. 以人为中心的组织发展　主要有调查反馈、咨询活动、敏感性训练和班组建设。

2. 以人物和技术为中心的组织发展　主要有社会技术系统、工作再设计、弹性工作时间和目标管理。

3. 以组织结构为中心的组织发展　主要有通过改变职位的相互关系,以及通过修正外部变量或因素来达到改革人们所期望的行为结果。

(二) 组织发展的基础价值观

罗宾斯(1997)提到,组织发展范式重视人员和组织的成长、合作与参与过程以及质询精神。组织发展更强调协作,诸如权利、权威、控制、冲突以及高压政治等在组织发展实施变革的部门中相对不太受尊重。他简要概括了大多数组织发展活动的基础价值观。①对人的尊重:认为组织中的人可依赖、尽职尽责、人道,人们拥有尊严,受到尊重;②信任和支持:具有高效和健康的组织的特征是信任、真实可靠、公开以及相互支援的氛围;③权利平等；有效的组织不强调职权层级和控制；④正视问题：对问题不遮遮掩掩，而是公开面对、正视问题；⑤参与：人们对围绕变革决策的参与越多，则越可能致力于实施这些变革。

(三) 组织发展的方法

哪些组织发展技术或干预措施能带来组织变革呢？接下来将详细介绍变革推动者可以使用的6种方法。

1. **敏感性训练** 敏感性训练（sensitivity training）又称为实验室训练、交友小组或者是T型小组（训练小组）等，所有这些都是指通过无结构小组的作用来改变人们行为的一种方式。在训练过程中，小组成员聚在一起并置身于一个自由而开放的环境中，一起讨论自身以及相互之间交往的过程。这种讨论在行为科学家一定的指导下进行。这种小组是过程引导型的，个人通过观察和参与来学习，而不是被告知去学什么。专业人员为参与者创造机会，促使其表达自己的意见、信仰和态度。这些小组实际上是明确拒绝任何领导者角色。

T型小组使主体对他们自己的行为和他人如何看待自己有更为明确的认识，对其他人的行为具有更强的敏感性，以及增加对小组所使用方式的理解。它所力图达到的特定目标是更强的移情能力和个人差异承受力、更好的倾听和改进矛盾解决的技巧、心胸更为开阔。如果个人对他人如何看待他们自己缺乏认识，那么通过成果的T型小组训练，就可以促使他们有更为现实的自我了解、更强的团队凝聚力并减少功能障碍性的人际冲突，使得个人和组织之间更加和谐一致。

2. **调查反馈** 调查反馈（survey feedback）的方法是对组织成员所持有的态度进行评估，确定组织成员之间在认知方面的差异，以及消除这些差异的一种工具。组织中的每一个人都可以参加调查反馈，通常是由组织或工作单元中的所有成员来填写调查问卷。这种方法可以让组织成员直接道出问题所在，或是通过访谈的方式来确定那些重要的问题。问卷主要询问员工对各个方面的认识、理解和态度，其中包括：决策实践、沟通效果、部门间的合作以及对组织、工作、同事和上司的满意度。这种方法可以让组织成员直接道出问题所在，或是通过访谈的方式来确定那些重要的问题。

从问卷中获得的数据根据个体所属的组织单元以及整个组织来进行列表和归类，并分发给员工。这些数据就是确定问题和澄清各种事项的出发点。在反馈调查方法中尤其要鼓励讨论并注意确保讨论时对事不对人。例如，人们会不会听到这些信息？会不会产生新的观点和意见？决策、人际关系和任务分配能否得到改进？这些问题的答案应该促使该群体设法找出各种方法来解决所发现的问题。

3. **过程咨询** 管理者常常感觉自己部门的工作绩效还可以改进，但却不知道要改进哪些方面以及如何改进。过程咨询（process consultation，PC）的目的就是让外部顾问来帮助组织成员认识、理解和应对他必须处理的过程事件。这些事件可能包括工作流程、部门成员间的非正式关系以及正式的沟通渠道等等。

过程咨询与敏感性训练有些相似，它们都认为通过协调人际关系可以调高组织效力，并且它们都很重视员工的参与。但过程咨询更加以任务为导向。过程咨询中的顾问让管理者深入察觉他自身和周围发生的事情以及他和其他人之间的关系。外部顾问和管理者共同研究有哪些地方需要改进,但顾问并不解决组织中的具体问题,而是作为指导来帮助管理者解决问题。管理者开发出对自己部门内的各种流程进行分析的能力,而且在外部顾问离开很久以后还能继续运用这种能力。因为管理者积极参与了问题的诊断和解决方案的制订,所以他对本部门内的过程及改进方案有更好的理解,并且更可能支持所确定的行动计划。

4. 团队建设　组织越来越多地依靠工作团队来完成工作任务。团队建设(team building)利用高度互动的群体活动来增强团队成员之间的信任和坦诚,改进协作和提高团队绩效。团队建设通常包括目标设置、团队成员间的人际关系开发,明确每个成员的角色和责任的角色分析,以及团队过程分析。当然,团队建设可以强调或去掉某些特定的活动,这取决于团队建设努力的目的以及该团队面临的具体问题。不过,团队建设基本上会利用成员之间的积极互动来增强信任和坦诚。

5. 群体间关系的开发　组织发展关注的一个重要领域是不同群体之间的恶性冲突。群体间关系的开发(intergroup development)致力于改变不同群体对彼此的态度、观念和刻板印象,而这些往往会给组织发展带来负面影响。群体间关系的开发培训重点关注组织内的职位、部门或分工的差异,尽管在改善群体间关系方面有不少方法,但最常用的方法强调解决问题。

在这种方法中,首先让每个群体自己开会,列出该群体对自己的认识,对其他群体的认识以及它认为其他群体是如何看待它的。然后各群体之间共享这些信息,讨论它们看法之间的相似之处和不同之处,并寻找导致分歧的原因,回答诸如此类的问题可以使它们认识到冲突的真实本质。一旦找到了冲突或问题的根源,这些群体就可以通过制订解决方案改进他们之间的关系,还可以从发生冲突的各群体中抽出成员来组建亚群体,以进行更深入诊断并找出各种选择方案。

6. 价值探索　大多数组织发展方法是以问题为中心的。它们先找出一个或一系列问题,然后寻找问题的解决办法。价值探索(appreciative inquiry, AI)则强调积极方面。它不是寻找问题来加以改正,而是发现一个组织的独特品质和特殊优势,这些因素可以成为员工改进工作绩效的基础。

价值探索的过程由4个步骤构成,即发现、梦想、设计和实现。通常在一个大型群体会议中用2~3天时间来完成这个过程,并且由一位训练有素的变革推动者进行监控和指导。①发现,找出大家所认为的"组织优势"。②梦想,在发现阶段得到的信息的基础上,员工们思考组织未来是什么样子。③设计,基于对梦想的描述,参与者为组织的未来找到一个共同愿景,并就组织的独特品质达成共识。④实现,参与者尝试确定组织的命运或如何实现他们的梦想,他们通常还会制订行动计划和实施方案。

第四节　组织变革与发展理论在卫生领域中的应用

一、组织变革动力与阻力理论的应用

(一) 组织变革动力与阻力理论的重要性

在第一节中介绍了随着经济社会的不断发展，社会环境在改变，需求方在改变，技术也在日新月异，推动和阻碍变革的因素都在瞬息万变。外部环境是促进变革很重要的因素，技术变了，体制机构变革，那么组织必须要变革。卫生领域如何在纷繁复杂的环境中有计划的、科学地变革是非常重要的，缺乏计划性、科学性、合理性的变革会导致资源的稀释或浪费。比如医联体的利益分配机制，如何保持基层医疗机构的"造血功能"，而不是稀释基层医疗机构的优质资源；再比如乡镇卫生院转型为社区卫生服务中心后，基本医疗的功能被削弱了，社区中心如果成为了某种意义上的养老机构，就造成了医疗资源的浪费。

同样，一套完整的医疗制度也需要很长的时间才能形成。随着医疗技术的发展，即使在比较成熟的国家，任何医疗制度都不是处在一成不变的静止状态，而是在不断地发展变化。这些变化大多情况下比较缓慢，但是当其中的某方面的问题积累到一定程度，发生了某些危机事件，或涉及一定比例的人口，造成社会舆论的关注，那么整个医疗制度变化的进程就会加快，集中的医改就会被讨论，最终通过一定的政治程序，得以确定实行。实行之后，新的问题可能又会逐渐出现，这样积累到一定程度，就会引发下一次医改，形成一个周期性的过程。所以，问题总是促进变革的契机，不管是新问题还是老问题，都可能是改革的动因。

作为医药卫生体制改革，发展的动力应该是社会价值的体现。一方面，无论是"供给侧"改革的必然要求，还是"健康中国 2030"的宏伟目标，都是卫生改革和发展的动力；另一方面，作为卫生支柱的公立医院，仅仅基于社会价值的实现是不够的，还要注重医务人员的发展动力，没有医生的发展，就没有医疗的发展、技术的创新和服务的质量。但是，在推进改革的过程中，也不可避免会遇到一些阻力，因此深入认识变革动力与阻力理论对我们平稳推进组织变革和发展具有重要的意义。

(二) 案例分析

我国医疗体制改革自新中国成立初期开始，先后经历了 3 个重要的发展阶段，特别是改革开放以来，我国卫生事业发展较为迅速，医疗卫生体制也发生了很大的变化，医疗卫生机构的单一公有制转变为多种所有制并存，医疗服务的供给能力有所提高，公立医院的医疗质量、服务质量、经营效益进一步提高。但是，在某些方面也暴露了一些问题，例如卫生总费用上升的同时政府卫生支出占比下降，医院的财政补助减少，医药分开核算，药品、检查价格的下降趋势所形成的新的外部运营环境已经将医疗机构逐步推入了市场，使得一些医疗机构

产生了趋利行为,盲目追求经济利益,有时甚至损害了患者的权益,导致医患关系的持续紧张,医疗卫生体制改革迫在眉睫。

当前,在我国推行分级诊疗的必要性与重要性已经取得了较为广泛的共识。分级诊疗制度的建立和完善有利于优化医疗卫生资源配置,构建协同整合的医疗卫生服务体系,形成合理的就医格局,控制过高的医药费用,营造和谐的医患关系,因此被认为是从根本上破解"看病难、看病贵"问题的重大战略举措。部分地区已结合自身实际,陆续开展了相关探索和实践。接下来,以分级诊疗为例,讨论组织变革动力和阻力在卫生领域的应用。

1. 分级诊疗利益相关方分析　分级诊疗体系的构建和运行涉及医疗卫生服务的需求方、供给方、管理方和筹资方等多个利益相关方。各利益相关方的利益诉求、政策影响力和执行意愿各异,在建立分级诊疗制度的过程中发挥着不同程度的推动或阻碍作用。对分级诊疗的利益相关方分析如下。

需求方:即居民/患者,是分级诊疗政策的目标人群和最主要的利益相关;供给方:包括直接供给方和间接供给方。直接供给方是指医疗卫生服务的实际提供者,主要是医院和基层医疗卫生机构,医疗机构内又有医务人员和管理者之分。医院管理者即医院法人代表,一般为医院院长,也可以是医院理事会;基层医疗卫生机构管理者即基层医疗卫生机构的法人代表,一般为基层医疗卫生机构第一负责人。间接供给方是医药器械商,提供开展医疗卫生服务所需的药品、器械和设备等。管理方:医疗卫生服务及其产品相关政策的制订者、执行者和监督者,主要包括卫生部门和发改(物价)部门。筹资方:医疗卫生资源的筹集者和分配者,主要包括医保部门和财政部门。

值得注意的两个方面为:①医院医务人员的政策执行意愿尚不能一概而论。许多医务人员反映分级诊疗实施后医院患者减少,个人收入有所下降;还有些医生被派去支援基层医疗卫生机构,个人生活和原有工作受到一定影响;但也有医生认为长远来看实行分级诊疗可以使其专注于疑难疾病的诊疗,更有利于其职业发展。结合持不同态度医务人员的大致比例并参考其他相关调查,认为医院医务人员对分级诊疗政策的执行意愿总体较弱。②基层医疗卫生机构医务人员在政策执行意愿上也存在一定分歧。许多基层医生特别是年轻医生认为患者回流基层、上级医院专家定期到基层坐诊指导有利于其自身业务能力的提高;但也有部分医生抱怨分级诊疗实施后其工作量明显增加而收入增长却达不到预期。

2. 分级诊疗动力与阻力分析　进一步对影响利益相关者态度和行为的核心变量进行矩阵分析,有助于判断推行分级诊疗的动力与阻力。利益相关方对一项政策的态度和行为,主要受其利益关联程度和政策影响力的影响。利益关联强度强且政策影响力也强者,不仅有强烈的利益诉求,而且具备相当的权利和执行力,因此是政策的积极推行者,如管理方中的卫生部门和筹资方中的医保部门;利益关联强度不强但政策影响力强者,虽然利益诉求一般,但权利较大,是政策得以有效执行的关键力量,因此需要争取其支持,如筹资方中的财政部门和管理方中的发改(物价)部门;利益关联强度强但政策影响力不强者,虽然利益诉求很强烈,但影响力比较有限,因此处于相对弱势的地位,一般会根据政策导向调整自己的行为,以使自身效用尽可能实现最大化,如直接供给方医院管理者、基层医疗卫生机构管理者、医院医务人员、基层医疗卫生机构医务人员和需求方居民/患者;利益关联度不强且政策影响力也不强者,既没有重大的利益诉求迫使其积极参与政策过程,也不会对政策进程产生决定性的影响,因此只是根据自身发展策略,在与其他利益相关方的互动过程中选择地参与到其中某些环节,如间接供给方医药器械商。

各利益相关方对分级诊疗政策的推动或阻碍,主要表现在其利益关联程度和政策执行意愿。在分级诊疗的推行中,卫生部门、医保部门、基层医疗卫生机构管理者、基层医疗卫生机构医务人员利益关联程度强,政策执行意愿也强,说明有动力促成分级诊疗目标的实现。居民/患者的利益关联强度很强,但政策执行意愿并不强烈,说明其即使作为最终的受益者,也并非能在短期内充分认识或感受到这些利好措施,甚至在特定的阶段对特定的政策还有可能产生误解和抵触——激进的"一刀切"式改革尤其容易出现这样的情况。而医院管理者、医务人员虽然利益关联程度强,但政策执行意愿较弱,说明从个体效用最大化的角度来讲,分级诊疗的推行并不十分符合他们的期望,因此最可能成为分级诊疗制度推行的阻碍因素。

 组织发展理论的应用

(一) 组织发展理论的重要性

无论是何种组织,何种体制,要改革,始终要坚持发展,不是为了发展的改革,其目的性和方向性就会有偏差。在发展中我们往往要解决两大问题,那就是发展的动力和发展的支撑条件是什么。2017年1月国务院印发了《"十三五"深化医药卫生体制改革规划的通知》,推动医改由打好基础转向提升质量,由形成框架转向制度建设,由单项突破转向系统集成和综合推进。

对于我们国家而言,虽然经济总量已经达到了世界第二,但是不容忽视的是,仍存在限制卫生发展的几个关键要素:①地广人多、区域和需求差异巨大的国情决定了我们仍然是发展中国家的本质;②必须要尊重医药卫生体制发展的规律,就好比医学上我们要从"经验医学"发展到"循证医学",最终进入到"整合医学"。罗马不是一天能建成的,所有的改革也不是一蹴而就的。因此,应正确运用组织发展理论分析如何遵循客观规律,积极探索,坚持走中国特色的卫生发展道路。

(二) 案例分析

与时俱进的社会,飞速发展的世界,给各行各业创造了良好的发展环境。在带来了新的机遇和同时也使它们面临着更多的挑战。近年来,全国卫生工作把农村卫生作为重中之重摆在首位。自2001年国务院体改办等部门在《关于农村卫生改革与发展的指导意见》中明确指出"在经济发达地区,乡镇卫生院可转向社区卫生服务功能"后,全国许多经济发达地区农村开展社区卫生服务,将乡镇卫生院转变成农村社区卫生服务中心,将村卫生室转变成社区卫生服务站。

农村社区卫生服务在我国是一个新兴的卫生服务形式,而乡镇卫生院作为原来农村基层卫生服务体系的枢纽,由其转型而来的社区卫生服务中心的发展问题成为农村地区社区服务模式推行的关键。经济发达地区农村的社区卫生服务模式试点工作取得了一定成就，但也存在诸多问题：功能定位不能贴合农村社区居民卫生服务需求、"重医疗、轻预防"的运作模式并未从根本上得以改变、农村社区卫生服务机构人员匮乏等。

因此，集"六位一体"功能于一身的转型社区卫生服务中心，在药品价格不断下降，医疗运行成本持续上升，政府补贴不到位的情况下，转型后如何更新服务理念，如何更好地为社区居民服务，如何在这风云变幻、竞争激烈的医疗市场求生存、求发展，这是摆在管理者面前一个崭新的课题。

乡镇卫生院转型为社区卫生服务中心后，职能并不是跟随转变为"重防轻医"，而仍应保持"医防并重"。社区卫生服务能否满足居民群众的就医需求，能否真正解决"看病难"的问题，真正成为常见病、多发病的诊治第一线，除了降低医疗费用，实行基本药物制度以外，关键在于医疗质量、安全能否得到保障。社区卫生服务中心除了医疗功能，还要兼顾预防、保健、康复、健康教育、计划生育指导等功能。

医疗改革与发展是一个永恒的话题，因为环境在变、社会在变、需求在变、知识在变。组织发展始终应放在第一位，改革是立足于促进发展的出发点和落脚点，多部门联动，多方面发力，以制度和政策作为支撑，确保改革措施能够实实在在地落地，并能够有效衔接，在各个领域和各个层面发挥应有的作用，让百姓体会到高价值卫生政策所带来的就医获得感。

第五节　组织变革的发展趋势

一、当代管理者面临的关键变革问题

在上文中已经讨论过组织如何适应变革。但是一些组织行为学的学者近年来开始关注一种更加积极主动的方法——组织如何通过改造自己的文化变得可以更好地变革。近年来，随着经济社会的发展，组织多元化和国际一体化的进程加快，组织文化被提到了一个极其重要的位置。在这一部分，将讨论当代管理者面临的两个关键变革问题：激发一种创新文化；创建学习型组织。

(一) 激发一种创新文化

一个组织如何提高自己的创新能力？戈尔公司就是一个很好的例子。这家年收入高达14亿美元的公司以生产制造 Gore-Tex 化纤而闻名。通过开发一系列多样化的产品——其中包括吉他弦、牙线、医疗用品和燃料电池——戈尔公司赢得了极高的声誉，是最具有创新能力的美国公司之一。

戈尔公司成功的秘诀是什么？其他组织可以做些什么来复制它的创新成就？尽管不存在可以打包票的公式，但是研究者在对创新组织进行研究时，发现一些特征出现的频率极高，我们将其归纳为3类：结构、文化和人力资源。变革推动者应当考虑把这些特征引入本

组织,以形成一种创新的氛围。

创新(innovation)较变革而言,是一种更为具体的变革类型,是用来发明或改进一项产品、工艺或服务的新想法或新思路。因此,所有的创新都是变革,但并不是所有的变革都必要会带来新观念或新思路,或者带来显著的改进。创新的范围很广,既可以是细微的改进,也可以是重大突破。

有机结构对创新有积极的影响,因为纵向层级少,有机组织能够促进灵活性、适应性和互动,各部门、各领域之间沟通十分密切,从而创新更容易被接纳。创新的组织往往具有相似的文化,它们都鼓励尝试,它们不仅奖励成功,也奖励失败。此外,创新性组织会积极地对员工进行培训和开发,使他们跟上时代的步伐;它们为员工提供高水平的心理安全,使员工不必担心由于犯错误而被解雇;它们鼓励员工个体成为变革的倡导者。

(二) 创建学习型组织

要想积极主动地管理变革,组织可以采用的另一种方法是成为一个学习型组织(learning organization)。现代社会的变革越来越强调学习的重要性,正如个人需要学习一样,组织也要学习。

1990年,彼得·圣吉(Peter M. Senge)出版了非常具有影响力的著作《第五项修炼》(*The Fifth Discipline*),他将"学习型组织"这一术语推向全球。该书一经出版,立即引起轰动。全书阐释了五项修炼,即自我超越、改善心智模式、建立共同愿景、团队学习和系统思考,表达了以全新视角、系统的观点观察不断变化的世界;通过改善个体和群体学习,持续不断提高能力以创造未来的组织;建立善于创造、吸收和转化知识以及反映新知识和新洞见的组织等等新思维,很快被学术界、企业界、政府乃至非营利机构所接受、学习、实践和推广。

学习型组织是一个能够持续适应和变革的组织。"所有的组织都会学习,无论它们是不是有意识地这么做——这是它们维持生存的一个基本条件。"

大多数组织进行的是单环学习(single-loop learning),又称适应型学习,当它们发现错误时,纠正过程依赖于过去的常规和当前的政策,侧重于解决目前的问题,而不检查当前的政策和所依赖的常规是否恰当。与此相反,学习型组织运用的是双环学习(double-loop learning),又称为创造型学习,它们通过调整或修改目标、政策和标准程序来纠正错误,强调对组织确定和解决问题方式的检验结果加以反馈。双环学习向组织中根深蒂固的观念和规范提出质疑,它有利于人们对问题提出截然不同的解决办法并实现显著的改进,相比较单环学习而言,是一种更强的未来学习能力。

学习型组织的支持者把它作为解决传统组织中固有的3个基本问题——分工、竞争和反应性的一剂良药。①分工是基于工作专门化的碎片化,它们把一个组织分割成各自为政而且常常相互冲突的领域。②过分强调竞争常常会削弱协作,管理者展开竞争,以显示谁是正确的、谁指导的更多或者谁更有说服力;各分部在本应该相互合作和分享知识时却展开竞争;各工作团队的领导者相互竞争以表明谁是最好的管理者。③反应性会误导管理层的注意力,使得他们更注重解决问题而不是创造或创新。问题解决者尽量避免事情的发生,而创造者则努力使新事物成为现实。对反应性的一味强调会排挤创新和持续改进,转而鼓励人们忙于"救火"。

知识拓展部分概括了学习型组织的5个基本特征。在这种组织中,成员们摒弃旧的思维方式,学会以开放的心态对待彼此,理解组织真正的运作方式,形成每个人都认同的规划或愿景,并且齐心协力去实现该愿景。

> **知识拓展**
>
> 学习型组织的特征
>
> 1. 有一个大家都认同的共同愿景。
> 2. 在解决问题或工作时,摒弃旧的思维方式和常规程序。
> 3. 成员们将所有的组织流程、活动、职能以及与环境的互动视为一个相互关系系统的组成部分。
> 4. 成员(跨越纵向和横向界限)彼此之间进行开诚布公的沟通,不必担心受到批评或惩罚。
> 5. 成员们把自己的个人利益和狭隘的部门利益放在次要位置,愿意齐心协力实现组织的共同愿景。
>
> (引自:Kotter JP. Leading Change. Boston:Harvard Business School Press,1996.)

二、组织变革的国际化趋势

我们往往会发现在不同的国家、不同的文化背景下,组织变革的特征也不尽相同,呈现出国际化的趋势。

本章讨论的许多变革要素都受到文化的制约,为了更好地阐明这一点,我们需要回答以下5个问题。

(1) 人们是否认为变革是可能的?对于人们是否能够掌控其环境,不同文化有着不同的看法。如果处于人们相信自己可以主宰并影响环境的文化中,人们会对变革采取一种积极主动的态度。美国和加拿大的文化氛围就是如此。在其他许多国家,比如伊朗和沙特阿拉伯,人们认为自己被环境驾驭,因而常常被动、消极地看待变革。

(2) 如果可能,实行变革需要多长时间?对文化的时间取向有助于我们回答这个问题。对于着眼于长期的社会(如日本)来说,人们在等待变革努力的积极成果时会表现出相当大的耐心。而在强调短期的社会(如美国和加拿大),人们希望获得快速的改进,并寻找那些能导致立竿见影效果的变革方案。

(3) 在某些文化中变革的阻力是否比在其他文化中更大?社会对传统和习惯的依赖程度会直接影响变革的阻力。例如,意大利人着眼于过去,而美国人重视现在。因此,意大利人对变革的抵制要比美国人更强烈。

(4) 文化会影响实施变革的方式吗？权利距离有助于回答这个问题。在权利距离大的文化中，如西班牙和泰国，变革往往由高层管理者独断推行。与此相反，权利距离小的文化重视民主的方式，因此我们可以推测，在丹麦和荷兰等国家，员工会更广泛的参与变革。

(5) 在不同文化中，成功的创意倡导者是否以不同的方式开展工作？有证据表明，这个问题的答案是肯定的。在集体主义文化中，人们更倾向于采用跨职能团队实施创新；在权利距离大的文化中，人们更希望创意倡导者与那些位高权重的人紧密合作，以便前者在开展工作之前就能够得到后者对创新活动的支持。在不确定性规避程度越高的社会，创意倡导者越应该在组织规章制度的许可范围内开展工作和实施创新。这些发现表明，有效的管理者应该根据不同文化的价值观调整他们组织的创意倡导策略。因此，虽然俄罗斯的创意倡导者或许能够通过忽视预算限制和绕过既定程序获得成功，但在奥地利、丹麦、德国及其他一些不确定性规避程度较高的文化中，创意倡导者只有通过严格遵守预算和程序才会变得更加有效。

本章小结

变革贯穿于本书始终。"即使是对变革的一次简单考察也会发现，变革几乎涵盖了组织行为学文献中的所有概念。"例如，变革在态度、动机、工作团队、沟通、领导、激励、组织结构、人力资源管理和组织文化中的都占有一定的地位并起到一定作用。在讨论这些概念时，不谈变革是不可能的。

如果环境是高度静态的，员工的技术和能力水平总能适应当前条件而不会落伍，明天总和今天一模一样，那么组织变革可能与管理者关系很弱甚至根本没有关系。然而，现实世界是如此动荡，要想在竞争的环境中运作良好，组织及其成员就必须经受得起动态的变革。

在大多数组织中，管理者是最主要的变革推动者。他们通过制订决策并作出行为榜样来塑造组织中的变革文化。与结构设计、文化因素以及人力资源政策有关的管理决策在很大程度上决定了组织的创新水平。同时，在组织变革过程中会受到来自个体和群体的阻力。正确看待并妥善处理变革阻力，对变革的结果和组织发展至关重要。

在卫生领域中，组织变革与发展同样无处不在。小到一个医疗机构的发展，大到医疗卫生服务体制的改革创新，组织发展始终应放在第一位，改革是立足于促进发展的出发点和落脚点。我们应该充分认识到组织变革和发展理论在卫生系统中的重要意义，并将该理论有效地运用于卫生领域改革和发展的实践中去。

复习思考题

1. "我们生活在一个不连续的时代"，这句话的含义是什么？
2. "抵制变革是一种不理智的反应"，你是否同意这种观点？请解释。
3. 为什么参与方式被认为是降低变革阻力的有效技术？

4. 为什么变革常常会成为组织中的政治问题?
5. 卢因的三步骤变革模型是怎样处理变革阻力的?
6. 对于一个具有"追随领袖"历史的组织来说,可以实行什么样的变革来培养人们的创新精神?
7. "学习型组织强烈反对分工、竞争和反应性",请对这种观点加以解释。
8. 组织如何建设知识管理系统?

案例分析题

现在,在很多城市的现状为:大医院人满为患、一床难求、医护人员超负荷工作、异常辛苦。而基层公立医院、社区医疗卫生机构大多门可罗雀、患者信任度不高、在医疗中发挥作用受限,特别是基层医院医疗水平与能力提高也受限。因此,人们开始尝试一种跨区域、跨体制的改革,就是实行大医院联动一、二级医院的改革,称为"医疗联合体"改革。这种医联体改革探索的目的是:①让三级医院优质资源下沉社区,患者不出社区就可以得到优质医疗服务;②让社区医院的医疗、护理、管理、科技品质提升,有利于社区医院健康发展;③让上下医院双向转诊得到真正实现,分级诊疗得到巩固与支撑。

江苏省无锡市第二人民医院与无锡市崇安江海街道社区医院从 4 月份开始,探索一种新型的半紧密型的医疗联合体。医院派出一名科主任、护士长常驻社区,并担任副主任参加社区医院医疗与管理。一方面,参与社区医院的查房、病例讨论、医疗质量管理;另一方面,开设无锡二院社区联合专家门诊,为神经内、外科患者、心内科患者、内分泌科患者提供一流的医疗服务。短短几周,社区医院门诊与住院患者工作量增长都超过 20%,患者转出社区的也下降 10% 左右。其实,早在 2009 年 6 月,无锡二院率先与崇安区 6 家社区卫生服务中心签订医疗服务合作协议书,全面启动公立医院与社区卫生服务中心之间的"无缝对接",这一良好的举措,被认真地执行至今。据了解,无锡二院自 2009 年结对帮扶崇安区 6 个社区卫生服务中心至今,共有 23 个专科的 70 位专家以及 150 名晋升职称的医师赴崇安 6 个社区轮流坐诊,累计接诊患者 36 500 人次;下转患者 17 938 人次,上转患者 35 852 人次;免费接收社区来院进修、参加早晚读、各级继续教育项目活动 3 554 人次。同时积极响应市属公立医院"健康社区行"活动,在 6 个社区义诊 36 次,服务群众近 46 000 人次,深受广大居民的好评。

患者在社区可以得到一流、满意、各种类别的医疗服务,逐步可以实现门诊联合、检查联合、住院联合、康复联合、健康教育联合。这种过渡阶段的改革,显然有许多积极的意义。然而,在实际操作中,还存在许多困难与问题。

难在何处?①医保不支持,一般没有专门医疗联合体的定额与标准。②网络不联通,三级医院的 HIS 与社区医院的网络不能直接对接共享。③绩效不体现,三级医院的绩效总额没有医联体的内容,社区医院也没有,多做也许没法多得。④管理不配套,三级医院与社区医院体制上归属不一,在医院管理要求上差异很大,相互对接难度很大。

总之,医联体改革难,很大程度上是在于政府部门的理解与突破。如果在医保政策上、投入机制上、奖罚机制上什么都不变,那这种改革是无法进行的。如果三级医院进入社区医疗工作后,什么都没有变化,什么也得不到体现与支撑,那么医联体改革也是不可持续的。

(引自:易利华.医院管理精粹——来自 IHF 国际杰出奖的报告,北京:人民卫生出版社,2016.)

★ 思考问题

1. 通过以上材料,阐述医联体改革的内容主要包括哪些,改革的目的是什么。
2. 你认为医联体改革的推动力量有哪些?
3. 分析阻碍医联体改革的个体原因和组织原因。
4. 你认为如果想要进一步做实医联体改革,还需要采取哪些措施排除改革的阻力?

主要参考文献

1. 蔡江南.医疗卫生体制改革的国际经验.上海：上海科学技术出版社，2016.
2. 姜维.管理沟通：实践与策略.北京：电子工业出版社，2016.
3. 易丽华.医院管理精粹——来自IHF国际接触奖的报告.北京：人民卫生出版社，2016.
4. 张岩松，王艳洁.组织行为学——理论案例.北京：清华大学出版社，2016.
5. 罗纳德·B·阿德勒，拉塞尔·F·普陀科特著.黄素菲，李恩译.沟通的艺术：看人入里，看出人外.第14版.北京：世界图书出版公司，2015.
6. 安杰洛·基尼奇罗伯特·克赖特纳.组织行为学.北京：中国人民大学出版社，2015.
7. 董智轩.激励：惊人的力量.北京：中国商业出版社，2015.
8. 克莱顿·克里斯坦森，杰罗姆·格罗斯曼著.黄捷升，朱恒鹏，张琦译.创新者的处方.北京：中国人民大学出版社，2015.
9. 李珊.离开团队，你什么也不是.北京：中华工商联合出版社，2015.
10. 梁万年，饶克勤，王亚东，等.卫生事业管理学.第3版.北京：人民卫生出版社，2015.
11. 史蒂文·麦克沙恩.组织行为学.北京：中国人民大学出版社，2015.
12. 尼基·斯坦顿著.罗慕谦译.沟通圣经：听说读写全方位沟通技巧.北京：北京联合出版社公司.2015.
13. 斯蒂芬·P·罗宾斯.管理学.第11版.北京：中国人民大学出版社，2015.
14. 苏山.零成本激励：不花钱的员工激励15法.北京：北京工业大学出版社，2015.
15. 詹姆斯·S·奥洛克著.康青译.管理沟通.北京：中国人民大学出版，2015.
16. 陈文莉，刘广珠.组织行为学.北京：清华大学出版社，2014.
17. 博恩·崔西著.林志勋译.激励.北京：机械工业出版社，2014.
18. 斯蒂芬·P·罗宾斯，蒂莫西·A·贾奇.组织行为学精要.第12版.北京：机械工业出版社，2014.
19. 王怀明.组织行为学理论与应用.北京：清华大学出版社，2014.
20. 徐全忠，邹晓春.组织行为学——理论、工具、测评、案例.北京：化学工业出版社，2014.
21. 杨忠.组织行为学：中国文化视角.第3版.南京：南京大学出版社，2013.
22. 张亮，胡志，陈少贤，等.卫生事业管理学.北京：人民卫生出版社，2013.
23. 程晓明，罗五金，刘国祥，等.卫生经济学.第3版.北京：人民卫生出版社，2012.
24. 段万春.组织行为学.北京：北京大学出版社，2012.
25. 胡宇辰，蔡文，杨建锋.组织行为学.上海：复旦大学出版社，2012.
26. 冀鸿，李泓欣，康晶，等.组织行为学实用教程.北京：北京大学出版社，2012.
27. 六六.心术.上海：上海人民出版社，2012.
28. 斯蒂芬·P·罗宾斯，蒂莫西·A·贾奇著.孙健敏，李原，黄小勇译.组织行为学.第14版.北京：中国人民出版社，2012.
29. 李伟，张文慧，王淑红.组织行为学.武汉：武汉大学出版社，2012.
30. 斯蒂芬·P·罗宾斯，蒂莫西·A·贾奇.组织行为学.第14版.北京：清华大学出版社，2012.

31. 王里,戴雯.组织行为学.北京:北京大学出版社,2012.
32. 严进.组织行为学.北京:北京大学出版社,2012.
33. 刘金峰,方素珍.医院管理学.人力资源管理分册.北京:人民卫生出版社,2011.
34. 袁凌,雷辉,刘朝.组织行为学.北京:中国人民大学出版社,2011.
35. 舍曼·富兰德,艾伦·C·古德曼,迈伦·斯坦诺著.王健,李顺平,孟庆跃,等译.卫生经济学.北京:中国人民大学出版,2011.
36. 王明旭,李伟,董协良,等.卫生事业管理学.第2版.北京:北京大学出版社,2011.
37. 张昊民.管理沟通.上海:上海人民出版社,2011.
38. 赵莉琴.组织行为学(理论与案例).北京:中国铁道出版社,2011.
39. 胡立君,唐春勇.组织行为学.武汉:武汉理工大学出版社,2010.
40. 郁阳刚.组织行为学(理论·实务·案例).北京:清华大学出版社,2010.
41. 珍妮弗·M·乔治,加雷恩·R·琼斯.组织行为学.北京:北京大学出版社,2010.
42. 杜慕群.管理沟通.北京:清华大学出版社,2009.
43. 樊建芳,张炜,黄琳.组织行为学.杭州:浙江大学出版社,2009.
44. 黄淇敏.医院组织行为学.上海:上海科学技术出版社,2009.
45. 芭芭拉·A·布贾克·科尔韦特.刘昕译.谈判与冲突管理.北京:中国人民大学出版社,2009.
46. 利奥纳多·L·贝瑞,肯特·D·赛尔曼.向世界最好的医院学管理.北京:机械工业出版社,2009.
47. 斯蒂芬·P·罗宾斯.组织行为学精要.第7版.北京:中国人民大学出版社,2009.
48. 斯蒂芬·P·罗宾斯,蒂莫西·A·贾奇.组织行为学精要.第9版.北京:机械工业出版社,2009.
49. 孙宗虎,李作学.员工激励方法实例全集.北京:化学工业出版社,2014.
50. 利·L·汤普森.汤普森谈判学.中国人民大学出版社,2009.
51. 王晓钧.管理心理学.北京:高等教育出版社,2009.
52. 海因茨·韦里克,马克·V·坎尼斯,哈罗德·孔茨.管理学:全球化与创业视角.第12版.北京:经济科学出版社,2008.
53. 里基·W·格里芬,格利高里·摩海德.组织行为学.第8版.北京:中国市场出版社,2008.
54. 舍曼·富兰德,艾伦·C·古德曼,迈伦·斯坦诺,等.卫生经济学.第6版.北京:中国人民大学出版社,2008.
55. 斯蒂芬·P·罗宾斯,蒂莫西·A·贾奇著.李原,孙健敏译.组织行为学.第12版.北京:中国人民大学出版社,2008.
56. 胡近,吕晓俊.公共组织行为学.上海:上海交通大学出版社,2007.
57. 郑雪.人格心理学.广州:暨南大学出版社,2007.
58. 贾书章,赵应文.组织行为学.武汉:武汉理工大学出版社,2006.
59. 斯蒂芬·P·罗宾斯.《组织行为学》笔记和课后习题详解.北京:中国石化出版社,2006.
60. 斯蒂芬·P·罗宾斯著.柯江华译.组织行为学精要.第7版.北京:机械工业出版社,2006.
61. 杨忠.组织行为学:中国文化视角.南京:南京大学出版社,2006.
62. 组织行为学编写组.新编组织行为学.北京:中央广播电视大学出版社,2006.
63. 刘毅,杨艳杰,尹爱田,等.组织行为学.北京:人民卫生出版社,2005.
64. 美珍妮.M.布雷特.全球谈判:跨文化交易谈判争端解决与决策制定.中国人大出版社,2005.
65. 斯蒂芬·P·罗宾斯著.郑晓明,葛春生译.组织行为学精要.第8版.北京:电子工业出版社,2005.
66. 斯蒂芬·P·罗宾斯.组织行为学.第10版.北京:中国人民大学出版社,2005.
67. 孙健敏,李原.组织行为学.上海:复旦大学出版社,2005.
68. 杨孝伟,赵应文.管理学:原理方法与案例.武汉:武汉大学出版社,2005.
69. 姜旭平,姚爱群.信息系统开发方法.第2版.北京:清华大学出版社,2004.
70. 李泽平.现代医院文化管理.北京:人民军医出版社,2004.
71. O·吉弗·哈里斯,斯塔德拉·J·哈特曼著.李丽等译.组织行为学.北京:经济管理出版社,2004.

72. 孙水裕,王孝武.环境信息系统.北京:化学工业出版社,2004.
73. 谢明.政策透视:政策分析的理论与实践.北京:中国人民大学出版社,2004.
74. 杰瑞·柏格著.陈会昌译.人格心理学.第6版.北京:中国轻工业出版社,2004.
75. 达芙特.组织理论与设计精要.北京:机械工业出版社,2003.
76. 段万春.组织行为学.重庆:重庆大学出版社,2003.
77. 弗雷德·鲁森斯著.王垒译.管理心理学.第9版.北京:人民邮电出版社,2003.
78. 高晓芹,龙如银.组织行为学.徐州:中国矿业大学出版社,2003.
79. 时巨涛.组织行为学.北京:石油工业出版社,2003.
80. 尹爱田,陈昌祥.卫生管理心理学教程.合肥:安徽科学技术出版社,2003.
81. 孙钱章.现代领导方法与艺术.北京:人民出版社,2000.
82. 周三多,陈传明,鲁明泓.管理学:原理与方法.第3版.上海:复旦大学出版社,1999.
83. 约翰·科特著.方云军,张小强译.变革的力量:领导与管理的差异.北京:华夏出版社,1998.
84. 斯蒂芬·P·罗宾斯著.孙健敏,李原,等译.组织行为学.第7版.北京:中国人民大学出版社,1997.
85. 刘易斯·科塞著.孙立平译.社会冲突的功能.北京:华夏出版社,1989.
86. 陈仲庚.人格心理学.沈阳:辽宁人民出版社,1986.
87. 巢飞.新型城镇化进程中的农村社区卫生服务中心研究.苏州大学,2015.
88. 殷向杰.医患纠纷协同治理研究.南开大学,2014.
89. 董岩.经济全球化基本问题研究.吉林大学,2013.
90. 王清波,胡佳,代涛.建立分级诊疗制度的动力与阻力分析:基于利益相关者理论.中国卫生政策研究,2016,9(4):9~15.
91. 朱恒鹏,姜天一.互联网医疗的痛点分析.中国卫生,2015(5):18~19.
92. 苏剑一.互联网医疗发展人才荒成短板.中国卫生人才,2015(7):12~13.
93. 盖艺腾,程世勇.医患冲突原因与第三方调解机制的构建.法制与社会,2014(25):263~266.
94. 肖余春,李姗丹.国外弹性理论新进展:团队弹性理论研究综述.科技进步与对策,2014(14):155~160.
95. 李丽洁.基于危机管理的三位一体医患冲突控制体系研究.医学与哲学,2013(8):70~73.
96. 常健,张春颜.社会冲突管理中的冲突控制与冲突化解.南开学报·哲学社会科学版,2012(6):74~85.
97. 魏玲.医生工作家庭冲突的性别差异及其相关因素调查.福建医科大学学报·哲学社会科学版,2012,13(2):30~34.
98. 张玉龙,陈晓阳.医患沟通中疾病认知模式的伦理审视.中国卫生事业管理,2011(2):93~94.
99. 周吉华.群体决策法在杜绝护理差错中的应用.中外妇儿健康,2011,8:342.
100. 常健,许尧.论公共冲突管理的五大机制建设.中国行政管理,2010(9):63~66.
101. 万涛.冲突管理方式对团队绩效的影响研究.技术经济与管理研究,2010(S2):61~66.
102. 杨帆.心理方法在医患谈判博弈中的运用.现代预防医学,2010(6):1096~1097.
103. 张金凤,胡文华.医患沟通是解决医患冲突的基石.中国医学伦理学,2008(1):76~81.
104. 马新建.冲突管理:一般理论命题的理性思考.东南大学学报(哲学社会科学版),2007(3):62~67.
105. 徐青,刘滨.112例经医疗事故鉴定的医疗纠纷分析.中国卫生法制,2007(6):35~37.
106. 杨同卫,路文涛.国内外医患冲突研究综述.中国医学伦理学,2006(1):46~48.
107. 沈小庆,盛炳义,王珏,等.决策分析方法在医院药品采购中的应用.中国医院管理,2003,11:37~38.
108. 马新建.冲突管理:基本理念与思维方法的研究.大连理工大学学报·社会科学版,2002(3):19~25.
109. 徐崇利.经济全球化与国际经济条约谈判方式的创新.比较法研究,2001(3):62~71.
110. 朱稼兴.新世纪的两大发展趋势——全球化与信息化.北京航空航天大学学报·社会科学版,2000(4):34~38.
111. 江苏海陵区"第三方"调解首起医疗纠纷.http://news.xinmin.cn/rollnews/2009/08/26/2438313.

html. (2009-08-26)[2017-01-22].
112. 解读：全面放开二孩政策的5个原因. http://news.sohu.com/20151029/n424616653.shtml. (2015-10-29)[2016-09-25].
113. Robbins SP, Judge TA. Organizational Behavior. 15th ed. New York: Pearson Education, 2013.
114. Borkowski N. Organizational behavior, theory and design in health care. Jones Bartlett, 2009.
115. Rowe J, Boulgarides JD. Managerial decision making. Upper Saddle River, NJ: Prentice Hall, 1992.
116. Avolio BJ, Bass BM. Transformational leadership, charisma, and beyond. In Hunt JG, Baglia BR, Dachler HP, & Schriescheim CA, eds. Emerging leadership vistas. Lexington, MA: Lexington Books, 1988, 29~50.
117. Luthans F, Hodgetts RM, Rosenkrantz SA. Real managers. Cambridge, MA: Ballinger, 1988.
118. Kohlberg L. "Moral stages and moralization: the cognitive-developmental approach" In Lickona T. ed. Moral development and behavior: theory, research, and social issues. New York: Holt, Rinehart & Winston, 1976, 34~35.
119. Rokeach M. The nature of human values. New York: Free Press, 1973.
120. Allport GW, Vernon PE. Study of values. Boston: Houghton Mifflin Company, 1951.
121. Lewin K. Field theory in social science. New York: Harper & Row, 1951.
122. Spranger E. Type of man. Translated by Pigors PJW. New York: Halle, 1928.
123. Berson Y, Avolio BJ. Transformational leadership and the dissemination of organizational goals: A case study of a telecommunication firm. Leadership Quarterly, 2004, 15(5): 625~646.
124. Jung DI, Chow C, Wu A. The Role of transformational leadership in enhancing organization innovation: hypotheses and some preliminary findings. Leadership Quarterly, 2003, (8~10): 525~544.
125. Bono JE, Judge TA. Self-concordance at Work: Toward understanding the motivational effects of transformational leaders. Academy Management, 2003, 46(5): 554~571.
126. Shin SJ, Zhou J. Transformational leadership, conservation, and creativity: evidence from Korea. Acad Management, 2003, 46(6): 703~714.
127. Thyer GL. Dare to be different: transformational leadership may hold the key to reducing the nursing shortage. Nursing Management, 2003, 11(2): 73~79.
128. Brief AP, Weiss HM. Organizational behavior: affect in the workplace. Ann Rev Psychol, 2002, 53(1): 279~307.
129. Botvinick MM, Braver TS, Barch DM, et al. Conflict monitoring and cognitive control. Psychological Rev. 2001, 108(3): 624~652.
130. Trofino AJ. Transformational leadership: moving total quality management to world-class organizations. International Nurs Rev. 2000, 47(4): 232~242.
131. Lupu EC, Sloman M. Conflicts in policy-based distributed systems management. IEEE Transactions on Software Engineering, 1999, 25(6): 852~869.
132. Amabile TM. Motivating creativity in organizations. California Management Rev, 1997, 43.
133. House RJ, Podsakoff PM. Leadership effectiveness: past perspectives and future directions for research. 1994: 45~82.
134. Hook JR. The Charisma factor: How to develop your natural leadership ability, by Robert J. Richardson, S. Katharine Thayer. Academy Management Executive, 1993.
135. Thomas KW. Conflict and conflict management: reflections and update. Organizational Behavior, 1992, 13(3): 265~274.
136. Bass, Bernard M. From transactional to transformational leadership: leading to share the vision. Organizational Dynamics, 1990, 18: 19~31.

137. Bass BM. Leadership and performance beyond expectations. Acade of Management Rev, 1985, 12(4): 5244~5247.
138. Tajfel H, Turner J. An integrative theory of intergroup conflict.. Worchel Social Psychol of Intergroup Relations, 1979, 33: 94~109.
139. 'Office ghouls' don't strike only on Halloween. http://accountemps.rhi.mediaroom.com/personality_conflicts.-(2006-10-18)[2016/10/8].

附录　关键术语一览表

序号	英文	中文	所在章节
1	ability	能力	2
2	anchoring bias	锚定偏见	6
3	attitude	态度	2
4	attribution	归因	2
5	arbitrator	仲裁人	10
6	attribution theory of leadership	领导的归因理论	9
7	availability bias	可获得性偏差	6
8	behavioral theories of leadership	领导行为理论	9
9	bounded rationality	有限理性	6
10	brainstorming	头脑风暴法	6
11	centralization	集权	12
12	changing organization cultures	组织文化变革	13
13	channel	渠道	8
14	charismatic leadership theory	魅力型领导理论	9
15	charismatic power	魅力性权力	11
16	contingency theories of leadership	领导权变理论	9
17	coalition	结盟	11
18	coercive power	强制性权力	11
19	cognitive evaluation theory	认知评价理论	4
20	cohesiveness	凝聚力	5
21	communication	交流	8
22	computerized decision making	计算机决策	6
23	conceptual skill	概念技能	1
24	conciliator	和解人	10
25	confirmation bias	证实偏见	6
26	conformity	从众	5
27	consultant	顾问	10
28	contingency variable	权变变量	1
29	contrast effect	对比效应	2
30	cross-functional teams	跨职能团队	7
31	decentralization	分权	12

续 表

序号	英文	中文	所在章节
32	decision making	决策	6
33	decode	解码	8
34	delphi technique	德尔菲法	6
35	departmentalization	部门化	12
36	dysfunctional conflict	功能失调的冲突	10
37	electronic meeting	电子会议	6
38	emotion	情绪	3
39	emotional labor	情绪劳动	3
40	emotional intelligence（EI）	情绪智力	3
41	employee involvement	员工融入	4
42	employee recognition	员工认同	4
43	empowerment	授权	12
44	encode	编码	8
45	escalation of commitment	承诺升级	6
46	equity theory	公平理论	4
47	evidence-based management（EBM）	循证管理	1
48	expectancy theory	期望理论	4
49	expert power	专家性权力	11
50	extranet	外部网	8
51	flexible benefit	灵活福利	4
52	flexible work time；flextime	弹性时间制	4
53	functional conflict	功能正常的冲突	10
54	goal path theory	目标-途径模型	9
55	goal-setting theory	目标设置理论	4
56	group	群体	5
57	group decision making	群体决策	6
58	group shift	群体偏移	6
59	groupthink	群体思维	6
60	halo effect	晕轮效应	2
61	hindsight bias	后视偏见	6
62	implicit favorite model	隐含偏爱模型	6
63	impression management	印象管理	11
64	individual decision making	个体决策	6
65	information power	信息性权力	11
66	innovation	创新	14
67	instant messaging	即时消息	8
68	institutionalization	制度化	13
69	interacting groups	互动群体	6
70	inter-group conflict	群体冲突	10
71	inter-organizational conflict	组织冲突	10
72	interpersonal conflict	人际冲突	10
73	intranet	内部网	8

续表

序号	英文	中文	所在章节
74	intuitive decision-making	直觉决策	6
75	job satisfaction	工作满意度	2
76	job sharing	工作分享	4
77	knowledge managing	知识管理	8
78	leadership	领导	9
79	leadership-member exchange (LMX)	领导者-成员交换	1
80	learning organization	学习型组织	14
81	legitimate power	法定性权力	11
82	linear communication model	线性沟通模式	8
83	management by objectives	目标管理	4
84	managing information	信息管理	8
85	Maslow's hierarchy of needs theory	马斯洛需要层次理论	4
86	matrix structure	矩阵结构	12
87	Mcclelland's theory of needs	麦克利兰需要理论	4
88	mediator	调停人	10
89	message	信息	8
90	motivate, motivation	激励	4
91	motivation	动机	4
92	motivation-hygiene theory	激励-保健因素理论	4
93	Myers-Briggs Type Indicator (MBTI)	麦尔斯·布瑞格斯类型指标	3
94	need	需要	4
95	noise	噪声	8
96	nominal group technique	名义群体法	6
97	norms	规范	5
98	organization	组织	1
99	organization culture	组织文化	13
100	organizational behavior (OB)	组织行为学	1
101	organizational change	组织变革	14
102	organizational citizenship behavior (OCB)	组织公民行为	1
103	organizational commitment	组织承诺	1
104	organizational design	组织设计	12
105	organizational development	组织发展	14
106	organizational structure	组织结构	12
107	overconfidence bias	过度自信	6
108	perception	知觉	2,6
109	personality	人格	3
110	political behavior	政治行为	11
111	positive organizational behavior	积极组织行为	1
112	power	权力	11
113	power tactics	权术	11
114	primary effect	首因效应	2
115	problem-solving teams	问题解决团队	7

续 表

序号	英文	中文	所在章节
116	process conflict	过程冲突	10
117	productivity	生产率	1
118	randomness error	机会主义偏见	6
119	rational decision-making model	理性决策模型	6
120	receiver	接收者	8
121	recency effect	近因效应	2
122	referent power	参照性权力	11
123	reinforcement theory	强化理论	4
124	relationship conflict	关系冲突	10
125	representative bias	代表性偏见	6
126	reward power	奖赏性权力	11
127	risk aversion	风险厌恶	6
128	role	角色	5
129	role conflict	角色冲突	5
130	role expectation	角色期待	5
131	role identity	角色认同	5
132	role perception	角色知觉	5
133	selective perception	选择性知觉	2
134	self-leadership	自我领导	9
135	self-managed work teams	自我管理型团队	7
136	sender	传送者	8
137	sensitivity training	敏感性训练	14
138	sexual harassment	性骚扰	11
139	skill-based plan	技能工资方案	4
140	social facilitation effect	社会促进效应	5
141	social loafing	社会惰化	5,7
142	social perception	社会知觉	2
143	socialization	社会化	13
144	span of control	管理幅度	12
145	stages of moral development	道德发展阶段	6
146	status	地位	5
147	stereotyping	刻板印象	2
148	stress	压力	2
149	survival	组织生存	1
150	synergy	协同效应	5
151	task conflict	任务冲突	10
152	the big five model	大五人格模型	3
153	trait theories of leadership	领导特质理论	9
154	transactional communication model	交流沟通模式	8
155	transactional leaders	交易型领导者	9
156	transformational leaders	变革型领导者	9
157	transformational leadership	变革型领导	1

续 表

序号	英文	中文	所在章节
158	two-factor theory	双因素理论	4
159	values	价值观	2,13
160	variable-pay program	浮动工资方案	4
161	virtual teams	虚拟团队	7
162	withdraw behavior	退缩行为	1
163	work team	工作团队	7
164	work values	工作价值观	2
165	Theory X and Theory Y	X 理论和 Y 理论	4

图书在版编目(CIP)数据

组织行为学:卫生视角/吕军主编. —上海:复旦大学出版社,2018.1(2021.3 重印)
卫生管理专业教材
ISBN 978-7-309-13460-5

Ⅰ. 组… Ⅱ. 吕… Ⅲ. 组织行为学-医学院校-教材 Ⅳ. C936

中国版本图书馆 CIP 数据核字(2017)第 325778 号

组织行为学:卫生视角
吕 军 主编
责任编辑/魏 岚 谢 强

复旦大学出版社有限公司出版发行
上海市国权路 579 号 邮编:200433
网址:fupnet@ fudanpress.com   http://www.fudanpress.com
门市零售:86-21-65102580   团体订购:86-21-65104505
外埠邮购:86-21-65642846   出版部电话:86-21-65642845
常熟市华顺印刷有限公司

开本 787×1092 1/16 印张 24 字数 526 千
2021 年 3 月第 1 版第 2 次印刷

ISBN 978-7-309-13460-5/C・359
定价:80.00 元

如有印装质量问题,请向复旦大学出版社有限公司出版部调换。
版权所有   侵权必究